青岛市社会保障政策体系优化研究

青岛市财政局课题组◎著

中国财经出版传媒集团
中国财政经济出版社

图书在版编目（CIP）数据

青岛市社会保障政策体系优化研究／青岛市财政局课题组著．—北京：中国财政经济出版社，2019．6

ISBN 978－7－5095－8991－5

Ⅰ．①青…　Ⅱ．①青…　Ⅲ．①社会保障－福利政策－政策体系－研究－青岛　Ⅳ．①D632．1

中国版本图书馆CIP数据核字（2019）第086297号

责任编辑：潘　飞　　　　　版式设计：南博文化
封面设计：智点创意

中国财政经济出版社 出版

URL：http：//www．cfeph．cn

E－mail：cfeph＠cfemg．cn

社址：北京市海淀区阜成路甲28号　邮政编码：100142

营销中心电话：010－88191537

中煤（北京）印务有限公司印装　各地新华书店经销

787×1092毫米　16开　22印张　526 000字

2019年6月第1版　2019年6月北京第1次印刷

定价：110．00元

ISBN 978－7－5095－8991－5

（图书出现印装问题，本社负责调换）

本社质量投诉电话：010－88190744

打击盗版举报热线：010－88191661　QQ：2242791300

《青岛市社会保障政策体系优化研究》
课题组成员

总　　顾　　问：周　安
总　　负　　责：陈　伟
课 题 负 责 人：姜宏青　谢宜豪
课 题 组 成 员：
青 岛 市 财 政 局：高　铮　刘会芹　吴文皓　刘　青　毕凤英
纪建钊　宁　凯　薛冬晓
中国海洋大学管理学院：宁　靓　房巧玲　宋晓晴　魏燕芹　王　馨
王　翔　李科辰　张艳慧　魏小茹　徐　晶
郭馨雨　李春稼　蔡　环　胡全峰　王凌歌
张卓群　于　红　孙晓云

前　言

改革开放四十年，中国发生了举世瞩目及翻天覆地的变化，中国人民的生活实现了由贫穷到温饱，再到整体小康的跨越式转变。四十年间，党和国家非常重视社会保障领域的改革与发展，政府的社会保障工作直接关系到坚持党的“全心全意为人民服务”的宗旨，关系到维护人民群众的切身利益，关系到保证改革开放和经济建设稳定发展的大局。为此，我国政府为推进社会保障体系建设作出了一系列重大决策部署，先后建立了城镇居民基本医疗保险、新型农村社会养老保险和城镇居民社会养老保险等重要制度，颁布实施了《社会保险法》等，社会保障政策框架基本形成，社会保障覆盖人群迅速扩大，社会保险基金规模不断扩大，社会保障水平大幅提高。

党的十九大开启了国家发展进入新时代的新篇章，也全面拉开了社会保障体系建设走向成熟发展的大幕。党的十九大报告中提出的“幼有所育、学有所教、劳有所得、病有所医、老有所养、住有所居、弱有所扶”的民生“七有”，构成了广大群众的基本民生诉求，也构成了社会保障体系建设的基本方向。加强社会保障体系建设，全面建成覆盖全民、城乡统筹、权责清晰、保障适度、可持续的多层次社会保障体系已是时代所需，它决定了社会保障不仅关乎基本民生保障、维系社会公平正义，更是关乎经济社会协调发展、国家长治久安的重要基础，同时，也是维系全体人民走向共同富裕的重大制度安排。目前，我国的社会保障体系是一个包括了社会救助、社会保险、社会福利、优抚安置四大法定保障系统和慈善事业、商业保险等补充保障机制在内的庞大制度体系，在经济发展和社会持续变革的历史进程中，客观上仍然存在发展不平衡、不充分的事实，特别是随着经济的发展和城乡居民对美好生活的向往，社会保障政策（制度）体系的建设也必须在新的时代与之相适应。

在这个回望过去、展望未来的时间节点，地方政府如何贯彻党的十九大精神，如何制定和更新社会保障政策，建立与区域社会保障工作实践紧密联系、切实保障民生需求、推动社会保障各项工作有效开展的制度体系，成为一项重要的现实课题。关注和研究这个课题旨在明确政府和社会相关组织的职能，明确政府在社会保障领域的事权和财权，树立服务意识，优化社会保障制度体系，精准配置资金，提高管理和服务绩效。为此，青岛市财政局联合中国海洋大学管理学院成立课题组，以“青岛市社会保障政策（制度）体系优化建设”为主题展开研究，通过对青岛市社会保障政策的历史沿革进行梳理，对现行政策的执行效果进行评估，以党的十九大报告为指引，以全面提高本地区人民的获得感、幸福感为目标，对青岛市社会保障制度体系优化路径和内容进行设计，旨在建立与国家社会保障政策相衔接，精准覆盖本区域的、责权规范清晰的、能够执行有效的、可持续发展的社会保障制度体系，以规范和保障青岛市各项社会保障工作的顺利开展。

课题研究内容分为六个部分：

第一部分是医疗卫生保障。本部分以医疗体制改革政策为导向，分别从卫生服务、医疗服务、医疗保障（主要为医疗保险）、药品供应保障四个板块，对青岛市近十年的医疗保障政策进行梳理，并对政策实施绩效进行分析与评价。通过借鉴国内外先进经验提出政策建议。此外，在服务模式创新、人员薪酬制度改革、多元主体合作办医、医药价格形成机制方面提出研究展望，旨在为医疗卫生保障政策的进一步完善提供指引。

第二部分是就业保障。本部分按照就业人员的类别，将就业人员分为四类：高校毕业生、农民工、失业人员、就业困难人群。对青岛市近五年的就业政策进行梳理和分析，并对再就业方面的财政支出和实施效果进行了相关性的分析，在借鉴国内外先进经验的基础上，提出政策建议和展望。此外，提出政府应当注重失业者等就业困难人群的精神文化建设。

第三部分是社会保险。社会保险主要涵盖养老保险、医疗保险、失业保险、工伤保险和生育保险，其中，医疗保险相关内容已在“医疗卫生保障”部分进行了研究，因此，“社会保险”部分主要以养老保险、失业保险、工伤保险、生育保险为研究对象进行探讨。通过对2012—2017年青岛市失业、工伤、生育和养老保险政策分别进行梳理，结合青岛市过去政策的颁布实施效果及财政资金收支情况对社会保险政策的绩效进行评估；通过政策梳理分析、财政支出效果分析以及借鉴国内外先进经验，提出政策建议和展望。另外，随着市场经济及互联网的发展，我国灵活就业群体呈现不断扩大的趋势，应该关注灵活就业人群的社会保险问题，明确把各类灵活就业者纳入“劳动者”范畴，进一步促进灵活就业者自由缴纳社会保险，并设置完善的制度配套，建立养老金动态调节机制。

第四部分是社会救助。本部分以最低生活保障、特困人员救助供养、医疗救助、临时救助和流浪乞讨人员救助为内容安排，对青岛市社会救助政策进行了梳理，并对政策实施绩效进行了分析与评价。通过借鉴国内外社会救助经验，为青岛市社会救助体系的完善提出政策建议。此外，通过借鉴发展型救助等前沿的研究成果，青岛市社会救助应完善社会救助信息平台建设，改善救助理念，做到事前预防，提高社会救助标准制定的合理性，提升社会救助内容的丰富度，培育社会救助主体的多元化等。

第五部分是社会福利。本部分以政策为导向，以养老福利、儿童福利和残疾人福利为例，结合国内外研究现状，对青岛市社会福利进行了政策梳理，并对政策实施绩效进行了分析与评估。通过借鉴国内外先进经验，分别提出政策建议和展望。

第六部分是社会组织。随着我国经济的飞速发展和社会转型，传统政府职能已经无法满足社会大众日益复杂多样的社会服务需求，将部分政府职能转移给社会组织是大势所趋。政府和社会组织合作以及由社会组织承担社会保障领域的部分职能已经显现出明显的社会优势。为使社会组织更好地发挥作用，我国政府出台了一系列对社会组织进行培育和规制的政策。本部分以青岛市为研究对象，从青岛市社会组织状况、政策梳理、绩效评价等多维度对青岛市社会组织培育进行研究。在社会组织与政府合作的大背景下，结合政府政策从制度设计、运作模式、培育路径和同类城市对比这四个方面分析了青岛市向社会组织购买服务的优势及不足。基于政府在社会组织培育中资金支持和政策支持这两种主要方式，评估了青岛市政府的政策绩效和资金绩效。借鉴国内外的先进经验，提出通过完善政策法规、健全社会组织评估体系、提供多渠道资金支持、加强资金管理、提高社会组织独立性、培育社会工作者、完善社会组织第三方评估机制等措施，加强青岛市对社会组织的管理和培育。

本书的研究特点包括如下几点：(1) 系统性的内容设计。六个部分的内容全部按照统一的研究路径和内容框架作系统性研究，包括研究背景、文献综述、政策梳理、政策绩效分析、国际国内经验借鉴、政策建议和研究展望。既保持全书内容的统一性，又保证各部分的独立性和完整性。(2) 纵横对比的研究路径。分别以纵向和横向的政策梳理和分析为研究路径，对所有的部分进行研究。纵向的政策分析选择国家政策、山东省政策和青岛市政策进行对比，旨在研究青岛市社会保障政策的遵从性和灵活性。横向的政策分析选择了沿海开放的计划单列城市大连市、宁波市、厦门市为对比对象，这几个城市与青岛市相比，具有相同的政策基础和经济基础，便于分析青岛市社会保障政策的制定与执行的先进性与适当性。(3) 标杆式的政策对比。这个部分分为两个层面。一方面，选择国际先进经验进行对比，比如养老保障的美国经验、失业保险的日本经验、工伤保险的德国经验等。另一方面，选择国内在该领域政策领先的城市，包括上海市、杭州市和深圳市等作标杆对比，旨在将青岛市的社会保障政策优化改革置于更加广阔的视野中，明确改革方向，对政策优化方案作前沿性设计，拓展优化思路，比对现实困难，利于分析差距，找到可优化的路径。(4) 基于政府财政职能的政策优化策略。社会保障政策涉及社会各个层面的组织和其他政策的配套，社会保障资金的配置和使用也涉及诸多机构的分工与合作，本书的研究立足于政府财政部门，主要对社会保障政策所要求的财政资金配置与可持续性提出建议。(5) 研究依据的客观性。本书相关研究的资料来源于实践调研、万得数据库和文献资料，包括但不限于：第一，社会保障领域国家及各部委、山东省和青岛市制定和发布的正式政策，各比对城市正式发布的政策，这些政策主要从各省市的官方网站获得；第二，青岛市政策执行绩效的数据来自于官方网站、财政统计年鉴和财政局社保处提供，各比对城市的政策执行绩效数据主要来自于万得数据库、财政统计年鉴和各官方网站，国际数据的获得既有文献资料，也有各官方网站资料。

本书对青岛市社会保障政策制定以及执行效果作案例研究，将研究对象放在纵横对比的坐标中，以过去、现在和未来的时间轴为路径，评价了青岛市社会保障政策的适当性和有效性，并对政策的可持续性进行分析，通过与比对城市的政策与执行绩效对比，分析优势与差距，并提出优化策略。其应用价值在于：(1) 为青岛市财政局审视当前社会保障政策的合理性和有效性提供依据，为优化社会保障政策体系和未来的政策变革提供思路。(2) 为我国地方政府更高层面布局社会保障政策提供依据。(3) 为公共政策研究的学者提供研究案例和数据分析参考。(4) 为高校相关专业的研究生和本科生的专业学习提供参考。

由于篇幅和研究团队研究能力的局限，本书的相关研究仍然存在不足：对相关理论研究的深度和系统性还不够，对于可能影响社会保障政策的其他政策走向尚未预计，尚未对社会保障政策惠及的对象作调查研究。这些不足也为后续作更加深入细致的研究留下空间，我们会持续关注，也请各位读者反馈意见、批评指正。

青岛市财政局课题组
2019 年 5 月

目　录

第一部分　医疗卫生保障

第二部分 就业保障

第三部分　社会保险

第四部分 社会救助

第五部分 社会福利

第六部分　社会组织

第一部分

医疗卫生保障

第1章

绪　论

1.1　研究背景

健康是促进人类全面发展的必然要求，是经济社会发展的基础条件。实现国民健康长寿是国家富强、民族振兴的重要标志，也是全国各族人民的共同愿望。党和国家高度重视人民健康问题，为建立健全医疗卫生服务体系，改善医疗卫生服务环境，提高医疗卫生服务能力，2009年国家颁布了《中共中央　国务院关于深化医药卫生体制改革的意见》（中发〔2009〕6号，以下简称《意见》），标志着新“医改”正式启动。该《意见》结合国情并借鉴国际经验，是走中国特色医药卫生体制改革发展道路的有益尝试，为我国医药卫生体制改革指明了方向、搭建了框架、树立了长远目标。青岛市遵循国家“医改”政策，积极推动本市医改进程，制定规划，明确工作目标与任务，有序推进医疗卫生服务与保障政策调整，加快医疗服务产业转型升级，在建立健全医疗服务体系、提升公共卫生服务能力、促进中医药事业发展、推进计划生育政策平稳调整、发展人才队伍和重点学科建设等方面取得重大阶段性成效。

青岛市“医改”工作已开展了近十年，现阶段梳理青岛市“医改”进程，了解相关政策发布现状，分析医疗卫生服务体系建设情况，有助于紧抓改革重心，加快“医改”进程；有助于掌握医疗卫生发展的强弱项，发挥优势，补齐短板；有助于评价财政支出效率，完善财政资金配置政策。

《中共中央　国务院关于深化医药卫生体制改革的意见》将基本医疗卫生制度建设的核心概括为“四梁八柱”。具体来看，覆盖城乡居民的公共卫生服务体系、医疗服务体系、医疗保障体系和药品供应保障体系作为“四梁”共同构成基本医疗卫生制度，做到四大体系四位一体、相辅相成、配套建设、协调发展。同时，建立和完善医药卫生的管理、运行、投入、价格、监管、科技与人才、信息、法制等八项体制机制及条件，成为基本医疗卫生制度的“八柱”，八个方面的体制机制和条件保障四大体系有效规范运转，实现为群众提供安全、有效、方便、价廉的医疗卫生服务的目标。因此，本章将主要从卫生服务体系、医疗服务体系、药品供应保障体系、医疗保障体系（具体为医疗保险体系）四个方面展开，同时关注八项体制机制及条件的建立情况。

1.2 文献综述

1.2.1 关于卫生服务体系的研究

公共卫生服务针对城乡居民存在的主要健康问题和重大疾病防控需求，以儿童、孕产妇、老年人、慢性疾病患者为重点人群，面向全体居民免费提供最基本的卫生服务。它筑起了维护人民健康的第一道防线，是预防疾病、改善健康最经济和最有效的手段。通过梳理近年来的相关文献，发现有关研究主要集中在以下方面：

一是基本公共卫生服务质量的影响因素及提升对策研究。白晶（2015）认为影响基本公共卫生服务质量的影响因素有政府重视、责任和管理、群众认识、服务能力等因素。[1]此外，赵亚利、刘小平（2014）提出，即使在卫生资源相似的社区卫生服务机构，环境地域不同、服务人群情况与服务需求不同、服务提供方式不同等都会在提供基本公共卫生服务过程中引起质量差异。[2]要切实提升公共卫生服务质量，一要通过加大服务人员培训力度、增加人员数量、规范服务、增加经费支持、开展宣传教育，促进供给侧结构性改革，加强机制体系建设，加大资金技术支持，促进人才队伍培养；二要立足于居民卫生服务需求，突破传统的任务型工作方式，充分调动居民参与的积极性；[3]三要通过评价体系这一“指挥棒”对公共卫生服务机构进行引导和激励，从而提高服务质量并推进服务均等化发展。

二是基本公共卫生服务财政保障研究。我国已基本建立基本的公共卫生服务项目筹资机制，并坚持中央、省及县分级负担的原则。中央财政进行一定补助，主要依靠地方财政对基本公共卫生服务进行资金拨付。[4]在财政投入总量上，胡益民（2015）对2010—2014年的国家统计数据进行分析发现，虽然国家整体的财政收入每年都有所增加，但是用于公共事业支出的比例却一直呈现下降趋势。[5]在财政投入结构上，王雷平（2018）指出，大量医疗资源集中在城市里，政府对基层农村卫生经费的投入严重不足，农村人口占全国人口近70%，公共卫生资源却不足全国总量的30%。[6]

三是基本公共卫生服务的现状与问题研究。张月、林晶等（2018）通过对2010—2017年84篇相关文献进行分析总结发现，职责不明确、保障不到位、规范不统一是基层医疗卫生机构基本公共卫生服务开展过程中存在的问题。[7]此外，在基本公共卫生服务项目的资金管理方面，袁振山、田兆芳等（2017）认为，政策依据缺乏、信息化水平滞后、绩效考核流于形式等问题较为突出，专项资金的管理水平和执行效果有待提升。[8]

1.2.2 关于医疗服务体系的研究

医疗服务是公民生命健康安全的保障，是政府要着重处理好的民生问题。平衡健康协调的医疗服务体系是解决“看病难，看病贵”问题的关键。近年来，学术界关于医疗服务进行了诸多研究，主要有以下四个方面：

一是从宏观上研究医疗服务体系建设的影响因素及其整合方式。马丽平（2013）通过研究我国农村和城市医疗服务体系发展历程，提出医疗服务体系结构应与群众“正三角”的医疗需求结构相适应，从而提出要大力发展基层医疗服务机构，以承担绝大部分医疗服务。[9]方鹏骞（2014）通过梳理分级医疗的基本内涵、关键问题及其困境，从系统、组织、个体以及保障层面对我国分级医疗服务体系建设指出相应的路径，为完善分级诊疗制度提供了指导。[10]周绿林、许兴龙（2015）通过广泛归纳、梳理文献，分析医保支付方式与医疗卫生资源配置、分级医疗体系、医疗费用控制、医疗质量控制和医疗行为五个方面的关系，提出通过支付方式改革促进医疗服务体系完善与发展。[11]面对我国医疗体系中存在的碎片化、医疗卫生资源总量不足、结构不合理、质量不高等问题，部分学者就医疗服务体系整合问题进行了相关研究。林闽钢、张瑞利（2014）在分析国外医疗服务体系纵向整合四个模式及其代表国家的基础上，以我国江苏镇江为例，针对我国医疗服务体系纵向整合提出发展方向和政策建议。[12]范明宇（2015）借鉴国际经验，提出要引导上级医疗机构充分发挥其在医疗卫生服务体系资源纵向整合中的作用，带动基层医疗服务能力提高；加强对医疗服务体系资源纵向整合评价指标的考核；从计划、组织、实施层面构建医疗服务体系资源纵向整合的全过程保障。[13]许兴龙（2018）则通过分析医疗服务体系整合的内涵，从医疗机构、医疗保险和健康管理三方面整合理论出发，创新性地提出了“互联网＋医疗服务体系”整合机制。[14]

二是针对具体医疗机构在管理机制、运行机制、财政投入及补偿机制方面的改革方向研究。刘明慧（2010）从财政投入的角度分析了我国农村三级医疗卫生体系存在的问题及原因，认为基层地方政府事权与财权的高度不统一，会导致基层公共事业投入不足，由此提出应建立健全分类补偿机制，合理安排乡镇卫生院和村卫生室的财政投入。[15]张强（2017）在新医改背景下，提出我国公立医院应更加重视全面预算管理，对财政资源实现精细化管理，从而既有利于提高公立医院整体的经济管理水平，又有助于建立健全政府对公立医院的财政补偿措施。[16]在破除“以药养医”的医疗改革全面启动后，公立医院的补偿问题也成为研究的重点。徐元元（2014）以医药供应价值链的重构为线索，对相应的公立医院补偿进行探讨，进而对公立医院成本动因识别、控制及战略成本管理绩效评价提出建议。[17]蒋良华（2014）以上海市闵行区为例，实证研究得出，政府补偿与监管机制改革对公立医疗卫生机构的公共卫生和公益性服务的提供有积极的影响，未来需要关注对公益性服务的激励和补偿，尤其是补偿机制和标准应更加明确和细化。[18]吴静娴、何荣鑫（2016）从“三医”联动视角探究了我国公立医院医疗服务价格改革，提出了深化我国公立医院医疗服务价格改革的政策建议。[19]中国的医疗卫生体制改革仅实现了筹资的市场化，而医疗服务价格的市场化则比较滞后，这种片面的市场化是造成“看病难”与“看病贵”两大矛盾同时凸显的关键，因此，陈钊、刘晓峰（2008）认为，下一步的医改应当进一步实现医疗服务价格形成机制的市场化。[20]尹志苹（2013）从现行医疗服务价格与价值不相匹配、怎样逐步调整医疗服务价格、促进医疗事业发展等几个层面进行了研究，提出逐步提高技术劳务收费价格，取消药品加成，财政适度补贴，降低医疗设备项目收费价格，增加医疗单位自主定价权，逐步实现医疗服务价格的完全市场化。[21]政府和市场分工合作提供医疗卫生服务是实行社会医疗保障的国家采用的普遍模式，多元化办医也成为解决我国公立医院改革难题的关键突破口之一。袁素维、俞晔（2014）通过分析我国目前民营医院的发展现状和存在的问题，提出要正确处理医疗卫生服务中基本医疗和非基本医疗的关系，既要充分发挥政府维护公平的基础性作用，也要发挥市场在资源配置中的决定性作用，重塑我国医疗服务市场新格局。[22]

三是关于医疗服务模式创新方面的研究，主要表现为运用科技手段促进家庭医生服务、医联体建设等。李炳钻（2017）通过阐述医疗健康服务模式创新发展的背景要求，从“互联网+医疗”创新实践、全面改善医疗健康服务、开展“简便验廉”的中医特色医疗服务、提升医疗服务质量等四个方面探索推进医疗健康服务模式创新发展。[23]医疗健康服务创新模式发展可以大大提升患者的就医体验和满意度，也是医疗卫生事业未来的发展趋势。现阶段，其发展模式已经从传统的智慧医疗云、物联网医疗过渡到新兴的医疗信息服务、远程干预、上门服务和HMO等模式。[24]苗华丽、张莉芸（2018）充分发挥互联网、大数据等信息技术手段在分级诊疗中的作用，研究构建了“互联网+分级诊疗模式”。[25]陈豪（2018）分析了北京市顺义区中医医联体推行“中西医结合1+1”家庭医生团队服务模式以来的成效，认为这种模式对推进基层分级诊疗有积极作用。[26]医联体建设作为分级诊疗制度建设、整合型医疗卫生服务体系建设的重要抓手，其发展重点是完善激励机制。[27]李莓（2015）通过比较国内外家庭医生服务模式，从我国实际出发，探索适合我国的更优的家庭医生服务模式。[28]在大数据时代，运用科技手段必将会提升服务效率，让群众享受到更大的便利与实惠。

1.2.3 关于药品供应保障体系的研究

2013年年底爆发的新生儿因注射乙肝疫苗死亡事件、近期国民关注的“长春长生问题疫苗事件”等药品安全事件引发民众对药品质量的不信任，暴露出现行药品供应政策不完善的问题。

药品的供应链是指由药品研发商、药品制造商、药品批发商、药品零售商、医疗服务机构、药品购买者、药品使用者等一系列环节连接而成的网状链条，包括物流、信息流、资金流的流动。[29]随着社会主义市场经济的成熟和完善，我国药品供应链体系也在不断规范和健全，但仍然存在诸多问题。胡银环（2004）认为我国药品供应存在药品流通市场秩序混乱，流通成本高，药品购销中虚高定价、高回扣的不正之风严重，假劣药品充斥市场等现象。[30]李先国（2010）、陈海荣（2014）等认为，我国药品供应链体系存在链条复杂，流通成本高等问题。[31][32]宿晓（2010）指出，我国药品供应链体系中存在医患信息不对称的问题。[33]盛亚楠（2017）指出，短缺药品供应保障政策存在薄弱环节，尤其是廉价药供应短缺问题更是暴露了我国医疗保障的漏洞。[34]

针对药品供应链体系存在的上述问题，学者分别从不同的角度提出了相关建议。

一是完善药品供应保障机制。胡银环（2004）借鉴国外药品供应模式，提出我国药品供应宜采用主要分销方式，完善药品集中招标采购制。[35]杨燕绥（2018）认为，应该基于医疗大数据开展成本疗效评估，实行病组支付方式改革，激励医生和医疗机构使用价低质高的药品和医用耗材，建立医药、医疗、医保、患者四方利益共赢的廉价药品供应保障机制。[36]

二是改进供应链。王文辉、黄蓓丽（2016）认为药品物流供应链的构建可有效减少药品的在途、在库和流通成本，提高药品流通效率。[37]李先国（2010）提出整合药品供应链，进一步缩减医药供应链上不必要的流通环节，以控制流通成本。[38]陈海荣（2014）提出重构药品供应链，对药品供应链的末端——医院这个节点的功能应该进行合理分割和调整，将药品物流和销售的功能剥离出去，即所谓的“医药分业”。[39]

三是药品供应信息公开、透明。沈凯、李从东（2008）认为，应该推进供应链信息化建设，优化管理医疗体系中的信息流。[40]肖静华、谢康、于洪彦（2014）主张，建设基于云计算环境的药品安全社会共治信息共享机制，构建全供应链信息披露机制。[41]宿晓（2010）提出构建药品交易信息系统，为药品提供一个产品信息集中竞争的场所，推动药品价格趋向公平合理。[42]

四是加强药品监管。胡颖廉（2013）建议，从更新理念、合理化体制、扩展主体和优化手段四个方面，重构药品安全监管体系，从而真正实现从传统政府监管向现代风险治理的转变。[43]

1.2.4　关于医疗保障制度的研究

医疗保障制度是指一个国家或地区按照保险原则，为解决居民防病治病问题而筹集、分配和使用医疗保险基金的制度。它是居民医疗保健事业的有效筹资机制，是社会保险制度中的一种比较进步的，也是目前世界上应用相当普遍的卫生费用管理制度。学术界关于医疗保障制度的研究，主要集中在以下三个方面：

一是医疗保障的影响。王金营等（2014）通过对深圳市人口健康状况和医疗保障对个人劳动供给影响的因子分析和 Logistic 回归分析，判断出：医疗保障的发展促进劳动供给。[44]杨清红、刘俊霞（2013）根据 2008 年全国老年人口健康状况调查（CLHLS），选取 Stepwise 和 Logistic 两种回归模型，实证分析医疗保障对我国 65 岁以上老年人医疗服务需求的影响。[45]刘国恩、蔡春光、李林（2011）采用 2005 年中国老年健康长寿调查数据库 22 省调查数据，建立了中国 65 岁以上老年人群的医疗服务需求模型，实证分析了医疗保障对老年人医疗服务需求的影响。[46]甘犁、刘国恩、马双（2010）对比政府投入的成本与效率，得出政府投资于医疗保险的资金带动了家庭消费的结论。[47]

二是我国医疗保障的现状及存在的问题。当前，社会基本医疗保险改革取得了较大的成效，但由于受特定历史背景和条件的制约，我国社会医疗保险制度改革一直缺乏长远的考虑和规划，导致了制度“碎片化”问题的产生，即社会医疗保险制度的城乡分割、地区分割、人群分割和管理分割。[48]仇雨临、翟绍果（2014）认为，我国医疗保障进入“后全覆盖时期”，面临着从城乡二元分立到城乡一体化、从形式普惠到实质公平的制度转型。[49]城乡统筹成为医疗保障制度发展的大方向，“公平医保”成为国民新的期望。何文炯（2014）则从公平性、可持续性和制度运行效率三个视角审视现行的医保制度，认为我国医疗保障制度存在三大问题：群体间待遇差距过大，基本医疗保险基金潜伏危机，制度“碎片化”运行绩效不高。[50]

三是关于医疗改革方向。何文炯（2014）基于发展阶段的判断，提出了建设更加公平、可持续的医疗保障制度的思路，并就加强制度整合衔接协调、优化制度设计、改进运行机制等提出了具体的建议。[51]顾海（2014）认为，针对当前中国医疗保障制度的“二元性”特征，必须推进统筹城乡医疗保障制度，提出城乡医疗保障统筹要经过机构职能整合、制度整合以及信息系统整合三个步骤，应加强顶层设计，根据各地区实际情况探索统筹模式。[52]仇雨临、翟绍果、郝佳（2014）提出，在全民医保的背景下，城乡居民基于经济联结和社会资本的行为选择，需要城乡医疗保障制度筹资、管理、支付、服务和环境的统筹衔接，医疗保障制度转型的路径在于通过结构的优化和整合来应对“深水区”医改的要求，提升医疗服务质量，优化医保服务水平，从全民医保走向国民健康保障。[53]还有学者针对我国医疗保障缺口不断扩大、财政负担加重的现状，提出要充分发挥商业医疗保险的补充作用，实现商业医疗保险与社会医疗保险相互协作、共同发展。[54]曾理斌（2014）认为，实现商业医疗保险和社会医疗保险的协调发展，湛江的大病医疗保障制度充分发挥市场机制，为城乡居民提供医疗保障的政策理念和政府与商业保险机构分工协作、共担风险、共同运营管理的经验做法，形成了颇具特色的“湛江模式”，为制度推广提供了决策参考。[55]

综合以上对文献的梳理与总结，我们发现，目前，我国在卫生服务、医疗服务、药品供应、医疗保障等方面有待完善，例如，政府对基本公共卫生服务的重视和支持力度不够、基层医疗服务薄弱、药品供应链保障机制不够完善以及医疗保障制度不健全等。针对这些问题，学术界分别给出了相应的政策建议和研究展望，而这些政策建议大多都是理论上的研究成果，要想进一步完善和发展医疗卫生保障体系，除了积极借鉴专家学者的研究成果外，更需要结合各省市的实际情况，将理论真正运用到实践中。因此，本部分对近年来青岛市关于医疗卫生保障的相关政策以及实施效果进行分析，并与其他地区进行比较，借鉴国内外先进模式，总结创新与不足之处，针对青岛市具体实践来提出合理的政策建议和研究展望。

第2章

医疗卫生保障政策的梳理与分析

2.1 卫生服务体系政策的梳理与分析

2.1.1 公共卫生服务的定义

Winslow（1923）将公共卫生定义为：公共卫生是通过有组织的社区活动来改善环境、预防疾病、延长生命、促进生理和身体健康，并能发挥个人更大潜能的科学和艺术。1952年，世界卫生组织（WHO）采用了该定义，并认为该定义为迄今为止内容最全面、最具有发展眼光的定义。具体来看，它有三层内涵：一是全体社会成员的权利，因而公共卫生服务均等化至关重要；二是财政负担具有公益性，公共卫生服务的资金保障主要来源于国家财政，财政能力决定公共卫生服务的内容；三是以预防为主，主要起疾病预防控制作用。

2.1.2 卫生服务政策导向分析

表1－1梳理了国家、山东省、青岛市“十三五”规划和“十三五”卫生与健康规划中有关卫生服务的主要建设任务，从中可以看出：卫生服务建设方面的主要任务包括疾病预防控制、宣传与健康教育、妇幼健康、重点人群健康、精神健康、应急救治、采供血、计划生育、中医药发展、卫生监督等方面。

表1－1　各级“规划”中有关卫生服务体系发展的主要任务

层级	各级“十三五”规划中的主要任务	各级“十三五”卫生与健康规划中的主要任务
国家	基本公共卫生服务项目、重大公共卫生服务项目；基层公共卫生服务能力；薄弱环节：妇幼健康、公共卫生、肿瘤、精神疾病防控、儿科等；慢性病综合防控；传染病防控；地方病防控；口岸卫生检疫能力建设；职业病危害普查和防控；艾滋病防治；全民健康教育；公共场所禁烟；爱国卫生运动等	重大疾病防治；慢性病综合防治；重大传染病防治；精神疾病防治；国家免疫计划；寄生虫病及地方病防控；职业病防治；突发事件卫生应急；爱国卫生运动；妇幼卫生保健；生育服务；计划生育家庭发展；青少年健康；老年健康服务；贫困人群健康；流动人口健康；残疾人健康服务

续表

层级	各级“十三五”规划中的主要任务	各级“十三五”卫生与健康规划中的主要任务
山东省	全民健身国家战略； “食安山东”建设	重大疾病防治：防治结合模式、传染病防治、慢性病综合防控、精神卫生与心理健康、免疫规划、地方病防控、学校卫生管理、职业病防治、应急救治；推动全民健康行动：推广健康生活方式、开展全民健身、开展爱国者卫生运动、健康城市建设、食品强化安全工作；强化重点人群健康保障：老年人、妇幼、贫困人群；完善计划生育服务管理：有序实施“全面二孩”政策、坚持和完善计划生育目标管理责任制、提高计划生育家庭发展能力
青岛市	财政投入机制；规范公共卫生服务管理；提高公共卫生服务能力；加强疾病防控；提高应急救治能力；“健康青岛”建设	传染病防治；慢性病综合防治；妇幼卫生保健及生育服务；精神疾病和职业病防治；血液管理；突发事件卫生应急管理；流动人口基本公共卫生计生服务均等化；全民健康素养等

2.1.3 关于卫生服务的政策对比分析

（1）政策发布及公开情况。关于青岛市、宁波市、大连市、厦门市四个城市的公共卫生服务政策的公开情况①，主要从类别与内容两方面进行比较。

在政策分类上，厦门市政策按照财务管理、公共卫生、人事管理、卫生计生综合等类别进行公开，其中公共卫生又分为疾病预防控制、卫生计生监督、应急管理等子分类；卫生计生综合又分为规划信息、医政医管、妇幼健康服务、中医药管理、科技教育、基层卫生计生、家庭发展、流动人口计生管理、宣传等。大连市则区分了国家级、省级、市级政策，并将规划类、年度工作任务类文件单独列示。此外，还提供政策清单表格下载，总结出每份政策文件的主题内容与关键词。青岛市政务网则按照公共卫生事件应急、医政与妇幼卫生、农村与社区卫生、药物管理、中医管理、其他业务、计划生育类别公开相关文件。宁波市政策文件则整体被放入“卫生和体育”“人口与计划生育、妇女儿童”两个类别中。总的来说，各市政策公开未有统一的类别标准，给政策查阅带来困难。相较而言，厦门市分类更为细致，但仍欠系统；大连市信息公开较为全面，但存在查阅困难问题；宁波市未能进行分类且公开的政策数量较少；青岛市虽分类标准有待提高，但公开政策数量大，并提供年份检索。

在政策内容上，各市都基于国家及省级政策指导来出台政策，并结合地区实际情况开展本市卫生服务体系建设工作。可以看出，各市卫生服务体系建设的政策具有统一性，规范内容在众多领域没有差异。青岛市发布并公开的政策较为全面，基本覆盖了卫生服务体系建设的方方面面，在疾病预防、应急救治、精神健康等方面都作出了政策规划，并设置长期发展目标来指导建设。大连市与厦门市的政策内容覆盖面也较为全面，而宁波市由于政策公开数量较少且检索、查阅困难，导致已查阅的政策覆盖面与其他三市存有差距，具体情况如表1－2所示。而在政策板块方面，颁布的政策多数是对服务内容的规范，部分服务内容已形成初步的政策体系，例如应急救治。对于经费管理及补偿机制的建立，相关政策规范不足，尤

① 青岛市公共卫生服务相关政策信息来源于青岛市政务网（http：//www. qingdao. gov. cn/n172/）、青岛市卫生和计划生育委员会官网（http：//wsjsw. qingdao. gov. cn/）以及青岛市财政局社会保障部门提供的资料。宁波市、大连市、厦门市公共卫生服务相关政策信息分别来源于宁波市政府信息公开官网（http：//zfxx. ningbo. gov. cn/）、大连市人民政府官网（http：//www. dl. gov. cn/）、厦门市人民政府官网（http：//www. xm. gov. cn/zwgk/）。

其在对医疗卫生机构提供服务的补偿上，缺少科学合理的体制。

表 1－2　　　四城市公共卫生服务政策公开内容比较

政策板块及细分内容	青岛	宁波	大连	厦门
人才队伍建设				
乡村医生队伍	√	—	√	—
设施及机构建设				
专业公共卫生服务设施及机构建设	√	—	—	√
基层卫生服务设施及机构建设	√	√	√	√
经费管理和补偿机制建设				
医疗卫生机构提供服务的补偿机制	—	—	—	—
财政项目经费管理	√	—	√	√
政府购买公共卫生服务	—	—	√	—
服务体系建设				
基本公共卫生服务项目	√	√	√	√
农村卫生服务建设	√	√	√	—
社区卫生服务建设	√	√	—	—
爱国卫生运动	√	√	√	√
其中：	—	—	—	—
农村改厕	√	—	—	—
病媒生物预防控制	—	√	√	—
服务内容建设				
疾病预防控制	√	√	√	√
其中：	—	—	—	—
慢性病防治	√	√	√	√
结核病防治	√	√	√	√
传染病防治	√	—	√	√
地方病防治	√	—	√	√
艾滋病防治	√	√	√	—
职业病防治	√	—	√	√
免疫接种	√	—	√	√
宣传与健康教育	√	√	√	√
其中：	—	—	—	—
健康素养项目	√	—	√	√
妇幼健康	√	√	√	√
重点人群健康	√	√	√	√
其中：	—	—	—	—
流动人口健康	√	—	√	√
老年人健康	√	√	—	—
青少年健康	—	—	√	—

续表

政策板块及细分内容	青岛	宁波	大连	厦门
服务内容建设				
残疾人健康	—	—	—	—
精神健康	√	—	√	√
应急救治	√	√	√	√
采供血	√	√	√	—
计划生育	√	√	√	√
其中：	—	—	—	—
计划生育家庭发展	√	√	√	√
“全面二孩”政策	√	—	√	—
中医药发展	√	√	√	√
卫生监督	√	√	√	√
其中：	—	—	—	—
环境卫生	√	—	√	√
食品卫生	√	—	√	√
职业卫生	√	—	√	√
学校卫生	√	—	√	√
信息化建设	√	√	√	√

进一步对青岛市公共卫生服务内容板块各细分内容进行统计分析，不难发现：青岛市卫生服务政策多集中在疾病预防控制、卫生监督、计划生育、妇幼健康、应急救治等方面，其中疾病预防控制与卫生监督公布政策数量较多，这与改革强调“以预防为主，防治结合”以及“加强综合监管”的指导思想密切相关。此外，疾病预防控制与卫生监督涉及范围广，也导致相关政策文件规范较多。妇幼健康与计划生育方面的政策数量近年来有提升的趋势，“全面二孩”政策对此有促进作用，新的计划生育政策会给妇幼健康工作提出新要求，各项配套政策有待完善。

（2）具体政策内容梳理

表 1－3　青岛市政府公共卫生服务政策具体内容

领域	政策覆盖面
疾病防控	重大疾病的预防和控制（艾滋病、麻风病、H7N9 流感、结核病）、季节性疾病防控、出入境人员传染病监测工作、职业病防治、地方病防治、机构传染病防治（医疗机构、高校、托幼机构以及各种公共场所）、相关疾病分析报告（脑卒中、冠心病、恶性肿瘤发病及死亡情况）、机构建设（监测站、疾病预防控制中心）等
宣传和健康教育	宣传和教育活动开展规范、活动项目实施方案、活动开展通知
妇幼健康	儿童口腔疾病基本预防项目、适龄儿童疫苗接种、孕妇产前和新生儿疾病免费筛查、重大公共卫生妇幼项目汇报制度、母婴设施建设

续表

领域	政策覆盖面
精神卫生	精神卫生规划、老年人精神卫生
应急救治	地方规章：《青岛市社会急救医疗管理规定》； 规范性文件：突发公共卫生事件应急体系建设、应急办法规定、应急反应长效机制建设、突发事件总体应急预案、突发事件信息接报及协调处置工作规程、心理危机应急预案、突发生活饮用水污染事件医疗卫生应急处置预案、突发环境事件应急预案、传染病疫情处置应急预案、突发事件血液保障应急预案
采供血	无偿献血宣传工作、高校流动血库建设、采供血过程质量管理、临床用血管理、血液安全管理、打击非法行医和非法采供血
卫生监督	食品卫生监督与考评、机构场所卫生监督量化方案（公共场所经营单位、餐饮具集中消毒单位、高校、民营口腔诊疗机构）、医疗机构消毒与感染控制
计划生育	独生子女优待、计划生育家庭发展、计生用品、计生机构、生育假、生育补贴、“全面二孩”政策、综合整治出生人口性别比例

第一，疾病预防控制方面。疾病防控工作的有序开展得益于政策全面及时的指导。青岛市每年印发当年的全市疾病预防控制工作要点，使得控制工作逐步细化。在政策实施上，建设具有减少突发公共卫生事件和控制传染病暴发、流行的第一道屏障作用的公共卫生综合监测点。严格贯彻落实相关疾病防控工作政策，例如：麻风病症状监测工作；H7N9 流感防控工作；结核病“归口管理”；艾滋病实行“四免一关怀”政策等。做好相关机构的预防控制工作，包括医疗机构、高校、托幼机构以及各种公共场所。

第二，宣传与健康教育方面。青岛市的特色健康教育活动不断涌现，开展对象多元化，活动形式多样化。以活动项目实施方案作为指导，活动通知规定详细的活动范围、活动内容、活动形式、保障措施等。

第三，妇幼健康方面。为进一步加强信息监督，青岛市对重大公共卫生妇幼项目进展情况在原有季报和月报的基础上，实行每周上报制度。近年来，为配合实施“全面二孩”政策改革完善计划生育服务管理的要求，一方面加强母婴关爱，在交通枢纽、商业中心、医院、旅游景区及游览娱乐等公共场所建立独立母婴室等；另一方面，为缓解儿童医疗卫生服务资源短缺问题，促进儿童医疗卫生事业持续健康发展，出台《关于印发〈青岛市加强儿童医疗卫生服务改革与发展工作实施方案〉的通知》（青卫医政字〔2017〕30 号），重点建设和完善了儿童医疗卫生服务体系。2016 年青岛市妇女儿童工作委员会还提出 2016—2017 年度为妇女儿童办好开展应急体验教育培训、建设足球场、增加适龄儿童免费接种疫苗的种类和剂次、扩大宫颈癌和乳腺癌免费检查项目覆盖面、完善家庭教育指导服务体系 5 件实事。

第四，精神卫生方面。青岛市认真贯彻落实《中华人民共和国精神卫生法》，并印发《青岛市精神卫生工作规划（2018—2022 年）》《青岛市健康心理行动实施方案（2017—2020）》，明确全面加强严重精神障碍救治救助、大力发展心理健康服务、推进精神卫生服务体系建设、宣传普及精神卫生知识、完善精神障碍监测与防治信息管理系统等工作任务，指导全市精神卫生工作开展。

第五，应急救治方面。青岛市形成了层次结构分明、内容规范全面、应急预案细化的政策体系。应急救治坚持因地制宜原则，整合资源，在各市区建立急救中心（站）。坚持系统规划，分步实施，建立起“统一领导、综合协调、分类管理、分级负责、属地管理为主”的应急管理体制。在不断完善更新《青岛市突发事件总体应急预案》的基础上，制定了多项具体突发事件应急预案。此外，为更好地指导和落实应急救治工作，青岛市每年下达市应急管理工作要点，明确年度应急管理计划。

第六，采供血方面。青岛市加强无偿献血宣传，创新无偿献血招募方式，加强高校无偿献血工作，建立高校流动血库。加强采供血过程质量管理、临床用血管理、血液安全管理。严厉打击非法行医和非法采供血。

第七，卫生监督方面。青岛市积极构建卫生监督体系，对全市范围内公共场所经营单位、餐饮具集中消毒单位、高校、民营口腔诊疗机构等进行定期量化监督，公开评级结果。还特别针对医疗机构消毒与感染控制进行监测依据规范、检测点选择规范、检测内容规范，并明确相关组织责任及领导责任。在已有监督模式的基础上，各市区还积极探索新型卫生监督管理模式，如黄岛区卫生计生局对婴幼儿游泳场所卫生状况实时监控，启动线上线下“互动式”卫生监督执法模式。

第八，计划生育方面。青岛市积极稳妥实施“全面二孩”政策，完善相关配套政策。深化基层管理服务改革，印发《青岛市农村村（居）计划生育工作规范（试行）》（青卫指导字〔2016〕8号）。关注流动人口计划生育工作情况，促进卫生服务均等化。加强计划生育药具管理与服务工作，制定计划生育药具自助发放机管理办法；继续加强出生人口性别比综合治理；全面落实计划生育家庭奖励优惠政策，努力构建家庭发展支持体系，提高家庭发展能力。

2.2　医疗卫生服务体系政策的梳理与分析

2.2.1　医疗卫生服务体系的定义

我国医疗卫生服务体系是指以医疗、预防、保健、医疗教育和科研工作为功能划分，由不同层次的医疗卫生机构所组成的有机整体。青岛市医疗卫生服务体系主要包括医院、基层医疗卫生机构、专业公共卫生机构，这些机构承载医疗服务和公共卫生服务职能。其中，医院分为公立医院和社会办医院，公立医院分为政府办医院（包括各级政府和部门举办的医院）和其他公立医院（主要包括军队医院、国有和集体企事业单位举办的医院）；区（市）级以下为基层医疗卫生机构，分为公立和社会办两类；专业公共卫生机构为政府办，具体构成如图1-1所示。

2.2.2　医疗服务政策导向分析

国家“十三五”规划提出：推进健康中国建设，深化医药卫生体制改革，坚持预防为主的方针，建立健全基本医疗卫生制度，实现人人享有基本医疗卫生服务，推广全民健身，提高人民健康水平。具体内容包括：

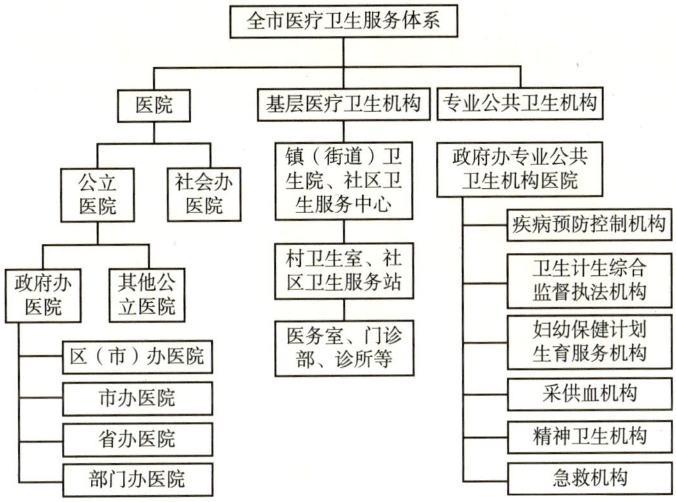

图1－1 青岛市医疗卫生服务体系构成

（1）全面深化医药卫生体制改革。实行医疗、医保、医药联动，推进医药分开，建立健全覆盖城乡居民的基本医疗卫生制度。全面推进公立医院综合改革，降低运行成本，逐步取消药品加成，推进医疗服务价格改革，完善公立医院补偿机制；建立现代医院管理制度，落实公立医院独立法人地位，建立符合医疗卫生行业特点的人事薪酬制度。完善基本药物制度，深化药品、耗材流通体制改革，健全药品供应保障机制；鼓励研究和创制新药，将已上市创新药和通过一致性评价的药品优先列入医保目录。鼓励社会力量兴办健康服务业，推进非营利性民营医院和公立医院享受同等待遇。强化全行业监管，保障医疗安全。

（2）完善医疗服务体系。优化医疗机构布局，加强专业公共卫生机构、基层医疗卫生机构和医院之间的分工协作，健全上下联动、衔接互补的医疗服务体系，完善基层医疗服务模式，推进全科医生能力提高及电子健康档案建立等工作，实施家庭签约医生模式。全面建立分级诊疗制度，实行差别化的医保支付和价格政策，形成科学合理的就医秩序，基本实现基层首诊、双向转诊、上下联动、急慢分治。加强医疗卫生队伍建设，健全住院医师规范化培训制度。通过改善从业环境和薪酬待遇，促进医疗资源向中西部地区倾斜、向基层和农村流动。完善医师多点执业制度。提升健康信息服务和大数据应用能力，发展远程医疗和智慧医疗。

（3）促进中医药传承与发展。健全中医医疗保健服务体系，创新中医药服务模式，提升基层服务能力。加强中医临床研究基地和科研机构建设。加快中药标准化建设，提升中药产业水平。推广中医药适宜技术，推动中医药服务走出去。

党的十九大报告提出实施健康中国战略。关于医疗卫生领域，该报告指出：要“深化医药卫生体制改革，全面建立中国特色基本医疗卫生制度、医疗保障制度和优质高效的医疗卫生服务体系，健全现代医院管理制度。加强基层医疗卫生服务体系和全科医生队伍建设。全面取消以药养医，健全药品供应保障制度。坚持中西医并重，传承发展中医药事业。支持社会办医，发展健康产业”。

2.2.3 关于医疗服务的政策对比分析

根据青岛市医疗服务体系，分别从机构管理体制、运行机制、投入机制、价格机制、监管机制、人才培养、信息化建设、法治建设八个方面对青岛市关于公立医院、社会办医院以及基层医疗卫生机构的政策发布进行梳理。

（1）青岛市政策发布及公开情况。关于青岛市、宁波市、大连市、厦门市四个城市的医疗服务的公开情况，主要从公开内容方面进行比较。如表1-4所示，国家医疗服务政策体系较完善，覆盖到了管理体制、运行机制等八个方面的内容。各市政策出台都基于国家及省级政策指导，结合地区实际情况开展本市医疗服务体系建设工作。各市医疗服务体系建设的政策具有统一性，规范内容在众多领域没有差异。其中，青岛市颁布的医疗服务政策比较全面，覆盖了医疗服务体系建设的八个方面，大连市与厦门市的政策内容覆盖面也较为全面，而宁波市由于政策公开数量较少且检索、查阅困难，导致已查阅的政策覆盖面与其他三市存有差距。在具体政策发布上，青岛市在基层医疗卫生机构绩效工资制度、医疗纠纷处理、医疗服务标准化、临床路径管理、机构等级评定监管等具体分类中存在政策缺失的现象，而厦门市的医疗服务政策体系比较完善，在基层医疗卫生机构绩效工资制度的政策方面值得青岛市学习借鉴。

表1-4　国家及四城市医疗服务政策公开内容比较

政策板块	内容	国家	青岛	大连	宁波	厦门
管理机制	医疗卫生发展规划	√	√	√	√	√
	医疗服务体系	√	√	√	√	√
	基层医疗卫生机构标准化建设	√	√	√	√	√
	基层医疗卫生机构绩效工资制度	√	—	—	—	√
	医院标准化建设与规模控制	√	√	—	—	—
	机构设立及注册审批	√	√	√	√	√
	申请用地	√	√	√	√	√
	薪酬制度、人事分配制度、编制管理	√	√	√	√	√
	手术分级管理	√	√	—	—	—
	医疗质量安全管理	√	√	√	√	√
	医疗纠纷处理	√	—	√	√	√
	社会办医管理	√	√	√	√	√
运行机制	医疗服务标准化	√	—	—	—	—
	诊疗制度改革	√	√	√	√	√
	分级诊疗标准	√	√	—	—	√
	医疗联合体服务模式	√	√	√	√	√
	家庭医生签约服务	√	√	√	√	√
	临床路径管理	√	—	—	—	√
	医疗服务项目	√	√	√	√	√

续表

政策板块	内容	国家	青岛	大连	宁波	厦门
资源投入	财政补偿方式、补偿标准	√	√	√	√	√
	财政专项资金管理	√	√	—	—	√
价格	医疗服务项目价格形成	√	√	√	√	√
	医疗服务价格项目调整	√	√	—	—	√
	医药费用控制	√	√	√	√	√
	付费方式	√	√	√	√	√
监管	基层医疗卫生机构考核	√	√	—	—	√
	机构等级评定	√	—	—	—	—
	安全生产标准	√	√	√	√	√
	医疗服务质量监管	√	√	√	√	√
科技与人才建设	科研项目	√	√	√	—	√
	乡村医生补助	√	√	√	—	√
	乡村医生引入政策	√	√	√	—	√
	全科医生培训	√	√	√	√	√
	医生多点执业	√	√	√	√	√
信息化建设	全民健康信息化发展规划	√	√	—	—	—
	电子病历	√	√	√	√	√
	居民健康档案	√	√	√	√	√
	临床路径管理信息化	√	√	√	—	—

（2）具体政策内容梳理

第一，基层医疗服务机构。以农村基层和城镇社区医疗机构为核心的基层医疗卫生服务体系是我国新医改关注的重点。梳理近年来发布的政策，可以发现青岛市基层医疗服务建设工作不断向前推进，具体表现在以下几个方面。

A. 基层医疗机构管理制度不断完善。2010 以来，青岛市在每年发布的医药卫生体制改革重点工作安排中，都对村卫生室及社区卫生服务中心作出布局规划。2010 年，青岛市提出：在七区实现国家要求的每 3 万—10 万居民或每街道办事处所辖范围规划设置 1 所社区卫生服务中心；五市每个镇拥有 1 所政府办镇卫生院；村卫生室医疗卫生服务覆盖率服务达到 100%。到 2015 年，七区每个街道办事处规划设置 1 所实施基本药物制度的社区卫生服务中心，五市每个街道都有政府办社区卫生服务机构。2017 年，青岛市发布《关于全面推进基层医疗卫生机构标准化建设的意见》，对基层服务网络、房屋设备及人员配置、服务功能、运行管理标准化提出了要求。

基层医疗卫生机构绩效考核工作的开展是深化基层医疗卫生机构综合改革的重要环节，能够有效地促进基层医疗卫生机构科学运行、推动绩效工资制度实施。青岛市在 2010 年提出，基层医疗卫生机构要实施绩效工资，提升人员工作积极性，依据《山东省基层医疗卫生机构绩效工资实施办法》，开始研究制定青岛市具体实施意见。2011 年，正式发布《青岛市基层医疗卫生机构绩效考核指导意见》，规定了基层医疗卫生机构绩效考核标准、内容、具体指标以及结果使用等。2013 年，发布《关于进一步加强政府办基层医疗卫生机构和工作人员绩效考核的通知》（青医改〔2013〕31 号），强调建立财政补助与机构绩效考核结果挂钩机制，充分发挥绩效考核的激励导向作用，提高基层医疗卫生服务能力、满意度和效率。

B. 创新基层医疗服务模式，推广家庭医生签约服务。为解决群众“看病难”问题，青岛市积极推动家庭医生签约服务。家庭医生签约服务是实施分级诊疗制度的基础，有利于医疗资源下沉到基层，促进基层首诊，让基层群众得到更加便利的医疗服务。2017 年，青岛市相继出台了《青岛市人民政府办公厅关于进一步加强乡村医生和基层医疗卫生机构医生队伍建设的实施意见》和《青岛市规范和加快推进家庭医生签约服务工作实施方案》，对家庭医生数量及结构提出要求，明确了签约服务主体、对象、服务内容以及收付费机制，并进一步完善了基层用药政策和服务价格的有关规定。目前，全市签约 28.08 万人，重点人群签约 21.38 万人，并在全市建立居民电子健康档案 680 余万人。为推进实施家庭医生签约制度，2017 年青岛市发布《关于开展家庭医生签约服务免费提供治疗部分慢性病基本药物的通知》，由家庭医生向签约居民免费提供治疗高血压、高脂血症和糖尿病的 7 种基本药物，鼓励居民签约家庭医生服务。青岛市这一政策在国内尚属首创，挑选部分常见慢性病免费发药，既解决了部分基药价格高或供应不全的问题，也是推广家庭医生签约制度的重要契机。2017 年，青岛市又进一步发布《青岛市规范和加快推进家庭医生签约服务工作实施方案》（以下简称《方案》），规范家庭医生签约服务付费工作。该《方案》提出建立签约服务收付费机制，明确签约服务的筹资渠道，规范其他诊疗服务收费，完善基本医保支付政策，发挥家庭医生在医保付费控制中的作用。同时，鼓励区市加大财政投入，以家庭医生签约服务补贴或减免签约居民付费等形式，推进家庭医生签约服务工作。但家庭医生签约要想成功惠及更多基层群众，仍需政策上的支持，让群众真正看到政策实惠，充分调动基层医务人员的积极性，实现家庭签约医生服务的意义。

C. 财政对基层的投入机制不断完善。2014 年，青岛市提出要加强医疗卫生重点学科建设，并同时发布了相关资金管理办法。对于国家及省市设立的各类专项资金，青岛市都设定了相关资金管理办法，明确资金使用内容、审批及管理方法。

随着基本药物制度的不断推进，基层医疗卫生机构面临的一些深层次的问题更加凸显，其中补偿机制问题是核心，如果没有合理的补偿机制，必将影响基层医疗卫生机构的正常运转。2010 年，国务院办公厅发布《关于建立健全基层医疗卫生机构补偿机制的意见》（以下简称《意见》），提出建立健全稳定长效的多渠道补偿机制。同年青岛市级财政紧跟该《意见》要求，通过“以奖代补”的办法，对部分区市给予奖励补助，并开始探索通过购买服务的方式，发挥基本医疗保障基金对基层医疗卫生机构的补偿作用。2011 年，青岛市发布《关于建立健全基层医疗卫生机构补偿机制的实施意见》，明确了具体任务、资金来源，并提出对于非政府办基层医疗卫生机构，通过购买服务等方式对其承担的公共卫生服务给予合理补助。2012 年，中央财政建立经常性补助机制，纳入预算安排。

D. 基层人才培养得到重视。医疗人才是医疗服务的重中之重，青岛市近年来不断加强以全科医生为重点的基层医疗卫生队伍建设，开展免费定向医学生培养，创新乡村医生“区市管镇聘村用”管理模式，加大基层医疗卫生技术人员培养和引进力度，提高基层服务能力。2010 年，青岛市提出开展全科方向的住院医师规范化培训，2011 年鼓励有条件的区市积极建立全科医生团队，推进家庭签约医生服务。2012 年，规划安排县级医院骨干人员到三级医院进修学习、全科医生转岗培训、完善落实鼓励全科医生长期在基层服务的政策。2016 年，青岛市探索县管镇用、县镇村一体化等基层人才管理模式，推动基层人才流动。2018 年，青岛市发布《关于做好乡村医生准入管理工作的通知》，进一步规范了乡村医生队伍建设，保障乡村医生合法权益，吸引更多的医疗卫生人才充实到乡村医生队伍中。青岛市首先提高了在岗乡村医生基本收入标准，将基本公卫标准提高至 54 元/人·年；鼓励有条件的区市提高区域内基本药物补助标准；出台老年乡村医生生活补助工作方案，将符合条件的老年乡村医生生活补助纳入财政给予保障，目前，全市 1.4 万余名老年乡村医生享受到此项补助，发放资金 1.2 亿元。为提升乡村医生工作人员的积极性，青岛市推行村卫生室医疗责任险和运行补助等措施，全市 80% 的村卫生室投入医疗责任险，最高保额可达 120 万元。部分条件较好的区市通过资金补助形式，为乡村医生购买养老保险。

第二，公立医院。《国务院关于印发医药卫生体制改革近期重点实施方案（2009—2011 年）的通知》国发〔2009〕12 号明确公立医院体制改革试点工作的三个重点：一是改革管理体制、运行机制和监管机制，探索政事分开、管办分开的有效形式，包括完善医院法人治理结构，推进人事、分配制度改革，强化医疗服务质量管理等；二是推进补偿机制改革，落实公立医院政府补助政策，推进医药分开，逐步取消药品加成，积极探索医药分开的多种有效形式；三是加快形成多元化办医格局，积极稳妥推进部分公立医院转制，鼓励民营资本举办非营利性医院。

在中央及省指导下，青岛市公立医院改革覆盖范围不断扩大。2010 年，在即墨市人民医院率先开展县级医院综合改革试点；2014 年启动实施第二批县级公立医院综合改革试点，实现县级公立医院改革全覆盖；2016 年，青岛市开始推进第四批城市公立医院综合改革试点工作，制定了青岛市公立医院综合改革试点实施方案。自 2016 年 7 月 1 日起，市内的二级以上公立医院全面启动公立医院综合改革。自新一轮医改启动以来，青岛市发布了一系列政策，为加快公立医院改革、提高医疗服务质量、控制医药费用增长提供了制度保证，主要表现在以下七个方面：

A. 探索建立现代医院管理制度。一是探索医院法人治理结构建设。2010 年，青岛市在《全市 2010 年度医药卫生体制五项重点改革主要工作安排及责任分解》中提出，公立医院开始探索政事分开、管办分开的有效形式，并完善医院法人治理结构。2012 年，要求落实县级公立医院经营管理和用人自主权，并开始探索建立理事会等多种形式的公立医院法人治理结构。2014 年，青岛市提出，完善公立医院院长选拔任用制度，推进院长职业化、专业化；同时推动公立医院去行政化，逐步取消公立医院行政级别，到 2014 年底，卫生计生行政部门负责人一律不得兼任公立医院领导职务。

二是推进薪酬制度改革。2012 年，青岛市建立完善院长负责制和任期目标责任考核制度，并提高人员经费支出占业务支出的比例。2014 年开始推进薪酬制度改革，研究制定公立医院收入分配制度改革文件，完善市属公立医院年度工资总额核定办法，截至 2017 年底，已调整 8 所医院绩效工资总量。2017 年，青岛市出台《关于加强公立医院财务和预算管理的实施意见》，落实全面预算管理，13 所三级医院全面实行总会计师制。2018 年，出台《青岛市公立医院薪酬制度改革试点工作方案》（青人社字〔2018〕18 号），从提升整体薪酬水平、落实医院收入分配自主权、改革负责人薪酬制度、鼓励探索特殊人才分配激励机制以及规范收入分配秩序等方面进行了较为完善的改革方案设计。

三是推进人事编制改革。自2011年起，青岛市逐渐深化人事制度改革，健全聘用和岗位管理制度，完善绩效考核和分配激励机制；2016年，全面开展公立医院编制备案工作，公立医院不再核定事业编制，实行人员控制总量备案管理。2016年全市公立医院共备案4.6万人。

B. 建立公立医院补偿机制。2012年以来，国家“发改委”按照深化医药卫生体制改革的总体部署和要求，指导各地积极稳妥地推进公立医院医药价格改革，推动破除“以药补医”机制，建立科学合理的补偿机制，降低群众医药费用负担。

青岛市响应中央及省的相关政策，科学地制定补偿办法。2010年，青岛市开始探索医药分开，逐步取消药品加成，试点公立医院补偿由原来的服务收费、药品加成收入、财政补助三个渠道改为服务收费和财政补助两个渠道。2012年，全面取消药品加成，医院由此减少的合理收入或形成的亏损通过调整医疗技术服务价格、增加政府投入等途径予以补偿。2014年，提出医院加强成本控制管理、节约运行成本的补偿方式。2016年，具体设定了补偿比例，其中公立医院通过调整医疗服务价格补偿80%，政府补偿不低于10%，其余部分通过医院加强核算、节约成本解决。同时，青岛市执行差异化财政补助政策，对胸科医院、传染病医院、精神病医院等专科医院价格补偿不足80%的部分由市、区财政给予兜底补助。2016年共投入取消药品加成补助资金1.3亿元。为保证公立医院改革顺利进行，青岛市加大财政投入力度，制定《青岛市公立医院补助资金管理办法》，全面落实公立医院6项投入政策，对在职人员5项社会保险费用给予补助。2016年，各级财政对公立医院补助资金达17.06亿元，同比增长38%。

自2016年7月1日起，青岛市全面启动公立医院综合改革，57所公立医院（包括部队医院和企业医院）全部取消药品加成（中药饮片除外），实行零差率销售，提高了诊察、护理、手术和床位等医疗服务项目价格。破除以药补医机制是确保公立医院公益性的重要一环，也是深化公立医院改革必须要解决的首要问题。青岛市将继续以取消药品加成、实行零差率销售作为城市公立医院综合改革的切入点，同时，将通过理顺医疗服务价格、增加政府投入、改革医保支付方式、降低医院运行成本等建立公立医院科学补偿机制。

C. 健全完善医疗价格管理，加强医疗费用控制。为解决群众“看病贵”问题，青岛市不断推进医疗服务价格形成机制改革，以加强医疗费用控制。按照《全国医疗服务价格项目规范（2012年版）》要求，青岛市对公立医疗机构的医疗服务项目价格实行政府指导价，非公立医疗机构的医疗服务项目价格实行市场调节价。不同级别的医疗机构和医生提供的服务，实行分级定价。早在2011年，青岛市按照深化医改的部署要求，就率先开始进行医疗服务价格改革探索和实践。2013年起，青岛市对县级公立医院全部取消药品加成，先后分三批调整了医疗服务项目价格。之后，青岛市出台《青岛市医疗服务项目价格》，在全国率先启动全市医疗服务价格改革工作。2016年7月，青岛市全面实施城市公立医院综合改革，取消药品加成政策，分三批调整了6423项医疗服务项目价格。青岛市出台的一系列新收费政策，充分贯彻了国办发〔2015〕38号文件的精神，降低了大型检查检验类项目的价格，提高了体现医务人员技术价值的服务价格，有助于通过价格手段引导医院服务由“以药养医”到“以技养医”的转型升级，降低患者就医负担。

D. 推进医保支付方式改革，发挥医保控费作用。在医疗付费方面，青岛市不断深化医疗保险支付方式改革，全面建立并不断完善符合实际的医保支付体系，以发挥医疗保险的控费作用。在付费方式改革层面，从国家政策到地方试点，病种付费的试点范围正逐步扩大。自2010年起，青岛市积极推进按病种收费试点改革，出台了《关于开展新型农村合作医疗制度支付方式改革试点工作的指导意见》（青卫农社字〔2010〕37号），提出结合新农合制度建设，改革医疗费用支付方式，减轻参合农民的医疗费用负担。2012年，《关于青岛市深化医药卫生体制改革2012年主要工作安排的通知》（青政办字〔2012〕107号）提出，积极推行总额预付、按人头付费、按病种付费、按床日付费等复合支付方式，逐步覆盖所有医保定点医疗机构；同时，完善医院等级和医师职级的差别支付机制，将支付比例进一步向基层医疗卫生机构倾斜，推进分级诊疗，引导患者合理就医。2014年，青岛市提出建立卫生、财政、人力资源和社会保障、物价等部门共同参与的医药费用不合理增长联合控制机制，并逐渐建立公立医院医疗费用监控体系，实行医药总费用和次均费用及其结构占比双控，以遏制医疗费用不合理增长的势头。

2015年，青岛市出台了《青岛市社会医疗保险住院定点医疗机构考核办法》（青人社字〔2015〕27号）、《关于深化医疗保险支付方式改革的意见》（青人社发〔2015〕2号）、《2016—2017年全市二级及以上公立医院医疗费用控制与考核办法》（青医改〔2016〕18号）等文件，建立了定点医疗机构服务数量及质量的考核评价机制、激励约束机制和谈判协商机制，对医疗机构起到了有效的约束和制衡作用。青岛市不断改革完善医保支付方式，逐步发展形成了以“总额控制、年终决算”为主（住院、门诊大病），以病种付费、危重病大额医疗补贴、床日定额付费、人头付费等多种方式为补充的复合式支付方式；已将日间手术（46个病种）、中医优势病种（14个病种）纳入了医保支付范围；建立了以医保服务质量和服务数量绩效考核为基础的，“结余奖励、超支分担”的考核激励约束机制，强化医保对医疗行为的监管。2017年12月，青岛市物价、卫计、人力资源和社会保障、财政等部门联合出台了《关于公立医院按病种收费和支付有关问题的通知》（青价费〔2017〕46号），制定了110个病种的收付费标准。青岛市按照病种付费的先进做法在全国范围内得到推广。2018年3月，青岛市“医改办”印发了《关于对即墨区推进按人头总额付费支付方式改革的批复》（青医改办〔2018〕7号），在即墨区首次试点开展对纵向合作的医疗联合体等模式实行医保总额付费的探索。2018年4月，青岛市人力资源和社会保障局印发《关于2018年度全市医保基金收支预算及市本级定点医院住院医疗费结算问题的通知》（青人社办字〔2018〕95号），对医疗保险支付方式改革作了进一步的完善。与深圳市同步，青岛市开始探索建立按疾病诊断相关分组收、付费体系，更加科学合理地确定收费、付费标准。下一步，青岛市将重点推行按病种付费，开展按疾病诊断相关组（DRGs）绩效评估和付费试点；推进针对医共体、医联体的按区域人头总额付费试点；进一步完善机制，充分发挥医保对医改的基础作用、对医疗机构的激励约束作用以及对医疗资源合理配置的引导作用。

E. 加强公立医院财务预算管理。目前，公立医院已全面推开综合改革，全部取消药品加成，取得了重大阶段性成果。但公立医院综合改革是一项复杂的系统工程，涉及深刻的利益调整，为巩固破除以药补医成果，中央财政会在2018—2020年继续安排资金支持县级和城市公立医院综合改革。因此，要加强公立医院财务预算管理，提高财政专项补助资金的利用效益，补偿取消药品加成之后医院所减少的收入，降低成本，减少不必要的支出，使得公立医院的财务管理机制更加科学透明。2013年，青岛市颁布了医院和基层医疗卫生机构财务会计制度补充规定，进一步完善公立医院的财务会计制度，2014 年《青岛市关于完善公立医疗机构财务报告制度的通知》（青财社〔2014〕2 号）为公立医院报送医院财务报告提供依据。2015 年，国家颁布《财政部　国家卫生计生委　国家中医药局关于加强公立医院财务和预算管理的指导意见》（财社〔2015〕263 号）为公立医院的综合改革中的财务管理领域指明改革方向。2016 年，山东省财政厅、卫计委颁布了《关于加强公立医院财务和预算管理的实施意见》，为建设公立医院全面预算管理制度提供依据。2016 年，青岛市财政局、青岛市卫生和计划生育委员会发布《关于加强公立医院财务和预算管理的实施意见》（青财社〔2016〕8 号），明确提出公立医院要按照《医院财务制度》和《医院会计制度》的有关规定，建立健全成本管理组织机构和相关制度，加强成本核算与控制，合理划分内部核算单元。2017 年初，所有公立医院建立并实行了全面预算管理制度，2018 年预算管理制度进一步完善，约束作用也逐步强化。

根据以上政策梳理，各区（市）财政部门和业务主管部门要加强制度建设，根据当地实际情况细化公立医院财务和预算管理办法，规范财务管理流程，统一信息化技术标准，提升财务和预算管理信息化水平，明确信息披露要求。同时，业务主管部门要切实强化主管责任，督促公立医院切实加强财务和预算管理的基础工作，完善内部管理，提高财务和预算管理的科学性。财政部门和业务主管部门要加强对公立医院财务和预算管理工作的监督检查，定期对公立医院财务和预算管理工作进行考核，并将考核结果与对公立医院及其相关责任人的考核评价挂钩，与对公立医院的财政补助资金分配挂钩。

F. 积极推进综合监管工作。医疗机构审批服务事项的审批流程得到规范。2015 年，青岛市发布《关于贯彻落实青岛市行政审批全流程改革的实施方案》，对医疗机构设置、执业登记、增加科目（床位、牙椅）、校验、变更执业地点、所有制形式、经营性质、注册资金等服务事项审批流程作出了规定。

医疗质量安全管理制度方面，青岛市卫生和计划生育委员会在 2017 年发布《全市医疗质量安全核心制度落实年活动实施方案》，以《医疗质量管理办法》规定的 18 项医疗质量安全核心制度为主要内容，通过开展制度排查、学习教育、整改落实、督查检查等活动，持续提升医疗服务质量。

G. 信息化建设加快医疗卫生信息资源共享。青岛市从 2010 年开始推行电子病历标准和规范，加快推进医院信息化建设。2012 年将村卫生室纳入基层医疗卫生机构信息化建设和管理范围，提出建立涵盖基本药物供应使用、居民健康管理、基本医疗服务、绩效考核等基本功能的基层医疗卫生信息系统，统一技术信息标准。目前，即墨市已开展医院管理信息系统、村卫生室管理系统、居民健康档案、电子病历、医学检验、影像、远程会诊等十几个区域信息系统试点，远程医疗和智慧医疗的信息化进程加快。截至 2017 年 7 月，全市已有 18 家医院接入居民健康信息服务平台，注册用户已超过 400 万。

第三，社会办医院。社会办医院作为医疗服务体系不可或缺的重要组成部分，是满足人民群众多层次、多元化医疗服务需求的有效途径。其可以与公立医院形成有序竞争；可以提供高端服务，满足非基本需求；可以提供康复、老年护理等紧缺服务，对公立医院形成补充。

自 2010 年起，青岛市开始鼓励社会资本进入医疗服务领域；2014 年，进一步优化社会办医政策环境，在人才流动、土地、投融资、财税、产业政策等方面提供支持，并规范了非公立医疗机构医疗服务价格机制以及机构监管和评价政策。2016 年起，青岛市以市政府办公厅《关于加快社会办医和促进健康服务业发展的若干意见》（青政办发〔2016〕12 号）为统领，以《青岛市区域卫生规划（2016—2020 年）》为框架，以医疗联合体建设为载体，以医养结合发展为特色，积极推动社会办医工作。2016 年 6 月，青岛市取消社会办医对地点和数量的限制，重点审查社会办医的基本标准和条件，特别重视对医疗机构选址的评估，尤其鼓励集团化、连锁化发展。根据 2015 年医院的统计情况，青岛市的医院中民营医院占多数，公立医院占到 1/3，65 家公立医院中政府办医院为 43 家。级别多集中于二级，三级医院全部是公立医院，一半以上民营医院并未评定级别。按类别划分，则主要是综合医院与专科医院。

在对社会办医院的监管上，青岛市实施"3 + 1"监管模式，加强医疗机构审批、事中管理、事后监管间的衔接，不断规范和整顿医疗市场秩序。截至 2016 年，设置审批医疗机构 161 家；建立了医养结合工作动态监测机制，595 家医养结合机构纳入网络监测。

第四，城乡协作。本章前面的论述将我国的医疗服务机构分成了基层医疗卫生机构、公立医院和社会办医院三大类，并从机构管理体制、运行机制、投入机制等八个方面进行了政策梳理。其实，在医疗服务体系中还存在着三类机构之间进行城乡协作的领域，如医疗服务模式的创新。

近年来，青岛市逐渐建立健全分级诊疗制度，推进医联体建设，城乡协作进一步加强。2014 年，青岛市实施分级诊疗办法，制定《青岛市区域医疗联合体推进方案》和《医疗联合体建设指南》，并试点建设涵盖县、镇、村三级医疗机构的紧密型医联体。到 2015 年，国务院办公厅出台《关于推进分级诊疗制度建设的指导意见》（国办发〔2015〕70 号），正式在全国范围内推行分级诊疗政策。2016 年，黄岛区、即墨市全面实施分级诊疗试点，推行肿瘤、冠心病和脑血管疾病分级诊疗，推进黄岛区慢病与心脑卒中防治一体化分级诊疗体系试点工作，分级诊疗开展的区域和病种数不断扩大。2015 年，重点建设纵向型医联体，鼓励和支持建立横向型医联体，建立不同类别的医疗机构功能横向互补体系。通过医联体的建立，青岛市将综合医院优秀管理、技术、人员下沉到基层，提升了基层医疗卫生机构服务能力和水平。截至 2017 年底，青岛市公立医院已与 100 余家基层医疗机构建立不同形式的合作与协作关系，15 个县级医院与 76 个卫生院、2574 个村卫生室实行了县、镇、村一体化管理；为基层提供门诊服务 12 万人次，开展手术 3200 人次，培训基层医务人员 2.5 万人次，实现双向转诊 3680 人次；全市 19 家三级医院牵头形成 19 个医联体，组建 5 个医疗集团，覆盖近 300 家医疗机构。

在中医药发展方面，青岛市积极引导资源向基层流动，深入实施基层中医药服务能力提升工程，建立了 103 个国医馆。2016 年 12 月，《青岛市创建国家中医药综合改革试验区"十百千万"工程实施方案》正式发布，组建了 37 家成员单位组成的青岛市中医药发展集团。2016 年，作为全国唯一副省级城市国家中医药综合改革试验区，青岛市出台 10 多项中医药扶持政策，全市所有公立社区卫生服务中心和镇街卫生院实现了中医药服务的全覆盖。

纵观青岛市医改历程，政策发布能够及时跟进国家及省的有关政策，在分级诊疗等方面甚至早于其他省市开始试点改革。就医疗服务体系建设来说，青岛市政策覆盖由基层医疗卫生机构、公立医院、专业医疗卫生机构到非政府办医院，覆盖率达到 100%；就政策内容来看，涉及医疗卫生管理、运行、投入、价格、监管、科技与人才培养、信息等各项机制及条件，为医改顺利推进提供了较为完善的政策环境。但是在政策规范中，青岛市某些方面仍缺乏具体的规定内容，如以公益性为导向的公立医院绩效考核评价机制、基层镇街卫生院等级评审、基层医疗卫生机构绩效工资制度、信息化建设在基层推行缓慢等问题。目前，青岛市也在逐渐研究相关制度设计，深化医药卫生体制改革。

2.3 药品供应保障体系政策的梳理与分析

2.3.1 药品供应保障体系的定义

药品供应保障体系这一概念首次出现在2007年党的十七大报告中，胡锦涛总书记在报告中“建设覆盖城乡居民的公共卫生服务体系、医疗服务体系、医疗保障体系、药品供应保障体系，为群众提供安全、有效、方便、价廉的医疗卫生服务”这一表述，首次提出了四位一体的基本医疗卫生制度建设方针。随后，卫生部党组书记高强及卫生部部长陈竺对药品供应保障体系建设的内容进行了阐释，指出药品供应保障体系建设包含四项具体任务：第一，建立基本药物制度。第二，改革药品生产流通体制。第三，严格新药审批和药品生产、经营企业的准入，加强质量监管。第四，改革药品价格管理，提高药品定价的科学性。药品供应保障体系建设的目标应服务于基本医疗卫生制度建设的总目标，即“为群众提供安全、有效、方便、价廉的医疗卫生服务”。具体而言，就是确保药品的安全性和有效性，并改善药品的可获得性和可支付性，为群众提供安全、有效、方便、价廉的药品。

药品供应保障体系可以定义为确保药品供应能够充分、高效地满足公众的药品需求的系统，该系统由若干个相互关联的实体系统和概念系统共同构成，实体系统主要包括药品生产系统和药品流通系统，概念系统则主要包括药品市场准入管理、药品流通管理、药品价格管理以及国家基本药物制度等。

2.3.2 药品供应保障政策导向分析

药品供应保障体系是医改的重要组成部分，是实现2020年人人享有基本医疗卫生服务目标的迫切任务。在我国国家发展规划及党的十九大报告中，多次强调建立健全药品供应保障体系。

《“十三五”卫生与健康规划》提出要强化药品安全监管：“实施国家药品标准提高行动计划，开展仿制药质量和疗效一致性评价。健全药品医疗器械监管技术支撑体系，提高检验检测能力，提升对药品医疗器械不良反应事件的监测评价和风险预警水平，加强药物临床试验机构建设。健全严密高效、社会共治的药品安全治理体系。加大农村药品安全治理力度，完善对网络销售食品药品的监管。加强药品进口监管，健全药品供应保障机制，完善国家药物政策体系，巩固完善基本药物制度，建立药物临床综合评价体系，加强儿童、老年人等特殊人群基本用药保障。”

《“十三五”深化医药卫生体制改革规划》提出：“建立规范有序的药品供应保障制度。实施药品生产、流通、使用全流程改革，调整利益驱动机制，破除以药补医，推动各级各类医疗机构全面配备、优先使用基本药物，建设符合国情的国家药物政策体系，理顺药品价格，促进医药产业结构调整和转型升级，保障药品安全有效、价格合理、供应充分。”

习近平总书记在党的十九大报告中提出，要加快建立以国家基本药物制度为基础的药品供应保障体系，保障人民群众安全用药。

新一轮医改中，我国药品供应保障体系建设主要涵盖三个方面：第一，建立国家基本药物制度，保障药品生产供应，提高药物的可获得性。第二，完善药品质量监管体系，促进药品临床合理使用，保证用药安全。第三，完善“新药创制制度”和科技创新体系，提高医药供给能力和国际竞争力。

2.3.3　关于药品供应流通的政策对比分析

以下主要从药品供应保障的概念系统着手，梳理青岛市在药品市场准入管理、药品流通管理、药品价格管理以及国家基本药物制度四个板块的政策发布状况，涉及药品研发、上市、定价、采购、物流、配备使用以及基本药物制度的实施等细分部分。选取了宁波、大连、厦门等市与青岛市进行对比，具体见表1－5。

表1－5　国家及四城市药品供应保障政策涉及范畴对比

政策板块及部分细分内容	国家	青岛	大连	宁波	厦门
市场准入管理					
上市环节：					
新药研发	√	—	—	√	—
新药注册	√	—	—	√	√
研发专家管理	√	√	—	—	√
行政审批	√	√	√	—	√
产品备案	√	√	√	√	√
生产环节：					
药品生产企业管理	√	√	√	√	—
新药研发	√	—	—	—	—
生产质量监督	√	√	√	√	√
药品流通管理					
购销环节：					
基本药物采购机制	√	√	√	√	—
集中采购规范	√	√	√	√	√
“两票制”	√	√	√	—	√
销售渠道管理	√	√	√	√	—
物流配送环节：					
现代物流发展	√	√	—	—	—
物流配送监管	√	—	√	√	—
使用环节：					
基层机构药物配备使用	√	√	√	√	√
广告审查及发布标准	√	—	√	√	√

续表

政策板块及部分细分内容	国家	青岛	大连	宁波	厦门
药品流通管理					
流通监督管理	√	√	—	—	√
召回管理	√	—	—	—	√
监管：					
药品经营企业管理	√	—	√	√	—
医疗机构和零售药店药师管理	√	—	√	√	—
药品经营质量管理	√	√	√	—	√
电子监管	√	—	√	—	
药品安全信用分类	—	—	√	√	√
药品价格管理					
药品定价	√	√	—	—	—
价格调整	√	√	—	—	—
取消药品加成	√	√	√	√	√
国家基本药物制度					
药品目录增补	√	√	√	√	—
医保支付	√	√	√	√	—
补助资金管理	√	—	—	√	—

资料来源：根据国家及各市政策文件整理。

从表 1－5 可看出，在药品供应保障体系建设方面，国家政策体系较完善，纵向涉及法律行政法规、部门规章等各层次，横向覆盖药品供应保障体系的四部分。青岛市在政策发布上更集中于购销、定价以及基本药物制度完善等环节，这是由于国家发布的药品质量管理与监督方面的法律法规要求在全国范围内统一实行，而在药品采购价格上有中央指导定价，各省市参考交易价格制定最高零售指导价格。相比之下，在新药研发与注册政策方面，宁波市更为重视，青岛市在执行国家相关法律法规的同时，还应根据自身情况鼓励药品研发，规范药品注册上市。药品流通环节中，大连市、宁波市医疗机构和零售药店药师管理比青岛市更为规范，值得借鉴；同时，青岛市还应进一步完善药品信用分类，保障用药安全。在药品的定价管理规范方面，青岛市相对较优于其他三个市，这也是该市重视控制医药费用，缓解“看病难、看病贵”问题的一大体现。

进一步对青岛市药品供应保障板块各细分内容进行公布政策的统计分析，可以看出，青岛市药物供应保障政策发布主要集中在 2013—2017 年，关注重点在于药品质量安全监管，也凸显了青岛市在药品安全方面的重视程度。自 2013 年起，青岛市发布多项文件，进一步完善新药注册以及药品生产管理方面的制度规范，为新药上市、药品生产企业提供政策指引；在药品购销方面，青岛市积极引入集中采购方式，推行统一采购平台，大大提升了药品采购效率。在国家基本药物制度的推行方面，青岛市执行中央政策意见，不断完善基本目录，根据自身医疗卫生发展水平，持续更新医保药物目录，为居民提供更加有效的医疗保障。

纵观医改全进程，进一步梳理青岛市在药品保障体系建设方面具体表现以下四个方面：

第一，市场准入管理方面。青岛市重视药品研发，2013 年转发国家食品药品监督管理局《关于深化药品审评审批改革进一步鼓励药物创新的意见的通知》，推进药品审批改革，加强注册管理，鼓励创新药物以及具有临床价值的仿制药研发，满足居民用药需要。2015 年，《青岛市食品药品监督管理局转发关于进一步规范药品注册受理工作的通知》，结合当地实际情况对有关药品注册受理工作提出了具体要求。对于仿制药注册，青岛市选择部分仿制药优先审批，2016 年《转发山东省食药药品监督管理局关于开展仿制药一致性评价工作的通知》（青食药监药注〔2016〕4 号）强化了仿制药的价值评价，规范评价程序，为满足各层次居民安全用药需求提供保障。在药品生产环节，青岛市注重药品质量监管以及对生产经营企业的管理。2016 年，青岛市发布《关于加快实施新修订药品生产质量管理规范促进医药产业升级有关问题的通知》（青食药监安〔2013〕12 号），同时对药品生产监管实行网格化管理，从源头上保证药品安全。

第二，药物流通管理方面。首先，青岛市药物购销机制不断得到规范。2012 年，青岛市提出在基层医疗卫生机构中，坚持招采合一、量价挂钩、双信封制、集中支付、全程监控等政策。2014 年，在省级集中采购的基础上，提倡通过“二次议价”等方式，降低药品医用耗材采购价格。到 2016 年，青岛提出，建立公立医院联合采购会商机制和在省级药品集中采购平台上自行议价采购，并且探索推行“两票制”，有效地为降低药品价格提供政策指引。随着互联网的发展，药品以及医疗器械网络销售逐渐发展，青岛市紧跟时代变化，推出《关于明确办理医疗器械网络销售有关事宜的通知》（青食药监办〔2018〕4 号），对交易销售到交易服务都作出了具体的备案规定，完善了医疗器械网络销售监督管理制度。在药品采购方面，深圳市推广实行药品集团采购模式，甚至拓展到跨区域联合采购，以扩大药品集团采购的规模，提升带量采购的谈判议价能力，进一步降低药品采购价格。这种药品集团采购模式值得青岛市借鉴推广，以提高药品采购效率。其次，近年来，青岛市对药品配备及使用作出了具体的规定，切实保障用药安全。2010 年，青岛市卫计委发布《青岛市基层医疗卫生机构基本药物配备使用管理意见（试行）》（青卫医妇字〔2010〕19 号），规范了基层医疗卫生机构基本药物的招标采购和配送，同时提出要对基本药物配备和使用情况实施动态监管，并将基层医疗卫生机构配备使用基本药物情况纳入绩效考核。最后，药品的质量评价及监管体系不断完善。2010 年，青岛市对招标采购的基本药物进行全品种覆盖抽验，逐步实行全品种电子监管，完善药品不良反应报告评价体系。2012 年，开始实施新修订的药品生产质量管理规范，定期发布药品质量公告，基本药物质量综合评价指标体系逐步完善。2016 年，由于爆发非法经营疫苗案，青岛市更加重视疫苗质量安全，《转发山东省食品药品监督管理局关于进一步加强疫苗流通质量监管工作的通知》，严格推进疫苗全程追溯管理，强化疫苗流通监管。2017 年，青岛市发布《关于转发〈山东省医疗器械不良事件风险预警管理办法〉的通知》（青食药监械〔2017〕2 号），规范医疗器械不良事件风险预警工作，保障公众用械安全。

第三，药品价格管理方面。青岛市执行国家及省药品价格规定，价格调整方案由物价局公布。伴随着公立医院改革的开展，青岛市在 2017 年发布《关于开展公立医院医药价格改革政策评估的通知》（青价费〔2017〕36 号），对全市所有参与改革的公立医院从医院运行、对患者的影响，到对医保基金的影响实施全面评估，反馈医药价格改革的效果。从

2010年起，青岛市开始探索取消药品加成，建立《青岛市零差价药品目录的价格表》；2013年，在即墨和胶南8家县级公立医院实施药品零差价销售试点，为整体推进公立医院改革发展探索和积累经验。截至2015年底，青岛市23家县级公立医院已全面取消药品加成；2016年7月1日起，全市57所公立医院（包括部队医院和企业医院）全部取消药品加成，实行零差率销售。取消药品加成，不仅能够降低药价，缓解群众吃药贵的问题，作为理顺医疗服务比价的第一步，药品零差价更能够破除医院“以药养医”经营模式，向重视医务人员技术价值的“以技养医”模式转变，从而切实提高医疗服务资源使用效率。

第四，国家基本药物制度实行方面。新医改实行以来，青岛市不断扩大基本药物制度实施范围，完善基本药物的报销政策。2010年，青岛市提出，将基本药物制度覆盖全市政府办基层医疗卫生机构，政府举办的基层医疗机构必须全部配备和使用基本药物，同时基本药物全部纳入基本医保报销范围，报销比例比非基本药物提高10个百分点。2011年，“新农合”规定，对实施基本药物制度的镇卫生院住院费用，其中基本药物报销比例不低于85%，医保乙类药品中的基本药物在基层医疗卫生机构使用的支付水平进一步提高。2012年，国家基本药物制度扩展到非政府办基层医疗卫生机构，主要是采取购买服务的方式。为了切实解决市民吃药贵的问题，青岛市已全面实施基本药物制度，零差率销售基本药物。政府办155家基层医疗卫生机构，3988家纳入省统一规划的村卫生室和34家非政府办基层医疗卫生机构均实施了基本药物制度。此外，青岛市总结各地基本药物使用情况，不断研究调整优化国家基本药物目录，优化医保药物目录，例如在2014年，青岛市将13种特效药首次纳入青岛大病医疗特药救助清单，更好地满足了群众的大病用药需求；2017年，在家庭医生签约服务中免费提供治疗高血压、糖尿病和高脂血症等慢性疾病的部分基本药物，根据《青岛市规范和加快推进家庭医生签约服务工作实施方案》（青卫农社字〔2017〕9号），这些基本药物由医保基金或区市财政专项资金支付，切实缓解了部分基本药物价格贵、供应不全的问题。

2.4 医疗保险体系政策的梳理与分析

2.4.1 医疗保险的定义

首先应明确医疗保障与医疗保险概念并不相同。医疗保障是指人们在获取医疗服务时被提供的各种保障措施；医疗保险则是利用缴纳保险费的方式进行医疗筹资，借此获得医疗服务的一种医疗保障形式。由此可见，医疗保险包含在医疗保障之中。完善的医疗保障体系应提供全覆盖、多层次、多元化的医疗保障，一般包括基本医疗保险体系、医疗救助体系以及补充医疗体系。医疗保险是该体系中具有关键性的组成要素，其中又分为若干类型，包括商业医疗保险、社区保险、社会医疗保险和国家医疗保险等。商业医疗保险和社区医疗保险一般具有自愿性质，而社会医疗保险和国家医疗保险则具有国家强制性。社会医疗保险采用工资税的方式征收保险费（通常由雇主和雇员按照工资的一定比例缴纳）。国家医疗保险则是由国家税收直接支付保险费用，无须直接向参保者征收，而我国实行的医疗保险则属于社会医疗保险。

2.4.2　医疗保险政策导向分析

我国在1998年开展城镇职工基本医疗保险，2003年启动新型农村合作社保险试点，2007年开展城镇居民基本医疗保险试点，逐步建立起以基本医疗保险为主，补充医疗保险和城乡医疗救助相结合的全覆盖、多层次的医疗保障体系。其中，基本医疗保险包括城镇职工医疗保险、城镇居民医疗保险、新型农村合作医疗。2016年国家提出整合新农合和城镇居民医保，建立城乡统一的居民医疗保险制度，补充医疗保险包括企业补充医疗保险、商业医疗保险、社会互助和社区医疗保险等多种形式，是基本医疗保险的有力补充；城乡医疗救助是指通过政府拨款和社会捐助等多渠道筹资建立基金，对患大病的农村五保户和贫困农民家庭、城市居民最低生活保障对象中未参加城镇职工基本医疗保险人员、已参加城镇职工基本医疗保险但个人负担仍然较重的人员以及其他特殊困难群众给予医疗费用补助。2017年7月，中共中央办公厅、国务院办公厅印发了《国税地税征管体制改革方案》，明确从2019年1月1日起，将基本养老保险费、基本医疗保险费、失业保险费、工伤保险费、生育保险费等各项社会保险费交由税务部门统一征收，进一步加强了社保基金征收，提高了对员工的各项保障。

党的十九大报告中提出应全面建立中国特色医疗保障制度，"十三五"规划提出实现健全全民医疗保障体系的目标。据此，国家、山东省及青岛市都相应地制定了人力资源和社会保障事业的"十三五"规划，明确了社保发展的主要目标与任务，如表1－6所示。

表1－6　国家、山东省及青岛市人力资源和社会保障事业"十三五"规划内容

层次	"十二五"期间已取得成就	"十三五"主要目标	"十三五"主要任务
国家	社会保障制度运行平稳，覆盖城乡居民的社会保障体系基本建成，待遇水平稳步提高	建立更加公平更可持续的社会保障制度。坚持全民覆盖、保障适度、权责清晰、运行高效，稳步提高社会保障统筹层次和水平。以增强公平性、适应流动性、保证可持续性为重点，建立健全更加公平、更可持续的社会保障制度	基本实现法定人员全覆盖；完善社会保障制度体系；建立待遇合理调整机制；确保基金安全可持续运行
山东省	适应经济社会发展、覆盖城乡居民的社会保障体系基本建成，统筹衔接不断加强，待遇水平稳步增长		
青岛市	率先实现医疗保险"三险合一"；率先实施长期医疗护理保险制度、城镇大病医疗救助制度；居民医疗保险年人均财政补助标准从120元提高到最低360元	建立更加公平更可持续的社会保障制度。推进社会保障制度改革，覆盖城乡居民的社会保障体系全面建成，推进更高水平的养老、医疗保险城乡一体化。完善社会保险筹资机制，建立社会保障待遇正常调整机制，实现基金安全可持续运行	深化社会保障制度改革；实现法定人群全面覆盖；建立待遇合理调整机制；确保基金安全可持续运行

2.4.3　青岛市医疗保险政策沿革分析

（1）青岛市医疗保险体系的建立与发展

第一，基本医疗保险体系建立。2003年，根据国家《关于建立新型农村合作医疗制度

2003年 提出建立新农合：
《国务院办公厅转发卫生部等部门关于建立新型农村合作医疗制度意见的通知》（国办发〔2003〕3号）

2004年 新农合试点阶段：
《国务院办公厅关于做好2004年下半年新型农村合作医疗试点工作的通知》（国办函〔2004〕56号）

2006年 基本建立新型农合制度：
《国务院批转劳动和社会保障事业发展“十一五”规划纲要的通知》（国发〔2006〕35号）

2007年 提出建立城镇居民基本医疗保险制度：
《国务院关于开展城镇居民基本医疗保险试点的指导意见》（国发〔2007〕20号）

2012年 提出实现新农保制度全覆盖，注重城乡统筹：
《国务院关于批转社会保障“十二五”规划纲要的通知》（国发〔2012〕17号）

2016年 提出“六统一”，城乡统筹工作全面开始：
《国务院关于整合城乡居民基本医疗保险制度的意见》（国发〔2016〕3号）

图1－2 国家医疗保险城乡统筹历程

2003年 提出建立新农合：
《青岛市人民政府办公厅转发市卫生局等部门〈关于建立新型农村合作医疗制度的意见〉的通知》（青政办发〔2003〕16号）

2004年 提出全市农村基本建立新农合：
《转发市卫生局等部门关于进一步做好新型农村合作医疗工作的意见的通知》（青政办发〔2004〕56号）

2006年 规范新农合：
《关于完善新型农村合作医疗制度的意见》（青政发〔2006〕26号）

2007年 提出建立城镇居民基本医疗保险制度：
《青岛市城镇居民基本医疗保险暂行办法》（青岛市人民政府令第191号）

2010年 建立地方性法规：
《青岛市新型农村合作医疗条例》（市第十四届人民代表大会常务委员会）

2014年 城乡统筹：
《青岛市社会医疗保险办法》（青岛市人民政府令第235号）

图1－3 青岛市医疗保险城乡统筹历程

的意见》，青岛市选取市区进行了试点工作，并决定于2005年在全市农村建立新型农村合作医疗制度。2005年，青岛市政府颁布的地方性法规《青岛市城镇职工基本医疗保险规定》确立了青岛市的城镇职工基本医疗保险制度，该制度明确提出要建立以基本医疗保险为基础，与大额医疗补助、单位补充医疗保险和社会医疗救助相结合的多层次医疗保障体系，从而搭建了体系建设的框架。但基本医疗待遇规范较为简单，大病医疗补助、补充医疗保险也只是处于探索期，并不成熟。随后，青岛市完善了医疗保险门诊大病管理、医疗保险意外伤害管理等制度，丰富了基本医疗保险制度的内涵。2007年，青岛市政府颁布《青岛市城镇居民基本医疗暂行办法》，将未纳入城镇职工医疗保险的城镇居民覆盖进医保范围，至此，基本医疗保险的三大“支柱”（城镇职工基本医疗保险、城镇居民医疗保险、新型农村合作医疗）基本建立。2010 年，青岛市第十四届人民代表大会常务委员会颁布《青岛市新型农村合作医疗条例》，以地方性法规的形式规范了新型农村合作医疗制度，成为发展和完善新农合的纲领。2011 年，青岛市推出《城镇居民医疗保险办法》，对城镇居民基本医疗保险的财政补助标准及相关待遇政策进行调整，以更好地为城镇居民的健康水平提供强有力的保障。2012 年，青岛市提出将一般诊疗费纳入基本医疗保险门诊统筹以及建立长期医疗护理保险制度，进一步丰富基本医疗保险制度。

第二，基本医疗保险城乡统筹发展。2013 年，山东省出台的《山东省人民政府关于建立居民基本医疗保险制度的意见》（鲁政发〔2013〕31 号）提出，2014 年全面完成居民基本医疗保险制度的整合工作，2015 年基本实现市级统筹工作，2017 年底全部实现基金市级统收统支的任务目标，标志着全省城乡居民医保整合工作的开始。随后，东营、淄博、威海三个市率先试点。2014 年出台的《山东省整合城乡居民基本医疗保险工作实施方案》（鲁政办发〔2014〕2 号）指导整合工作的全面推进。到 2014 年底，山东省 17 市已经全部完成了城乡居民医保整合工作。2015 年 1 月 1 日，山东省开始实施统一的城乡居民基本医疗保险制度，实现医保起付标准、支付比例、最高支付限额、医保目录范围等的统一，成为全国首个城乡居民医保并轨的省份。从此，山东再无城镇居民医保和新农合。

青岛市政府 2014 年 9 月公布的《青岛市社会医疗保险办法》（以下简称《办法》），成为青岛城乡医保统筹工作的重要成果。该《办法》实施后，参保人员待遇水平得到提高，统一了基本医疗保险“三个目录”、门诊大病病种范围，建立了城乡统一的大病医疗保险、大病医疗救助制度以及覆盖城乡的长期医疗护理保险制度，完善了覆盖城乡的门诊统筹制度，增加了生育医疗保险待遇，提升了农村儿童医保待遇，鼓励基层就医，更加方便了参保人就医，充分发挥了医保在医改中的基础性作用。相比全省，乃至全国，青岛市医保体系建立及城乡统筹工作制度整合都较为领先——率先实现医疗保险“三险合一”，率先实施长期医疗护理保险制度、城镇大病医疗救助制度。

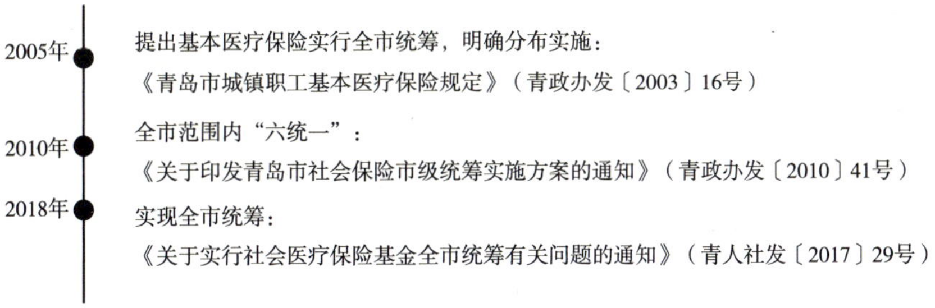

图 1－4　青岛市医疗保险市级统筹历程

第三，市级统筹工作稳步进行。2005 年颁布的《青岛市城镇职工基本医疗保险规定》指出，青岛市基本医疗保险实行市级统筹，并明确要分步实施。首先划分出七区五市（行政区划变动后改为六区四市），七区（市南区、市北区、四方区、李沧区、崂山区、黄岛区、城阳区）的基本医疗保险费纳入市级统筹，五市（即墨市、胶南市、胶州市、莱西市、平度市）暂由当地社会保险经办机构负责筹集和管理，适时纳入全市统筹。2010 年，制定了全市统筹的详细实施方案，提出“六统一”：统一社会保险参保范围和项目；统一缴费标准；统一待遇标准；统一基金管理；统一经办流程；统一信息管理。2017 年 12 月 18 日，青岛市颁布的《关于实行社会医疗保险基金全市统筹有关问题的通知》提出，要对全市职工和居民社会医疗保险基金实行全市统筹，文件指明全市统筹的基本原则，统一医保基金征缴与上缴流程，要求做好医保基金账务的清算工作，加强基金预算管理与统筹调剂，同时做好其他服务工作。2018 年，实现全市统筹，在原六区实行市级统筹的基础上，将即墨区、胶州市、平度市、莱西市社会医疗保险基金纳入全市统筹管理使用，职工医保基金和居民医保基金分别实行全市统收统支。

第四，医疗救助体系有力补充。在医疗救助体系的建立方面，城镇医疗救助制度探索较早，青岛市政府在 2000 年就颁布了城镇职工大额医疗救助金筹集使用的管理办法，2003 年，建立了城市困难居民医疗救助制度。而农村大病医疗救助制度到 2012 年才得以建立，同年，在国家《关于建立城镇大病医疗救助制度的意见》的指导下，青岛市完善了城镇医疗救助体系，从而区分了大额救助、特药、特材救助、特病救助、特殊救助。2013 年，青岛市建立起城镇居民大额医疗补助金制度，将原城镇居民范围内大病救助费用改由大病医疗补助金列支，从而规范了救助资金使用。随着医疗保障体系的逐渐完善以及城乡医保统筹的实施，医疗救助制度也被纳入社会医疗保险大体系中进行整体规范，使其成为基本医疗保险的有效补充。2017 年，山东省颁布了《关于进一步加强贫困人口医疗保障工作的通知》，指出要进一步完善建档立卡贫困人口医疗保障体系，确保贫困人口及时享有医疗保障待遇。

第五，补充医疗保险制度率先实施。2016 年 12 月 1 日，青岛市政府印发《关于建立补充医疗保险制度的实施意见》（青政发〔2016〕35 号），提出青岛市将从 2017 年 1 月 1 日起，在全国率先实施补充医疗保险制度。2016 年 12 月 29 日，青岛市人力资源和社会保障局发布了《关于实施青岛市全民补充医疗保险有关问题的通知》（青人社发〔2016〕36 号），在补充医保的资金管理、保障范围、保障待遇资格管理、特药，特材及精准诊疗项目的经办管理以及费用结算管理等方面作出了说明。至此，青岛市“基本医疗保险 + 大病医疗保险 + 补充医疗保险”的多层次保障体系基本形成。2017 年 12 月 25 日，青岛市颁发《青岛市补充医疗保险特殊药品和特殊医用耗材及精准诊疗项目管理办法》，对特殊药品、特殊医药耗材以及精准诊疗项目进行管理。2018 年公布了《青岛市补充医疗保险特殊药品和特殊医用耗材及精准诊疗项目目录》，对相关项目进行严格目录管理。2018 年，山东省颁布的《关于进一步健全完善居民大病保险制度的通知》指出：统一调整大病保险支出标准，施行差异化的大病保险起付标准，规范支付政策，进而完善大病保险盈亏动态平衡调节机制等，大病保险的改革进一步完善。

第六，长期护理保险创新实践。青岛市是中国老龄化程度较高的城市之一。医疗难、护理贵、负担重，成为老龄化状态下的基本社会问题。青岛市于 2012 年在全国率先实施了医疗护理保险，2014 年，青岛市出台了《青岛市长期医疗护理保险管理办法》（以下简称《办法》），积极应对老龄化，促进“医养康护”相结合的新型服务模式的形成与发展，保障失能人员基本的医疗护理需求。该《办法》规定，护理保险资金按照来源，分为职工护理保险资金和居民护理保险资金，实行统一管理、分账核算、统一支付，分开核算收入、支出和结余。该《办法》还详细规定了护理形式和内容、支付范围与待遇标准、护理服务机构与人员管理、护理保险管理与考核等方面，为接下来的工作作了详细指导。2018 年，青岛市进一步完善《青岛市长期护理保险暂行办法》，新政策在保障人群、保障内容以及保障方式三个方面作出明确规定，满足了不同类型参保人的不同需求。近年来，青岛市护理保险累计支出资金 14 亿元，惠及5万多名失能、失智老人，其中1.5万多名老人有尊严地走完了生命的最后旅程。

（2）青岛市医保基金控费情况。为控制医疗费用不合理增长，减轻个人负担，确保基本医疗保险制度和基金可持续运行，青岛市政府不断加强医疗保险基金的收支预算管理，开展基本医疗保险基金中长期精算，公开医保、定点医疗机构费用等信息，全面改革医疗保险支付方式。形成了以加强医保基金收支预算管理、积极推进多元复合式支付方式改革、完善以绩效考核为基础的年度预决算制度、建立健全协商谈判机制、强化医保监督管理、协同推进配套改革、积极推进医药卫生体制相关改革等为主要任务的改革方案，明确了在坚持总额预算管理的前提下，深化医保支付方式及相关配套改革，并按照职责分工，对人力资源和社会保障、卫生计生、财政、物价等部门提出了具体的部门改革任务。2018年，青岛市财政局、人力资源和社会保障局和卫生计生委联合发布《关于加强医保基金预算管理 发挥医保基金控费作用自评情况的报告》，从结果和任务两方面进行自评，显示出青岛市在强化基本医疗保险基金收支预算管理、控制医疗费用不合理增长、确保基本医疗保险制度和基金可持续运行方面取得了较好的成效。

（3）青岛市异地就医改革进展情况。青岛市在解决异地就医结算问题中做了大量工作：①落实就医地管理责任，加强对定点医疗机构的管理：一是继续扩大定点医疗机构覆盖范围。目前，青岛市已有88家定点医疗机构接入国家异地就医结算平台，涵盖我市所有三级综合、专科医院（24家）以及公立二级综合医院（27家）。2018年6月，青岛市社保局下发了《关于进一步做好医保异地医疗经办工作的通知》，要求各区（市）继续扩大范围，具备条件的定点医院，都要在2018年年底前纳入跨省联网结算定点医疗机构管理。二是严格落实就医地管理责任。2018年，青岛将异地医疗费审核纳入了该市医疗费结算审核体系。主要采取按比例抽审、专项审核和现场审核等措施，加强对定点医疗机构医疗服务行为的规范。②打通政策堵点，加快实现外来农民工和创业就业人员全覆盖：根据青岛市现有的政策规定，来青岛的外地上述两类人员到该市就业，完全没有政策障碍，均可参加职工医疗保险。③积极探索创新，不断提高经办服务水平：一是实现异地医疗“无障碍备案”。二是实现异地医疗业务“同城通办”。三是所有保障层次的医保待遇实现“一站式”结算。四是异地医疗手工报销业务“一次办好”。④加强基金结算管理，确保跨省异地就医资金按时足额拨付。⑤建立异地就医备案卡鉴权机制，全面保障异地就医直接结算等。

（4）青岛市医疗保险具体政策内容梳理。以下我们选取青岛市2008—2018年医疗保险制度来分析政策变迁，具体包括基本医疗保险制度、大病医疗保险和大病医疗救助三类。由于2014年之后青岛市基本医疗保险制度变动较大，因此，我们对2014—2015年青岛市社会医疗保险制度及各类人员的基本医疗保险待遇进行了详细梳理（详见表1-7、表1-8），同时就缴费标准、起付线、门诊及住院待遇等重要指标的变动情况进行了比较分析。

第一，缴费标准及保障范围。2008—2018年，青岛市职工医保中在职员工医保待遇稳定不变；2013年之后，退休职工医保由个人与单位均缴费5元/月共计10元/月，调整为仅由个人承担，缴费标准为5元/月。

2008—2013年，青岛市将居民医疗保险参保对象分为老年、重残、非从业者、少年儿童及大学生五类，分别设定个人缴费及财政补助标准。在2010年之前，非从业者个人缴费比例最高；财政重点补助老年人和重度残疾人，2008年，老年人财政补助标准在近十年中最高。2010年，青岛市统一了居民医保待遇，降低了老年人、重残及非从业者的财政补助标

表 1－7　　2014 年青岛市社会医疗保险制度的相关情况

制度形式		职工医保		居民医保				新农合（平均水平）
开始时间		2000 年 7 月		2007 年 7 月				2005 年 1 月
保障对象		城镇职工		城镇非从业居民				农民
缴费期限		男 25 年，女 20 年		—				—
保障期限		终身		当期				当期
管理机构		市劳动保障行政部门						卫生行政部门
统筹层次		市级		市级				区（县级市）
保险性质		强制性、共济性		自愿性、共济性、福利性				
项目		在职	退休	一档缴费成年居民	二档缴费成年居民	少年儿童	大学生	人均统一标准
缴费标准	个人	工资 2% +5 元/月	5 元/月	350 元/年	110 元/年	110 元/年	80 元/年	75 元左右
	单位/财政补贴	工资 9%	—	560 元/年		440 元/年		2012 年人均 240 元，2013 年 300 元。个别区市有另外增加补助情况
基金模式		统筹基金和个人医疗基金		居民医疗保险基金				合作医疗基金
保障项目范围		住院 + 门诊大病（53 种）+ 普通门诊统筹 + 长期医疗护理 + 意外伤害						住院、门诊大病、普通门诊。无长期护理，门诊大病病种少于居民医保
保障费用范围		三个目录（药品、诊疗项目、医疗服务设施）						报销药品只有 900 余种

基本医疗保险										
起付线	三级医院	800 元								500 元
	二级医院	500 元								300 元
	一级医院	200 元								100 元
	社区定点									
住院待遇	分档	0—4 万元	4 万—20 万元	0—4 万元	4 万—20 万元	0—18 万元				
	三级医院	86%	95%	93%	97%	70%	55%	80%（+5%）		55%
	二级医院	88%		94%		80%	70%	85%（+5%）		65%
	一级医院	90%		95%		85%	80%	90%（+5%）		80%

续表

<table>
<tr><th colspan="3">制度形式</th><th colspan="2">职工医保</th><th colspan="3">居民医保</th><th>新农合（平均水平）</th></tr>
<tr><td rowspan="8">基本医疗保险</td><td colspan="2">住院待遇</td><td colspan="2">参加职工社会医疗保险的灵活就业人员和居民社会医疗保险参保人，在定点医疗机构发生的、符合计划生育政策的住院分娩医疗费用，由基本医疗保险统筹基金按规定支付</td><td colspan="3">成年居民在实行基本药物制度的街道、镇卫生院（社区卫生服务中心）住院，支付比例提高 5 个百分点</td><td></td></tr>
<tr><td rowspan="4">门诊大病</td><td>三级医院</td><td colspan="2">86%</td><td>65%</td><td>55%</td><td>80%（+5%）</td><td rowspan="4">报销 35%，最高 200 元</td></tr>
<tr><td>二级医院</td><td colspan="2">88%</td><td>70%</td><td>65%</td><td>85%（+5%）</td></tr>
<tr><td>一级医院</td><td colspan="2">90%</td><td>80%</td><td>75%</td><td>90%（+5%）</td></tr>
<tr><td colspan="3">超过病种限额标准以上的部分支付比例为 50%；在社区定点医疗机构支付比例为 92%，超过病种限额标准以上的部分支付比例为 70%</td><td colspan="3">在社区定点医疗机构，支付比例按照一级定点医疗机构执行。成年居民在实行基本药物制度的社区定点医疗机构使用基本药物发生的医疗费用，支付比例提高 10 个百分点。超过病种限额标准以上的部分不予支付</td></tr>
<tr><td rowspan="2">普通门诊</td><td rowspan="2">社区定点医疗机构</td><td>支付比例 60%，年度最高支付 1120 元</td><td>支付比例 50%，年度最高支付 720 元</td><td colspan="2">支付比例 40%，年度最高支付 300 元</td><td>支付比例 70%，暂不设最高支付限额</td><td></td></tr>
<tr><td colspan="5">使用基本药物发生的医疗费用，支付比例提高 10 个百分点</td><td></td></tr>
<tr><td colspan="2">基本医疗保险封顶线</td><td>20 万元</td><td colspan="4">18 万元</td><td>基本 12 万元 + 大病救助 10 万元</td></tr>
</table>

注：职工医保待遇水平中退休职工个人自付比例部分减半执行。

资料来源：根据相关文件整理。

表 1－8　2015 年青岛市社会医疗保险制度比较

<table>
<tr><th>制度形式</th><th>职工社会医疗保险</th><th>居民社会医疗保险</th></tr>
<tr><td>保障对象</td><td>在职职工及退休人员</td><td>少年儿童、大学生、成年居民</td></tr>
<tr><td>管理机构</td><td colspan="2">市人力资源社会保障行政主管部门</td></tr>
<tr><td>统筹层次</td><td colspan="2">市级</td></tr>
<tr><td>统筹待遇项目</td><td colspan="2">住院＋门诊大病＋门诊统筹＋长期护理＋意外伤害＋生育医疗（灵活就业＋居民）</td></tr>
<tr><td>报销目录范围</td><td colspan="2">统一“三个目录”（药品＋诊疗项目＋医疗服务设施）</td></tr>
</table>

续表

制度形式			职工社会医疗保险				居民社会医疗保险			
基本医疗保险	起付线	三级医院	800 元							
		二级医院	500 元							
		一级医院	200 元							
		社区定点								
		备 注	第一次住院全额负担，第二次减半，第三次及以上最低 100 元；门诊大病单独负担							
	住院待遇	项目	在职		退休		一档缴费成年居民	二档缴费成年居民	少年儿童	大学生
		分档	0—4 万元	4 万—20 万元	0—4 万元	4 万—20 万元	0—18 万元			
		三级医院	86%	95%	93%	97%	70%	55%	80%	
		二级医院	88%		94%		80%	70%	85%	
		一级医院	90%		95%		85%	80%	90%	
		备注	灵活就业参保人员生育医疗报 1000 元				成年居民在街道（镇）卫生院支付比例提高 5 个百分点；少年儿童属独生子女的提高 5 个百分点；居民一档生育医疗报 1000 元；居民二档 800 元			
	门诊大病	三级医院	86%				65%	55%	80%	
		二级医院	88%				70%	65%	85%	
		一级医院	90%				80%	75%	90%	
		社区定点	92%				80%	75%	90%	
		备 注	限额病种超限额部分，定点医院支付 50%；定点社区支付 70%				成年居民在社区定点使用基本药物支付比例提高 10 个百分点；限额病种超限部分不予支付			
	普通门诊（社区定点）	支付比例	60%				50%	40%	70%	
		支付限额	1120 元				720 元	300 元	暂无	
		备 注	基本药物支付比例提高 10 个百分点							
	长期医疗护理		医疗专护、长期护理、居家护理、日间护理等，按规定标准支付							
	封顶线（住院 + 门诊大病）		20 万元				18 万元			

表 1－9　**2008—2018 年青岛市居民医疗保险待遇变动情况**

缴费标准变动情况		居民医保				
		老年	重残	非从业	少年儿童	大学生
2008 年	个人	300 元/年	150 元/年	720 元/年	40 元/年	20 元/年
	单位（财政）	600 元/年	750 元/年	180 元/年	60（65）元/年	20 元/年
2010 年	个人	300 元/年	150 元/年	720 元/年	40 元/年	40 元/年
	单位（财政）	120 元/年			120 元/年（独生子女 +5 元）	
2013 年	个人	310 元/年	160 元/年	730 元/年	50 元/年	50 元/年
	单位（财政）	300 元/年			300 元/年（独生子女 +5 元）	
2018 年	个人	390 元/年		260 元/年	260 元/年	125 元/年
	单位（财政）	690 元/年		610 元/年		

资料来源：根据青岛市居民医疗保险待遇相关文件整理。

准，而大幅度提升了少年儿童及大学生的医保待遇。2013 年，青岛市各类居民的财政补助标准都有了较大幅度的提升，既考虑到经济发展引起的物价水平变动，又进一步加强了对全民医疗健康的保障力度。

2014 年，青岛市将居民医保中老年人、重度残疾人、非从业者重新划分为一、二档缴费居民，并同步提高了个人缴费和财政补助标准。2018 年度青岛市居民社会医疗保险个人缴费标准，以市政府公布的 2016 年度全市居民人均可支配收入 35680 元为基数，一档缴费居民以 1.1% 计算，二档缴费居民和少年儿童以 0.72% 计算，在校大学生仍以 0.35% 计算，具体数额见表 1－8。关于财政补助标准，2018 年度，各级财政对居民参加社会医疗保险的补助标准（见表 1－9）均高于国家规定的 490 元/年的标准。由缴费标准指标的变化我们可以看出，青岛市居民医疗保险的个人缴费和财政补助标准总体呈上升趋势。随着经济的发展，人民的生活水平逐步提高，同时物价水平也在上升，而青岛市也在不断调整各类人员的医保待遇，以更公平有效地满足人民未来的医疗需求，降低人民就医负担。

此外，青岛市不断扩大基本医疗保险保障范围。2008 年，青岛市职工及居民医保只针对住院、门诊大病，职工普通门诊由个人账户报销，老年人、重度残疾人、非从业者的居民医保为门诊统筹，少年儿童及大学生仅包含意外伤害门急诊；2013 年，青岛市统一了基本医疗保险的保障项目范围和费用范围，2014 年将意外伤害纳入医保范围，2015 年又将生育医疗（灵活就业＋居民）纳入保障范围。

第二，起付线及报销比例。对比 2014 年之前的医保起付线（见表 1－10），可以看出，2014 年起，青岛市统一了基本医疗保险的各类参保对象的起付线，除提升了少年儿童及大学生在三级医院就诊的医保起付线之外，其他人员的医保起付线均实现了降低。起付线的降低意味着财政能够充分地满足职工或居民点而医疗需求，保障程度更高。

表 1－10　　2008—2013 年青岛市基本医疗保险起付线

项目	机构等级	在职	退休	老年、重残、非从业者	少年儿童、大学生
起付线	三级医院	840 元		840 元	500 元
	二级医院	670 元		670 元	300 元
	一级医院	500 元		500 元	
	社区定点	300 元		300 元	

资料来源：根据青岛市基本医疗保险相关政策文件整理。

青岛市的基本医疗保险基本包括了住院待遇、门诊大病和普通门诊三大部分的待遇规定，住院待遇和门诊大病报销比例因参保对象和就诊公立医院的级别不同而有区别。2008—2013 年，青岛市职工医疗保险报销比例在各等级医疗机构、各报销层级上保持不变，设定了大病医疗救助。城乡居民医疗保险中，老年、重残、非从业者医疗报销比例整体提升 15 个百分点，少年儿童及大学生的医保报销比例上升 5—10 个百分点。基本医疗封顶线方面，职工医疗保险封顶线由 6 万元提升至 20 万元，居民医疗保险中，老年、重残、非从业者报销封顶线由 10 万元提升至 17.2 万元，少年儿童及大学生的报销封顶线由 12 万元提升至 17.2 万元。从基本医疗保险待遇简表中可以看出，从 2014 年改革完善基本医疗保险制度以来，各年的待遇政策基本没有太大的变化，这说明青岛市在 2014 年医疗体制改革时的准确定位和科学的规划是比较符合实际情况的。

第三，大病医疗保险政策。目前，青岛市实行的大病医疗保险的雏形是大额医疗补助政策。2008 年，职工医疗保险中大额医疗补助限额为 20 万元，补助比例 90%；居民医疗保险中，老年、重残、非从业者的补助限额为 10 万元，少年儿童及大学生的补助限额为 12 万元。2013 年，青岛市统一了大额医疗补助的补助比例（90%）和补助限额（20 万元），并建立了大病医疗救助制度（见表 1 - 11）。

表 1 - 11　　2013 年青岛市基本医疗保险待遇

<table>
<tr><th colspan="3" rowspan="2">项目</th><th colspan="2">职工医保</th><th colspan="4">居民医保</th></tr>
<tr><th>在职</th><th>退休</th><th>老年</th><th>重残</th><th>非从业者</th><th>少年儿童、大学生</th></tr>
<tr><td colspan="2" rowspan="2">普通门诊</td><td>定点医院</td><td colspan="2">个人账户卡金消费</td><td colspan="3">—</td><td rowspan="2">意外伤害门诊 100 元以上报 90%，限 2000 元；大学生门诊统筹 60%</td></tr>
<tr><td>定点社区</td><td colspan="2">1600 元以内报 60%—70%</td><td colspan="3">1200 元以内报 50%—60%</td></tr>
<tr><td rowspan="17">基本医疗保险（住院＋门诊大病）</td><td rowspan="4">5000 元以下</td><td>三级医院</td><td>84%</td><td>92%</td><td colspan="3">65%</td><td>80%（+5%）</td></tr>
<tr><td>二级医院</td><td>86%</td><td>93%</td><td colspan="3" rowspan="3">75%</td><td rowspan="3">85%（+5%）</td></tr>
<tr><td>一级医院</td><td>88%</td><td>94%</td></tr>
<tr><td>社区定点</td><td>92%</td><td>96%</td></tr>
<tr><td rowspan="4">5000—1 万元</td><td>三级医院</td><td>86%</td><td>93%</td><td colspan="3">70%</td><td>90%（+5%）</td></tr>
<tr><td>二级医院</td><td>88%</td><td>94%</td><td colspan="3" rowspan="3">80%</td><td rowspan="3">90%（+5%）</td></tr>
<tr><td>一级医院</td><td>90%</td><td>95%</td></tr>
<tr><td>社区定点</td><td>92%</td><td>96%</td></tr>
<tr><td rowspan="4">1 万—2 万元</td><td>三级医院</td><td rowspan="3">90%</td><td rowspan="3">95%</td><td colspan="3">75%</td><td rowspan="8">90%（+5%）</td></tr>
<tr><td>二级医院</td><td colspan="3" rowspan="3">85%</td></tr>
<tr><td>一级医院</td></tr>
<tr><td>社区定点</td><td>92%</td><td>96%</td></tr>
<tr><td rowspan="4">2 万元—基本封顶线</td><td>三级医院</td><td rowspan="3">95%</td><td rowspan="3">97.5%</td><td colspan="3" rowspan="4">85%</td></tr>
<tr><td>二级医院</td></tr>
<tr><td>一级医院</td></tr>
<tr><td>社区定点</td><td>92%</td><td>96%</td></tr>
<tr><td colspan="2">基本医疗保险封顶线</td><td colspan="2">20 万元</td><td colspan="4">17.2 万元</td></tr>
</table>

资料来源：根据 2013 年青岛市基本医疗保险待遇整理。

2014 年，青岛市完善了大病医疗保险制度，包含超限补助、特病补助和大额补助三大部分。2017 年起，特病补助被并入大病救助之中，作为大病救助的一个分类来制定医疗费用报销标准，并且大额补助的起付标准、职工医保和居民医保的标准都相应提高，特病医保的起付标准依然是 3000 元保持不变，这体现了医疗保险的公平性，能够更有效地利用医疗保险的有效资源。大病医疗补助、大病医疗保险是青岛市探索解决群众“因病致贫、因病返贫”政策的第一步，为今后医疗保障政策的改革积累了实践经验。如表 1－12，我们选取 2013—2018 年中，青岛市大病医疗保险政策发生较大调整的年份进行了梳理，沿用往年的政策内容的也不再重复表示。

表 1－12　　2013—2018 年青岛市大病医疗保险政策变迁

大病医疗保险			职工医保		居民医保		
			在职	退休	成年居民一档	成年居民二档	少年儿童、大学生
2013 年	大额医疗补助	补助比例	90%				
		补助限额	20 万元				
2014 年	超限补助	补助比例	90%		80%	70%	80%
		补助限额	40 万元				
	特病补助	起付标准	3000 元				
		补助比例	75%		60%	50%	60%
		补助限额	20 万元				
	大额补助	起付标准	另行公布（其中，特病患者已明确为 3000 元）				
		补助比例	75%		70%	60%	70%
		补助限额	20 万元				
2015 年	超限补助	补助比例	90%		80%	70%	80%
		补助限额	40 万元				
	特病补助	起付标准	3000 元				
		补助比例	75%		70%	60%	70%
		补助限额	20 万元				
	大额补助	起付标准	另行公布（其中，特病患者已明确为 3000 元）				
		补助比例	75%		60%（特病 70%）	50%（特病 60%）	60%（特病 70%）
		补助限额	20 万元				
2017 年	超限补助	补助比例	90%		80%	75%	85%
		补助限额	40 万元				
	大额补助	起付标准	职工医保 15000 元，居民医保 18000 元，特病为 3000 元				
		补助比例	75%（特病 75%）		65%（特病 70%）	60%（特病 60%）	70%（特病 70%）
		补助限额	20 万元				
2018 年	超限补助	补助比例	90%		80%	80%	85%
		补助限额	40 万元				
	大额补助	起付标准	职工医保 15000 元，居民医保 18000 元，特病为 3000 元				
		补助比例	75%（特病 75%）		65%（特病 70%）	60%（特病 60%）	70%（特病 70%）
		补助限额	20 万元				

资料来源：根据青岛市大病医疗保险相关政策文件整理。

第四，大病医疗救助政策。2013 年起，青岛市开始建立健全大病医疗救助政策。2013 年的大病医疗救助政策分为范围内救助和范围外救助两大部分，并且对于各类参保对象实行统一的救助标准。2014 年及 2015 年，大病医疗救助体系基本建立完善，包含特药特材救助、大额救助两大部分。2015 年，青岛市将居民医保的特病补助比例提高了 10 个百分点，大额补助（除特病外）比例降低 10 个百分点。补助比例的调整使得大病医疗保险基金更集中于保障特病病人，从而在特病范围内缓解“因病致贫”问题，这也体现了“精准”的政策思想。在 2015 年的基础上，2017—2018 年青岛市继续提高了部分居民的大病医疗超限补助比例和大额补助（除特病外）比例（见表 1 - 13）。

表 1 - 13　　2013—2018 年青岛市大病医疗救助政策变迁

大病医疗救助项目			职工医保		居民医保			
			在职	退休	成年居民一档	成年居民二档	少年儿童	大学生
2013 年	大病医疗救助	范围内救助	特病救助（自负 3000 元部分，报 70%，限 10 万元）+大额救助（自负 2 万元以上部分，报 70%）+超限救助（报 90%，限 20 万元）					
		范围外救助	特药救助（70%）+特材救助（70%）+大额救助（5 万元以上，报 60%，限 10 万元）					
2014—2015 年	特药特材救助	救助比例	70%					
		救助限额	暂无限额					
	大额救助	起付标准	5 万元（抚恤定补优抚对象、低保及低保边缘家庭参保人不设）					
		救助比例	60%					
		救助限额	10 万元					
2017—2018 年	特药特材救助	救助比例	80%					
		救助限额	暂无限额					
	大额救助	起付标准	5 万元（抚恤定补优抚对象、低保及低保边缘家庭参保人不设）					
		救助比例	70%					
		救助限额	20 万元					

资料来源：根据青岛市大病医疗救助相关政策文件整理。

2.4.4　关于医疗保险的政策对比分析

我们选取与青岛市处于同一行政级别的大连市、杭州市，通过比较青岛市、大连市、杭州市的城镇居民基本医疗保险在覆盖人群、缴费标准以及保险待遇等方面的异同点，分析这三个城市在政策实施过程中存在的优势和不足。

（1）覆盖人群的比较。从覆盖人群来看，三个城市居民医保都涵盖了三类人群：大学生、儿童、城乡居民。职工医保覆盖用人单位在职员工、退休人员和灵活就业人员，但三个城市关于居民医保人群的划分有细微差别。首先，在城乡统筹方面，青岛市城乡统筹工作实施较早且较为完善，2014 年，青岛市便完成了基本医疗保险的城乡统筹工作，解决了城镇医疗保险和新农合医疗保险待遇差距大的问题，相比较而言，大连市的城乡统筹工作起步较晚。其次，在人员分类方面，青岛市分类较为单一，医疗保险缴费和拨款政策实施较为方便。杭州市医疗保险政策对于城乡居民医疗保险和职工医疗保险的划分较为细致，便于根据每一细分人群特征制定具体参保方案，尽量做到医疗保险的公平公正，如表 1－14 所示。

表 1－14　三城市医保覆盖人群比较

城市	城乡居民医保		职工医保
青岛市	(1) 具有本市户籍、未满十八周岁的少年儿童 (2) 驻青高校及高等职业技术学校的全日制在校学生 (3) 其他具有本市户籍、不属于职工社会医疗保险参保范围的成年居民		(1) 本市行政区域内的机关、社会团体、企业、事业单位、民办非企业单位、其他组织和有雇工的个体工商户及其在职职工和退休（职）人员 (2) 无雇工的个体工商户、非全日制从业人员及其他灵活就业人员
大连市	城镇居民医保参保对象： (1) 老年居民 (2) 未成年居民 (3) 低保人员 (4) 残疾人 (5) 大学生	新农合参保对象：包括有农村户口的参加大连市各县区新农合的参合人员	(1) 大连市行政区域内的所有企业、机关事业单位、社会团体、民办非企业单位、有雇工的个体工商户及其在职职工和退休人员 (2) 具有大连市城镇户籍，在劳动年龄范围内无雇工的个体工商户及自由职业者 (3) 具有大连市城镇户籍，以灵活就业人员身份领取基本养老保险金，且按规定已缴纳职工基本医疗保险费的退休人员
杭州市	(1) 本统筹地户籍，未满 18 周岁的少年儿童，或虽已满 18 周岁但仍在本统筹地中小学校就读的学生；非本统筹地户籍，在本统筹地中小学校就读，且其父母一方已参加本统筹地职工医保的中小学生，以及在本统筹地居住、其父母一方已参加本统筹地职工医保并累计缴费满 3 年的学龄前儿童 (2) 大学生 (3) 本统筹地户籍，18 周岁以上，未参加本统筹地或异地基本医疗保险的其他城乡居民 (4) 市区范围内的社会福利院、儿童福利院等公办福利机构集中收养的人员		(1) 国家机关、事业单位、社会团体、各类企业、民办非企业、个体工商户的全部职工、雇主及雇工 (2) 根据相关规定可以一次性协议缴纳基本养老保险费和基本医疗保险费的人员 (3) 已按规定参加职工医保直至法定退休年龄，并已按月领取基本养老金或退休费的人员 (4) 国家、省、市基本医疗保障政策规定的其他人员

资料来源：根据各市医保政策整理。

(2) 缴费标准和财政补助的比较。从个人缴费比例来看，三个城市均为 2%，而单位缴费比例，青岛市是 8.8%，高于大连市的 8%，低于杭州市的 10.5%，在全国城市中处于上游水平，详见表 1－15。

表 1－15　三城市职工基本医疗保险基本情况比较分析

城市	缴费比例	
	单位	个人
青岛市	8.8%	2%
大连市	8%	2%
杭州市	10.5%	2%

资料来源：根据各市关于职工医保的政策整理。

三个城市的筹资模式相同，均采用个人缴费和政府补贴相结合的方式，与职工医保相比，财政补贴在城乡居民医保中显然发挥了更大的作用。政府对居民医保的补助，应更多地体现公平性原则和优先次序原则，其中一个重要的方面就是扶助低收入者，如大连市政府规定低保人员个人不缴费，宁波市政府规定农村五保户、城镇三无人员、孤儿、低保对象、重点优抚对象及一级、二级残疾人的个人缴费部分可享受财政全额补助，体现了建立医疗保障制度的重要目标，详见表1－16。

表1－16　　三城市城乡居民基本医疗保险基本情况比较分析

城市	少年儿童		大学生		成年居民一档		成年居民二档	
	个人缴费	财政补贴	个人缴费	财政补贴	个人缴费	财政补贴	个人缴费	财政补贴
青岛市	110元	440元	80元	440元	350元	560元	110元	440元
大连市	180元	人均550元	180元	人均550元	老年居民、残疾人的个人缴费金额为510元，低保人员个人不缴费	人均550元	老年居民、残疾人的个人缴费金额为510元，低保人员个人不缴费	人均550元
杭州市	250元	400元	60元	180元	600元	1200元	400元	800元

第3章

医疗卫生保障政策绩效的分析

3.1 卫生服务体系政策的绩效分析

3.1.1 健康水平指标分析

如图 1－5 所示，2016 年青岛市期望寿命为 80.85 岁，其中男性为 78.15 岁，女性为 83.64 岁。“健康山东”提出的目标是 2016 年全省人均期望寿命达到 78.3 岁。2000 年至 2016 年 17 年间，青岛市居民期望寿命呈逐年上升趋势，并且自 2010 年以来，均超过 80 岁，在国内、省内均居前列，基本达到世界发达国家或地区的水平。女性期望寿命在各年份均高于男性。婴儿死亡率与 5 岁儿童死亡率也呈现下降趋势，均高于发达国家平均水平，详见表 1－17。

图 1－5 2000—2016 年青岛市不同性别期望寿命变化趋势分析

资料来源：《2016 年青岛市居民死亡原因分析报告》。

表 1－17　　2012—2016 年青岛市健康水平指标变化趋势分析

年份	2012	2013	2014	2015	2016
婴儿死亡率（1/10 万）	289.68	250.13	249.57	296.43	170.03
5 岁以下儿童死亡率（1/10 万）	19.38	14.70	14.37	13.08	14.81

资料来源：《2016 年青岛市居民死亡原因分析报告》。

3.1.2　疾病死亡情况分析

如表 1－18、表 1－19 所示，青岛市居民三大类疾病中，损伤和中毒死亡率逐年下降，而传染、营养及母婴疾病和慢性非传染性疾病的死亡率却有上升趋势，尤其是慢性非传染性疾病死亡率的占比也在逐年上升，2016 年占三大类疾病死亡总数的 90.4%。其中，心脏病、恶性肿瘤和脑血管疾病是青岛市前三位死亡原因，2016 年占慢性病死亡的 84.86%。去除这三种疾病死因，全市期望寿命可提高 11.17 岁。慢性病是目前危害青岛市居民健康的主要问题，慢性病防控仍面临着严峻形势。

表 1－18　　2012—2016 年青岛市居民三大类疾病死亡率　　单位：1/10 万

疾病分类	2012 年	2013 年	2014 年	2015 年	2016 年
传染、营养及母婴疾病	16.73	16.57	21.05	20.09	19.18
慢性非传染性疾病	621.27	606.04	621.1	651.52	672.25
损伤和中毒	43.05	38.25	36.56	33.93	32.85
其他疾病	28.47	30.08	13.66	14.07	19.37
合计	709.52	690.94	692.36	719.61	743.64

资料来源：《2016 年青岛市居民死亡原因分析报告》。

表 1－19　　2012—2016 年青岛市居民三大类疾病死亡率构成比　　单位：%

疾病分类	2012 年	2013 年	2014 年	2015 年	2016 年
传染、营养及母婴疾病	2.36	2.4	3.04	2.79	2.58
慢性非传染性疾病	87.56	87.71	89.71	90.54	90.40
损伤和中毒	6.07	5.54	5.28	4.71	4.42
其他疾病	4.01	4.35	1.97	1.96	2.60
合计	100.00	100.00	100.00	100.00	100.00

资料来源：《2016 年青岛市居民死亡原因分析报告》。

3.1.3　疾病防控指标分析

（1）传染病报告发病和死亡情况

2015 年，全市甲乙类传染病共报告发病 10306 例，死亡 28 人。报告发病数居前 5 位的病种依次为肝炎、肺结核、梅毒、猩红热、麻疹，占甲乙类传染病报告发病总数的 90.28%；报告死亡数居前 4 位的病种依次为肺结核、艾滋病、狂犬病、肝炎（与出血热死亡人数相同）。2015 年，全市丙类传染病共报告 14394 例，无死亡人数。报告发病数最多的病种是手足口病共 13226 例，占到总发病数的 91.89%。结核病监控方面，2015 年全市共接诊出诊患者 20026 例，肺结核可疑症状者就诊率为 2.21‰，肺结核可疑症状者拍片率

98.35%，查痰率96.15%。

（2）免疫接种情况

2015年，全市常规免疫卡介苗接种率99.67%，乙型肝炎疫苗接种率99.91%，脊髓灰质炎疫苗接种率99.91%，麻疹类疫苗接种率99.88%，百白破三联疫苗接种率99.87%，流脑疫苗接种率99.92%，乙脑疫苗接种率99.92%，甲肝疫苗接种率99.88%，除卡介苗接种率外，其余都高于全市平均水平。

3.1.4 妇幼健康指标分析

表1-20　2015年山东省和青岛市孕产妇服务保健指标对比　单位：%

项目	孕产妇产前检查率	住院分娩率	孕产妇系统管理率
山东省	95.36	99.91	91.47
青岛市	99.23	100	95.34

资料来源：《2016年山东省卫生计生统计年鉴》。

2015年青岛市孕产妇产前检查率、住院分娩率、孕产妇系统管理率均高于全省平均水平，并且住院分娩率达到100%。

3.1.5 卫生项目财政投入分析

青岛市2015—2017年财政在各公共卫生项目上的投入情况大致相同，2016年的财政投入力度较大（见图1-6、图1-7）。各公共卫生项目的财政投入以市级财政投入为主，基本公共卫生服务除市级财政投入、市（区）级财政投入外，还包括乡级财政投入。在公共卫生财政投入结构方面，基本公共卫生服务和疾病预防控制机构的财政投入占到了总投入的一半以上，这体现了青岛市对基本公共卫生服务项目的强力支持，对疾病预防控制机构建设以及“预防为主，防治结合”医改政策的重视。此外，卫生监督机构和妇幼保健机构的财政投入占比也较重。

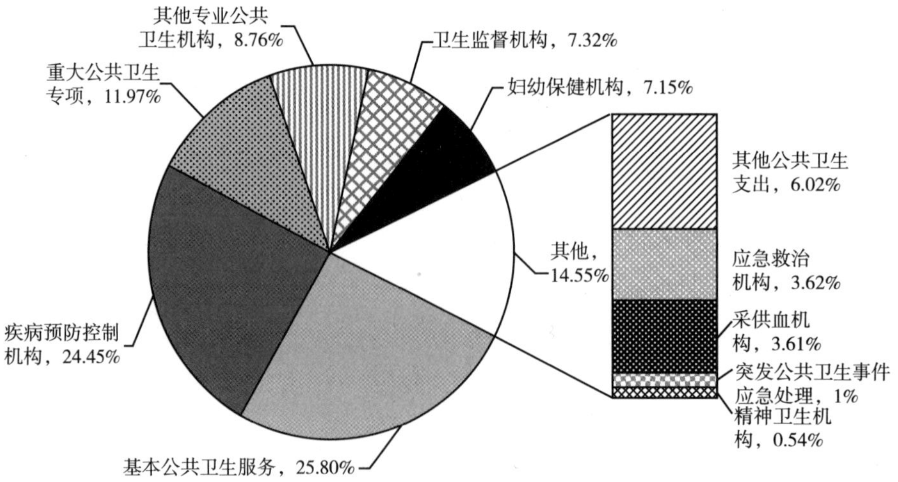

图1-6　2017年青岛市公共卫生财政投入项目分析

资料来源：2015—2017年青岛市卫生计生统计资料。

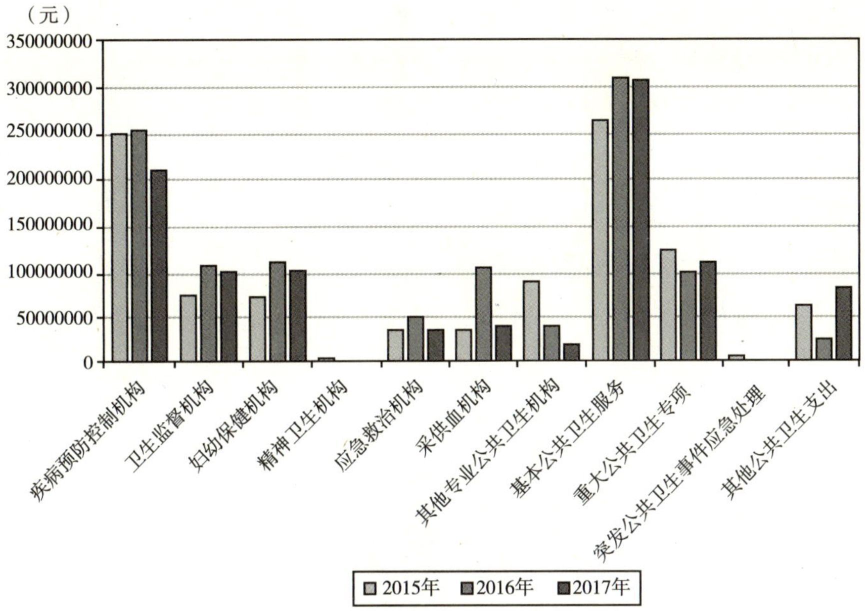

图 1－7　2015—2017 年青岛市公共卫生财政投入情况

资料来源：2015—2017 年青岛市卫生计生统计资料。

3.2　医疗服务体系政策的绩效分析

3.2.1　医疗卫生机构情况分析

医疗卫生服务机构包括医院、社区卫生服务中心（站）、卫生院、村卫生室、门诊部、诊所卫生所医务室、专业卫生机构以及其他医疗卫生机构，其中，医院、社区卫生服务中心（站）、卫生院是医疗服务的提供主体。

青岛市医疗卫生机构数量近年来平稳增加（如图 1－8 所示），2016 年底，全市医疗卫生机构总数达 7564 家（2016 年起，卫生机构包括村卫生室）。其中，医院 322 家，基层医疗卫生机构 7076 家，专业公共卫生机构 125 家，其他医疗卫生机构 41 家。在卫生机构的市（区）分布上，黄岛区、即墨区、平度区的卫生机构数量较多，考虑到各区市的人口情况，崂山、即墨、平度、莱西四个市（区）的人均机构数较多。而仅从医院分布情况来看，市南、市北、即墨、崂山区的人均医院数较多。整体来讲，青岛市市南、市北区卫生医疗机构中医院占比较重，基层医疗卫生机构则多集中于其他市（区），崂山、即墨、胶州、莱西的医疗卫生资源较为丰富，李沧、黄岛、城阳、平度则相对紧张。

在床位数方面，青岛医疗机构的床位数也保持着逐年上升的趋势，绝大多数床位分布在医院机构。2017 年底，青岛市全市共有编制床位数 50756 张，实有床位数 55798 张，其中医院编制床位数为 41971 张，实有床位数为 46282 张。每千人拥有床位数也呈现整体上升趋势，2017 年底，每千人拥有 6.01 张床位。在市（区）分布上，市南区、市北区、胶州市每千人拥有床位数高于全市平均值，且市南、市北区远高于其他地区，这与两市区医院数较多

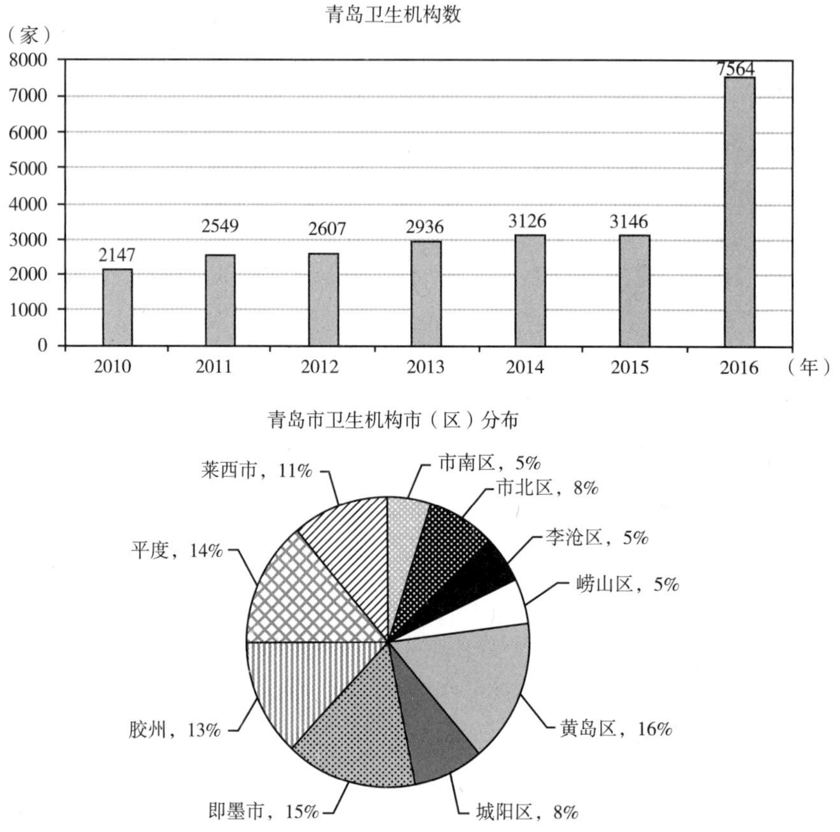

图 1 –8　2010—2016 年青岛市卫生机构情况

资料来源：《2010—2016 年青岛市统计年鉴》。

有关，体现出医疗资源向市南、市北区倾斜的现象。

进一步将青岛医疗服务机构情况与大连、宁波、厦门城市的情况进行对比（见图 1 –9），可以发现，宁波市医院、社区服务中心（站）、卫生院总数最多，这归因于宁波市的社区卫生服务站较多，在 2011—2013 年间经过机构精简，数量有一定的减少。青岛市医疗服务机构总数少于宁波市，但在 2009 年之后发展势头较好，这得益于青岛市实施医改政策，积极完善医疗服务体系，大力发展基层医疗，为居民就医提供了最大便利。大连市及厦门市医疗服务机构数偏少，一部分原因是其人口远少于宁波和青岛。

为排除人口因素的影响，我们选取了 2007—2016 十年间各地市的每千人拥有医疗床位总数进行对比（见图 1 –10、图 1 –11）。医疗床位即在医院、社区服务中心（站）以及乡镇卫生院能够为居民提供医疗服务的床位。通过对比可以发现，大连市床位资源较充足，青岛市居于其后。

3.2.2　医疗卫生人员情况分析

2017 年，青岛市各级各类卫生计生在岗职工总数为 95591 人（包括乡村医生 5412 人和卫生员 162 人）。机构分布上，主要集中于医院，综合医院在岗职工数最多，其余较为均匀地分布于诊所、卫生所、医务室、村卫生室、卫生院、社区服务中心。人员构成上，在岗职工主要以执业（助理）医师以及注册护士为主，80% 以上的在岗职工为卫生技术人员（见图 1 –12）。

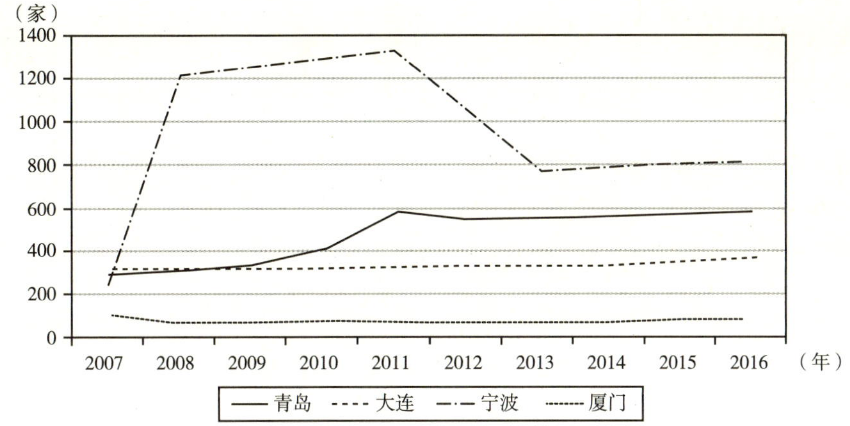

图 1－9 2007—2016 年四城市医疗卫生机构数

资料来源：根据各市统计年鉴整理。

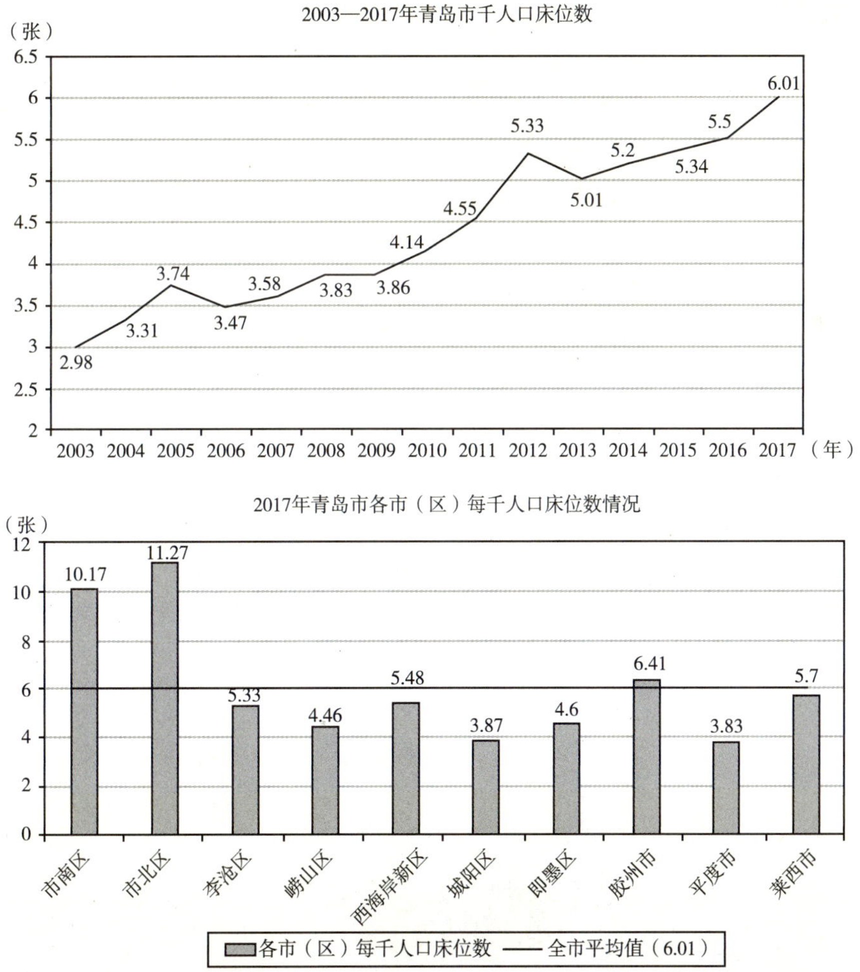

图 1－10 2003—2017 年青岛市床位数情况

资料来源：2017 年青岛市卫生计生统计资料。

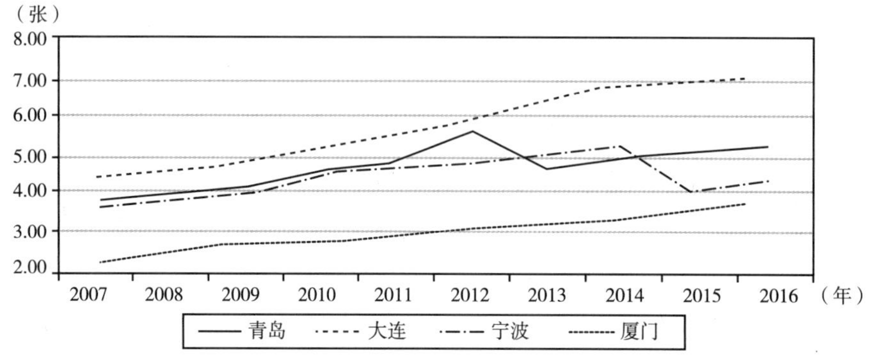

图 1－11 2007—2016 年四城市每千人拥有医疗床位数

资料来源：根据各市卫生统计情况整理。

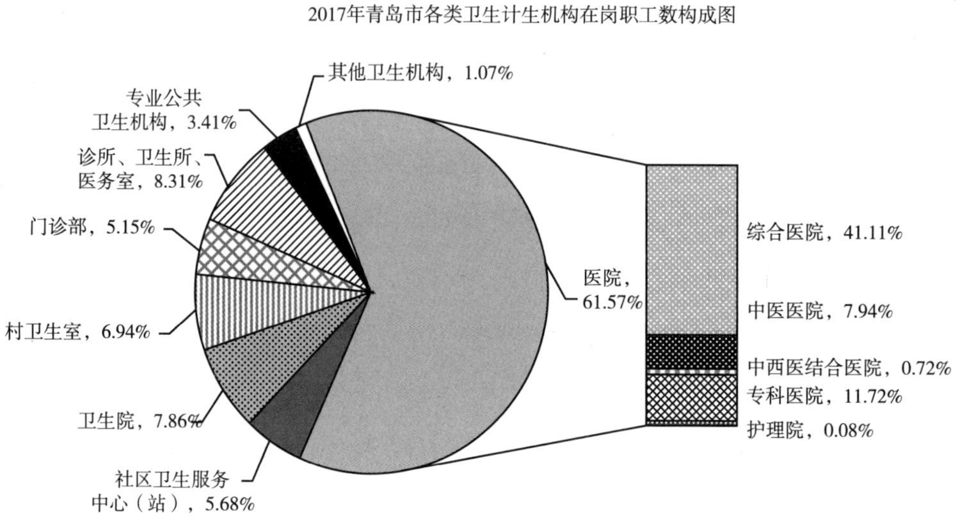

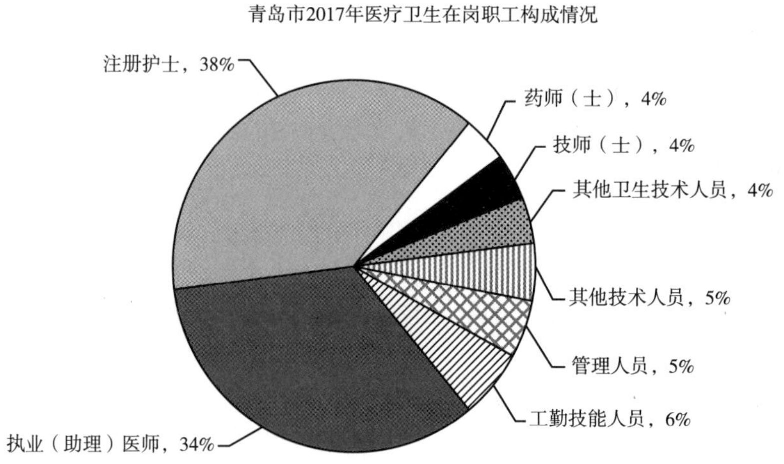

图 1－12 2017 年青岛市医疗卫生在岗职工机构分布与构成情况

资料来源：2015—2017 年青岛市卫生计生统计资料。

每千人人口卫生技术人员、执业医师（含助理）、注册护士逐年稳步上升，2017 年，全市每千人口卫生技术人员 8.20 人，每千人口执业医师（含助理）3.32 人，每千人口注册护士 3.66 人（见图 1－13）。

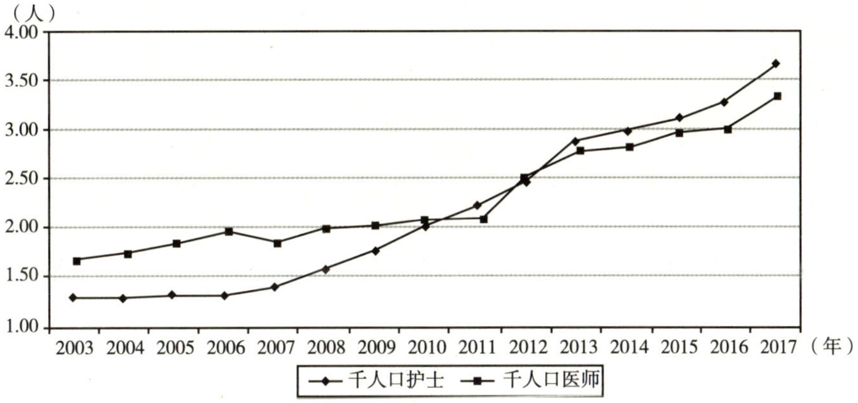

图 1－13　2003—2017 年青岛市千人口医师、护士数

资料来源：2015—2017 年青岛市卫生计生统计资料。

中医医院及中西结合医院的数量近年不断上升，中医药发展成果显著（见图 1－14）。在岗职工人数在 2017 年大幅增长，中医药人才需求大，人才培养任务艰巨。

如图 1－15 所示，比较四地市医疗卫生人员数可以发现，四地市的医疗队伍发展都比较迅速，其中青岛市每千人拥有医师数增长最快，尤其是 2011 年以来，青岛市注重全科医生培训，发展乡医定向免费医学生等措施一定程度上壮大了医疗队伍。比较四市每千人拥有注册护士数发现，大连市注册护士资源充足，而青岛市居于其后（见图 1－16）。在医疗资源配置上，青岛市医护比仅为 1∶1.05，护士配备严重不足，这在一定程度上也加重了医师工作负担，影响医疗服务效率。（其中，医师是指执业医师以及助理医师，护士为注册护士）

3.2.3　医疗服务供需情况分析

（1）诊疗和住院情况

为了解近几年来青岛市医疗卫生机构诊疗和住院服务情况，分析民众医疗需求变化，我们选取了 2015—2017 年该市诊疗和住院相关数据进行分析，其中诊疗服务包括门诊、急诊、家庭卫生服务以及健康检查服务，除去因不可控因素提供的急诊服务，其余诊疗服务人数变化如图 1－17 所示，图中门诊人数、健康检查人数采用主坐标轴，家庭卫生服务人次数采用次坐标轴。病人出入院以及手术情况如图 1－18 所示，其中入院人数、出院人数采用主坐标轴、住院病人手术人次数采用次坐标轴。

由图 1－17、图 1－18 可知，2015—2017 年青岛市各类诊疗服务需求都有了较大规模的增长，其中，家庭卫生服务人次数增长最快，主要是由于家庭医生签约服务的推行，更多的民众选择家庭医生就诊。参与健康检查人数大幅度增长，说明民众健康意识增强，健康宣传教育效果明显，更有利于推进疾病治疗向健康管理转变。2015—2017 年，青岛市民众住院服务需求也大幅度增长。综合图 1－17 和图 1－18 来看，近年来，青岛市民众医疗需求得到释放，很大程度上也归因于医改以来青岛市实施的各项医疗保障优惠政策，如提高公共卫生

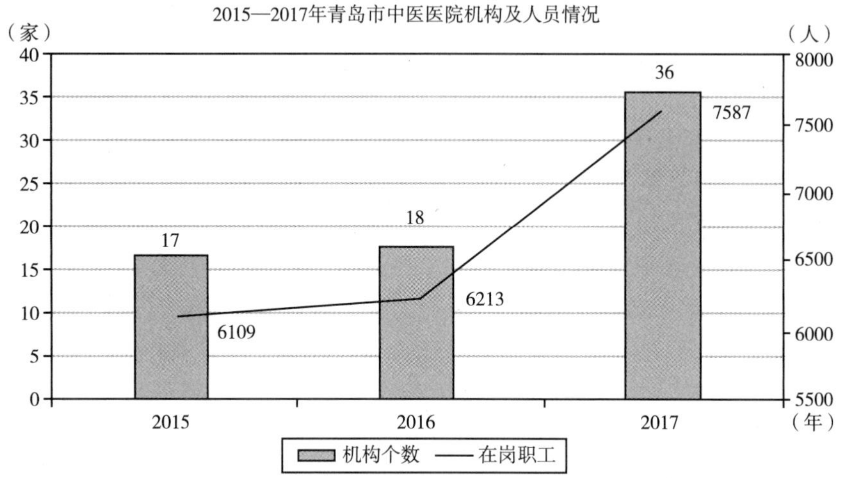

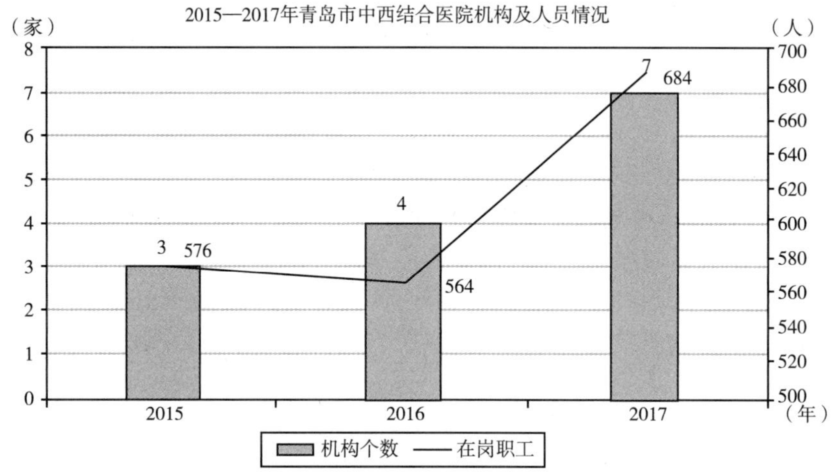

图 1-14　2015—2017 年青岛市中医医院与中西结合医院机构与人员情况

资料来源：2015—2017 年青岛市卫生计生统计资料。

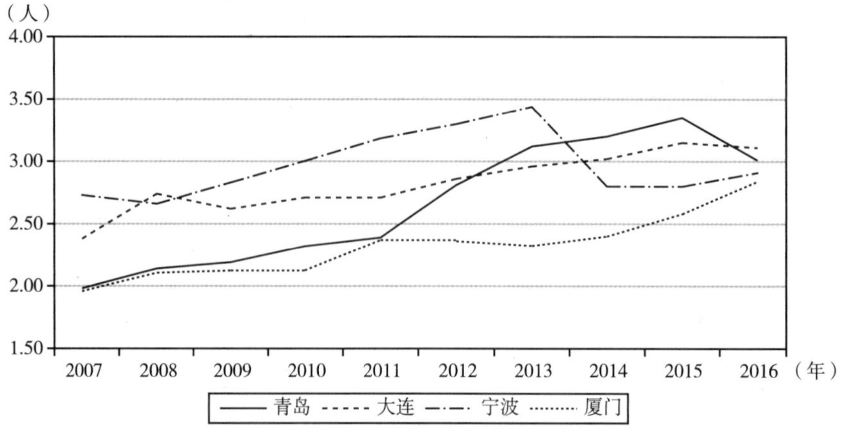

图 1-15　2007—2016 年四城市每千人拥有医师数比较

资料来源：2015—2017 年青岛市卫生统计资料。

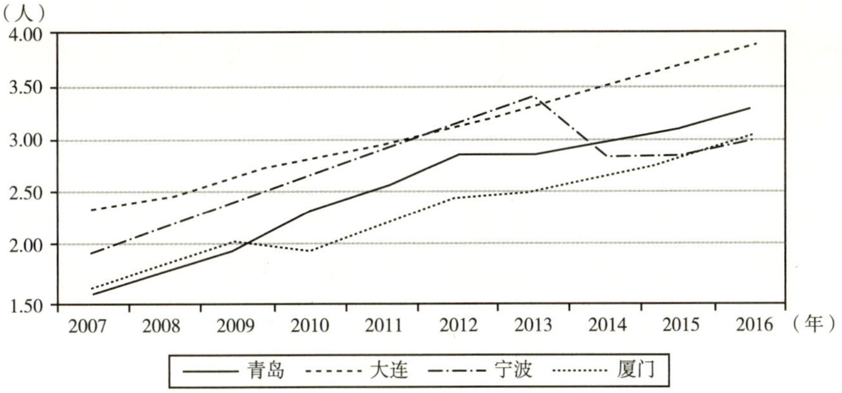

图 1－16　2007—2016 年四城市每千人拥有注册护士数比较

资料来源：2015—2017 年青岛市卫生统计资料。

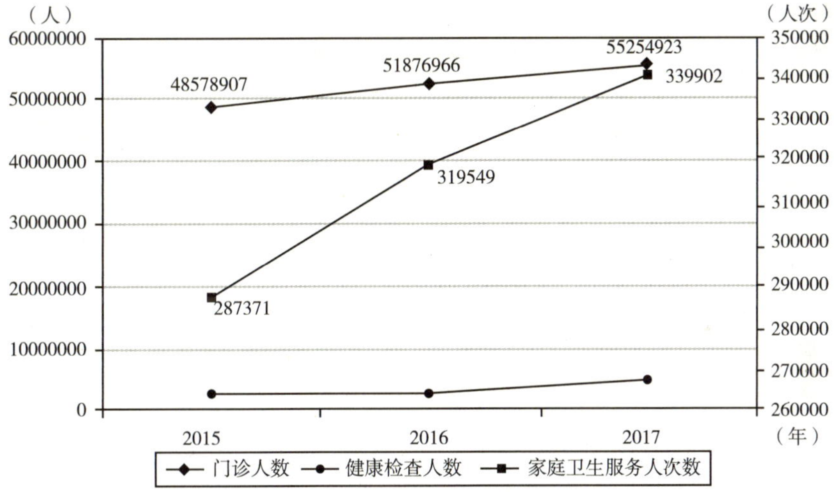

图 1－17　2015—2017 年青岛市诊疗服务人数变化情况

资料来源：青岛市卫生计生统计年鉴。

服务人均补助标准、提高医保覆盖面和报销比例、调整医药价格、开展预约诊疗以及家庭医生服务等，为群众就医提供了极大的便利。

（2）病床使用情况

整体上青岛市病床使用效率高于山东全省平均水平，但民营医院的病床使用效率相对差一些，这与公立医院承担了全市 87% 以上的住院人数有关（见表 1－21）。青岛市出院者的平均住院日较全省平均值高，公立医院和民营医院情况相同。

表 1－21　　2015 年山东省及青岛市病床使用率

项目	病床工作日（日）			病床使用率（%）			出院者平均住院日（日）		
	合计	公立	民营	合计	公立	民营	合计	公立	民营
山东省	307.7	327.2	218.6	84.31	89.64	59.9	9.36	9.47	8.67
青岛市	312.3	335	206.9	85.55	91.78	56.68	9.88	9.97	9.23

资料来源：《2015 年山东省卫生计生统计年鉴》。

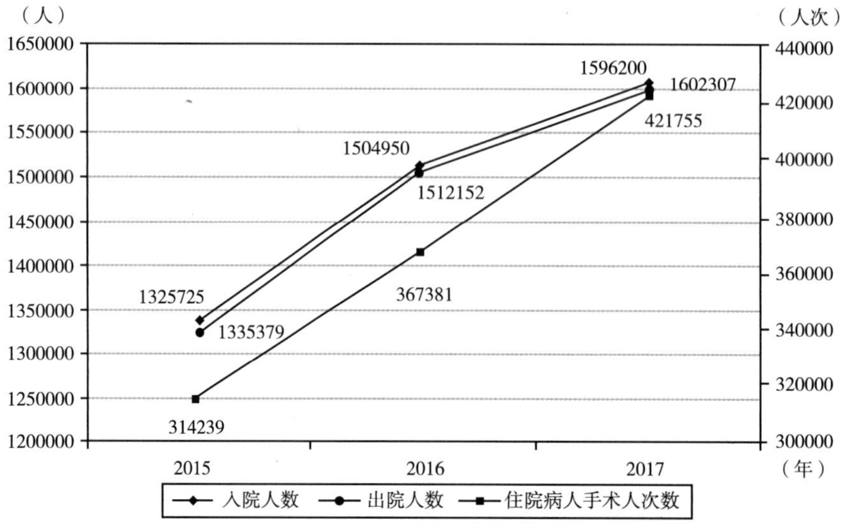

图 1-18　2015—2017 年青岛市住院服务人数变化情况

资料来源：青岛市卫生计生统计年鉴。

（3）医师工作负荷情况

青岛市医生人均担负工作量总体上较重，但民营医院医生工作量较轻，导致公立医院医生工作量的负担较重，这同时表现在诊疗和住院两个方面，表明民营医疗资源未能有效利用，公立医疗资源较为紧张（见表1-22、表1-23）。此外，病人多拥挤在省属、市属综合医院，市（区）属医院医疗资源未能充分利用。

表 1-22　2015 年山东省及青岛市医院医生人均担负工作量

项目	医生人均每日担负诊疗人次			医生人均每日担负住院床日		
	合计	公立	民营	合计	公立	民营
山东省	5.64	5.77	4.9	2.3	2.37	1.9
青岛市	6.58	6.99	4.1	2.09	2.16	1.17

资料来源：《2015 年山东省卫生计生统计年鉴》。

表 1-23　2015 年山东省及青岛市卫生部门综合医院医生人均担负工作量

项目	医生人均每日担负诊疗人次				医生人均每日担负住院床日			
	合计	省属	地级市属	县级市属	合计	省属	地级市属	县级市属
山东省	6.01	7.47	6.35	5.78	2.39	2.33	2.46	2.3
青岛市	7.42	10.71	6.3	6.87	2.16	2.21	2.1	2.17

资料来源：《2015 年山东省卫生计生统计年鉴》。

3.2.4　基层医疗卫生发展情况分析

青岛市基层医疗卫生机构主要由村卫生室及诊所、卫生所、医务室构成，占到整体的90%（见图1-19）。2013—2016 年青岛统计年鉴中有关基层医疗卫生机构的数据显示，青岛市社区卫生服务中心（站）数量保持稳定，多分布在市北区、李沧区、市南区。而社区卫生服务中心（站）数量较少的市（区），基本医疗卫生机构则主要由村卫生室构成。

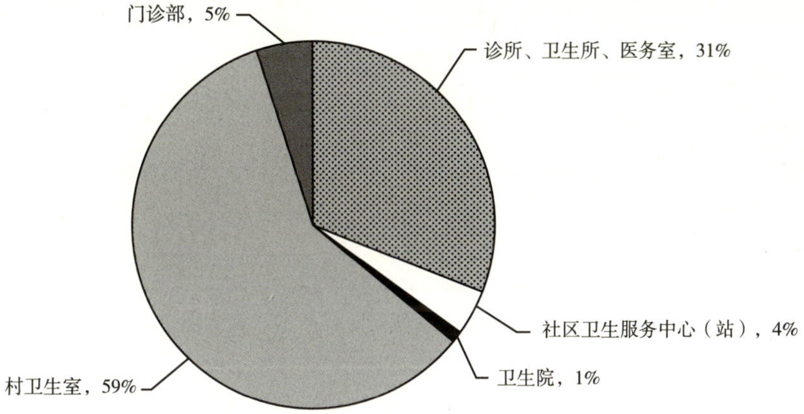

图 1－19 2017 年青岛市基层医疗机构组成情况

资料来源：2017 年青岛市卫生计生统计资料。

社区卫生服务中心（站）及乡镇卫生院的病床使用率相比医院病床使用率普遍偏低，社区卫生服务中心（站）及乡镇卫生院医师人均每日负担诊疗次数则相对较高，这表明：一方面基层医疗机构医疗资源使用效率较低，另一方面基层医疗卫生人员相对紧缺（见表 1－24、表 1－25）。

表 1－24 2015 年山东省及青岛市乡镇卫生院医疗服务、病床使用及效率

项目	病床使用率（%）	平均住院日（日）	医师人均每日担负诊疗次数（次）
山东省	55.6	7.2	7.6
青岛市	62.32	7.9	5.8

资料来源：《2015 年山东省卫生计生统计年鉴》。

表 1－25 2015 年山东省及青岛市社区卫生服务中心（站）医疗服务情况

项目	社区卫生服务中心			社区卫生服务站	
	病床使用率（%）	平均住院日（日）	医师人均每日担负诊疗次数（次）	医师人均每日担负住院床日（日）	医师人均每日担负诊疗人次（人次）
山东省	48.75	7.7	9.5	0.8	13.5
青岛市	52.2	15.8	15	0.3	11.5

资料来源：《2015 年山东省卫生计生统计年鉴》。

3.2.5 医疗卫生财政投入情况分析

第一，各年财政投入状况。由于公益性的特征，医疗卫生事业有序发展离不开财政资源的有力支持，尤其是新一轮医改启动以来，医疗卫生机构标准化建设、医疗人才培养、公共服务均等化的实现需要政府投入更多的资金作为保障。根据 2007—2016 年财政决算数据，我们对医疗卫生支出进行分析，详见图 1－20。

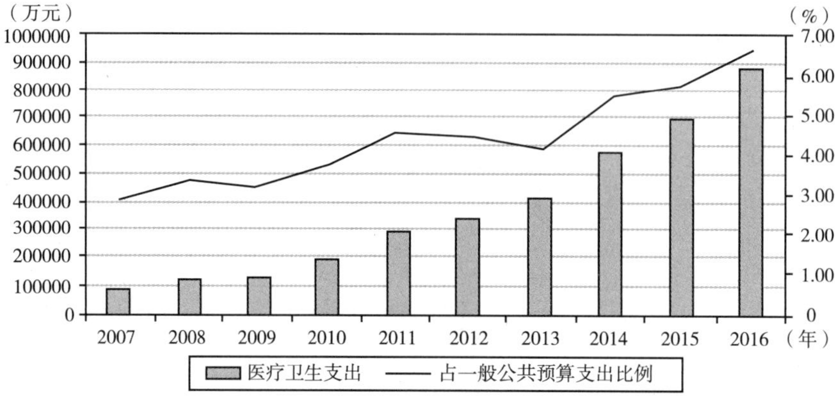

图 1-20　2007—2016 年青岛市医疗卫生支出及增长变化

资料来源：2007—2016 年青岛统计年鉴。

由图 1-20 可以得知，2007—2016 年间，青岛市政府对于医疗卫生领域的资金投入不断增多。在公共财政预算支出中，医疗卫生支出比例逐年上升，说明资金投入力度在加大，为医药卫生体制改革提供了有力的资金支持。

第二，医疗卫生财政投入状况区域对比。为衡量在全国范围内青岛市医疗卫生方面的财政投入水平，我们选择了地域因素以及经济发展水平相似的大连市、宁波市进行对比（见图 1-21）。

从医疗卫生支出来看，2007—2011 年间，青岛市财政投入力度稍弱于大连市，宁波市财政投入力度较大。自 2012 年起，青岛市医疗卫生投入大幅度增加，到 2016 年几乎与大连市持平，医疗卫生投入的增长，一方面是由于经济发展水平提高，另一方面也得利于政府大力推进医改的良好政策环境。

第三，财政对医疗卫生项目的投入对比。医疗卫生项目一般包含医疗卫生管理、公立医院、基层医疗卫生机构、公共卫生、医疗保障、人口计生、中医药等明细项目。通过对比这类项目的财政投入情况，可以明确政府财政资金投入的重点。由于统计口径的限制，我们选取了 2015—2017 年青岛市各级财政的卫生计生投入情况进行分析，详见图 1-22。

由图可得知，青岛市在 2015—2017 年间，对于公立医院、基层医疗卫生机构以及公共卫生方面的财政投入最多。医改启动以来，青岛市积极推动公立医院综合改革，发展基层医疗卫生服务，着力建立健全公共卫生服务体系、医疗服务体系。公立医院是国家提供医疗服务的主力，可以说，公立医院改革是我国医改中最为核心的焦点和难点。青岛市自 2010 年开启公立医院改革试点，通过增加财政投入使公立医疗机构回归公益性，顺利推进公立医院改革，提高医疗卫生服务能力；2016 年 7 月 1 日起，全面开展公立医院改革，而当年的财政投入也大幅度增长，为改革顺利进行提供了保障。公共卫生服务体系建设方面，2017 年，青岛市政府进一步加大了公共卫生服务方面的财政投入，扩大了公共卫生服务项目的范围，更加注重全民预防保健和健康教育，提高国民健康水平。

第四，青岛市对各类公立医院的财政投入状况。公立医院一般包括综合医院、中医（民族）医院、传染病医院、精神病医院、妇产医院、儿童医院、行业医院、职业病防治医院、福利医院等。为反映财政对各类公立医院的投入状况，我们选取了 2015—2017 年青岛市预算执行报告中的相关数据进行了分析，其中综合公立医院由于规模较大、医疗服务种类

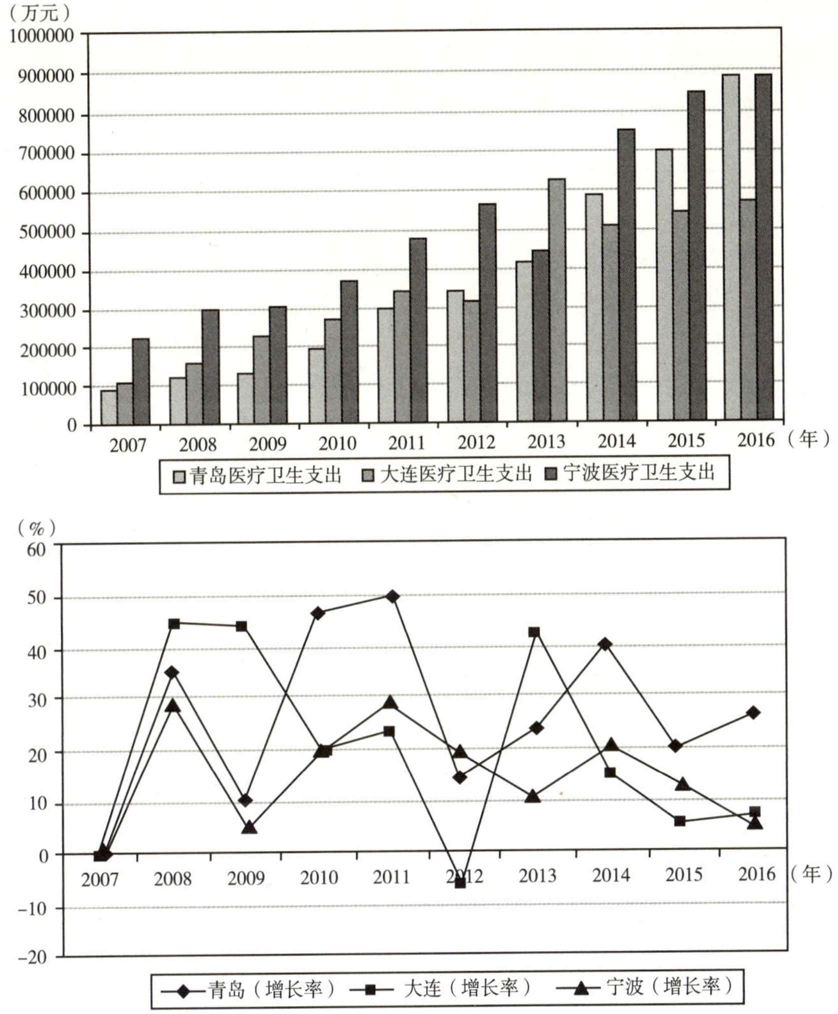

图 1-21　2007—2016 年三城市医疗卫生支出比较

资料来源：2007—2016 年青岛、大连、宁波统计年鉴。

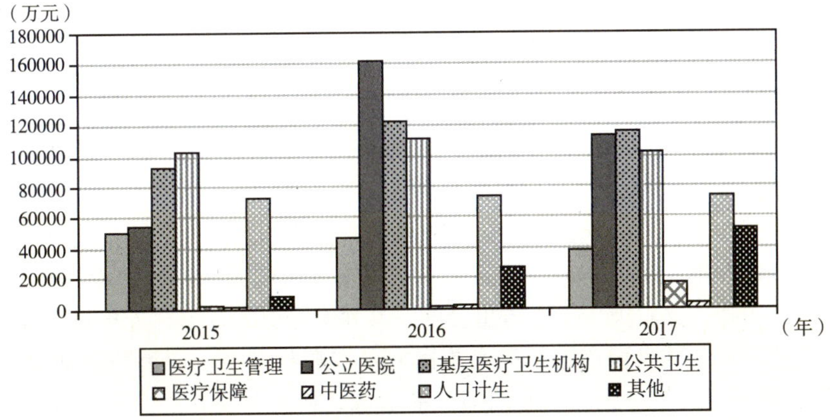

图 1-22　2015—2017 年青岛市医疗卫生项目的财政投入情况

资料来源：青岛市卫生计生统计资料。

多、财政资源较为集中，在此不做数据对比。2015—2017 年青岛市一般公共预算中，对于公立医院的总投入分别是 48725 万元、76329 万元、48308 万元。其他类型的公立医院详见图 1－23。

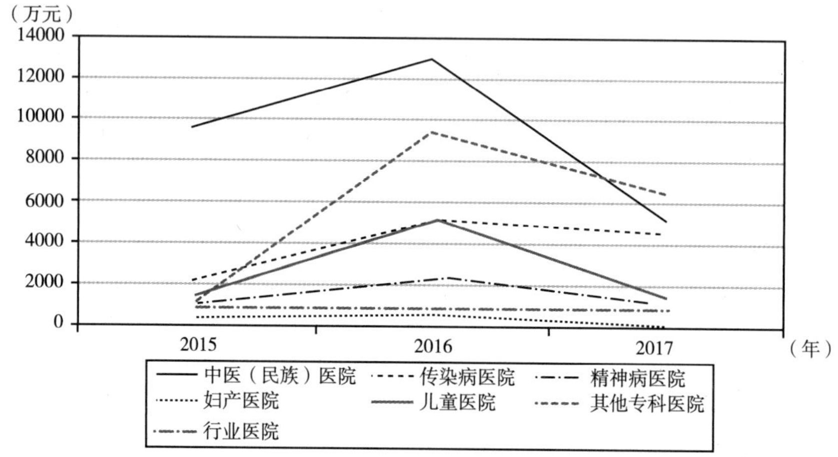

图 1－23　2015—2017 年青岛市公立医院财政投入状况

资料来源：青岛市卫生计生统计资料。

由图 1－23 可知，2015—2017 年，在青岛市公立医院中，除综合公立医院外，财政投入较多的是中医（民族）医院、各类专科医院、传染病医院以及儿童医院，其中，中医医院投入最多，也反映了青岛市对于发展中医药的支持力度。2016 年，青岛市财政对各类医院都加大了投入力度，推进医院改革。自 2016 年 7 月 1 日起，市内的二级以上公立医院全面启动公立医院综合改革，在管理体制、运行机制、人事薪酬、分级诊疗制度、信息化建设等方面深化改革，而政府财政为改革的顺利推进提供了保障。

3.3　药品供应保障体系政策的绩效分析

3.3.1　药品费用情况分析

根据 2015—2017 年青岛市卫生计生统计资料，我们对青岛市医疗卫生机构门诊及住院病人的药费部分进行分析，以评价青岛市基本药物制度实施效果以及“吃药贵”问题解决状况，详见图 1－24。

图 1－24 中，门诊病人人均药费采用主坐标轴，住院病人人均药费采用次坐标轴。由该图我们可以直观地看出，2015—2017 年，青岛市门诊及住院人均医疗费用整体呈下降趋势，民众的药品开支下降，这归因于青岛市出台的一系列医疗保障政策。近年来，青岛市作为国家推行公立医院改革的试点城市，积极实施国家基本药物制度，取消药品加成。截至 2015 年底，青岛市 23 家县级公立医院全面取消药品加成，共向群众让利 3 亿多元，药品供应方面的改革政策使得民众药费得到有效控制。2016 年 7 月，青岛市在 57 所城市公立医院中全面推行综合改革，门诊和住院次均费用首次出现双下降，共为群众减少药费支出 14.69 亿

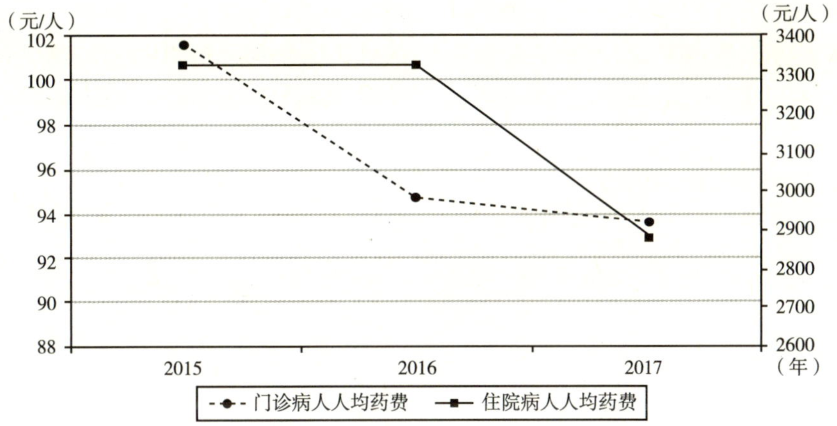

图 1－24　2015—2017 年青岛市门诊及住院人均药费情况

资料来源：根据 2015—2017 年青岛市卫生计生统计资料整理。

元。自 2010 年实施基本药物制度以来，青岛市政府办基层医疗卫生机构通过省网采购基本药物共约 15.89 亿元，减轻群众用药负担 4.77 亿元。全市公立医疗机构采购基本药物累计为群众减轻用药负担 14.07 亿元。实施基本药物制度的非政府办基层医疗卫生机构通过省网采购共采购基本药物 1612.33 万元，减轻群众用药负担 483.7 万元。由此，群众“吃药贵”的问题得到了一定程度的缓解。

3.3.2 基本药物补助情况分析

随着国家基本药物制度和取消药品加成的实施，青岛市医疗卫生机构传统的“以药养医”经营模式被打破，医院、基层医疗卫生机构的收入来源由原来的服务收费、药品加成收入、财政补助三个渠道改为服务收费和财政补助两个渠道。基层医疗卫生机构实施国家基本药物制度的补助由中央专款下达，具体数额见表 1－26。

表 1－26　2014—2017 年青岛市基本药物补助情况

年份	项目名称	来源类型	预算金额（万元）
2014	基层医疗卫生机构实施国家基本药物制度补助资金	中央专款—非国债；“其他基层医疗卫生机构支出”科目	2560
		中央专款—非国债；“医疗卫生与计划生育支出”科目	640
		新型农村合作医疗等转移支付收入；“其他基层医疗卫生机构支出”科目	870
2015	基本药物补助	中央专款—非国债	2560
	基本药物补助（第二批）	中央专款—非国债	640
2016	基本药物补助	中央专款—非国债	3200
	基本药物补助	省专款—非国债	870
2017	基本药物补助	中央专款—非国债	3200
	基本药物补助	省专款—非国债	870

资料来源：青岛市财政局提供材料。

2016 年 7 月，青岛市医疗服务价格与取消药品加成同步调整。在落实国家规定的公立医院六项补助基础上，同级财政落实公立医院在职人员由单位负担的“五项”社会保险费用，对取消药品加成减少的收入按照不低于 10% 的比例给予补助，并对通过价格调整不能有效补偿取消药品加成减收的医院，给予差别化财政补偿政策，切实保障了取消药品加成之后各类医疗卫生机构的正常运转。

3.4 医疗保险体系政策的绩效分析

3.4.1 基本医疗保险参保人数分析

（1）城镇职工医疗保险参保人数。截至 2018 年上半年，青岛市城镇职工医疗保险参保人数 353.76 万人，受创业带动就业政策的激励，参保人数同比增加 17.91 万人，增长 5.33%。总体来看，城镇职工医疗保险参保人数及实际缴费人数呈现增长趋势，详见图 1－25。

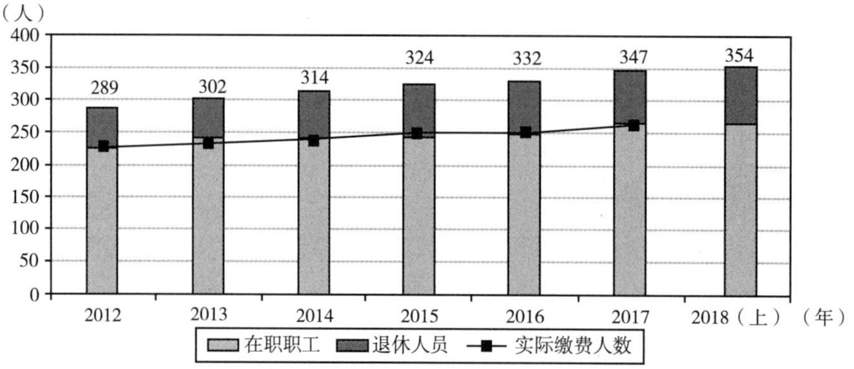

图 1－25　2012—2018 年（上半年）青岛市城镇职工医疗保险参保人数及实际缴费人数

资料来源：青岛市财政局提供材料。

值得关注的是，退休人数所占城镇职工医保参保比例持续提高，如图 1－26 所示，2017 年，退休人员的参保人数增长率（4.74%）首次超越在职职工参保人数增长率（4.26%），且退休人员医保参保增长率呈现出明显上升的趋势，反映出职工参保人群老龄化趋势。因此，应对职工老龄化问题将成为政府相关部门下一步的工作重点。

（2）城乡居民医疗保险参保人数。2015—2017 年青岛市城乡居民参保人数同比增长率分别为 －2.87%、－0.51%、0.77%，其中，自 2017 年城乡居民参保人数开始实现正增长，说明自 2015 年城镇居民医保与新农合合并之后，城乡居民医保开始逐渐被社会公众所接受。如图 1－27 所示，截至 2017 年末，青岛市城乡居民医疗保险参保人数 498.05 万人，其中，一档成年居民 107.56 万人，二档成年居民 213.04 万人，少年儿童 150.87 万人，大学生 26.58 万人。二档成年居民参保人数接近于一档成年居民的两倍，提高一档居民参保人数的任务依然很艰巨，需要政府相关部门继续采取有效的鼓励政策来提高一档居民参保比重，从而提高城乡居民的总体医保待遇水平（见图 1－28）。

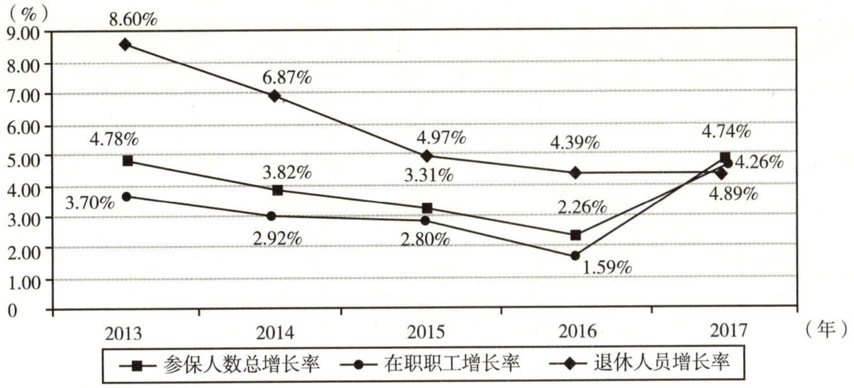

图 1-26 2013—2017 年青岛市城镇职工医疗保险参保人数变动情况

资料来源：青岛市财政局提供材料。

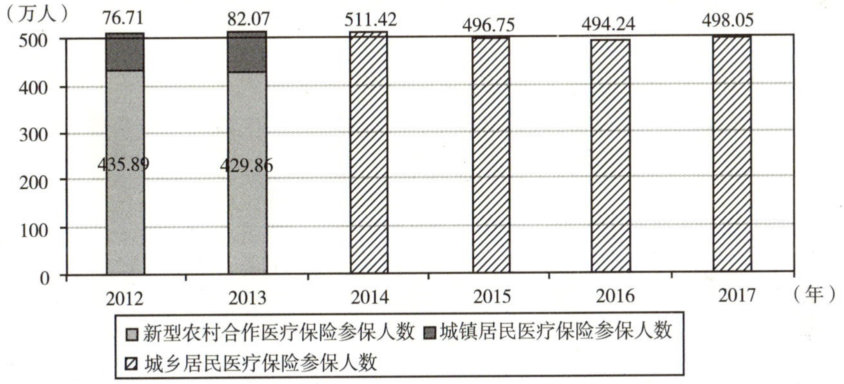

图 1-27 2012—2017 年青岛市城乡居民医保参保人数

资料来源：青岛市财政局提供材料。

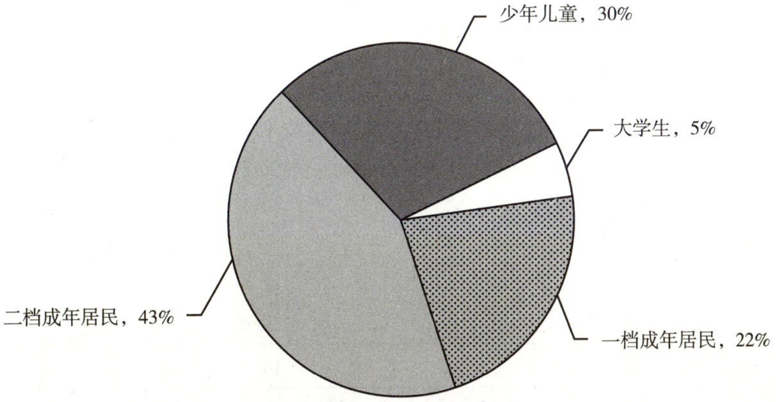

图 1-28 2017 年青岛市城乡居民参保人员结构

资料来源：青岛市财政局提供材料。

3.4.2 基本医疗保险基金筹资情况分析

（1）城镇职工医疗保险筹资情况分析。2018 年为解决青岛市生育保险基金超支问题，在不增加企事业单位负担的前提下，实现各项保险基金的可持续发展，青岛市对职工医疗保险、生育保险、工伤保险费率进行了结构性调整，其中，职工医疗保险缴费费率由 11% 下调为 10.8%，个人缴费费率不变，仍为 2%，社保费率的优化调整，保障了生育保险的可持续发展。

（2）城乡居民医疗保险筹资情况分析。如图 1-29 所示，2014—2018 年，青岛市城乡居民医保筹资标准逐年提高，从 2014 年（455 元）到 2018 年（908 元），筹资标准翻了近一番，这也是青岛市履行政府投入责任的体现。2015 年，城镇居民医疗保险与新农合合并实施后，青岛市将人均筹资标准由 455 元提高至 621 元，其中，人均个人缴费由 89 元增至 157 元，人均财政补助由 366 元增至 464 元，这些举措有利于促进城乡居民医保待遇稳步提高，为推动居民医保基金可持续运行提供政策保障。

与此相对应，随着居民医保人均筹资标准的提高，城乡居民缴费也逐年提高（见图 1-30），从 2014 年到 2015 年经历了一次快速增长后，随后三年增长趋于平缓，增长率分别为 12.17%、22.96%。

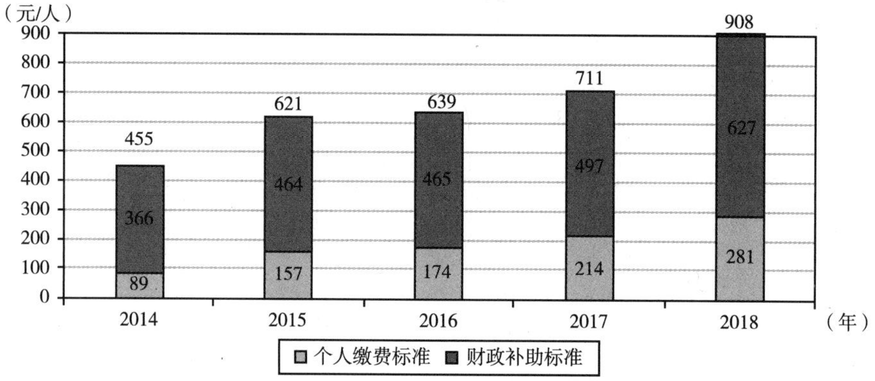

图 1-29 2014—2018 年青岛市居民医疗保险人均筹资标准变动情况

资料来源：青岛市财政局提供材料。

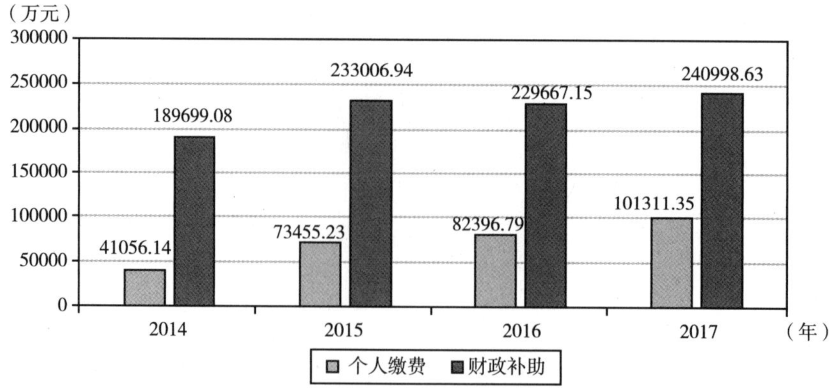

图 1-30 2014—2017 年青岛市城乡居民医保缴费情况

资料来源：青岛市财政局提供材料。

3.4.3　青岛市2017年医疗保险基金收支余情况

2017年，全市医保基金收入201.32亿元，较上年同期增加12.88亿元，增长6.83%；医保基金支出178.89亿元，较上年同期增加23.82亿元，增长15.35%；年末累计结余180.89亿元，较上年同期增加14.89亿元，增长8.97%。具体情况见表1-27。

在职工医保基金方面，2017年，基金收入为150.3亿元，同比增长7.56%；基金支出123.55亿元，同比增长13.3%；当期基金结余为26.75亿元；累计基金结余为167.04亿元，同比增长19%。2018年1—6月，青岛市职工基本医疗保险收入80.14亿元，比去年同期增加11.18亿元，增长16.22%，完成全年预算的49.74%；职工基本医疗保险支出73.53亿元，比上年同期增加12.18亿元，增长19.85%，完成全年预算的52.17%；当期结余6.61亿元，累计结余173.65亿元。

在居民医保基金方面，2017年，基金收入为34.84亿元，同比增长5.93%；基金支出43.12亿元，同比增长29.41%；基金当期结余为-8.27亿元；基金累计结余为-1.02亿元。考虑到延迟在2018年支付的2017年度住院、门诊大病等年终决算支出，2017年末，全市居民医疗保险基金累计资金实际缺口达6.6亿元。2018年，市、区两级财政又安排财政资金6.6亿元（按照市财政和区财政各50%的原则，市级及六区各负担3.3亿元），用于弥补2017年城乡居民医疗保险基金收支缺口。

剔除2017年清算因素后，2018年1—6月，全市居民医疗保险正常收入34.78亿元。截至6月末，医保基金结算实际发生额为23.99亿元（业务口径），同比增幅8%，预计全年为47.98亿元，按照实际发生口径计算当年缺口为2.98亿元。

表1-27　　2017年青岛市社保基金收支余情况　　单位：亿元

项目	基金收入			基金支出			当期结余	累计结余
	当年收入	上年同期	增长率	当年支出	上年同期	增长率		
医保基金合计	201.32	188.44	6.83%	178.89	155.07	15.35%	22.43	180.89
城镇职工保险基金	150.3	139.74	7.56%	123.55	109.04	13.30%	26.75	167.04
城乡居民保险基金	34.84	32.89	5.92%	43.11	33.32	29.37%	-8.27	-1.02
特殊人员医保基金	3.76	4.00	-6.21%	3.77	3.94	-4.35%	-0.01	-1.74
公务员医疗补助	7.94	8.43	-5.86%	4.68	4.39	6.52%	3.26	13.99
优抚对象医疗补助	0.08	0.10	-22.40%	0.08	0.10	-22.40%	0	—
补充医疗保险基金	4.40	3.27	34.69%	3.70	4.28	-13.47%	0.70	2.62

资料来源：根据2016—2017年青岛市社会保险基金决算报表整理。

虽然医保基金累计结余较多，但具体到各个基金的收支情况，仍存在较大隐患。由表1-27可知，医保基金总额之所以存在较大结余，主要原因是2016年以来，受机关事业养老保险改革后缴费基数调整的影响，青岛市职工医疗保险收入增长较快，城镇职工医保收入占医保基金总额收入的比重较大，从而抵消了其他基金的缺口，尤其是城乡居民医保。2017年，城乡居民医保对基金收入的贡献仅有15.14%，而占基金支出比重高达41.1%，2017

年，支出增长率为29.37%，而收入增长率仅为5.92%，导致基金存在较大的缺口，因此亟须采取合理措施遏制这一趋势，防止未来引发医保支付危机（见图1－31）。

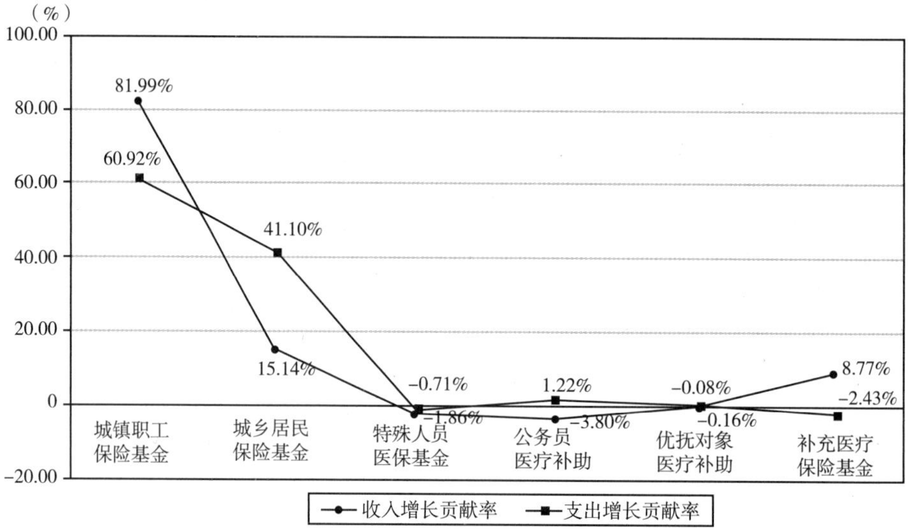

图1－31　2017年青岛市医疗保险基金各部分收入、增长贡献率情况

资料来源：青岛市财政局提供材料整理。

3.4.4　医疗保险基金运行情况分析

（1）基本医疗保险基金运行情况分析

第一，职工医保基金运营情况。图1－32反映的是自2012年以来青岛市职工医保基金的运行情况。如图，职工医保基金的总体趋势是收入增速放缓，支出增幅加大。从收支情况看，除2014年收不抵支外，其余各年基金收入均能满足支出需求。但自2016年以来，收入增速减小、支出增速加大的趋势比较显著。2018年，青岛市实行医疗保险全市统筹，统计口径与往前不同，因此，职工医保基金数据变动较大。

第二，居民医保基金运行情况。如图1－33所示，居民医保基金自2014年以来的运行情况总体来看，是支出增长较快而收入增长较慢。从收支情况看，支出增速大于收入增速，除2015年实现收支均衡外，其余年份均收不抵支。2018年，青岛市实行医疗保险全市统筹，因此居民医保基金数据变动较大。

（2）基本医疗保险基金财政补助情况。2015年，城镇居民医疗保险与新农合进行合并，为保证医保基金平稳运行以及城乡居民医保待遇稳步提高，2015—2018年，青岛市将城乡居民医疗保险人均筹资标准由621元增至908元，其中，人均财政补助由464元增至627元（见图1－34）。

（3）未来五年医疗保险基金收支预测

第一，职工医保基金收支预测。2016年以来，受机关事业养老保险改革后缴费基数调整的影响，青岛市职工医疗保险收入增长较快，预计2019年以后，收入增幅将逐步放缓。综合考虑近几年青岛市社会平均工资8%的增幅，以及参保扩面情况，预计未来5年收入增幅基本保持在10%左右；在支出方面，2018年，青岛市对长期护理保险筹资机制

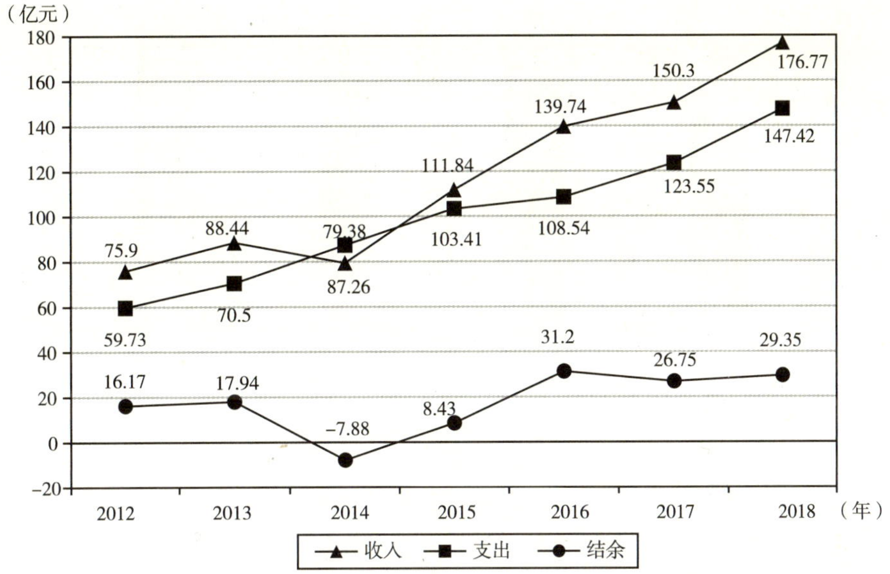

图 1-32　2012—2018 年青岛市职工医保基金收支

资料来源：2012—2018 年青岛市社会保险基金决算报表。

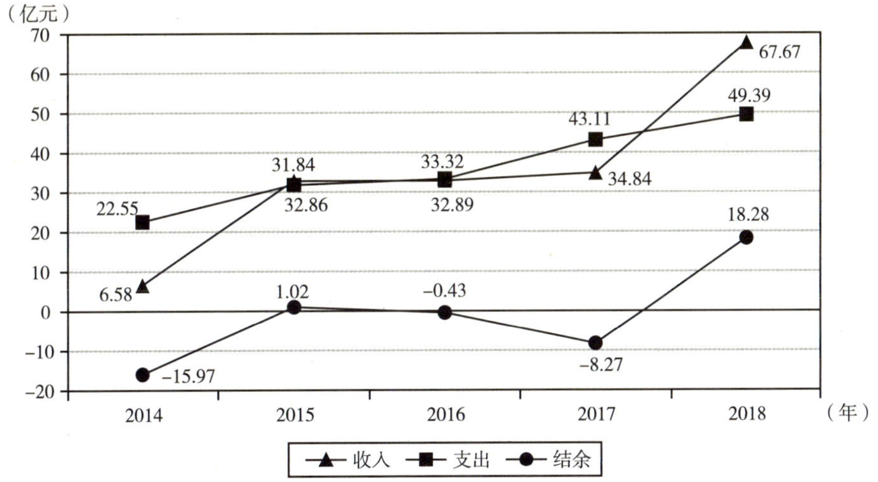

图 1-33　2014—2018 年青岛市居民医保基金收支

资料来源：2014—2018 年青岛市社会保险基金决算报表。

进行了调整，统筹基金、个人账户按照缴费基数 0.5%、0.2% 的比例按月划转长期护理基金，年划转资金约 10 亿元，导致 2018 年基金支出增幅较大，以后年度增幅将趋于平稳，按照卫计部门提出的 10% 的医疗费增幅控制目标预计，2019—2023 年，职工医疗保险收入、支出、结余预计详见表 1-28，未来 5 年内青岛市职工医疗保险将保持平稳运行状态。

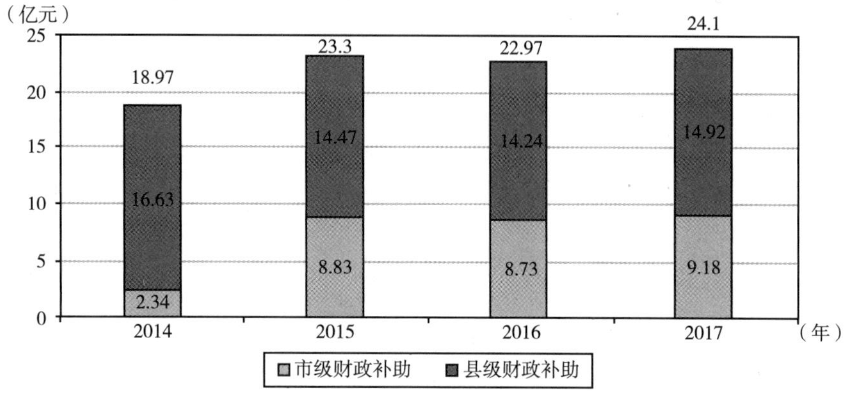

图 1-34　2014—2017 年青岛市城乡居民医保基金财政补助情况

资料来源：2014—2017 年青岛市社会保险基金决算报表。

表 1-28　2019—2023 年青岛市职工医疗保险收支预计情况　单位：亿元

年份	收入	支出	当期结余	累计结余
2019	179	160	20	205
2020	197	175	22	227
2021	217	193	24	251
2022	239	212	26	277
2023	263	234	29	306

资料来源：青岛市财政局提供资料。

第二，居民医保基金收支预测。为进一步强化医保控费效果，减轻财政负担，2019 年青岛市将居民医保控费目标定在 6% 的增幅，比 2018 年预计减少 2 个百分点，同时按照所需资金制定了 2019 年筹资标准。如按照以上筹资、控费标准以及收支平衡的基金管理原则，未来五年收支情况预测如表 1-29 所示。未来 5 年内青岛市城乡居民医疗保险基金的控费压力仍然较大，应重视居民医保基金支付危机。

表 1-29　2019—2023 年青岛市居民医疗保险收支预计情况　单位：亿元

年份	收入	支出	当期结余	累计结余
2019	50.8	50.8	0	0
2020	53.85	53.85	0	0
2021	57.08	57.08	0	0
2022	60.5	60.5	0	0
2023	64.1	64.1	0	0

资料来源：青岛市财政局提供资料。

3.4.5　基本医疗保险基金支出结构分析

（1）统筹金支出结构。在统筹金支出结构方面，如图 1-35 所示，三级医院占比由

2015 年的 49.38% 上升至 2018 年上半年的 51.15%，增长 2 个百分点；二级医院占比由 2015 年的 27.55% 下降至 2018 年上半年的 21.50%，下降 6 个百分点；一级医院占比由 2015 年的 8.85% 至 2018 年上半年的 8.90%，基本持平；社区医院占比由 2015 年的 14.22% 上升至 2018 年上半年的 16.85%，上升 2 个百分点。从上述医疗保险基金支出各级医院所占比例变化情况看，青岛市在分级诊疗方面的确取得一定的成效，但进度却十分缓慢，需要采取进一步措施来推进分级诊疗的进程，优化医疗资源配置和有效利用，实现医保基金的可持续发展。

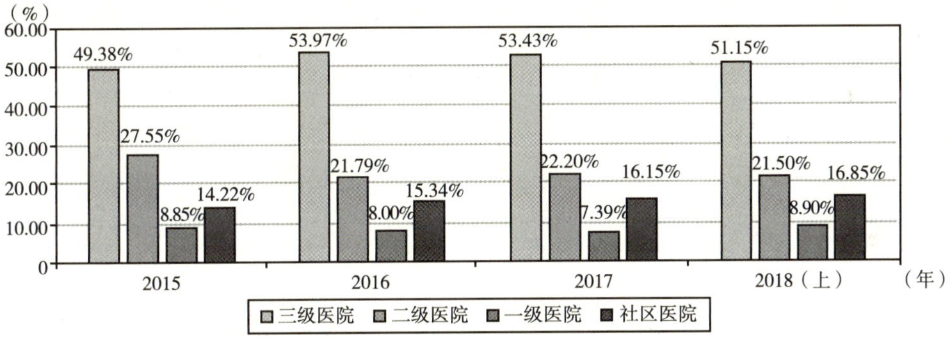

图 1－35　2015—2018 年（上）青岛市医疗保险统筹金支出结构情况

资料来源：青岛市财政局提供资料。

（2）医疗总费用结构

2015—2018 年上半年青岛市医疗总费用结构如图 1－36 所示，药品费用占比从 2015 年的 58.49% 降至 2018 年上半年的 48.38%，减少十个百分点；检查费用占比由 2015 年的 36.80% 上升至 2018 年上半年的 43.49%，增长七个百分点；服务设施费用占比由 2015 年的 4.71% 上升至 2018 年上半年的 7.03%，增长两个百分点。根据上述数据分析可以看出，青岛市自发布取消公立医院药品加成政策后，药品费所占医保基金比重有所降低，但与此同时，检查医疗费用却显著提高，说明医疗机构创收机制并未完全打破，公立医院为了弥补取消药品加成收入带来的损失，将创收压力转移到其他项目，可能导致“以检养医”局面的出现。

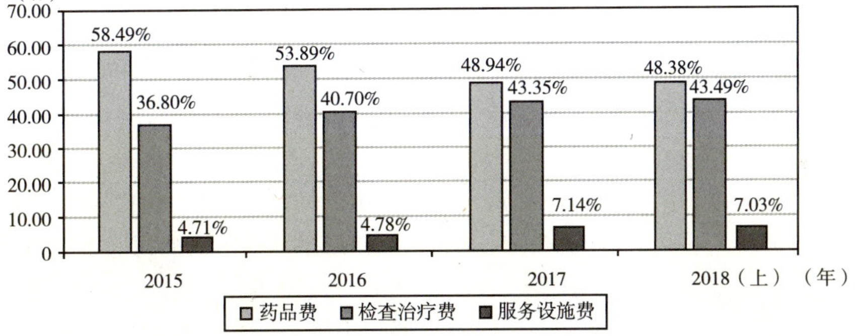

图 1－36　2015—2018 年（上）青岛市医疗保险医疗总费用支出结构情况

资料来源：青岛市财政局提供资料。

3.4.6 基本医疗保险可持续性综合分析

（1）医疗保险基金支出增长情况分析

A. 基金支出增长的客观因素——医疗需求释放。新医改以来的各项优惠政策引导民众释放医疗需求，门急诊人次、住院人次持续大幅增长是基金支出增长的客观因素。由表1-30的医疗收入增长以及门急诊人次数增长情况可以看出，2015—2017年青岛市民众对医疗卫生服务需求大幅度增长。综合图1-17和图1-18来看，近年来青岛市民众医疗需求得到释放，很大程度上也归因于医改以来青岛市实施的各项医疗保障优惠政策。青岛市2015年实行城乡统筹的医保制度以后，全市近500万城乡居民纳入统一制度、享受多层保障，基本医保、大病医保、护理保险、大病救助（补充医保）等全部向农村居民拓展。农村居民用药报销范围由原来900余种扩大到2400余种，政策范围内住院费用平均报销比例达到71%，比原新农合平均提高近6个百分点，门诊大病病种统一调整增加到54种，门诊统筹保障额度有所提升，护理保险在农村居民中实施，各项医保年度最高支付额接近100万元。据统计，青岛市职工医保（含退休）年人均筹资约2300余元、实际平均报销比例为75%左右，而居民医保年人均筹资仅700余元，却达到了平均55%的实际报销比例，保障能力相对更为突出。改革红利使群众医疗需求得到释放，在一定程度上加大了基金支出。

表1-30　　2015—2017年青岛市医疗卫生费用情况表

年份	医疗收入（万元）	增幅（%）	门急诊人次数（人）	增幅（%）	出院人数（人）	增幅（%）
2015	1912153.981	—	28184943	—	1213812	—
2016	2204998.108	15.31	30765064	9.15	1355523	11.67
2017	2371943.259	7.57	33280563	8.18	1408923	3.93

资料来源：根据青岛市医疗卫生统计资料整理。

B. 基金支出增长最直接因素——医保报销范围扩大。医疗服务价格改革带来的医保报销范围扩大是基金支出增长最直接因素。为解决群众“看病贵”问题，青岛市不断推进医疗服务价格形成机制改革，以加强医疗费用控制。从2011年起，青岛市率先开始进行医疗服务价格改革；2013年，取消了县级公立医院的药品加成，并先后分三批调整了医疗服务价格，之后，又在全国率先启动全市医疗服务价格改革；2016年7月，全面实施城市公立医院综合改革、取消药品加成政策，分三批调整了6423项医疗服务项目价格，加之2015年调整的医疗服务价格，总共1万多项，新版医疗服务价格实行医用耗材打包收费政策，原自费或部分自费的医用耗材按照医疗服务项目价格，纳入医保报销。同时，根据价格调整原则，取消药品加成所减少的收入由医疗服务价格补偿80%，之前未在医保报销范围的门诊药品加成收入一并纳入报销，因此，在医院整体医疗费用增长不大的情况下，医保基金支出增幅较大。

C. 基金支出增长的主观因素——医保基金调控不足。医保基金对医疗服务行为和费用的调控引导、监督制约作用尚不充分是基金支出增长的主观因素。医疗保险基金支出得不到有效控制的一个重要原因在于医保支付方式不合理，其表现主要是医保采用定额结算方式，与实际的医疗费用存在一定的差额。现行的医疗保险制度实行的是“定额预付、结余留用、超支不补”的政策，显然，要使这一制度健康运行，关键是要在做好调查的基础上作出平均医保费用定额的科学测算。尽管测定指标时一般都规定要充分考虑近三年或上年的人均分布、费用增长、床位数、医保患者占比等因素，但由于未充分考虑疾病构成，特别是大病的因素，以及医疗技术人力资本的变化，也未对一些突发因素作出合理的预期，致使定额标准偏低、与实际费用之间存在一定的差额，医保部门将医保限额分配给医院，实际上等于将控费的风险转移给了医院，医院再通过层层传递，总额预付可以控制住经费，但控制不住具体的医疗服务行为。

另外，在医保基金付费方面，青岛市不断深化医疗保险支付方式改革，全面建立并不断完善符合实际的医保支付体系，以发挥医疗保险的控费作用。青岛市自 2010 年起就开始积极推进按病种收费试点改革，试图抑制过度用药和“大处方、大检查”等过度医疗现象，从根本上遏制医院用贵药的现象。为控制住院费用快速增长的势头，社会保险经办机构加强了监管稽核，2015 年至 2017 年，仅市级就扣拨医院不合理费用 6300 余万元、8500 余万元、3500 余万元。但是，从基金支出看，医保基金支出的快速增长态势并没有得到有效的遏制，这既有医疗服务价格调整的原因，也有医保控费机制对医疗服务行为的制约作用有限的原因。医保支付尽管按照总额控制原则，但这仍是基于项目费用的控制办法，在助推分级诊疗、引导资源配置、促进医疗机构控成本降费用等方面发挥的作用有限。

D. 医保基金支出增长的深层次因素。医疗资源配置不合理、医疗机构创收机制未打破、分级诊疗推进缓慢是医保基金支出增长的深层次因素。医药卫生体制改革后，虽然出台了一系列举措，但医疗机构创收机制仍未打破，如 2016 年 7 月开始实施的青岛市公立医院取消药品加成（除中药饮片）的政策，要求一律实施药品零差价销售，“以药养医”时代的终结，使得医院药品加成收入连年下滑，公立医院补偿机制由医疗服务收费、药品加成收入和政府补助三个渠道变为医疗服务收费和政府补助两个渠道，药品不再成为医院“创收”的来源。如表 1－31 所示，政策实施当年，青岛市某三甲医院药品收入占医疗收入的比重下降大约 10 个百分点，2017 年药品加成率只有 0.01%，但是药品收入的减少并没有引起医疗收入的同向变化，医疗收入反而呈现逐年增长的态势，且增幅在 10% 以上。进一步分析医疗收入各项目，我们可以发现，除了药品收入和其他收入减少之外，医疗收入的其他项目均呈现逐年增长趋势，特别是诊察收入、治疗收入、手术收入、护理收入等项目，最高增幅达到 100.23%，说明医院为了弥补取消药品加成收入带来的损失，将创收压力转移到其他项目，存在“以医补药”的可能。

表 1－31　2015—2017 年青岛市某三甲医院取消药品加成收入前后医疗收入各项目变化

收入项目	2015 年（万元）	2016 年（万元）	2016 年增幅（%）	2017 年（万元）	2017 年增幅（%）
医疗收入	207532.03	230126.69	10.89	259281.58	12.67
挂号收入	47.80	0.00	—	0.00	—
诊察收入	2880.63	4594.36	59.49	6166.84	34.23
检查收入	18952.09	22256.29	17.43	30460.44	36.86
化验收入	29236.12	39934.43	36.59	44462.59	11.34

续表

收入项目	2015 年（万元）	2016 年（万元）	2016 年增幅（%）	2017 年（万元）	2017 年增幅（%）
治疗收入	10102.36	14484.31	43.38	22487.80	55.26
手术收入	10158.40	16148.03	58.96	19684.13	21.90
护理收入	3581.17	7170.48	100.23	10739.55	49.77
卫生材料收入	34882.47	39972.55	14.59	41314.41	3.36
药品收入	96958.91	84975.43	-12.36	83393.76	-1.86
其他收入	732.08	590.80	-19.30	572.05	-3.17

如图 1-37 所示，“以药养医”方兴未艾，近几年检查治疗费用又逐年提升，“以检养医”现象凸显。医疗机构逐利发展模式，必然会加剧医疗机构恶性竞争和虹吸病人，重治疗、轻预防，以致防治结合的整合式医疗模式难以建立。

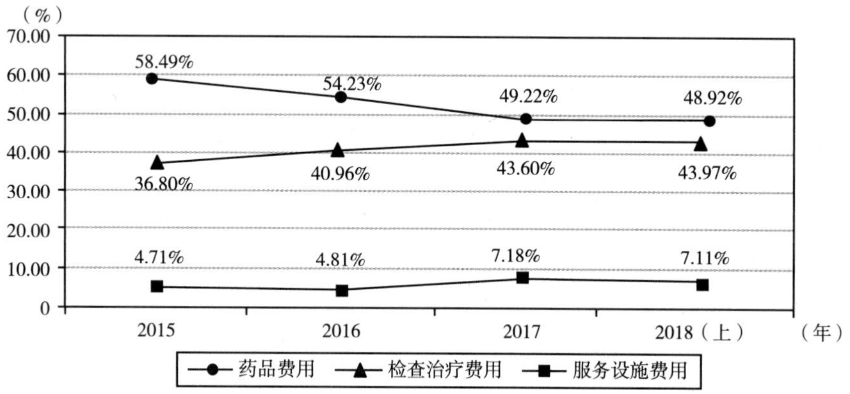

图 1-37　2015—2018 年（上）青岛市各类医疗费用占比情况

资料来源：根据财政局提供材料整理。

2012 年，青岛市完善医院等级和医师职级的差别支付机制，将支付比例进一步向基层医疗卫生机构倾斜，推进分级诊疗，引导患者合理就医；2016 年 7 月 1 日，市内的二级以上公立医院全面启动公立医院综合改革，在管理体制、运行机制、医保政策、人事薪酬、分级诊疗制度、信息化建设等方面深化改革，这些措施都旨在促进医疗资源的合理配置，但医疗资源的合理配置不是一朝一夕之功，在城乡发展不均衡的大背景下，大医院不断扩张，基层医疗机构不断萎缩，分级诊疗推进缓慢。上述关于“统筹金支出结构”的分析可以看出，三级医院占比增长，而一级医院却相对持平，说明到目前为止，青岛市并没有形成合理的分级诊疗体系，分级诊疗制度建设仍任重而道远。

（2）医保基金可持续性综合分析

A. 城乡居民医疗保险能否可持续，关键在于控制医疗费用不合理增长。居民医保基金收入方面，为满足快速增长的医疗费支出，青岛市 2018 年大幅度提高筹资标准以确保收支平衡，调整后当年居民医保基金收入 45 亿元中，财政补助达到 30 亿元。此外，两级财政还须安排资金 6 亿元用于弥补 2017 年居民医保基金缺口。居民医保基金支出方面，2014 年以来，居民医保支出一直保持高增长态势，尤其 2016 年至 2017 年，医疗服务价格调整、医疗需求释放及人口老龄化等因素导致医保支出由33亿元增至43亿元，增幅达到30%。根据表1－30及其分析可推测，2018年青岛市居民医保能做到收支平衡；2019—2020年，按照青岛市居民医疗保险筹资机制安排，居民医保基金收入年增加10%。按照以收定支的原则，若医保基金支出不出现跨越式增长，居民医保基金可维持收支平衡。

B. 职工医疗保险结存规模较大，目前可持续形势相对乐观，但需警惕未来。目前，职工医疗保险结存规模可达到12个月的支付水平，基金收支还在可控范围内，可持续形势相对乐观。从当前职工医保基金结余情况来看，还有180.89亿元的结余，账面上看基金还很充裕，但随着人口老龄化加速，退休人员的增多，未来缴费的人数会逐渐减少，同时医保基金的支出会逐渐加大。另外，为解决青岛市生育保险基金超支问题，青岛市对职工医疗保险、生育保险、工伤保险费率进行了结构性调整，其中职工医疗保险缴费费率由11%下调为10.8%，而且青岛市承诺职工医保的医疗待遇不会降低甚至会逐渐提高，因此，未来青岛市职工医保基金支出将会面临较大的压力。

第4章

医疗卫生保障政策的国内外先进经验

4.1 医疗卫生保障政策的国际先进经验

4.1.1 医疗卫生服务体系

我国的医疗卫生服务体系是基于我国政治体制以及医疗卫生发展水平而建立的，并不能照搬其他国家的模式，但是其在医疗卫生领域内有很多先进的服务模式以及服务制度值得我们借鉴。基于医疗卫生服务体系建设要点，我们主要选择了医疗服务水平比较发达的一些国家，来分析其远程医疗服务模式、基层医疗卫生改革模式以及分级诊疗制度等三个方面的做法。

（1）远程医疗服务模式。远程医疗服务是指医疗机构之间利用通信技术、计算机及网络技术，与医疗技术相结合而开展的异地、交互式的指导、检查、诊断、治疗等医疗会诊活动的行为。[56]21世纪以来，远程医疗已经影响了医学的各个领域，医护人员通过网络手段来提供远程手术、检查和治疗等医疗服务，使传统诊疗模式产生了巨大差异，不仅能取得良好的社会效益，而且还能带来很大的经济效益。在远程医疗服务模式中，首先需要建立广泛覆盖的互联网，并且通过医联体等区域医疗资源的整合来作为管理核心，同时建立完善的医保付费机制以促进远程医疗服务的快速发展。跨国家、跨区域之间的医疗技术共享成为欧洲远程医疗服务的突出特点，通过国家层面上远程医疗系统合作项目的建立，欧洲各国之间合作更加紧密。

我国远程医疗起步晚、发展快，但是由于信息化水平、患者观念以及法律法规等的限制，与发达国家相比还有一定的差距。分析国外远程医疗服务的先进经验，可以对我国远程医疗服务带来较好的启示：第一，政府推动整合医疗资源，使城乡之间、区域之间形成紧密的远程医疗服务模式，最大化地利用区域医疗资源。第二，制定远程医疗服务收费标准，完善远程医疗服务补偿机制，比如从国家层面将远程医疗服务费用纳入医保报销范围。第三，完善法律法规，推动医疗卫生领域的信息化建设。

（2）基层医疗卫生改革模式。基层医疗卫生服务体系在世界各国的医疗卫生服务系统中均发挥着重要作用。在过去十年中，加拿大通过目标医疗组织架构、医疗服务者薪酬、医疗服务者数量、医疗服务质量及安全性等多方面改革基层医疗，这对我国健全基层医疗卫生服务体系具有重要借鉴意义，主要表现在三个方面。

第一，基层医疗团队及医疗网模式。加拿大许多省份的医疗改革核心是建立多学科、跨专业的基层医疗团队，以提供更加便捷、连续、高质量的基层医疗服务。基层医疗团队及医疗网模式实行于20世纪70年代，新的模式始于21世纪初。一些早期评估显示，这种模式对团队协作、预防医疗服务率、健康提升及社区定位产生了积极的影响。近年来，我国积极开展全科医生培养，而以全科医生为领头人组建基层医疗团队，将会大大提升基层医疗卫生服务水平。

第二，薪酬管理。在近十年中，加拿大各省逐渐采取了调和型薪酬模式（即将医疗费用与接诊数量或奖金相结合），大部分省份目前对特定类型的协调协作活动会给付相关的报酬，而不只是传统地支付医疗费用，比如，在医疗费用支付基础上，仅对照护特殊人群的服务者提供调整后费用，对服务于已登记的老年人或慢性病患者的医护人员给予固定年薪，对服务于部分弱势群体的医护人员给予薪酬增加。此外，加拿大的经验也强调，医生薪酬新模式的成功引进要依靠患者登记、电子病历等可识别数据。

第三，医疗质量与安全性。在加拿大，有些省份的电子病历与基层医疗实践的整合度较高，同时还有一个报告系统来实时测定医疗实践中电子病历的利用率及临床指标的改善情况，临床医生能够充分了解患者特征的相关信息，从而达到较好的医疗服务效果。

（3）分级诊疗制度。分级诊疗制度是有效引导老百姓看病的方式，也是缓解“看病贵、看病难”的有效措施。通过总结与借鉴德国与加拿大医疗服务体系的特点，可以提出完善我国分级诊疗体系建设、形成有序就医格局的几点启示和建议。

德国的医疗服务体系大致分为4部分：一是开业医生，主要负责一般门诊检查、咨询等。二是医院，负责各种形式的住院治疗。三是康复机构，负责医院治疗后的康复。四是护理机构，负责老年以及残疾者护理。[57]德国的医院和门诊服务分开，医院不提供门诊服务，患者首先到开业医生的诊所就医，如果开业医生认为确有必要住院，才开具转诊手续。加拿大的医疗服务体系可以分为初级医疗保健服务和二级医疗服务两个级别。初级医疗保健服务即指社区医疗服务。患者就诊需要先到社区诊所看家庭医生，所有社区医生要具备全科医生资质，这些专业医务人员大多数是独立开业行医，有些家庭医生则在社区的医疗中心或医院附属的门诊等不同地点分时间工作。二级医疗服务是指专科医院或综合医院服务，一般只有在初级医疗对患者病情无法诊治的情况下，家庭医生才会将患者推荐到专科医生那里接受进一步的治疗。[58]只有患者病情紧急，才可以前往任何一家医院的急诊室救治。

借鉴国外医疗服务体系建设经验，我国要尽快完善“基层首诊、双向转诊、急慢分治、上下联动”的分级诊疗制度，首先，需要加强全科医生培养，壮大基层的优质卫生人员队伍，由其担当人民健康的“守门人”角色。其次，借助区域医联体，实现医疗信息共享，节约医疗资源；对医联体内部医疗机构实行医保管理相关政策支持。最后，各级政府加大财政投入，重视基层人才的教育和培养，提高基层医务人员待遇。在此基础上确定适宜病种，实行刚性的社区首诊制度，既能降低患者的医疗负担，又可以缓解上级医院的就诊压力。

4.1.2 药品供应保障体系

药品供应保障体系建设虽然是我国根据自身国情所提出的改革方案，但其所包含的药品流通管理、药品价格管理、基本药物制度建设已分别被世界诸多国家所实践。

（1）药品流通管理

第一，美国的药品流通体制。美国的药品流通格局具备高度集约化的特点，绝大部分药品批发企业属于美国卫生保健产品分销管理协会（HDMA）的会员，这些会员企业中排名前三的企业所占有的市场份额高达90%，业务范围遍布美国50个州。美国的医疗机构一般通过专业集团采购组织（GPO），购买其所需的医疗器械和药品。在进行集团采购时，采购组织根据其所集合的医院购买量，与生产商进行价格谈判，并签订采购协议，医院根据协议价格直接向生产商进行订购，后续的物流配送服务由商业机构承担。这种采购方式使医院能够专注于提供医疗服务，而政府则只需对其行为进行监管。但是，医疗机构购买的价格并不必然低于直接向生产商或代理商购买的价格，中小型医院可以充分借助集团采购的优势获得比较理想的报价，但对于规模较大的医院而言，减少采购成本的效果则不甚明显，甚至不如直接向生产企业采购经济便捷。

第二，日本的药品流通体制。在日本，约有89%的药品销售是通过药品批发企业进行的。药品流通以社会共用物流配送中心为平台，这使得生产、流通和医院等环节的药品库存量大为减少，大大降低了药品的流通费用，加快了资金流通速度。日本医疗机构可自主选择药品采购供应模式，其销售药品以及医疗保险支付药品费用均按照政府制定的零售价执行，而不考虑实际的采购价格，因而，医疗机构有充分的经济激励来压低采购价格。为降低药品费用、避免“高价药品偏好”，日本政府取消了药品进销加成率，以药品统一零售价为依据，对医疗机构的药品销售价格由“过程控制”转向“结果控制”，有效地遏制了药品费用的上涨势头。

（2）药品价格管理。不同的国家对药品价格的管理采取了不同的模式，按政府规制强度的不同，大体划分为直接价格控制、间接价格控制和自由价格制度三大类。

第一类是直接价格控制模式，代表国家有法国、加拿大、日本等。其中，日本对列入医疗保险目录的所有药品制定零售价格，未纳入医疗保险目录的极少部分药品可由企业自主定价。在对新药进行定价时会结合新药的创新性、有用性和市场竞争等因素来确定，并且在10年内要对药价重新进行审定，实施药品定价周期管理，对于仿制药品的定价也会参照同类原研药品价格。法国政府实行与用药量相关的强制降价制度，如果某种药品的价格过高，影响到财政对药品的全面补偿，政府将强制性降低该药品的价格。

第二类是间接价格控制模式，代表国家有英国、德国。德国对药品价格的干预是通过参考价格制度间接实现的。对列入医疗保险报销范围的药品按一定的标准分组，由政府或承保人制定适用于同一组中每一种药品的基准报销价格，即参考价格，制药企业可以自主制定药品零售价格，但高出参考价格部分的价差要由患者负担。由于高于参考价格的药品需求的价格弹性很高，所以医药企业会将产品价格定位在参考价格水平或尽可能接近参考价格的水平上。

第三类是自由价格控制模式，代表国家有美国。美国政府仅对社会保障项目所涉及的药品进行价格控制，而对市场流通的药品不采取直接或间接的价格干预措施。美国没有专门管理药价的机构，而是通过市场化方式，由各商业医疗保险公司与药品生产或批发企业谈判、制定，或通过集中采购，根据批量协商制定药品价格。对属于社会保障范畴的医疗项目，美国政府则采取了一定的价格控制措施，包括强制性折扣、限价政策等。

（3）基本药物制度建设。1975年，世界卫生组织首次提出了基本药物的概念，经过40

多年，许多国家通过实施基本药物制度，有效地降低了药品费用支出，提高了药物资源的配置效率，改善了药品的可获得性、可支付性和使用的合理性。以下通过对具有代表性的国家（如澳大利亚、印度、巴西、肯尼亚等）建立的基本药物制度进行分析，对完善我国基本药物制度提出建议。

首先，在基本药物的遴选上，世界卫生组织专家委员会以及有关国家的委员会主要根据居民的卫生需求、药品的成本—效益、药品的质量（安全性和有效性）以及药品的供应情况等方面进行判断。在药品质量控制方面，印度、巴西、南非、肯尼亚等国家主要是成立药品管理局，建立生产经营和产品许可制度，采用药品注册和药品生产质量管理规范（GMP）认证，同时对上市后的药品进行质量安全监测，以保障上市药品的安全性和有效性。基本药物的使用是建立基本药物制度最为关键的一环。在促进基本药物合理应用上，印度一方面通过建立制度规范、约束医师和医院的行为，另一方面，通过对医师和患者进行教育，树立合理的用药观念。世界卫生组织和津巴布韦在当地的医院建立药品治疗委员会，由其指导药物的合理使用；限制不同等级的处方医师开处方药的权力，分离处方权和配药权；对处方医师采用经济激励制度。

（4）对我国药品供应保障体系建设的启发

A. 药品流通管理方面。第一，实现药品流通领域的规模化和集约化是提高药品流通效率的关键。提高药品流通领域的市场集中度有利于减少流通环节，从而提高药品的流通速度、降低药品的流通成本。第二，要使药品集中采购模式在降低医疗机构药品采购成本上充分发挥预期的效果，关键是要让作为采购主体的医疗机构具有积极参与集中采购的动力。在经济效益以及采购监督机制作用下，美国的医疗机构会主动参加美国药品集中采购组织的药品集中采购，因而药品购销行为更加透明，更有利于避免商业贿赂等腐败行为的产生。日本的统一药价政策使医疗机构可以获得降低药品采购成本的激励，从而参与集中采购。因此，对于我国而言，在取消药品加成之后，探索科学、有效的补偿机制，建立、完善集中采购平台将是提高药品采购效率的关键。

B. 药品价格管理方面。一是调整政府药价管理的内容，引入医保支付价体系。分析国际经验可知，在建立公共医疗保障体系的国家，政府（或其他公权力机构）药价管理的核心是医保支付价格。我国在药价管理体系中的地位和责任应参照日本等东亚邻国进行界定，同时引入医保支付价格基准制度，进而探索基于疗效的类似药参考定价方法。二是药品价格管理还应体现出促进产业发展的作用。英国价格管理政策允许的研发支出在制药企业药品收入中所占的比例超过国际平均水平，极大地鼓励了英国药品制造业的研发投资。因此，在药品价格管理的过程中，应充分考虑促进医药产业升级和发展的需要，通过合理确定创新药品的价格来对制药企业的创新活动发挥引导作用，从而实现医药产业的健康发展。

C. 完善国家基本药物制度方面。第一，要明确基本药物制度目标，将合理用药放在首位，建立健全基层医疗卫生服务机构基本药物配备和使用制度，根据诊疗范围优先配备和使用基本药物。完善基层医疗卫生服务机构用药管理、处方审核制度，建立基本药物使用和合理用药监测考核评估制度。第二，合理的定价是基本药物得以持续生产和流通的基础，充分的补偿机制可以解决医疗机构合理用药的经济问题。科学合理的定价与补偿机制还可以促进药品费用控制，保障基本药物供应充足，促进合理用药。例如，澳大利亚通过开展药物经济学评价，为进入医保目录中的同类药品设定一个报销参考价，从而间接影响医师用药以及药品经销商的市场报价。澳大利亚的经验表明，要制定合理的药品价格和补偿标准，需要加强对药品的成本—效果评估。

4.1.3　医疗保险体系

当前世界范围内的医疗保障模式主要分为四种：以英国、意大利、瑞典为代表的全民免费医疗；以美国为代表的市场化医疗保险；以德国、日本为代表的社会医疗保险；以新加坡为代表的全民储蓄医疗。

（1）英国医疗保障制度模式。英国的医疗保障制度体系主要由全民卫生服务制度（NHS）、社会医疗救助制度和私人医疗保险构成，其中，全民卫生服务制度（NHS）是主要的制度内容，由三部分组成：医院和社区保健服务、家庭保健服务、健康与杂务服务。

医疗经费来源方面，政府主要通过税收资助全国性医疗服务，医疗经费主要来源于中央财政收入，占全部国民保健费用的80%以上，其余的由人们缴纳的国民保险费、看病处方费、受益人为享受及时的较高档次的医疗服务而支付的费用来弥补。为遏制医疗资源浪费，另增设了其他收费项目，采用现收现付式的筹资方式。医疗费用支付方式方面，英国全民保健项目由社会保障主管机构将医疗费直接付给提供服务的医院和药品供应者，患病的被保险人与医院之间不发生直接的财务关系。这种免费医疗服务方式通常是由政府机关、企业或医疗保险主管机构，医生与医院或药品供应者分别签订契约，按照服务项目、类别、承治人数等，规定相应的报酬或发给固定薪金，对于医药费用则按规定实报实销。

英国的全民免费医疗具有诸多优点：在全民医疗服务制度下，医疗服务成为社会福利的组成部分，保证凡居住在英国的人，无须取得保险资格即可在免费或低费用的情况下享受相当完善的医疗保健服务；提供的医疗卫生服务基本上可以满足国民对医疗服务巨大的、多层次的需求，且卫生服务质量较高。同时，NHS具有医疗保险同预防保健、初级保健相结合等优势，但也给国家财政带来巨大压力。

（2）美国医疗保障制度模式。美国医疗保险作为一种特殊的商品，按市场原则自由经营，政府只负责老年人和贫困者等特殊人群的医疗保障。在市场化、商业化的发展模式下形成了美国多元的医疗保障制度体系，具体包括政府举办的老年人医疗照顾制度、贫困人群的医疗救助制度、私人医疗保险制度和特殊人群的医疗福利保障计划等。其中，占绝大多数的国民选择购买私人医疗保险得到医疗保障，因而美国的医疗卫生体制呈现出以市场作为卫生资源主要配置方式的特征。私人医疗保险主要有三种类型：一是非营利性的医疗保险公司，如蓝十字和蓝盾。“帝国蓝十字和蓝盾”是美国蓝十字和蓝盾协会下的一个拥有多年历史的保险计划。该计划承担100%的住院费，不限制住院时间；每次看病仅付10美元；化验免费；提供24小时电话咨询服务，并且在全世界任何地方看病，急诊一律实报实销。由于非营利医疗保险公司的非营利性，国家给予其税收优惠。二是营利性的商业医疗保险公司，代表是凯撒医疗集团，该集团奉行集医疗保险与医疗服务于一体的管理经营理念，有效降低了管理和服务成本。三是健康维持组织和医疗推荐组织等保险和医疗服务为一体的医疗保险组织。

（3）日本医疗保障制度模式。《关于社会保障制度的劝告》中提出日本“国民皆保险”，作为日本医疗保障的政策目标。日本的医疗保障制度体系主要由社会医疗保险性质的雇员健康保险制度、国民健康保险制度和特殊行业健康保险制度以及老年卫生服务计划和私人医疗保险制度组成。雇员健康保险制度覆盖了企业和商会的雇员及其家属。国民健康保险覆盖农林牧渔从业者、个体私营业主主、自由职业者、退休人员和失业者及其家属。特殊行业雇员健康保险主要针对四类人群，即海员、国家公务员、地方公务员、私立学校教师等。

参与医保运营的保险组织有三种，如表 1－32 所示：一是有固定职业者加入的被雇佣者保险组织；二是由农林牧渔从业者、个体私营业主或自由职业者等为参保对象的地区保险组织；三是由 75 岁以上老年人等加入的后期老年人医疗联合组织。

表 1－32　　日本医保运行的保险组织

大类别	保险组织	参保对象
被雇佣者保险组织	全国健保协会保险	所在企业没有加入行业保险组织的职员及家属
	组合保险	加入行业保险组织的职员及家属
	船员保险	船员及家属
	零工保险	零工及家属
	共济组织	公务员、事业单位职员和私立学校教职员工等及家属
	自卫官保险	自卫官及家属
地区保险组织	国民健康保险	由各地政府运营，参保对象为个体业主或无业人士及家属
	国民健康保险组合	同行业的自由职业者可以共同发起国民健康保险组合
后期老年人医疗联合组织		75 岁以上老年人及 65 岁以上的残障人士

资料来源：日本厚生劳动省、华创证券。

法律规定任何在日本居住的人（不仅仅是日本国民），都必须加入某种医疗保险，因此，医疗保险具有强制性。日本医疗保障经费来源主要由政府财政补贴、雇主和雇员缴纳的保险费以及患者自费部分构成。中央国库补助和地方政府补助相结合，各账户之间具有财源调整机制。医疗保险费用的支付方式采用“第三方支付”方式，即不是由各个医疗保险管理机构直接支付给医疗服务机构，而是由第三方，如健康保险费用通过“社会保险诊疗报酬支付基金会”支付，国民健康保险项目下的医疗费用支付程序通过“国民健康保险联合会”（每个地区均建有该机构）支付。

（4）新加坡医疗保障制度模式

新加坡强调个人和政府共同负担医疗服务，对所有国民实行统一的医疗保健。新加坡医疗保险制度包括三个方面：全民保健储蓄计划、健保双全计划及保健基金计划。

保健储蓄是一个全国性的、带有强制意味的储蓄计划，帮助个人储蓄存款，以用于支付将来的住院费用。按照规定，每个已经工作的人都必须参加这项储蓄项目，每个人都会拥有自己的账户，专门用来缴纳住院费用（包括父母、配偶、子女等直系家属的住院费用）。保健储蓄计划所需储蓄的费用占到工资收入的 6%—8%，这项储蓄免税，并且根据平时的平均利率增长利息；医疗储蓄的缴纳有最大限额。医疗储蓄中的钱只能用来缴纳住院费以及一些特殊重大门诊的检查费，对于其中的支付费用也有最大限额的规定。当保健储蓄账户的所有者超过 55 岁时，无病也可以提取一定的医疗储蓄金。账户中须存有最低累计额，保障账户所有者在年老时，有足够的储蓄支付其住院费用。保健储蓄金可作为遗产，且不必缴纳遗产税。

作为保健储蓄计划的补充，健保双全计划主要是对重病及长期慢性病进行的医疗投保，保费从个人保健储蓄账户中支出，由政府指定的商业保险公司承办，是一项自愿性的、低费用、社会统筹大病保险计划。健保双全计划是大病保险计划，因而参加者必须在医院账单超过一定数目以后，才能获得医疗保险的福利。在资金分配上，其中超过部分的 80% 由医疗保险支付，剩下的 20% 自付或用医疗储蓄金支付。

保健基金是一种特别基金，它由新加坡政府提供，专门针对那些生活贫困的人，帮助他们支付一些医疗保险费用。保健基金的资金来源于国家财政、社会各界捐赠。需要保健基金援助的病人，可以通过社区提出申请，经保健基金医院委员会评审后，会得到医疗救助金。

上述国家的经验对我国医疗保障体系建设的启示有以下方面：

第一，全民免费医疗实现真正的“公平性”。以英国为代表的全民免费医疗制度保证了医疗保障惠及全体公民，且每位公民都可以平等地获得满足基本需求的医疗服务。医疗服务作为准公共产品，确保医疗服务的可及性和公平性对于保障民生、维持社会长治久安具有重要意义。

第二，构建公平竞争的医疗系统环境。在以美国为代表的市场化医疗保险制度下，由于市场竞争的存在，各私人医疗保险公司追求更为经济、有效的医疗服务和保障模式。医疗保险与医疗服务的统一管理模式以及“预防为主、防治结合”的服务理念，对于加强疾病预防控制、推进健康管理及降低医疗成本发挥着积极的推进作用。协同化的医疗服务体系、现代化的医院管理、透明化的市场竞争、信息化的技术支持互促共进，形成发展的良性循环。

第三，财政的“精准”支持。日本单独将 75 岁以上老年人分离出来，创设了高龄者医疗保险制度，并对该账户进行财政补助；将其他账户中 65 岁以上的老龄者及退职者转入市町村国保账户统一管理，并对该账户进行集中的财政补助。这些做法既保障了各医疗保障账户的可持续发展，又可以提高财政资金的配置效率，使有限的财政资源配置于最需要的地方，最大限度地发挥补助效用。

第四，落实个人账户制度。以新加坡为代表的全民储蓄医疗制度，最大的特色在于个人医疗储蓄账户的落实，个人医疗储蓄不仅可以用于个人，还可以用来支付父母、配偶、子女等直系家属的住院费用；不仅可以按规定提取一定的医疗储蓄金，还可以作为遗产，这对于加快我国社保个人账户的落实具有借鉴意义。

4.2 医疗卫生保障政策的国内先进经验

4.2.1 杭州市医疗卫生保障政策

（1）强化顶层制度设计，构建一体化信息平台。杭州市以用好“一张卡”（杭州市民卡），构筑“一张网”（杭州市卫生专网），建好“两大库”（居民健康档案库、电子病历库），搭好“两级平台”（市级卫生信息平台、区县级卫生信息平台），抓好数字化社区卫生服务、数字医院、公众服务等多项业务应用为主线，逐步建成覆盖全市的卫生信息平台，实现居民电子健康档案实时源头采集、互通共享，为创新“智慧医疗”服务模式奠定基础。

2015 年 7 月，杭州市顺利通过了国家区域卫生信息互联互通标准化成熟度四级甲等测评。借鉴杭州市的先进做法，青岛市应加快医疗信息平台建设，推动诊疗信息互认，节约医疗卫生资源，为群众提供更大的就诊便利。

（2）依托“互联网＋”，推进诊疗服务扁平化。杭州市联合国内领先的互联网就医平台——微医集团（挂号网），推出联合北京、上海 38 家知名医院的跨省转诊预约平台，病人不仅能在市级医院医生诊间预约专家，还能在跨省转诊的医院享受异地医保。建设市级医院掌上“智慧医疗”一体化平台，实现医患网上互动，可以减少病人往返医院和在院内候诊时间。此外，杭州市推行“全自助”服务，促进诊疗服务便捷化。所有市属医院均设立“自助服务区”，提供办卡、充值、分时段预约挂号、查询、缴费、化验单打印等便捷的自助服务；在所有市属医院推行 24 小时自助挂号，进一步缓解挂号难问题，开通了从支付宝向市民卡智慧医疗账户充值的功能，通过自助机扫支付宝二维码就可以进行充值。

（3）基于智慧结算，实现诊疗流程集约化。杭州市医院提供诊疗服务，均以市民卡为载体，并在国内首创医生诊间结算服务，进而延伸至医技科室和停车、院内就餐等所有收费环节，实现“全院通”智慧结算，免除了反复排队缴费的环节。同时，杭州市推行了医技检查医生诊间直接预约，利用科技手段提高了就诊效率。2016 年，杭州市还创新推行市民卡“医信付”信用结算，提供“先诊疗、后还款”服务，彻底简化了流程。针对自费病人，统一各级医院的就诊卡，发行具有智慧结算功能的“健康卡”，实现“全人群”智慧结算。在市属医院整体推行的基础上，杭州市向部分省级医院、所有县级医院和社区卫生服务机构推广，实现“全城通”应用。

（4）强化基层留住病人，实施首诊、双向转诊的技术支撑体系。杭州市积极搭建信息平台，发挥智慧医疗纽带作用。首先是推行基于信息技术的优质资源共享，提升基层服务能力。在城区，依托市属三甲医院与社区卫生服务中心，建立影像、心电、消毒、慢病联合诊疗等“四大中心”，在区、县（市），由县级医院与基层医疗卫生机构建立临床检验、影像、病理、心电、消毒供应等“五大中心”，实现优质医疗资源的共建共享。同时，依托杭州市第一人民医院集团，建立辐射县级医院的杭州市域医学影像、病理、产前筛查诊断中心和危重孕产妇抢救远程会诊中心，进一步联动市、县和乡镇（街道）三级诊疗服务体系。统一由政府购买服务，确保患者能够就近在家门口的社区卫生服务机构享受市级医院提供的免费远程会诊服务。

（5）完善医保关系转移接续，强调连续参保。根据国家和浙江省关于做好流动就业人员医疗保险关系转移接续工作的要求，杭州市已开展相关工作。为激励连续参保、防止投机挂靠参保，杭州市参照本市户籍参保人员中断管理的规定，明确规定未办理医保转移接续手续，或在市区参保前 12 个月未在其他统筹地连续正常参加职工医保的参保人员，须在市区连续缴费 6 个月后，方可享受职工医保待遇。对于未在统筹地就业，也不符合灵活就业人员参保条件的非市区户籍人员，要求其及时办理医保关系转出手续，以免影响其医疗保险待遇享受。

通过分析其政策可以看出，杭州市的医改进程和取得的成果在全国都是具有先进性的，在医改中创新出了不少具有特色的医改方案，切实解决了医改进程中的难题和医疗保险基金的可持续问题。因此，青岛市可以结合本区域的实际情况，对杭州市的现行政策进行相应的借鉴与创新。

4.2.2 深圳市医疗卫生保障政策

2018 年，深圳市颁布了《深圳市社会医疗保险办法》，以健全深圳市社会医疗保障体系，保障参保人的基本医疗需求，遵循广覆盖、保基本、可持续、公平与效率相结合、权利与义务相对应、保障水平与社会生产力发展水平相适应的原则，实行多层次、多形式的医疗保险制度。根据医疗保险基金收支情况，对保险缴费标准、统筹基金和个人账户的分配比例、待遇支付标准等作出相应调整。

（1）深圳市医疗保险结构经验。深圳市医疗保障制度包括基本医疗保险和地方补充医疗保险制度。基本医疗保险是在统筹的基础上按照不同的人群规定缴费标准对应待遇，分设一档、二档、三档三种形式，不设立职工医疗保险和居民医疗保险分项。针对非本市户籍的职工，企业为其投保的档次是可以自主选择的，因此，深圳市医疗保险具有较大的灵活性。表 1－33 是深圳市基本医疗保险覆盖范围及参保范围。

表 1－33 深圳市基本医疗保险覆盖范围及参保范围

	一档	二档	三档
本市户籍职工	√	—	—
非本市户籍职工	√（或）	√（或）	√（或）
本市户籍未满 18 周岁的非从业居民、本市中小学校和托幼机构在册且其父母一方正在参加本市社会保险并满 1 年以上的非本市户籍少年儿童、大学生	—	√	—
达到法定退休年龄前具有本市户籍且年满 18 周岁的非从业居民	√（或）	√（或）	—
达到法定退休年龄后随迁入户本市且没有按月领取职工养老保险待遇或退休金的人员	√	—	—
享受最低生活保障待遇的本市户籍非从业居民	√	—	—
本市户籍一至四级残疾居民	√	—	—
领取失业保险金期间的失业人员	—	√	—
在本市按月领取职工养老保险待遇或退休金的人员	√（或）	√（或）	—
达到法定退休年龄并在本市继续缴纳养老保险费的人员	√（或）	√（或）	—

（2）深证市特色医改政策创新经验

第一，首创家庭医生的深圳标准。家庭医生服务是分级诊疗的基石之一。按照我国分级诊疗体系建设的设想，未来居民首诊优先到社区寻求全科医生的帮助，如果需要转诊，再由全科医生为患者选择适合的专科医生进行转诊。在深圳，截至 2017 年 10 月底，已有 401 万人免费进行签约，获得 2134 个团队提供的家庭医生服务，老年人等重点人群签约率达到 66.46%。深圳市卫计委已经出台《深圳市家庭医生服务管理办法（试行）》，这是国内首个家庭医生服务管理的规范性文件。在深圳，家庭医生服务不是一个医生的事，而是由“2＋X”团队提供：“2”是“全科医生＋社区护理人员”；“X”则是“选配”，可以吸收公共卫生医师、专科医师、心理咨询师等加入。除了给家庭医生服务定标准，深圳还在全国率先定了一把“尺”——《深圳市高级家庭医生胜任力评估指南（试行）》出台，成为衡量家庭医生的“标尺”。深圳对 298 名家庭医生展开考核，24 人成为深圳首批“高级家庭医生”，每人被一次性授予6万元的奖励。虽然这只是深圳一地的政策，全国大部分家庭医生离这个目标还有很远的距离，但有了这把“标尺”，就代表家庭医生有了专业性、系统化的职业道路。

第二，化繁为简，鼓励社会办医。深圳市是一座开放性的城市，借助市场力量补齐医疗短板，是深圳市又一项创新政策。从首张“医生集团”字样的营业执照在深圳落地，到200多家医生集团扎堆注册，深圳在支持医生自由流动、建立医生集团、鼓励社会资本办医发展方面一直走在全国前列。2017年1月，深圳市出台社会办医疗机构与政府办医疗机构“用电同价”的政策，同等对待公立和社会资本举办医院。深圳发布了针对医疗机构登记办法新规，简化医疗机构审批流程，取消设置审批，实行直接执业登记。同时，深圳市执行新的诊所设置标准，不是医生也可以开诊所，这是在全国范围内首次放宽对诊所举办人的要求，打破诊所只能由医生本人申办的“紧箍咒”。除了政策上的开放和便利，深圳市对社会办医还有财政资金方面的扶持（见表1－34）。

表1－34　深圳市鼓励社会办医的财政扶持政策

财政扶持政策			
1	基本医疗服务补贴	8	“三名工程”专项经费资助
2	基本公共卫生服务补贴	9	市级科研项目资助
3	基本医疗床位奖励	10	院前医疗急救奖励
4	医院等级评审奖励	11	疾病应急救助补贴
5	共建临床医学院补贴	12	家庭医生服务补贴
6	上缴所得税财政奖励	13	其他卫生项目专项资助
7	市级医学重点学科和中医特色专科（专病）建设资助		

资料来源：根据深圳市相关政策整理。

在政策大放开的背景下，全国多地医生涌向深圳开诊所、办医院。截至2017年4月底，全国共有6.6万名医师多机构执业，其中到社会办医的占69.6%，社会医疗机构的力量逐步崛起。2017年，深圳医改在鼓励社会办医方面的创造性改革，助力医疗服务从以“治病为中心”向以“健康为中心”转变，也让深圳的医疗改革得以挺进“深水区”。

第三，医保支付方式改革使医疗资源下沉。理顺医疗服务秩序，离不开医保的支持。深圳特有的“罗湖模式”主要特点是打包收费，引导医院主动下沉医疗卫生资源。具体来说，就是“总额管理、结余留用”。年度清算时，若签约参保人本年度实际发生的医保基金记账总额小于上一年度基数，结余部分由基层医疗集团留用。这种医保支付由“保疾病”转变为“保健康”，让政府、医院、社区健康服务中心、医生和患者形成“利益共同体”——医院和社区健康服务中心只有努力做好居民健康服务，才能控制好医疗卫生服务成本。这种做法也调动了大医院医生规范诊疗和参与医改的积极性。

第四，提高医疗服务价格，体现医疗服务者劳动价值。药价下调，伴随的是医疗服务价格调整。深圳市规定，要提高体现医务人员技术劳务价值的服务项目价格。2017年12月20日，深圳启动公立医院第二阶段医疗服务价格调整，全市公立医院统一上调761项医疗服务的价格，涉及诊查类、护理类、手术类、中医类4个类别，上调总金额为8.13亿元。深圳市通过拉开不同级别医疗机构、医生的诊查费，以价格杠杆引导患者常见病、慢性病在基层首诊，疑难危重症通过转诊到大医院接受治疗，从而促进分级诊疗的实现。

第五，整治医院“交通难、停车难”问题。“交通难、停车难”是深圳大型医院周边存在的共性问题。2018 年 10 月，深圳市开展“改革试点”，大幅取消市人民医院的 300 个地面停车位，同时将医院分为快捷就医区和停车就医区。深圳所有的市属公立医院全面推行智能停车系统，入口不用取卡，停车扫码交费。通过整治医院交通，深圳市净化了就医环境，间接提升了医疗服务的供给效率。

第 5 章

医疗卫生保障政策的优化建议

5.1 完善医疗保险政策体系，稳步推进医改进程

医疗保险覆盖人群的广泛性、保障的基础性以及在整个医疗卫生体制改革中的重要作用，要求医保政策的变迁应具有相对稳定性、承接性以及导向性，因此，应当建立完善的医疗保险政策体系，以指导具体的改革实践。随着改革的推进及制度的不断扩展与完善，大量的政策文件得以积累。数量众多的政策文件易出现系统性缺乏的问题，具体表现在：一是政策出台的无序性，政策制定仅是考虑事务的轻重缓急，采用“贴补丁”的方式去逐渐完善内容。二是部分政策在内容上出现混乱、交叉甚至是冲突的现象。要解决这些问题，需要对已有政策进行分类梳理并优化整合，删重补漏，及时更新到期政策，保证后续政策制定的衔接性、内容的完整性以及政策层级的明晰性，并在政府政策信息平台及时公布，以便公众及时了解和掌握。政策公布的信息平台还是公众监督政策实施、评价政策效用的主要信息来源，因此，完善政策公布平台，既须使得公众可以及时、便捷的查阅相关政策，又须注重政策的可理解性，提供多种形式的政策解读，如直观简洁的“一图读懂”形式，从而形成制定、解读、宣传、互动、反馈的良性政策实施循环，为实现医改进程稳步推进提供重要保障。

5.2 坚持三医联动，强调多部门协同并进

新形势下须创新医改思路，但“医保、医疗、医药”三医联动仍是医改成功的关键。只有强调多部门联动，改革才能有所突破；多部门联动的前提是部门间的财权与事权相匹配，根据临床的实际需求来配套投入财政资金，从而保障医疗卫生服务有序供给。在医改进程中，各级事权部门需要明确支出责任的划分，科学合理规划资金使用，加强支出责任的绩效评估和行为监管，以促进卫生服务体系、医疗服务体系、药品供应保障体系、医疗保险体系的协同发展。

5.3 保基本强基层，增强卫生服务的预防性作用

5.3.1 强化卫生服务机构管理，丰富卫生服务提供方式

卫生服务注重“保基本、强基层”。公共卫生服务的提供主要有如下来源：一是专门的

卫生服务机构，如疾病防控中心。专门的卫生服务机构应依据职能设置提供公共卫生服务，同时还兼具着拟订该卫生服务领域的法律法规、政策标准，战略规划及实施计划，并承担起科研等责任。提升卫生服务质量的基础在于科学的组织内部管理与外部监督，这就需要健全相关机构的内部控制，制定机构管理办法，完善机构信息公开，强化机构运行绩效考核。二是基层医疗服务机构，通过政府购买服务的方式提供卫生服务。如何对医疗卫生服务机构进行补偿，如何考核医疗服务机构提供的服务，如何选用支付费用的付费方式，都关系到卫生服务提供的质量与可持续性，而这些正是青岛市政策规范有待完善的方面。

5.3.2 完善健康教育机制，提高居民健康意识

青岛市慢性非传染性疾病死亡率成为居民三大类疾病死亡率之首，其中心脏病、恶性肿瘤和脑血管疾病是青岛市民排前三位的死亡原因，慢性病已成为严重威胁居民健康、影响经济社会发展的重大健康问题。慢性病的形成很大程度上源于公众不健康的生活方式，而改变居民生活方式的根本做法就是强化居民的健康意识。因此，完善健康教育机制、提高居民健康意识，对于防治慢性疾病、降低疾病负担具有重要意义。完善健康教育机制，一方面需要充分发挥医疗卫生机构的宣传教育作用，可以开展知识竞赛、宣传日等活动，深入推进全民健康素养促进行动，“健康中国行”“中医中药中国行”等已有活动要不断创新活动内容与形式，调动居民参与的积极性。另一方面，充分利用媒体宣传以及学校的教育功能，借助线上、线下媒体，发放健康宣传单，播放健康公益广告，利用公交、地铁等平面媒体传递健康知识、提醒健康隐患。普及健康知识，从小培养健康意识，就需要将健康教育纳入国民教育体系，让健康知识走入课堂。此外，还应重视特殊人群的卫生健康教育以及公众的精神卫生健康教育。要注重医保在居民健康意识方面的引导作用，利用将有关疾病预防、健康管理等方面的医药支出纳入医保报销范围来普及预防保健、强化疾病预防工作。

5.4 推进医改进程，全面提升医疗服务质量

5.4.1 明确医改重心，继续推进公立医院改革

医疗服务改革的重点在于公立医院改革，建立现代医院管理制度是公立医院改革的最终目的，将“治理”思想引入医院，实现政府宏观引导、社会多方监督、医院内部管理等多元治理结构。推进公立医院改革，应明确公立医院的公益性基本定位，进一步遏制公立医院的逐利冲动，让公立医院切实做到以病人为中心，为人民群众提供安全有效、方便价廉的服务；应突破改革瓶颈，在机构管理方式、医疗服务模式创新、补偿机制等各方面总结改革经验。

第一，继续健全医疗卫生机构运行机制。规范的运行机制能够保证公立医院医疗卫生服务供给更加高效，应继续深化公立医院改革，完善公立医院治理结构、财务管理及人事管理制度等。首先，建立和完善医院法人治理结构，明确所有者和管理者的责权，形成决策、执行、监督间的相互制衡，形成有责任、有激励、有约束、有竞争、有活力的机制。其次，进

一步完善财务、会计管理制度，严格实施全面预算绩效管理，加强财务监管和运行监督。青岛市可结合本地实际，对有条件的医院开展“核定收支、以收抵支、超收上缴、差额补助、奖惩分明”等多种管理办法的试点。最后，人事制度改革，在人员总量控制下，落实公立医院自主用人，建立以服务质量为核心、以岗位责任与绩效为基础的考核和激励制度，调动工作人员工作积极性。

第二，进一步推进分级诊疗，促进城乡协作。分级诊疗是为确保基本医疗保险制度规范运行，切实减轻城乡参保居民医疗费用负担，引导城乡居民根据病情需要，合理、有序地选择医疗机构就诊的一项制度措施。要真正实现分级诊疗，根本任务是实现民众意识层面的改变，让民众意识到：普通疾病在基层社区医院看与在大医院看是没有多大差别的，这就需要依托宣传教育与政策引导。除意识层面，在实践中还应做到如下方面：一是应从提高基层医疗服务水平、统筹医疗保险报销体系和药品供应模式开始，强化医务人员业务培训。关于日常病情，医疗质量、医疗保险报销情况、医药品种的供应效率等方面，基层医疗机构应向大医院看齐。二是深化基层医疗机构管理方式的改革，在基本药物购置、绩效工资核定、财政补偿落实等问题上提高乡镇卫生院、社区服务站等基层机构的自主性，激发基层医疗组织的活力。三是建立不同层级医疗机构之间的卫生健康信息共享机制，加强各级医疗机构之间的信息联系。

第三，健全公立医院补偿机制。取消药品加成之后，公立医院所减少的收入如果以由医保基金补偿为主，势必会加大财政压力，而过度依赖医院医疗收入补偿成本，往往会出现“以检养医”现象。因此，应创新问题解决思路，鼓励公立医院拓展经营渠道，由医疗服务一条渠道，转向医疗服务、健康服务、综合性服务等多条渠道。在韩国、日本，医院的健康服务和综合服务已形成一种经营模式，保障着医院的财务平衡和持续发展。在推行健康服务和综合服务的同时，适当放开高收入群体特殊需求的价格管制，让公立医院可以通过拓展服务来弥补财政补偿的不足，从而减轻财政补偿的压力，降低公共服务成本。

5.4.2 重视人才建设，规范培养，合理分布

“看病难”的一种表现在于“看专家难”，医生培养体系的有待完善，导致了医生水平的参差不齐，这就增加了患者对基层医疗的不信任，倾向于大医院就医或是多次重复就医，导致医疗资源的浪费。一方面，需要提高医疗服务人员的整体水平和能力，建立健全全科医师、专科医师培养体系，提升医疗服务质量。借鉴国外对于全科医生的培养模式，进一步提高社区医疗机构中全科医生覆盖率，进而以全科医生为领头人组建多学科、跨专业的基层医疗团队，这必将会大大提升基层医疗卫生服务水平。另一方面，要促进高水平的医疗服务人员在地区、城乡、医院间的合理分布，保障医疗服务的均质化发展。具体来说，一要巩固深化城市医院对口支援县级医院的长期合作帮扶机制，通过加大定向培养、特设岗位、进修学习的力度，增强医护人员在城乡之间的流动。二要强化基层医护人员的执业和生活保障。高素质医护人员的缺乏一直是基层医疗服务的短板，因此，在乡村医生以及社区医生的补助与管理方面，青岛市还要制定基层卫生机构引进人才的积极政策，不断提升基层卫生专业人员的待遇水平，严格把控政策执行效果，确保资金专款专用、及时足额拨付到位，保证基层医护人员有更好的执业及生活条件。

5.4.3 推进“互联网+医疗健康”的发展

在大数据时代，青岛市应继续在医院管理、诊疗服务、医保结算、医药供应等方面大力推行使用互联网技术，进一步提升医疗服务供给效率，让互联网等信息技术为群众的医疗健康服务带来更多便捷和实惠。推进“互联网+医疗健康”的发展，首先是要利用信息化技术对医疗服务流程进行优化，将“数据信息多跑路、患者少跑路”的理念贯穿于院前、院中、院后，构建一体化医疗服务模式。第一，在挂号就诊方面，青岛市目前已推广自助化服务模式，而为解决老年人就诊困难，应以居民电子健康卡为载体，试点实现全流程“刷脸”看病。第二，在诊疗服务方面，探索建立互联网就医平台即“互联网医院”，实现部分常见疾病、疾病复诊的在线诊疗，满足公众个性化的医疗需求；努力实现病人在市级医院医生诊间预约专家，在跨省转诊的医院也能够享受异地医保，实现联网即时结算，进一步优化医疗服务流程。第三，在诊疗付费方面，探索推出“医后付”“信用付”等创新举措，压缩支付环节，减少患者往返的次数。自费患者可以实现离院网上信用支付。

为保障“互联网+医疗健康”的发展，青岛市应完善相关支持性政策，如互联网医疗健康服务收费、医保报销等，建立互联网诊疗保险制度，并且通过在线医生的身份数字化认证、在线诊疗全程记录等方式，确保互联网医疗质量。

5.4.4 处理好政府与市场的关系，鼓励社会办医

医疗服务是准公共产品，公立医院改革应处理好政府与市场的关系。一方面，要避免政府责任履行不到位所产生的医疗资源配置不均衡、财政补偿不到位、医疗行为监管弱化等问题。另一方面，还应尊重市场的价值规律，充分发挥市场机制在医疗服务供给方面的优势。

当前，医疗市场供需矛盾突出，青岛市应当更加鼓励和引导社会力量举办和发展医疗机构，探索解决社会办医院发展的短板，推动形成公立医院与社会办医相互促进、共同发展的格局。一方面，在医疗人才管理上，要多推动医师多点执业，规范医师在不同类型、不同层级的医疗机构之间流动，建立健全医师流动的人事管理、收入分配、社会保险等方案。另一方面，要鼓励社会办医院引进新技术、开展新项目，提供特色的诊疗服务，并在职称评定、科研课题招标和成果评价等方面与公立医疗机构享有同等待遇。将社会资本引入医疗卫生领域也具有一定的风险，比如，政府与社会资源的定位不明确、责任不明晰，趋利性与公益性难协调等。因此，在实践过程中，青岛市政府既要为社会资本开好窗口，更要加强引导、监督和管理，建立健全相关法律法规，完善社会资本退出机制，优化信用环境等。

5.5 支持与监管并重，全力保障药品供应

5.5.1 加大药品研发投入强度，提高药品研发和创新能力

一段时间以来，抗癌药短缺、价格昂贵等问题备受关注。癌症患者对抗癌药物可及、药价下降、新药上市的热切期盼一直未减。2018 年 5 月 1 日起，我国以暂定税率方式将抗癌药进口关税降为零。但是因考虑降税影响，药品价格下降必须通过市场竞争来实现，这对于

解决看病难、看病贵问题见效缓慢。面对药品市场的紧张状况，提高研发能力才是降低药费、减轻对进口抗癌药品依赖的根本之策。对此，青岛市应加大药品研发投入强度，积极鼓励药品研发企业开放创新，破除部分疾病在国内“无药可医”的境地；应制定政策支持原创药、创新药的上市流通，完善成果转化机制，加强医药创新成果保护机制，保障企业创新投入的积极性；应及时跟进医保政策，科学评估原创药、创新药列入医保医药目录的合理性，做好医保药品的遴选工作，为创新药品提供政策支持。

5.5.2　改革、完善药品流通体制，加强药品流通环节监管

从美、日等发达国家药品流通领域的状况可以看出，高度集约化经营已成为药品流通业发展的必然趋势。青岛市可以通过政策引导，联合医药流通企业，建立跨区域的药品流通市场，以较强的市场竞争促进药品高质量的生产、高效率的流通。“3・18”山东济南非法经营疫苗案、长春长生疫苗事件都让公众聚焦疫苗质量问题，这也为政府部门加强药品生产及流通环节的监管敲响了警钟。应该在政策上完全覆盖药品流通各个环节，制定医药跟踪检查机制，强化监管，切实保证药品安全，确保药品质量提升，杜绝类似事件再次发生。

5.5.3　坚持中西医并重，传承发展中医药事业

推进“健康中国”建设，需要坚持走中国特色卫生与健康发展道路，要将中西医并重落到实处，鼓励中医药学科发展，加强中医药人才培养，支持中医药专项研究。推进中医药标准化、产业化、制度化发展，倡导中医药产业在制药装备、检测技术、质控方法和自控系统等方面的同步创新发展，加强中医药创新保护。充分挖掘老中医经验，民间中医诊疗技术，传统制药、鉴定、炮制技术等，结合现代科技加强中医药的研究、评价、应用和推广，传承中医药事业。

5.6　强化资金管理，保障医疗保险基金可持续发展

5.6.1　完善基金筹集机制

应充分认识筹资机制的重要性，保障医保基金筹资稳定、可持续，明确资金来源渠道、缴费标准及各方责任；加强医保基金筹集机制的动态性管理，既包括医保各资金来源渠道的内部调整，也包括医保基金与其他基金之间的结构调整；结合社会经济发展水平、城乡居民可支配收入水平、财政承受能力、医保基金运行情况等适时作出调整。落实政府、单位、个人三方责任，完善制度规范，保障财政补助、单位缴费及时到位，加大宣传力度，帮助公众树立自觉缴费意识，即享受医保待遇权利必须要以履行缴费义务、承担缴费责任为前提。

5.6.2　完善财政精准投入机制

财政资源的有限性要求资源配置要具有效率，实现财政“精准”补助是提高财政配置和使用效率的方式之一。财政补助“精准化”要求财政补助形式的多样化、财政补助标准的精细化，积极探索按服务项目细分、按人群特征细分等细化标准，并保障各补助标准的合

理性。加强医疗保险基金的预算和财务管理，实施精准化的医保支付政策和科学标准控制手段，以减少成本支出，保持基金的充足和可持续。在今后的政策改革研究过程中，要注意在医保基金的筹措、使用、控制和考核方面形成体系化、循环式的政策体系，以保障医保基金的可持续发展。

5.6.3 充分发挥财政资金的导向作用

医疗卫生事业的发展离不开社会各界力量的支持，这其中，政府财政资金的投入应当充分发挥导向作用，引导社会资本去关注一些急需资金投入的医疗卫生领域，实现以财政“小资金”撬动社会“大资本”。

第一，对于某些重点科研领域，政府应紧握主导权，保证医疗卫生事业的公益性，而对于某些可以适当产业化的领域，政府可以积极鼓励社会资金投入。比如，政府应积极鼓励社会办医院，满足群众多层次的医疗需求；鼓励医养结合，发展养老、医疗保健等产业，增强社会对老年人、残疾人等弱势群体的重视程度，引导更多的社会资金来满足此类人群的医疗保健等需求，提升保障能力及水平。第二，政府通过在健康教育及宣传方面投入资金，引导公众树立健康意识、加强自身健康管理。这不仅有利于发展健康事业，更有利于医疗卫生事业由“保疾病”向“保健康”转变，促进实施“健康中国”战略。

第6章

研究展望

自2009年新一轮医改启动以来，青岛市在医疗卫生领域实行了一系列的改革措施，取得了不错的成效。针对政策发布及其实施效果存在的问题，本书提出相应的改进措施，以保证医疗卫生保障事业的有序推进。在此基础上，通过借鉴国内外先进发展理念，对医药卫生体制改革在技术、人才、市场机制以及价格等层面所涉及的重难点问题提出工作展望，以期为改革提供新思路、新目标。

6.1 推广“互联网+医疗健康”创新服务模式

青岛市医疗服务的“互联网+医疗健康”模式正处在起始阶段，迅速发展的信息技术为医疗服务水平的提高提供了很好的支持。在接下来的政策制定过程中，青岛市可以大力推行“互联网+医疗健康”模式。

第一，利用“互联网+医疗健康”模式，在医院内探索建立一站式检查预约中心，统筹安排各类检查，减少群众排队次数；建立区域影像、检验、心电、病理等中心，统筹区域检查资源，实行“基层检查、上级诊断”的医疗服务模式，推动资源共享和医疗质量同质化，推进医疗结果互认。第二，研究建立以分级诊疗为核心、实体医院为主体的智慧医疗云平台，探索实现远程联合门诊、远程手术会诊和技术指导，打通服务基层患者、医生的“最后一公里”，从而有效提升区域医疗均等化水平。还可以利用大数据技术提供健康评估、健康干预、健康教育等一系列服务，由“保疾病”转变为“保健康”，贯彻实施“健康中国”战略。第三，将人工智能等技术与医疗服务进行深度融合，探索开展人工智能应用来进行部分疾病的筛查和辅助诊断，发挥大数据分析在疾病监控、辅助决策、健康管理等领域的重要作用。在上述探索中，要积极发挥医疗保险作用，利用相关技术来实现医保对医疗服务的智能化监管，同时，可以基于大数据建立风险调整机制，使医保制度更加公平、可持续。

6.2 优化医疗卫生人员薪酬管理制度

蕴含错误激励机制的薪酬制度导致的行为扭曲，是我国医疗领域现存问题的总根源。因此，薪酬制度改革成为公立医院深层体制改革的重、难点。借鉴北京、深圳、上海等地的改革经验，青岛市可根据自身条件，探索设计更加科学的薪酬体系。

第一，在院长聘任制的基础上，可以试点实践医务人员全员合同聘用制。医疗机构可采用全职、兼职等多种用工形式，并允许政府办医疗机构的医务人员到社会办医疗机构兼职或者开办私人诊所。第二，在医生的职称评审体系方面，借鉴北京和深圳的改革经验，建立适应医疗、教学、科研、管理不同岗位特点的职称评审体系，实行评聘分开。第三，可借鉴上海市“4411”模式——与国内外行业间和同行业的全面比较，设置不同的参考权重，综合、全面确定公立医院的薪酬改革目标值。第四，根据工作性质和岗位的不同，制定不同的分配标准，探索建立全新的绩效考核体系。例如，以临床技术水平为核心的医疗人才评价机制，通过相关配套政策，将评定结果应用到岗位聘任和绩效工资改革中；将医院管理层的个人年度绩效奖惩、个人任免提拔纳入考核体系，与全体员工工资总额挂钩，财政部门将根据绩效考核的等级，调整每年的财政投入。一项合理的人事薪酬制度，可以推动更多优秀的人才资源流向基层，分级诊疗制度也可以取得更好的成效。

6.3 发展社会资本与公立医疗卫生机构合作模式

在医疗卫生领域引入社会资本，一方面能够增加医疗卫生的资源供给，优化结构，满足群众的多元就医需求，另一方面，也可以发挥社会办医机构机制灵活的优势，释放市场活力和社会创造力，这对打造大众创业、万众创新和增加公共产品、公共服务“双引擎”具有重要意义。

青岛市在社会力量举办医疗卫生机构方面出台了一系列鼓励政策，下一步可以继续深化与社会资本的合作。由于国家政策约束、项目管理困难等问题，公立医疗卫生机构引入社会资本主要集中在基础设施建设或后勤服务方面，未能涉足专业服务领域。未来，在国家及山东省的指导下，可以研究出台一系列政策，规范机构管理、人员培养、政府财政资金投入、合作项目的财务管理及信息公开等各个方面。同时，积极探索研究公立医院与社会资本加强业务合作的有效形式和具体途径，包括医联体以及 PPP 模式等，充分提高医疗卫生资源配置效率，为百姓提供更高质量、更实惠的保障服务。

6.4 探索医药价格形成机制，实施科学管理

科学合理的医疗服务和药品价格形成机制不仅可以使医疗机构得到合理补偿，促进其稳定健康发展，也影响着整个医疗卫生系统的公平性和可及性，对国家医疗健康事业发展至关重要。未来，青岛市在借鉴国内外经验以及学术研究成果的基础上，可以继续探索研究医药价格形成机制，实现医药价格的科学管理。

医疗服务价格管理可以从以下三个方面着手：第一，多部门合作建立价格动态监测调整机制。医疗服务价格的确定与本地社会经济发展状况、物价波动水平、卫生政策改革、市场供需关系及医疗成本的变动等都密不可分。青岛市可设立动态调整周期，先由政府制定出基准价格与浮动范围，各公立医院根据自身情况综合考虑各类成本来实施定价，由此既能够反映出成本变动，医疗服务价格也更为灵活。[59]第二，更新分级定价和市场竞争的理念。不同

等级医疗机构和不同职级医务人员提供的医疗服务价格可以适当拉开差距，倡导“优质优价”。探索放开高收入群体特殊需求的价格管制，满足患者不同层次的需求，实现合理分流。第三，引入多方谈判机制，让医疗机构、患者及保险机构等主体共同影响医疗服务价格的制定，从而提高价格的科学性与代表性。

药价管理则可以从以下三个方面着手：第一，明确药品进入医保药品目录的条件以及不同药品的支付标准，使政府尽可能为公众用药需求提供费用支持。第二，完善药品定价方法，借鉴日本等东亚邻国的药价管理体系，引入医保支付价格基准制度，探索基于疗效的类似药参考定价方法；或者参考英国的价值定价方法，使其定价不偏离价值。第三，在限制药品价格的前提下，同时保证生产和流通环节各主体合理的利润，从而促进医药产业发展。只有推动医药产业的发展和医疗水平的进步才是满足人民日益增长的医疗卫生需求的根本方法。

参考文献

[1] 白晶，戴侃记，张定朝，等．基本公共卫生服务影响因素定性调查分析［J］．医学动物防制，2015（10）：1102－1104.

[2] 赵亚利，刘小平．城市社区卫生服务机构提供基本公共卫生服务影响因素的访谈研究［J］．Chinese general practice，2014（28）：3313－3315.

[3] 敖琴，贾利高，刘军安，等．城乡基层医疗卫生机构基本公共卫生服务居民满意度研究：以湖北省为例［J］．中国卫生政策研究，2018（4）：73－76.

[4] 马亚梅，何作顺．我国基本公共卫生服务现状及财政保障［J］．职业与健康，2018，34（18）：2567－2570.

[5] 胡益民．城乡基本公共卫生服务均等化现状与对策［J］．当代经济，2015（27）：98－99.

[6] 王雷平．新医改背景下我国基本公共卫生服务现状分析［J］．中国农村卫生事业管理，2018，38（3）：273－276.

[7] 张月，林晶，马伟，等．基层医疗卫生机构开展基本公共卫生服务中的问题与对策［J］．中国卫生标准管理，2018，9（13）：35－37.

[8] 袁振山，田兆芳，石志青，等．加强基本公共卫生服务项目资金监管的思考［J］．卫生经济研究，2017（11）：64－65.

[9] 马丽平，陈晔，杨婷婷．我国医疗服务体系发展历程及思考［J］．中国医院，2013，17（5）：24－26.

[10] 方鹏骞，邹晓旭，孙宇．我国分级医疗服务体系建设的关键问题［J］．中国医院管理，2014，34（9）：1－3.

[11] 周绿林，许兴龙，陈羲．基于医保支付方式改革的医疗服务体系优化研究综述［J］．中国卫生事业管理，2015，32（8）：596－598.

[12] 林闽钢，张瑞利．医疗服务体系的纵向整合模式及其选择［J］．苏州大学学报（哲学社会科学版），2014（4）：15－20.

[13] 范明宇，刘丹．医疗服务体系资源纵向整合现状及建议［J］．医学与社会，2015（1）：15－18.

[14] 许兴龙，周绿林，陈羲．"互联网＋"背景下医疗服务体系整合研究［J］．中国卫生事业管理，2018（356）：105－107.

[15] 刘明慧．完善农村三级医疗卫生服务体系财政补偿机制的路径［J］．财政研究，2010（4）：74－76.

[16] 张强．基于新医改背景的公立医院全面预算管理体系构建研究［J］．企业改革与管理，2017（8）：140－141.

［17］徐元元．宏观公益性医疗改革探索与微观医疗服务机构应对举措——基于公立医院战略成本管理的视角［J］．会计研究，2014（12）：46－52，96.

［18］蒋良华，贾媛，涂诗意，等．政府补偿与监管机制改革对公立医疗机构公共卫生和公益性服务的影响分析［J］．中国医院管理，2014，34（2）：13－16.

［19］吴静娴，何荣鑫，王雪，等．“三医”联动视角探究我国公立医院医疗服务价格改革［J］．中国卫生经济，2016，35（7）：44－46.

［20］陈钊，刘晓峰，汪汇．服务价格市场化：中国医疗卫生体制改革的未尽之路［J］．管理世界，2008（8）：52－58.

［21］尹志苹．医疗服务价格改革探究［J］．中国卫生经济，2013，32（8）：28－29.

［22］［53］袁素维，俞晔，曹剑涛，等．新形势下对我国推行社会办医的思考［J］．中国医院管理，2014（2）：1－3.

［23］李炳钻．推进医疗服务模式创新发展 全面提升患者的就医体验［J］．中医药管理杂志，2017（8）：186－188.

［24］栾冠楠，马鹤桐，唐小利．我国智慧医疗发展模式的创新与演变［J］．中华医学图书情报杂志，2017，26（5）：18－21.

［25］苗华丽，张莉芸．互联网＋背景下构建山西省分级诊疗模式的探讨［J］．山西医药杂志，2018，47（18）：2127－2128.

［26］陈豪．“中西医结合1＋1”家庭医生团队服务模式阶段性成效研究［J］．中国医院，2018，22（10）：46－47.

［27］郭晓薇．医联体：完善激励机制是重点［J］．中国卫生，2018（9）：81－82.

［28］李莓．家庭医生式服务运行机制现状及对策研究［J］．中国卫生事业管理，2015，32（4）：253－254，281.

［29］［40］沈凯，李从东．供应链视角下的中国药品安全问题研究［J］．北京理工大学学报（社会科学版），2008（3）：82－85.

［30］［35］胡银环．对完善我国药品供应体系的思考［J］．中国卫生事业管理，2004（1）：60－62.

［31］［38］李先国．药品供应链的整合问题研究［J］．管理世界，2010（5）：176－177.

［32］［39］陈海荣．中国药品供应链重构研究［J］．管理现代化，2014（2）：81－83.

［33］［42］宿晓．基于信息不对称理论的药品供应链成本控制模式研究［J］．经济体制改革，2010（2）：68－73.

［34］盛亚楠，李勇，马爱霞，等．我国短缺药品供应保障政策研究［J］．卫生经济研究，2017（8）：57－60.

［36］杨燕绥．廉价药供应短缺难题何解［J］．人民论坛，2018（7）：60－61.

［37］王文辉，黄蓓丽，兰平．服务延伸至医院的药品物流供应链构建及问题［J］．卫生经济研究，2016（2）：40－45.

［41］肖静华，谢康，于洪彦．基于食品药品供应链质量协同的社会共治实现机制［J］．产业经济评论，2014（5）：5－15.

［43］胡颖廉．监管和市场：我国药品安全的现状、挑战及对策［J］．公共卫生，2013（6）：38－44.

[44] 王金营，李竞博，石贝贝，等. 医疗保障和人口健康状况对大城市劳动供给影响研究——以深圳市为例 [J]. 人口与经济，2014 (4)：14-22.

[45] 杨清红，刘俊霞. 医疗保障与老年人医疗服务需求的实证分析 [J]. 上海经济研究，2013，25 (10)：64-74.

[46] 刘国恩，蔡春光，李林. 中国老人医疗保障与医疗服务需求的实证分析 [J]. 经济研究，2011，46 (3)：95-107，118.

[47] 甘犁，刘国恩，等. 基本医疗保险对促进家庭消费的影响 [J]. 经济研究，2010，45 (S1)：30-38.

[48] 申曙光，侯小娟. 我国社会医疗保险制度的"碎片化"与制度整合目标 [J]. 广东社会科学，2012 (3)：19-25.

[49] 仇雨临，翟绍果. 我国医疗保障的制度转型与发展路径研究 [J]. 人口与经济，2014 (2)：114-119.

[50] [51] 何文炯. 建设更加公平可持续的医疗保障制度 [J]. 中国行政管理，2014 (7)：21-24.

[52] 顾海. 中国统筹城乡医疗保障制度模式与路径选择 [J]. 学海，2014 (1)：45-51.

[54] 郑荣鸣，华俊. 我国商业医疗保险与社会医疗保险发展协调度研究 [J]. 保险研究，2013 (4)：101-109.

[55] 曾理斌. 大病医疗保障"湛江模式"的成效、经验与启示 [J]. 西部论坛，2014 (4)：50-60.

[56] 赵杰，蔡艳岭，孙东旭，等. 远程医疗的发展现状与未来趋势 [J]. 中国卫生事业管理，2014，31 (10)：739-740，799.

[57] 顾海，李佳佳. 国外医疗服务体系对我国医疗卫生体制改革的启示与借鉴 [J]. 世界经济与政治论坛，2009 (5)：102-107.

[58] 梁勇，张柠. 国外医疗服务体系对完善我国分级诊疗体系的启示与借鉴 [J]. 中国医院，2015 (8)：50-52.

[59] 张殷然，段利忠，殷丽丽，等. 我国医疗服务定价方式改革策略研究 [J]. 卫生软科学，2018，32 (8)：22-25.

第二部分

就业保障

第1章

绪　论

1.1　研究背景

就业是民生之本，是人民追求幸福生活的基础。就业稳则收入增，经济运行保持在合理区间才能更好实现全面小康。就国家层面而言，增加就业机会有助于改善民生，同时也有助于和谐社会的建设。和谐社会有两个重要价值取向：一是共享，二是为每个人的自由发展提供充分的空间。而就业问题与这两个价值取向息息相关，因为提升就业率才能实现共享，也只有提升就业率才能为每个人的自由发展提供基本的平台。此外，就业有助于经济持续、健康的发展。众所周知，拉动国家经济增长的三驾马车无外乎于：投资、消费和出口。在这三股经济动力当中，消费占这三大动力总和的70%以上，而民生问题和消费拉动直接相关。只有当社会公众有了较多的收入，消费规模才会扩大，反之，则会导致企业库存增加、效益降低，进而失业率增加，使整体经济陷入恶性循环，可见解决就业问题对整个社会的重要性。从个人层面而言，就业是人们进入正常社会生活环境的必要条件。每个人都是无法离开社会的，社会群体生活是人类生活的一个基本特征。正常的社会群体生活是人们进入正常社会生活环境的主要途径，片面的、狭小的、封闭的社会群体生活会造成人们不正常的社会生活环境。而社会分工是影响社会群体生活的一个十分重要的因素。随着现代化进程的推进，社会分工体系越来越复杂，这对于社会生活的影响也越来越大。就一般情形而言，每一个适龄的社会成员在这个分工体系中都应当有一个特有的位置，每一个适龄的社会成员都是通过特定职业、特定工作获得正常的社会群体生活，从而进入正常的社会生活环境，“工作是人们生活的核心”讲的就是这个道理。其次，个人只有通过工作才能够有稳定的经济来源，才能够在这个社会上生存与生活，才能够在这个社会上活得有尊严，一旦没有了工作，就会失去经济来源，温饱问题都解决不了，就会引发各种严重的社会问题。

受益于前些年经济快速发展，我国居民就业率一直处于较高水平，但由于目前我国人口基数大，劳动力的无限供给与就业岗位严重不足之间仍存有一定的矛盾，这些矛盾主要表现在：劳动力供求总量矛盾和就业结构性矛盾同时并存；城镇就业压力加大和农村富余劳动力向非农领域转移速度加快同时出现；新成长劳动力就业和失业人员再就业问题相互交织。为了解决上述矛盾，党中央针对不同群体“有的放矢”，确立了“劳动者自主就业，市场调节就业，政府促进就业”的就业方针，坚持通过发展经济、调整经济结构、深化改革、协调发展城乡经济以及完善社会保障体系等多种宏观调控手段促进就业，扩大就业规模，把失业率控制在社会可承受的限度内。

但近几年，受国际环境不稳定、不确定因素明显增加，以及国内产业升级的影响，我国整体就业形势变得愈发严峻。为此，党和政府提出，要多管齐下稳定和扩大就业，如扎实做好高校毕业生、退役军人、农民工等重点群体就业工作，加强对城镇各类就业困难人员的就业帮扶等。此外，党中央还指出，要解决就业问题，就要坚持就业优先战略和积极就业政策，实现更高质量和更充分就业。注重解决结构性就业矛盾，提供全方位公共就业服务；大规模开展职业技能培训，鼓励创业带动就业，促进高校毕业生等青年群体、农民工多渠道就业创业；破除妨碍劳动力、人才社会性流动的体制机制弊端，使人人都有通过辛勤劳动实现自身发展的机会。

就业问题的重要性与党中央对其的高度重视，表明各级政府也应当将就业问题作为当前工作的重中之重。因此，本章通过梳理国家、山东省及部分地区的就业政策以探究青岛市的就业政策如何实现进一步优化。按照就业人员的类别不同，本章将就业人员分为五类：高校毕业生、农民工、失业人员、就业困难人群、残疾人。涉及残疾人就业的相关制度内容，我们将在“社会救助”中进行研究，在“就业保障”中，将从其余四类人员（即高校毕业生、农民工、失业人员、就业困难人群）入手。首先是对过去六年国家层面、山东省级政府层面及青岛市就业保障政策的梳理，通过对政策的梳理以寻求政策进一步完善的空间。其次，对过去政策的实施效果进行简要总结评价。再次，借鉴国内外其他地区较先进的做法和经验。最后，结合青岛市实际情况，对现存制度和体系的完善和创新提出可行性建议。

本章采用规范研究与实证研究相结合的研究方法，其中：选题背景采用归纳法；文献综述和理论基础采用文献法；对中央层面、山东省级政府层面和青岛市就业保障政策的梳理，采用描述性分析法；对就业政策实施效果的介绍，采用应用性验证法；对同级政府的横向对比分析和上下级政府的纵向对比分析，采用对比分析法进行操作性验证。

1.2 文献综述

目前学术界有大量的学者对就业问题进行探究。

第一，关于高校毕业生的就业问题。荆德刚（2009）对日本、英国、美国、德国、俄罗斯及印度的毕业生特点进行分析发现，校园招聘仍是多数国家高校毕业生择业的主渠道。[1]国外高校毕业生就业主要采用学生自主择业、学校强化指导、政府宏观调控、社会提供服务的机制，因而我国应当强化高校就业指导和服务的责任，加强学校就业中心建设，推动中介机构和行业协会为毕业生提供就业服务，重视实习和实训工作，强化网络招聘信息和网上招聘，充分发挥政府部门的协同作用。岳昌君和张恺（2015）通过实证研究发现，城市背景的高校毕业生落实工作的概率更高，劳动力市场对于农村背景的高校毕业生在就业机会上存在歧视，而城乡背景对高校毕业生的起薪没有直接影响。农村背景高校毕业生面临的主要困难是如何顺利跨过劳动力市场的不公平门槛、缩小因劳动力市场歧视所带来的损失。[2]还有学者对我国2013年以来高校毕业生的就业政策进行梳理，发现中央基层就业政策由笼统逐渐细化、由零散逐渐系统。具体而言，虽然我国高校毕业生基层就业比例大幅增加，但政策效果依然存在滞后性和异质性；而基层就业优惠举措越多，该地区毕业生基层就业就越多。张恺指出，地方基层就业政策应与中央基层就业政策在内容上保持基本一致的情况下进一步增强地方特色。[3]同时，马永霞和马立红（2016）认为，产业结构的变化影响就业结构，影响就业的规模和质量，就业结构与产业结构相适应才能更好地解决就业问题。而我国高校本科生的就业结构还需要进行相应的改革，提高其与产业结构的相关程度，增强与产业结构的协调性，以适应三次产业结构的调整与发展。高校应建立与产业结构协调发展的大学生就业供给机制和人才培养结构，引导高校毕业生理性就业，并根据现状调整、优化学科专业结构，建立与产业结构协同发展的动态机制，合理调整学科专业结构，增强专业设置的弹性，促进高校毕业生就业结构与产业结构的适应性发展。[4] Niall O'higgins（2002）从需求、供给及供求匹配等多方位探索大学生就业的内在机制，认为需求不足、就业意愿与能力不足以及供求匹配的效率不足等是大学生就业问题的主要原因。从需求角度分析，认为新增大学毕业生数量大大超过工作岗位的增长；从供求匹配角度分析，认为就业市场信息不对称，缺少指导大学生就业的专业的职业顾问等。所以，完善职业服务体系，为大学生及时提供就业信息、职业指导特别重要。[5]

第二，关于农民工的就业问题。张敏（2016）对我国农民工就业问题的历史演变及现阶段农民的就业问题进行分析，认为在传统产业优化升级、新兴产业迅猛发展的产业结构调整过程中，农民工就业难和城市用人单位用工荒的矛盾以及农民工结构性失业与新兴产业人才短缺的矛盾逐渐突出，农民工就业问题成为产业结构调整和经济发展过程中的重要难题。[6]穆怀中和范洪敏（2016）认为，环境规制对农民工就业具有抑制作用及门槛效应，并利用面板门限模型从人力资本和劳动力市场分割的角度考察环境规制对农民工的就业门槛效应，分析发现：人力资本、劳动力市场分割均存在双重门槛；环境规制会增加高技能和低技能农民工就业需求而减少中技能农民工就业需求，产生就业“极化”现象；环境规制对农民工就业的影响随着劳动力市场分割程度的降低，由抑制效应变为促进效应。所以，应着重提高农民工人力资本水平，加快户籍制度改革。[7]还有学者通过实证研究分析国家大力发展职业教育对农民工就业的影响，结果显示：职业教育和技能培训有助于农民工从事技术岗位及管理工作，技术培训对提高农民工工作满意度具有积极的正向作用，但不同类别的教育和技能培训对农民工就业选择的影响存在较大差异。[8]同时，加大教育投资也可以进一步解决农民工的就业问题，提高就业质量。[9]

第三，关于失业人群的就业问题。吴江和王欣（2011）通过实证检验提出，就业培训服务、社会保险补贴政策以及职业信息的平台搭建对长期失业人员的再就业的帮助比较大，并指出我国应当加大就业培训力度，增强培训效果，加强公共就业服务网络信息化建设，树立“以人为本”的就业服务理念，建立公共就业服务的绩效考评体系。[10]同时，陈成文和汪希（2010）认为，社会工作是为失业人员提供就业援助的重要手段，通过实证研究提出：社区资源、社工人员具有的专业素养、政府投入对社会工作人员及服务失业人员的内容影响显著；要充分发挥社会工作对失业人员的就业援助作用，就必须要进一步加强社会工作的专业化程度，推进社会工作的职业化，明确政府角色定位。[11]

第四，关于困难人群的就业问题。罗明忠等（2018）通过二元 Logistic 回归分析提出：就业意愿直接影响就业困难人员的工作搜寻决策，就业技能的提高能够有效提升就业困难人员搜寻工作的可能；就业意愿与就业技能“双低”群组是就业援助的难点，就业意愿对就业困难人员工作搜寻决策的影响要大于就业技能。所以，在进行就业援助时必须坚持志智双扶，尤其是志向提振。[12]李超和铃青莲（2009）则认为，在政府购买方面公益性岗位是解决就业困难群体就业和再就业问题的重要举措，这体现了政府解决就业问题的主导性和兜底功能。目前，政府购买公益性岗位的政策在运行中出现了岗位开发不足、相关部门重视不够、工资待遇较低及管理方式不合理等问题。应该完善政府购买公益性岗位制度，合理设置公益性岗位和安置对象，加强就业培训，改进管理方式并建立长效机制。[13]

纵观国内外学者对于就业问题的探究，不难看出：我国目前正处于产业结构转型升级的关键时期，存在结构性失业的现象，尤其是高校毕业生就业及农民工就业领域；在就业领域，在农村背景、性别等方面存在歧视，所以政府有关部门需要利用政策制度进行调节；知识水平对于就业人员是至关重要的，无论是高校毕业生就业还是失业人员再就业等，知识及技能水平的提高能够有效提高就业率，缓解就业难题；通过实证数据可以得出，无论是失业保险补贴还是基层优惠政策等，政府有关部门采取的措施，虽然有些存在时滞性，但都会在一定程度上发挥着积极作用。从中我们可以看出，政府在我国就业领域发挥着重要作用，政府有关部门应积极参与就业信息的公开、人力资源市场的建立、就业援助、就业培训等，以缓解我国就业领域现存的各种歧视，缓解结构性失业难题。

第2章

就业保障政策的梳理与分析

本章梳理与分析的逻辑是：首先，明确全国就业保障政策及所取得的成效，然后以此为基准，从纵向对比分析青岛市就业保障政策及成效是否达到全国平均水准。其次，以同类型沿海城市为标杆，细致分析青岛市各个就业保障项目政策的内容。

2.1 就业保障政策的纵向梳理与分析

关于就业的相关政策主要是由人力资源和社会保障部门牵头，财政部门、教育部门等部门共同研究制定的。本章以国家、省级和市级人力资源和社会保障部门相关网站出台的政策为主，对2012—2017年的政策进行梳理。

2.1.1 国家层面有关就业保障政策的分析

国家层面有关就业保障政策主要针对高校毕业生、农民工和就业困难人员以及创业这几个方面开展。

第一，针对高校毕业生的就业政策保障。从国家人力资源社会保障部出台的政策可以看出，近五年出台的政策中，关于高校毕业生就业的政策条款最多，达39条。这说明，“十二五”期间高校毕业生的就业问题是我国目前就业问题的重中之重。高校毕业生就业政策是高等教育领域中的一个重要话题，中华人民共和国成立70年来，我国毕业生就业政策变迁经历了以“统包统配”为主要特征的计划调控阶段和以“双向选择、自主择业”为特征的市场调控阶段。为了两个阶段的平稳过渡，有效缓解毕业生的就业问题，人力资源社会保障部出台了多项政策。虽然政策颁布的时间、重点存在差异，但都是为了帮助待业的毕业生实现就业。

第二，针对农民工的就业政策保障。我国有2.6亿左右的农民工，并且未来还有不断增长的趋势。农民工是我国工业化和城市化进程中重要的人力因素，保障这一群体的稳固就业，既是对他们辛勤付出的回报，也是解除他们后顾之忧，进而使其更好地为我国社会的发展作出贡献。当前人力资源社会保障部等相关部门出台了一系列的政策以保障其就业，涉及农民工就业信息平台的搭建、就业技能的培训、就业状况的排查等内容的有效措施。

第三，针对就业困难人群的就业政策保障。就业困难人群是在产业结构调整和激烈的市场竞争中出现的一个特殊群体，他们依靠自身的力量较难或无法实现就业，且抗风险能力较弱，因此，是一类弱势待业群体，主要包括大龄失业人员、享受最低生活保障的失业人员、特困职工家庭及零就业家庭的失业人员等。为了帮助他们更快地走上工作岗位，人力资源社会保障部出台了一系列政策，集中帮扶就业困难人员、残疾登记失业人员就业创业，更好地解决就业困难人员的再就业问题。

第四，针对创业的就业政策保障。十八大以来，随着“大众创业，万众创新”的提出，创业政策在不断丰富完善，创业人数在不断的攀升，在一定程度上缓解了就业压力。为了引领创业，尤其是城镇待业人员、返乡务工人员和高校毕业生创新创业，国家多部门出台的政策主要从创业基地建立、创业能力培训、创业资金的支撑和创业项目孵化等几个主要的环节展开，比如，出台了相关创业孵化示范基地有关问题的通知，有关创业资金支撑的相关通知以及有关创业培训的相关通知等。这些政策和相关通知的出台，能够很好地为有创业想法的城镇待业人员、返乡务工人员和高校毕业生提供制度和资金保障方面的支撑，既解决了创业者自身的就业问题，也为社会创造了更多的就业机会。

2.1.2 山东省省级政府层面有关就业保障政策的分析

对于山东省有关就业保障政策的梳理主要是从山东省人力资源和社会保障厅的网站上进行搜集。从梳理的结果来看，省人力资源和社会保障厅的就业保障政策没有进一步细分，都是在公共就业这一栏目中体现，其涵盖了高校毕业生就业、失业人员再就业、困难人员就业以及创业等主要内容。同时，省级政府的就业保障政策主要有两类：第一类是关于转发中央部门相关政策的执行通知，第二类则是符合自身状况的政策法规。

2.1.3 青岛市层面有关就业保障政策的分析

对于青岛市有关就业保障政策的梳理主要是从青岛市人力资源和社会保障局的网站上进行搜集。从结果上看，与省级政府的就业保障政策类似，青岛市就业保障政策也体现在两个方面：一个方面是关于转发中央、省级政府部门相关政策的执行通知，另一方面是根据该市的实际状况，出台符合自身状况的政策法规。具体而言，就业保障政策主要分为就业促进和高校毕业生就业两个板块。近五年来，青岛市在促进就业的政策中，关于创业的扶持政策要明显多于其他方面，大约占总量的50%。从中可以看出，青岛市在就业保障中着力于创业的引导，从创业培训、创业平台搭建到创业资金和政策支撑以及创业项目的孵化，创业体系化的政策解决了创业人员在创业的过程中所遇到的诸多问题。

经过对人力资源和社会保障部、山东省人力资源和社会保障厅以及青岛市人力资源和社会保障局关于就业保障政策的梳理，可以看出，出台的政策在目标上具有一致性、逻辑上具有连续性、内容上具有继承性。同时，各级政府在高校毕业生就业方面出台的政策要明显多于其他几个方面，而最近几年关于创业引导方面的政策也逐年增多，这与我国近年来掀起的“大众创业、万众创业”的浪潮有关。

2.2 就业保障政策的横向梳理与分析

青岛市属于计划单列市，在我国和青岛市处于同一行政级别的城市还有大连市、宁波市和厦门市，因此，横向研究同级别城市就业保障政策的内容，对于本章的研究具有参考意义（见表2-1、表2-2）。同时，本章也借鉴了一线城市的相关经验，希望对青岛市就业保障政策的制定提供一定的参考。

2.2.1 关于高校毕业生就业政策的对比分析

表 2-1 四城市关于高校毕业生就业政策的主要内容对比

内容	青岛市	大连市	宁波市	厦门市
住房补贴	√	√	购房补贴	一次性补助
求职补贴	√	√	√	√
就业能力培训	√	√	—	—
就业信息宣传	√	—	—	—
创业扶持（补贴）	√	√	√	√
社会保险补贴	√	—	—	√

表 2-2 四城市高学历人才补贴标准对比

城市	住、购房补贴标准
青岛市	硕士研究生 800 元/月，博士研究生 1200 元/月；紧缺专业硕士研究生 1200 元/月，紧缺专业博士研究生 1500 元/月
大连市	博士每平方米 400 元，硕士每平方米 300 元，本科和大专学历每平方米 200 元
宁波市	按规定享受购房总额 2% 的购房补贴，购房补贴总额最高不超过 8 万元
厦门市	一次性发放生活补贴硕士研究生 30000 元/人、博士研究生 50000 元/人

通过以上的统计可以看出，青岛市的高校毕业生就业政策涉及内容最全，宁波涉及内容最少。在就业信息宣传方面，青岛市出台了明确的政策，鼓励就业信息的宣传。此外，四个城市均有求职和创业补贴的相关政策，反映了通过发放补贴的方式促进高校毕业生就业是最普遍的做法。通过表 2-1 的对比分析发现，青岛市对高校毕业生就业的政策内容涵盖了诸多方面，可以看出青岛市通过多项举措积极挽留高校毕业人才。

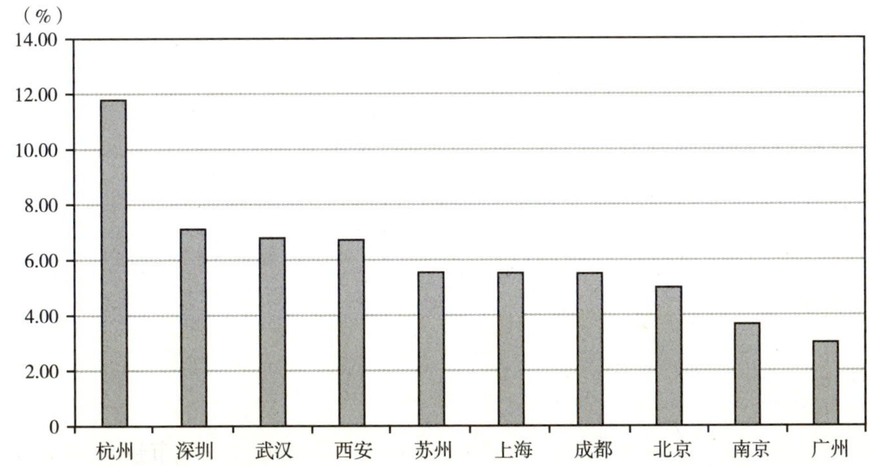

图 2-1 2017 年第一季度人才净流入率最高的前十大城市

注：人才净流入率 = 该地区人才净流入人数/该地区人才流动总数 ×100%

资料来源：猎聘大数据研究院。

2017 年就业季，全国迎来 795 万高校毕业生。按照猎聘公布的数据，2017 年第一季度，杭州已经超越北上广成为人才净流入率最高的城市（见表 2－3）。其次是深圳、武汉、西安、苏州、上海、成都、北京、南京、广州（见图 2－1）。本章通过探究排名靠前的非一线城市杭州、武汉、西安和成都出台的有关人才引进的“房补”和“落户”等政策，从中总结经验，为青岛市就业保障体系的完善提供进一步的优化建议。

表 2－3 人才流入率排名靠前的四城市新政参照对比

城市	新政措施
杭州	硕士每人补贴 2 万元，博士每人补贴 3 万元，一次性发放
武汉	大学生“零门槛”落户；推行“社区公共户”“人才住房券”制度；争取“让更多留汉就业创业的大学毕业生以低于市场价 20% 买到安居房、租到租赁房”
西安	放宽大学生落户政策（凭身份证和毕业证即可）；解决住房问题（符合条件可申请租住公租房）；创业补贴（符合条件可申请 3000 元一次性创业补贴）
成都	实行“先落户后就业”政策；提出“蓉飘计划”，为前来成都找工作的人才提供 7 天免费住宿

通过分析人才净流入率较高的非一线城市出台的有关高校毕业生的就业政策，我们可以发现，生活补贴（包括购房、租房）和落户政策是吸引人才的有效抓手。针对高校毕业生经济拮据的情况，青岛市给他们提供相应的住房补贴，但是实际操作中存在环节多、期限长等问题，而杭州等城市采用一次性发放生活补助等方法来解决实际困难。同时，成都和南京等地为前来本地求职的毕业生提供求职补贴的做法值得青岛借鉴。

2.2.2 关于农民工就业政策的对比分析

农民工作为我国城市建设的重要群体，是推动我国城镇化的重要人力基础，合理保障其就业，既是国家责任，也是对他们奉献的回报。通过表 2－4 的统计分析可以看出，青岛和大连在保障农民工就业方面的政策涉及农民工就业的多链条。而宁波市和北京市的政策内容就相对较少。同时，也可以看出，农民工关心的社会保险和子女教育问题也是各个城市政策倾斜的方向。

表 2－4 五城市关于农民工就业的政策对比

内容	青岛市	大连市	宁波市	厦门市	北京市
职业培训	√	√	—	√	√
社会保险	√	√	√	√	√
子女教育	√	√	√	√	√
住房保障	√	√	—	√	√
进城落户	√	√	√	√	—
创业扶持	√	√	—	—	—

资料来源：各城市的人力资源和社会保障局。

在“大众创业，万众创新”的时代背景下，农民工成为数量多、需求旺、发展潜力大的群体，愈显人才是强农之本、创业是富农之道的重要性。《国家中长期人才发展规划纲要(2010—2020年)》中明确指出：“围绕社会主义新农村建设，以提高科技素质、职业技能和经营能力为核心，以农村实用人才带头人和农村生产经营型人才为重点，着力打造服务农村经济社会发展、数量充足的农村实用人才队伍。”表2－5是青岛市和大连市对于农民工创业的具体扶持政策的情况对比：在创业资金扶持方面，青岛市主要采用的是给予补贴的形式，并对补贴标准及金额进行明确界定，而大连市则是采取定向减税和普遍性降税的形式；在金融贷款扶持方面，青岛市及大连市的有关政策明确指出，对符合条件的企业基于相应的贷款贴息补贴。

表2－5　　青岛市和大连市农民工创业政策对比

城市	创业资金扶持	金融贷款扶持
青岛	1. 个体经营或创办企业，给予1万元一次性创业补贴 2. 创办小微企业正常经营1年以上的，给予最高2万元一次性补贴 3. 创业带动就业，按每个岗位2000元的标准给予一次性创业岗位开发补贴	1. 给予最高45万元的创业担保贷款，首次贷款从事微利项目的，给予不超过2年的全额贴息 2. 创办小微企业，给予最高300万元的创业担保贷款，按照同期限贷款基准利率的50%给予贷款贴息
大连	1. 各级政府将返乡下乡人员创业创新培训经费纳入财政预算 2. 落实定向减税和普遍性降费政策	1. 农业适度规模经营所需贷款纳入大连市农业信贷担保体系 2. 创办农业企业或新型农业经营主体，可按规定给予创业担保贷款

2.2.3　关于失业人员就业政策的对比分析

作为世界上人口最多的国家，随着我国经济发展的转型，劳动密集型产业受到巨大冲击，就业问题愈发成为一道全国性难题，因此，完善失业人员再就业保障制度迫在眉睫。通过表2－6的统计分析可以看出，各个城市都十分重视失业人员再就业的问题。

表2－6　　五城市关于失业人员就业的政策对比

内容	青岛市	大连市	宁波市	厦门市	北京市
就业培训	√	√	√	√	√
失业保险金	√	√	√	√	√
创业扶持	√	√	√	√	√

2.2.4　关于就业困难人员就业政策的对比分析

随着我国经济发展进入新常态、去产能工作的深入，就业总量压力愈加突出。长期处于失业状态的人群不仅生活质量低下，而且会危及社会的和谐稳定。作为我国失业大军中的弱势群体，就业困难人员的就业问题是我国促进救助政策“木桶”的“短板”，解决好他们就是守住了就业底线。通过表2－7可以看出，青岛市和大连市充分认识到问题的重要性，制定政策最全面，其他城市则是各有侧重。

表 2-7 五城市关于就业困难人员就业的政策对比

内容	青岛市	大连市	宁波市	厦门市	北京市
就业培训补贴	√	√	—	√	—
社会保险补贴	√	√	√	√	√
认定标准	√	√	—	√	√
创业扶持	√	√	√	—	√

第3章

就业保障政策的绩效分析

本章基于上述政策梳理结果，首先对青岛市就业保障政策的整体执行效果进行分析，接下来，按照失业人群不同，对高校毕业生、农民工、失业人员、就业困难人员以及创业方面的补贴合理性进行分析后，以预算为标准，对青岛市就业保障绩效作深入评价（见表2－8）。

3.1 就业保障政策的实施成效分析

表2－8 青岛市就业保障政策成效

类别	年份	成效	资料来源
综合	2016	就业创业持续增长，全年新增城乡就业68万人，政策性扶持创业3.5万人，同比分别增长2.7%、43%。重点群体就业实现新突破，高校毕业生就业率达到96%，就业困难群体就业率达到93%	大众网（qingdao.dzwww.com）
	2017	1—9月，青岛市城镇新增就业59.7万人，其中，青岛市市城乡劳动者就业32.8万人，外来劳动者就业26.9万人。9月末，城镇登记失业率为3.19%	青岛之窗（www.qingdaochina.org）
高校毕业生	2015	青岛市386家就业见习基地组织就业见习11998人，完成全年目标任务的120%，期满留用毕业生9957人，留用率83%。青岛市8家高校毕业生综合职业能力培训定点机构共培训66班次、3279人，完成全年目标任务的109.3%	《青岛日报》2013年5月22日第2版
	2016	2016年1—5月，青岛市接收非师范类高校毕业生36483人，其中博士145人，硕士2902人。在签约的36483名毕业生中，外地生源14286人，占总人数的39.2%	搜狐新闻网（www.sohu.com）
	2017	从青岛市就业区域看，吸纳毕业生就业人数最多的前三位区市分别为黄岛、市南、市北，接收人数分别为22200人、11231人、7603人，占接收总人数的69.83%	齐鲁晚报社
农民工	2017	1—3月，青岛市及外地来青农村劳动者就业10万人，在全市范围内开展140场农民工招聘大集，组织“送岗进村镇”集市招聘会30场。活动期间，全市收集发布岗位12.1万个，服务农民工15万人次。“春送技能—素质提升”技能培训共培训农村劳动者700余人。其间，共对农民工发放创业补贴资金1041.6万元、创业担保贷款5406万元，扶持农民工创业1390人	中国山东网（qingdao.sdchina.com）

续表

类别	年份	成效	资料来源
农民工	2017	2017年，青岛市累计扶持1.2万人返乡创业，农产品加工企业发展至3168家，年产值达1300亿元；益农信息服务站累计建成642处，年交易额过千万的农村电商企业有10家，现代农业物联网应用园区有26个，农产品电子商务交易额达到28亿元；规模休闲农业和乡村旅游经营主体达737家，占全省12%，农业节会80余个，年营业收入约342亿元；农民专业合作社发展到11915家，百亩以上家庭农场和种植大户6506家；青岛连续四年将新型职业农民技能证书培训列为市办实事，新建农民田间学校45处，累计培训新型职业农民9万多人，为支持返乡下乡人员创业创新奠定了坚实基础	搜狐新闻网（www.sohu.com）
就业困难人员	2016	1—8月，全市城镇新增就业46.4万人，同比增长4.2%。其中，服务业吸纳就业28.7万人，同比增长9.5%；民营经济吸纳就业33.9万人，同比增长10.4%。新认定就业困难人员1.9万人，帮扶实现就业1.6万人，其中1.2万人为签订劳动合同的正规就业，约占困难群体就业的75%。举办4场大型的分流职工专场招聘会，提供就业岗位共计2万余个，帮助1600多名分流职工实现再就业，政策扶持创业89人	中国山东网（qingdao.sdchina.com）
	2018	援助月期间，青岛市新认定就业困难人员4969人，通过各种渠道实现就业困难人员就业2640人，就业率53.3%；开发适合就业困难人员就业的岗位9732个；为家庭生活困难的失业人员送岗9589个；认定并帮扶零就业家庭21户；举办各类失业人员招聘会136场；发放“政策明白纸”20000余份；春节前夕，走访了987名就业困难人员，为他们送去了价值78.6万元的慰问金和慰问品	新华网（www.xinhuanet.com）
创业	2013	成立山东科技大学和青岛理工大学两个教学点，培训大学生2000余人，并继续与其他8所驻青高校合作建设教学点，免费为1万名大学生提供创业培训和创业服务	《青岛日报》2016年1月21日第3版
	2015	青岛市人力资源和社会保障局扩建市高校毕业生创业孵化基地，并重新命名为“湛山创客工厂”。“湛山创客工厂”建筑面积18000平方米，划分为创客孵化区、企业加速孵化区等四个区域	《青岛日报》2013年5月22日第2版
	2016	青岛市实施大学生农村电商工程，通过开展创业实践“互联网+医疗健康”行动，与阿里巴巴、京东、益农信息社等成熟的“农村电商”项目运营机构合作，引领和带动307名大学生到基层自主创业，同比增长了254%，比2015年返乡创业数多94人，并带动了950人就业	搜狐新闻网（www.sohu.com）
	2017	自2012年以来，青岛市政策性扶持创业13.97万人，创业带动就业64万人，其中失业人员创业8.37万人，返乡农民工创业2.76万人，高校毕业生创业2.08万人。2012年青岛被国务院评为首批全国创业先进城市，2016年成功入选国家第二批“小微企业创业创新基地示范城市”，获得国家两年9亿元资金支持	青岛市人力资源和社会保障局官方微信公众号

此外，本章通过统计青岛市近几年就业情况，从侧面分析青岛市就业保障政策对就业的影响。通过表2-9可以看出，近些年受益于青岛市就业保障政策的完善和良好的执行效果，青岛市就业人口数量稳中有增。

表 2－9　　2012—2017 年青岛市就业相关数据

项目	指标名称	单位		2012 年	2013 年	2014 年	2015 年	2016 年	2017 年
综合	新增城乡就业人员（2012—2014 年不含外来就业人员）	万人		41.7	43.8	44.5	66.2	68	73
高校毕业生	毕业生就业率	%		95	95	96	96	96	96
	就业见习	补贴金额	万元	280	640	360	381	380	390
		补贴人数	万人	0.33	0.34	0.33	0.33	0.32	0.32
		留用人数	万人	0.25	0.27	0.25	0.27	0.27	0.26
		留用率	%	76	78	77	80.4	82	80
	求职创业补贴	总金额	万元	2060.40	1868.55	1872.9	1661.1	1727.7	1740.85
		总人数	人	41208	37371	37458	33222	34381	34817
		人均	元/人	500	500	500	500	500	500
农民工	扶持家庭服务业发展和就业平台建设资金	预算资金	万元	150	150	150	150	150	—
		实际支出	万元	150	150	150	150	150	—
	家庭服务业稳岗补贴	万元		0	24.1	141.4	106.4	83.5	89.9
	家庭服务平台	订单成交量	个	—	—	—	3328	20108	6401
	家庭服务行业人员增长数	万人		1198	3383	6975	7967	9452	12484
失业人员	失业保险金	领取人数	万人	5.01	5.72	6.52	5.68	9.02	7.92
		发放金额	万元	19623	26241	35485	44698	52939	51687
	鼓励用人单位吸纳就业和灵活就业补贴资金	预算资金	万元	9916	10671	12174	6111	2556	1870
		实际支出	万元	9495	10422	12984	5546	2397	672
就业困难人员	扶持总人数	万人		28.5	27.8	22.3	22.1	24	13.5
	企业吸纳就业困难人员数	万人次		0.25	0.64	0.85	2.02	3.45	3.78
	协保人员就业（生活）补助	万元		5803.33	5150.05	4612.9	3515.15	1658.57	789.71
	公益性岗位	预算资金	万元	17644	19353	18452	60	58	45
		实际支出	万元	17182	16255	16023	41	49	35
创业	鼓励用人单位吸纳就业和灵活就业补贴资金	预算资金	万元	9916	10671	12174	6111	2556	1870
		实际支出	万元	9495	10422	12984	5546	2397	672
	创业培训补贴	金额（万元）	高校毕业生	407.28	615	668.4	904	—	—
		人员数量（人）	总数	10064	11348	12363	11221	10283	106
			高校毕业生	0.33	0.51	0.56	0.74	—	—

续表

项目	指标名称	单位		2012 年	2013 年	2014 年	2015 年	2016 年	2017 年
创业	创业岗位开发补贴	万元		71.58	80.6	131.9	15.6	93.4	174
	孵化基地市（区）级示范基地（2016 年以后，认定标准有调整）	数量	个	—	—	—	—	29	56
		入住企业户数	户	—	—	—	—	2097	3216
		吸纳就业人数	万人	—	—	—	—	2.56	3.03
		入住率	%	—	—	—	—	—	83.6
	小额担保受益对象人数	人		5081	5928	4098	3661	2588	4112
	政策扶持创业人数	万人		1.5853	2.1357	2.4173	2.3332	3.4493	2.054
职业培训	职业培训受益人数	万人		73826	72740	78978	63304	62656	—

资料来源：青岛市财政局社保处。

3.2 就业保障政策的补贴分析

3.2.1 高校毕业生就业补贴分析

在高校毕业生就业方面，青岛市就业专项资金以多种形式拨付，其中职业培训补贴、社会保险补贴、小额贷款政策等补助不仅针对高校毕业生就业方面，农民工、就业困难人员等其他类别就业人员也有资金拨付（见图 2－2）。从表 2－10 可以看出，就业见习补贴在

表 2－10　2012—2017 年青岛市高校毕业生就业补贴情况　单位：万元

项目	2012 年	2013 年	2014 年	2015 年	2016 年	2017 年
就业见习	280	640	360	381	380	390
求职创业	2060.40	1868.55	1872.9	1661.1	1727.7	1740.85

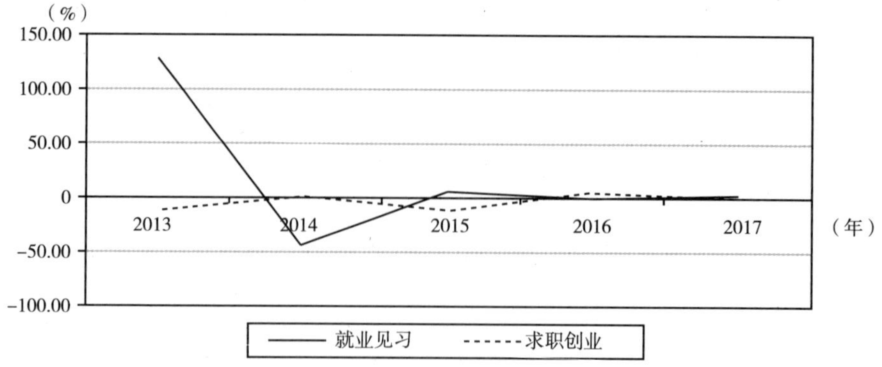

图 2－2　2012—2017 年青岛市高校毕业生就业补贴增长率

2012—2014 年间波动较大，尤其是 2013 年远高于其他几年，但是从整体来看呈上升的趋势。通过对近几年青岛市颁布的有关就业见习基地的政策的分析可以发现，受近几年最低工资标准不断上涨的影响，就业见习补贴也随之整体上涨。自 2012 年以来，青岛市求职创业补贴波动巨大，是因为青岛市求职创业补贴存在着宣传不到位的现象，很多毕业生根本不知道有这一政策的存在，或者由于金额较少、手续麻烦而不去领这一笔补助，因此，很少有人能够申请求职创业补贴，这也就导致了总体补助金额下降。

3.2.2　就业促进补贴分析

由于扶持家庭服务业发展和就业平台建设资金、职业培训补贴、岗位补贴、稳岗补贴等多项补贴同时涉及农民工、就业困难人群、失业人群中的多类人群，所以，本章将农民工、就业困难人群、失业人群的相关补贴统一归类为就业促进补贴，并对就业促进的补助金额进行分析。通过表 2 - 11 及图 2 - 3 可以得出：扶持家庭服务业发展和就业平台建设资金每年的资金较为稳定，皆为 150 万元，而家庭服务业稳岗补贴、鼓励用人单位吸纳就业和灵活就业补贴资金支出的最大值基本发生在 2014 年，且 2014 年与未来几年的支出金额存在着巨大的波动。家庭服务业稳岗补贴 2015 年出现下降的原因是，《关于转发鲁人社发〔2015〕23 号文件做好稳岗补贴发放工作的通知》对申请稳岗补贴的企业类型的严格限制，使得家庭服务业稳岗补贴的发放呈现出下降的趋势。鼓励用人单位吸纳就业和灵活就业补贴资金支出由就业困难人员灵活就业社会保险补贴、职业介绍补贴、协保人员就业和生活两项补助等多项补贴共同构成，通过对青岛市 2015 年颁布的《关于印发〈青岛市人力资源和社会保障局就业创业和职业培训补贴政策实施办法〉的通知》（以下简称“新政策”）及 2013 年颁布的《关于做好职业介绍补贴发放和管理有关问题的通知》（以下简称“旧政策”）对比发现，新政策扩大了补贴范围，而每人领取的补贴金额标准未发生变化；外来人员职业介绍补贴的政策未发生变动；就业指导培训补贴遵循的是 2012 年颁布的《关于做好就业技能培训工作有关问题的通知》，未发生变化；协保人员就业和生活两项补助由 2003 年颁布的《青岛市人民政府关于妥善做好协保人员基本生活保障和再就业工作的通知》改为 2015 年颁布的《关于调整协保人员就业补助和生活补助标准的通知》，协保人员可申领的补助金额得到提高。而公益性岗位补贴整体呈现出逐年下滑的趋势，且 2012 年与 2017 年的支出金额差距巨大，公益性岗位 2012 年支出金额更是 2017 年支出金额的 490 倍有余，通过对公益性岗位补贴标准进行研究发现，补贴标准正在逐年提高，所以从政策角度也未找出变化原因。基于上述分析可以看出，仅从每类补助自身相关的政策出发，无法得出鼓励用人单位吸纳就业和灵活就业补贴资金支出下降的原因。但综合分析后发现，三大原因造成了这几类支出的上升：一是企业吸纳就业困难人数正在逐年上升，这在一定程度上会降低政府补助支出的金额；二是新《预算法》的颁布，以及债务清理风暴中对就业专项资金的整顿，使得就业专项资金的预算编制得到进一步规范；三是相关部门的就业促进政策的形式是多样化的，不仅限于发补助的方式，通过对几年的政策分析可以发现，职业培训、技能培训、创业培训等也是政府积极促进就业的方式。

表 2-11 2012—2017 年青岛市就业促进补贴情况 单位：万元

项目	2012 年	2013 年	2014 年	2015 年	2016 年	2017 年
扶持家庭服务业发展和就业平台建设资金	150	150	150	150	150	—
家庭服务业稳岗补贴	0	24.1	141.4	106.4	83.5	89.9
协保人员就业补助	5803.33	5150.05	4612.9	3515.15	1658.57	789.71
公益性岗位	17182	16255	16023	41	49	35
鼓励用人单位吸纳就业和灵活就业补贴资金	9495	10422	12984	5546	2397	672

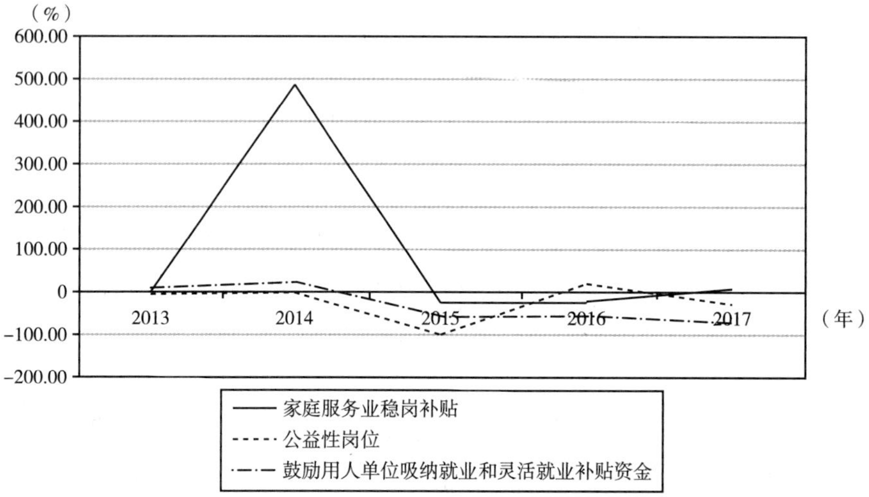

图 2-3 2012—2017 年青岛市就业促进补贴增长率

由表 2-12 可知，青岛市的失业保险金支出金额呈现出逐年上升的趋势，研究发现，这主要是由两方面原因导致的：一方面是人们的保险意识日益提高，且近几年青岛市的失业率一直呈现小幅度上升。另一方面是由于失业保险金的标准不断增加，支出范围也在不断扩大，所以，失业保险金的支出整体呈现出上升的趋势。

表 2-12 2012—2017 年青岛市失业保险金支出情况 单位：万元

项目	2012 年	2013 年	2014 年	2015 年	2016 年	2017 年
失业保险金	19623	26241	35485	44698	52939	51687

3.2.3 创业补贴分析

由于近几年无论是国家、山东省还是青岛市都有大量有关于创业的政策出台，而且创业不仅涉及高校毕业生，还关涉农民工、失业人员等多类就业人员，所以本章将创业的有关支出进行单独分析。

从表 2-13 和图 2-4 可以看出，创业培训补贴及创业岗位开发补贴整体呈现出逐年上升的趋势。但由于有关的信息披露规范未得到及时的跟进，研究过程中信息的获取存在困难。

表 2-13 **2012—2017 年创业补助支出情况** 单位：万元

项目	2012 年	2013 年	2014 年	2015 年	2016 年	2017 年
创业培训补贴	407.28	615	668.4	904	—	—
创业岗位开发补贴	71.58	80.6	131.9	15.6	93.4	174

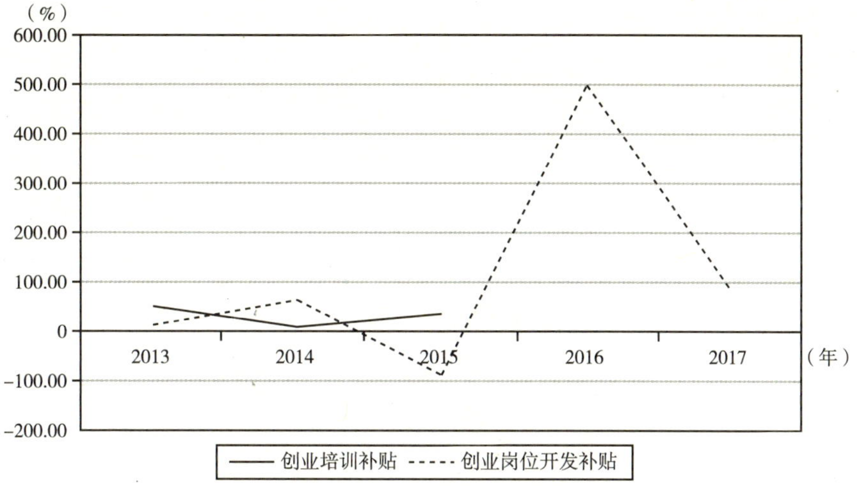

图 2-4 2012—2017 年青岛市创业有关补贴增长率

3.3 就业保障政策的执行效果分析

3.3.1 就业保障政策执行综合效果分析

新增就业人口的数量是对青岛市就业保障政策执行效果的有效反映，虽然 2012—2014 年统计的新增城乡就业人员数量中不含外来就业人员，数据统计口径存在差异，但通过表 2-14 及图 2-5 依然可以看出，在 2012—2014 年及 2015—2017 年，青岛市新增城乡就业人口的数量一直呈逐年上升的趋势，可见青岛市就业保障政策的实施效果十分显著。通过对就业政策进行分析可知，青岛市政府正逐渐重视就业问题及就业的规范化管理。作为全国五个计划单列市之一，青岛市一直在积极贯彻落实国家及山东省颁布的各项有关就业保障的政策，并结合实际情况制定更加适合本地区的政策。同时，从广度上看，就业政策覆盖了高校毕业生、农民工、失业人员及就业困难人员，从深度上看，青岛市政府根据高校毕业生、农民工、失业人员、就业困难人员等各类就业人群的特点制定相适宜的补助、培训等政策，以提高其就业创业的积极性。而且，从效果上看，随着各种政策的不断实施，青岛市的就业人数得到很大的提升。

表 2-14 **2012—2017 年青岛市新增城乡就业人口数量变动趋势** 单位：万人

项目	2012 年	2013 年	2014 年	2015 年	2016 年	2017 年
新增城乡就业人员	41.7	43.8	44.5	66.2	68	73

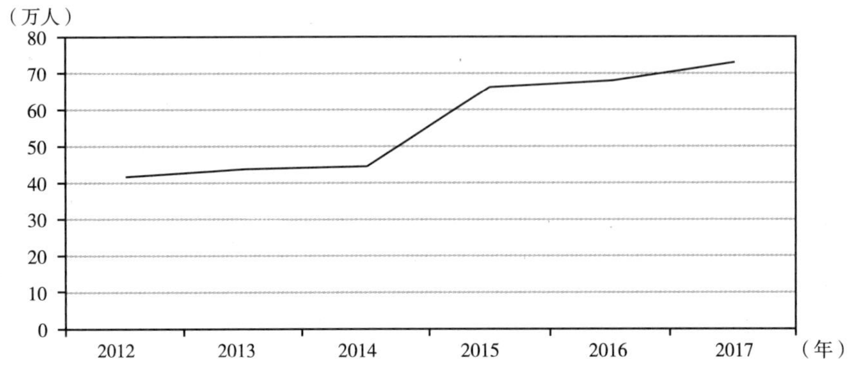

图 2-5　青岛市 2012—2017 年新增城乡就业人口数量变动趋势图（单位：%）

注：2012—2014 年不含外来就业人员。

3.3.2　高校毕业生就业保障政策执行效果分析

表 2-15　2012—2017 年青岛市高校见习人数变动情况

年份	2012	2013	2014	2015	2016	2017
完成就业见习人数（人）	11373	11154	10923	11998	11569	11167
就业见习留用人数（人）	8154	8208	9236	9957	9630	9515
就业见习留用率（%）	71.70	73.60	84.60	83.00	83.20	85.20

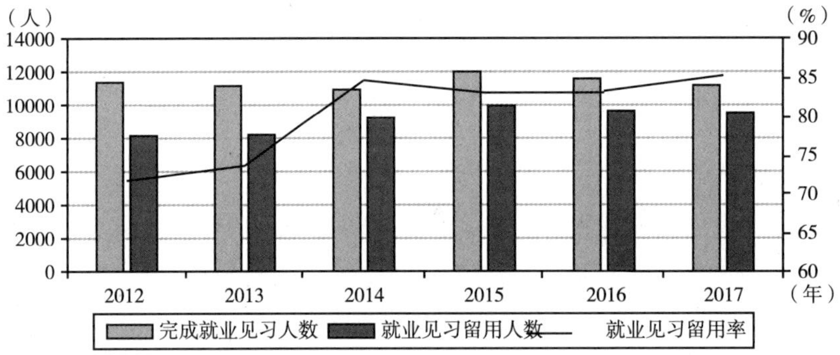

图 2-6　2012—2017 年青岛市就业见习人数变化情况

通过分析 2012—2017 年青岛市就业见习人数情况的变动，可以看出完成就业见习的人数、就业见习留用人数及就业见习留用率整体均呈现出上升的趋势（见表 2-15、图 2-6）。其中，就业见习完成人数一直处于 1.1 万—1.2 万人之间；就业见习留用人数呈现出较大幅度的上升；而就业见习留用率也增加了 10% 以上。这是因为，近几年青岛市政府有关部门对于高校毕业生就业情况的密切关注及政策的不断颁布，而上述图表也进一步说明了颁布的一系列相关政策发挥出积极的作用。

自从 1999 年高校扩招以来，我国高等教育的毛入学率快速上升，高等教育的规模不断扩大，高校毕业生的数量也在不断增加。大学生“最难就业季”的多次到来，使得大学生就业、创业问题逐渐得到社会各界的广泛关注，2012—2017 年间，青岛市有关部门针对高校毕业生就业问题出台了《关于在青就业研究生住房补贴有关问题的通知》《关于实施青岛市大学生创业培育“海鸥行动”有关问题的通知》等推动高校毕业生就业、创业的政策制度。通过表 2-16 可见，青岛市近几年高校毕业生的就业率未发生大幅度的变化，一直维持在 95% 以上。这是由于近几年青岛市政府对高校毕业生就业创业的重视，相关培训、就业指导政策等得以有效落实。

表 2-16　2012—2017 年青岛市高校毕业生就业率　单位：%

项目	2012 年	2013 年	2014 年	2015 年	2016 年	2017 年
毕业生就业率	95	95	96	96	96	96

3.3.3　就业促进政策的执行效果分析

（1）家庭服务业政策执行效果分析

家庭服务业资金支出主要包括：基层人力资源社会保障服务平台建设奖补资金、家庭服务业公益性信息服务平台建设资金、运行奖励、家庭服务从业人员商业综合保险补贴等。

家庭服务业是吸纳就业，尤其是安置城镇下岗失业人员、农村富余劳动力等群体就业的重要领域。从表 2-17、图 2-7 可以看出，扶持家庭服务业发展和就业平台支出资金从 2012 年至 2014 年逐年增长，而从 2014 年后，相应的资金支出出现阶梯式下降，从接近 268

表 2-17　2012—2017 年青岛市扶持家庭服务业资金支出和从业人数、订单数量变动情况

项目	2012 年	2013 年	2014 年	2015 年	2016 年	2017 年
扶持家庭服务业发展和就业平台支出资金（元）	2679900	10283000	13979500	5672000	6470000	900000
家庭服务平台订单成交量（个）	—	—	500	3295	4343	30756
家庭服务行业人员人数（人）	1198	3383	6975	7967	9452	12500

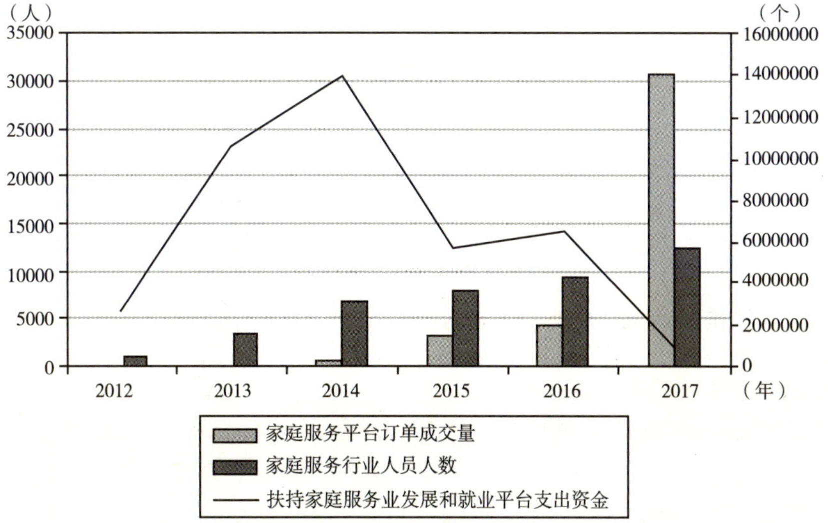

图 2-7　2012—2017 年青岛市扶持家庭服务业发展的资金支出与家庭服务业从业人数变化情况

万元下降到90万元，与此同时，家庭服务行业从业人员数和平台订单成交量近几年来一直处于上升趋势，从2014年的500个增长到2017年的3万多个。原因是前几年资金的增长主要是由于服务平台的搭建与行业的开拓，而随着平台的逐渐成熟，维护平台的资金支出减少，则订单成交量和行业从业人数不断的上升，说明家庭服务业运行管理体系逐渐成熟。

（2）失业保险金政策执行效果分析

一直以来，提高就业率是政府工作的重要目标之一，特别是近几年，政府对就业问题的重视，间接地促使了失业保险金制度的发展。由表2－18可知，青岛市的失业保险金支出金额呈现出逐年上升的趋势，这是因为一方面有关失业保险金政策的有效宣传促使人们保险意识不断提升，因而主动领取失业保险金的人数不断增加。另一方面是由于失业保险金的标准不断增加、支出范围也在不断扩大，所以失业保险金的支出整体呈现出上升的趋势。

表2－18　2012—2017年青岛市失业保险金支出　单位：万元

项目	2012年	2013年	2014年	2015年	2016年	2017年
失业保险金	19623	26241	35485	44698	52939	51687

（3）就业困难人员政策执行效果分析

青岛市财政局及各区县分发的补助不仅是给予个人，还有部分补助是拨付给企业单位，用于刺激企业招录相关人员的积极性。通过图2－8可以看出，企业吸纳就业困难人员的数量在六年间不断增长，从起初接两千多人次不断增长到接近四万人次，对企业采取积极的就业补助政策使得企业吸纳就业困难人员的积极性得以提升，可见政府的政策执行取得了显著的效果。

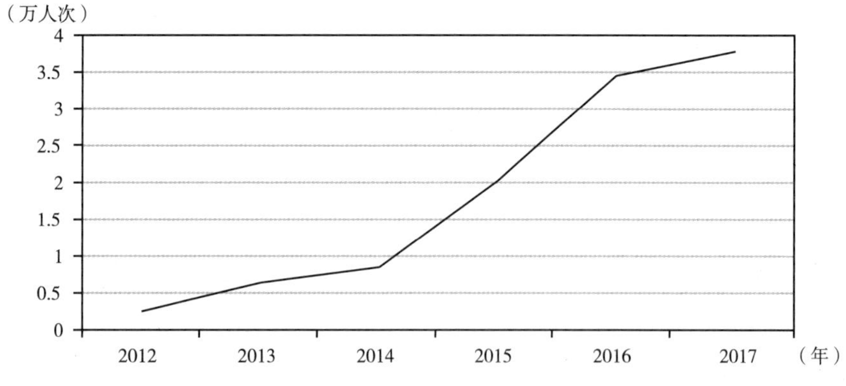

图2－8　2012—2017年青岛市就业困难人员政策执行效果分析

（4）创业政策执行效果分析

由于近几年无论是中央、山东省还是青岛市都有大量有关于创业的政策出台，而且创业不仅涉及高校毕业生，还关系到农民工、失业人员等多类就业人员，所以本章将创业政策执行效果分析进行单独分析。

党的十八大报告明确提出“创新驱动发展战略”，政府工作报告指出将“大众创业、万众创新”打造成推动中国经济继续前行的双引擎，可见创新在我国的重要意义。青岛市始终把促进就业创业作为重要的政治任务和改善民生的大事，2012—2017年，青岛市有关部门陆续出台了大量覆盖高校毕业生、农民工、失业人员等各类人群的促进就业的政策，《关于实施大众创业工程打造创业之都的意见》《关于助推新旧动能转换进一步做好就业创业的实施意见》《关于实施返乡创业工程促进农村增收致富的实施意见》等政策的出台，优化了就业创业服务，使城市、乡村享受完全一样的好政策、好服务。从表2-19和图2-9可以看出，创业培训补贴及创业岗位开发补贴整体呈上升的趋势，可见青岛市有关部门对创业政策的积极贯彻落实。

表2-19　2012—2017年青岛市创业补助支出　单位：万元

项目	2012年	2013年	2014年	2015年	2016年	2017年
创业培训补贴	407.28	615	668.4	904	—	—
创业岗位开发补贴	71.58	80.6	131.9	15.6	93.4	174

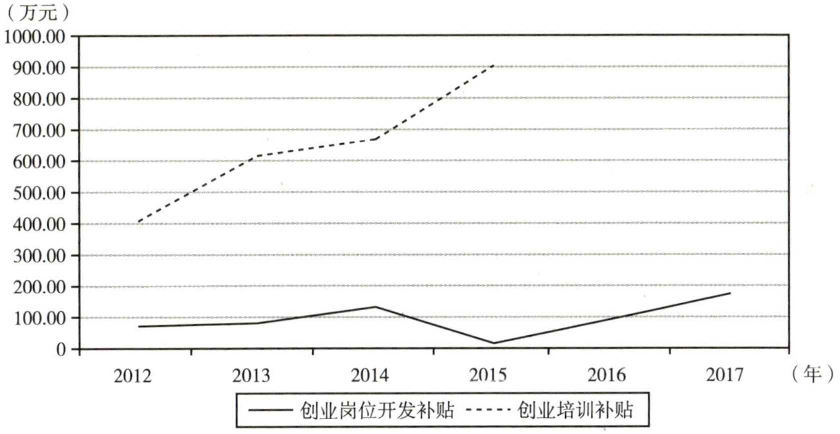

图2-9　2012—2017年青岛市创业补助支出情况

2016年以后，青岛市逐渐开始重视创业载体的运行，有关于创业孵化基地的政策开始不断颁布，由于2016年创业孵化基地的认定标准发生了变化，所以本子课题只对2016年及2017年创业孵化基地的成效进行分析。从表2-20可以看出，青岛市近两年创业孵化基地的数量出现大幅度上升，2016至2017年间增长了一千余家创业孵化基地，同时吸纳就业的人数也随着孵化基地数量的上升增长了将近五千人。

表2-20　2012—2017年青岛市孵化基地入住企业数及吸纳就业人数

项目	2016年	2017年
创业孵化基地入住企业数量	2097个	3216个
吸纳就业人数	2.56万人	3.03万人

3.4　就业保障政策的预算执行效果分析

3.4.1　扶持家庭服务业发展和就业平台建设资金预算执行效果

从表2－21可知，政府扶持家庭服务业发展和就业平台建设资金的使用效率在2012年至2017年间一直为100%，未出现资金超预算或者资金使用不到位的情况。

表2－21　2012—2017年青岛市扶持家庭服务业发展和就业平台建设资金预算执行率　单位：%

项目	2012年	2013年	2014年	2015年	2016年	2017年
预算资金	150	150	150	150	150	—
实际支出	150	150	150	150	150	

3.4.2　鼓励用人单位吸纳就业和灵活就业补贴资金预算执行效果

鼓励用人单位吸纳就业和灵活就业补贴资金旨在促进就业困难人员的就业，但是从图2－10中可以看出，在2012年、2013年、2015年及2016年间，资金使用占预算拨付的比例在90%以上。但是，在2013年资金的使用超过了预算，比例超过了100%，2017年则不足40%。这种不合理的估算会增加财政局的财政负担，或者出现大额的资金沉淀，资金的效益无法得到有效的发挥。

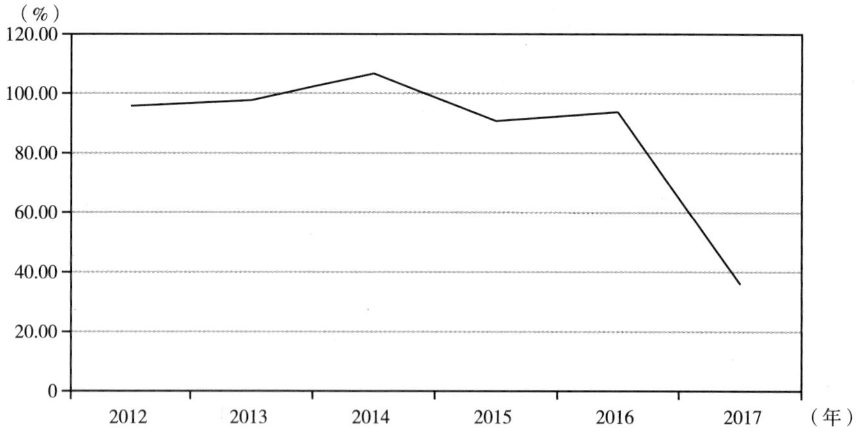

图2－10　2012—2017年青岛市鼓励用人单位吸纳就业和灵活就业补贴实际支出占预算拨付的比例

3.4.3　公益性岗位资金预算执行效果

公益性岗位由拨付给个人及拨付给企业的资金共同组成。由图2－11可知，公益性岗位在2012年的预算执行效率在95%以上，但是，在2013年至2017年间，政府的预算执行效果在波动中不断下降，这说明，一方面青岛市失业压力有所缓解，另一方面，青岛市政府预算管理存在缺陷，或是预算制定得不合理，或是相关资金被挪用。

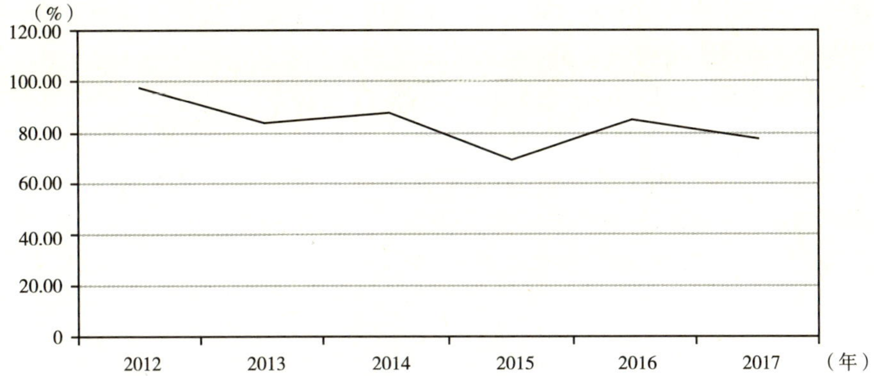

图 2-11　2012—2017 年青岛市公益性岗位实际支出占预算拨付的比例

3.5　就业专项资金支出可持续性分析

从图 2-12 中我们可以看出，从 2010 年至 2012 年，失业保险基金增长 174%。而 2013 年失业保险基金出现了大幅度下降后一直处于波动增长，失业保险基金收入包括失业保险费收入、财政补贴收入、上级补助收入、下级上解收入等。青岛市 2013 年 7 月开始下调单位失业保险缴费比例，职工参保单位及职工个人失业保险费率各下调 50%，所以，失业保险基金收入在 2013 年呈现出大幅度下降的趋势。但自 2014 年开始，青岛市将领取失业保险金期间灵活就业人员社保月缴费标准上调，同时，我国职工工资一直在不断地上调，参保人数不断增加，所以，失业保险缴纳金额也在不断上调。为进一步减轻用人单位负担，增强社会发展活力，促进稳定就业，2017 年 5 月 1 日起，青岛市将失业保险费率由 1.5% 调整至 1%，所以，2017 年失业保险基金收入出现大幅度下降。

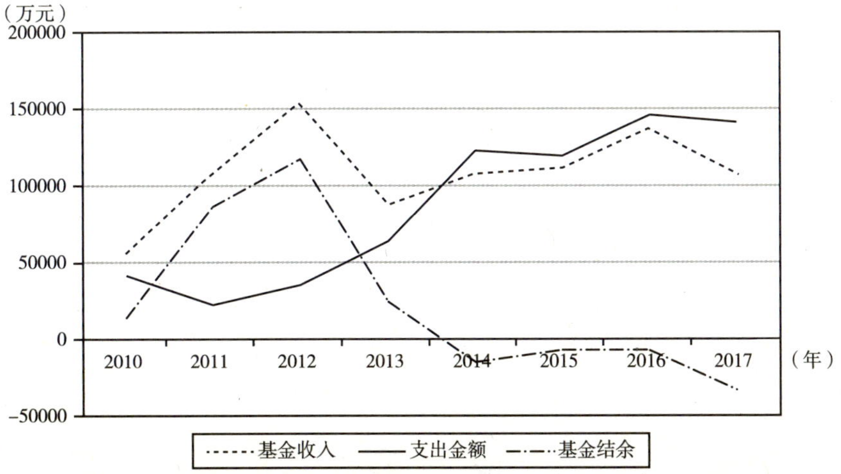

图 2-12　2010—2017 年青岛市失业保险基金收入、支出变化情况

与此同时，失业保险基金的支出从 2011 年至 2017 年增长了 532%。从图 2-12 可以得知，我国失业保险的领取人数从 2014 年开始下降，失业保险支出金额也会减少，但随着国家、山东省及各市开始为裁员率符合规定的企业提供稳岗补贴、技能提升补贴等，青岛市也在积极贯彻落实该政策，增大失业保险金的支出范围，所以，该方面的支出开始增加，而且青岛市的失业保险金从2010年开始一直保持平稳的增长趋势。

从当年基金结余来看，2012年以前，基金结余为正数，且呈现增长趋势，2012年达到最高的117250万元，而2013年至2017年基金结余都是负数，且下降速度并没有放缓，2017年达到-33288万元，但2017年年底累计滚存结余为33.9亿元，结余规模较大，基金收支还在可控范围内，目前来看可持续形势相对乐观。

第4章

就业保障政策的国内外先进经验

4.1 就业保障政策的国外先进经验

4.1.1 高校毕业生就业政策国际先进经验

与中国不同，国外很多国家没有专门的高校毕业生就业市场，只是将其作为整个社会就业市场的一部分看待，政府在高校毕业生就业体系中一方面在宏观上直接给予政策性的领导与干预；另一方面将其自身的服务承包给第三者，而政府只起到监督、监控的作用。

（1）美国。美国毕业生就业政策的主要特点为高校主导，市场调节，政府支持，企业、行业协会、非政府组织与各方雇主积极参与；最大特点是高校高度负责、积极参与。第一，政府的作用。美国负责高校毕业生就业的部门是联邦劳工部和教育部，主要负责宏观政策改革、信息统计发布，以及完善法律保障体系等工作，通过调整产业政策、金融政策、财政政策和失业保障政策等促进就业机会的培育，解决高校毕业生就业问题；联邦劳工部的隶属部门劳工设计局与劳工部共同负责就业市场的分析，预测未来经济对就业的影响，并通过网络在全国范围内公布，为高校毕业生的就业提供一定参考。第二，高校的作用。在美国，毕业生的就业情况关系到高校的排名、声誉和以后的招生，所以美国高校十分关心毕业生的就业情况。故而，美国每所高校内都设有毕业生就业指导中心，围绕就业指导和服务两个方面开展工作。第三，中介机构的作用。美国有很多职业中介机构，专门为大学生和社会上所有的求职者提供服务。第四，用人单位的作用。大多数用人单位都能为毕业生提供实践基地，帮助大学生积累工作经验。[14]

（2）德国。德国毕业生就业政策的主要特点为公共服务型。第一，政府的作用。德国政府主管全社会就业的机构是联邦及各州劳动与社会部，主要任务是制定全国的就业政策，而各州的就业与社会政策由各州的劳动与社会部门负责制定，联邦与下属各级的劳动与社会部门相互合作协商，共同促进就业，为高校毕业生提供种类全、数量大的就业信息，为就业者和用人单位共同提供服务，同时还可以根据市场的需求变化调整专业的设置。第二，高校的作用。高校就业服务可以为高校学生提供有针对性的服务，每所高校内部都设置了形式不同的就业机构，有一定的人员编制与经费投入，机构的主要作用在于弥补专业教学的缺陷和学生素质的不适应。第三，服务中介的作用。德国中介组织在求职者和用人单位之间搭建桥梁，但是，此类服务系统并不是非营利性的机构，中介机构向用人单位收取费用，所以，德国中介主要是为企业提供相应的服务，根据用人单位自身发展战略与所需要的人才类型，到高校内寻找合适的人才，还为用人单位招聘提供广告宣传等服务，这样能更好地让就业者了解用人单位的需求方向，也为高校毕业生的就业准备提供借鉴。[15]

4.1.2 农民工就业政策国际经验

外国政府为解决农民工就业问题，使其与不断进步的科技水平相协调，将促进农民工就业的重点放在了农民工培训以及保障方面。

（1）美国。虽然美国强调市场主导，弱化政府的作用，但绝非完全放任自由，而是充分尊重市场规律。随着市场对具有高科技技术水平的人才需求量激增，政府出台了一系列法律对农民职业技术培训工作的开展予以保驾护航。自19世纪60年代开始，美国就开始制定政策规范农民工的职业培训，1976年《终身学习法》和1994年《美国2000年教育目标法》的出台，强化了农民工基础教育和职业教育的重要地位。在培训内容方面，美国的职业教育培训主要是从四个方面开展，即基本技能类培训、工作技能类培训、计算机操作技能培训和学习能力培训。在培训形式方面，美国采取的是政府牵头、多级配合、灵活的半脱产或不脱产形式，即政府与各类型协会、企业、大学合作，进行信息交流。在教师选配上，采用严格的准入制度，担任教者须取得农业教育学士学位或同等学位，或在大学中主修或辅修过教育学和农业、工业相关课程。此外，美国的职业教育培训资金来源渠道广泛，主要有四类：一是政府出资，用于职业教育培训学校的基础设施建设、教师选聘、日常开支等费用支出；二是地方学区和县的资助，用于支持本地职业教育培训工作；三是来自于企业和个人募集；四是社区募集。同时，美国还设立社区学院，所有学生的入学均采取“双低”标准，即低收费、低起点，社区学院尊重每个人接受教育的权利，在招生时基本不进行严格选拔，入学几乎没有“门槛”。社区学院采取了灵活多样的教学模式，来满足不同学生的学习需求。[16]

（2）英国。英国非常重视与农民工职业教育培训相关的法律法规体系建设，并于1838年成立了皇家农学会，开始对农业知识进行系统性研究；1982年，正式出台了第一部关于英国农民工职业教育培训的法律《农业培训局法》，农民工职业技术培训由此逐渐受到更为广泛的重视，一系列培训计划随之提出。此外，英国注重对农民工主观性的调动，以提升农民工综合素质为首要目的，使他们在兴趣的基础上选择适合自己的培训课程。在培训形式方面，英国不拘泥于固定的课堂模式，学习期限和培训形式的选择灵活多样，以满足各类人的不同需求。英国的职业教育培训资金主要有两个来源：一是政府通过教育拨款委员会按照一定的考核标准、原则确定教育预算经费分配方法。二是政府通过向社会团体、企业、个人征收特别税，税款专款专用，用于支持成人职业教育培训工作。[17]

4.1.3 失业人员就业政策国际先进经验

（1）德国。在就业创造方面，德国实施“工作分享计划”，直接在公共部门创造工作岗位，政府推行相关政策积极鼓励企业创造与提供工作岗位，实施劳动储备制度，并推出雇佣补贴政策，鼓励企业缩短工时，避免解雇员工；在再就业相关法律制定方面，德国《青年人劳动保护法》规定，雇主不得让青年人从事有害身心的工作，《就业促进法》规定，企业每年应给予青年人一定的培训机会；在社会救助政策制定方面，在德国凡拒绝接受介绍工作的失业人员，将强制减少社会救助，并且规定社会救助与在职人员收入、低工资者收入之间应保持适当的差距；在就业技能培训方面，德国政府秉承终身学习的理念，通过培训促进人力资源的开发，主动承担创造就业机会、解决失业问题的责任，德国各地方政府致力于实施终身学习战略，通过改善教育和培训系统的质量，使所有的社会成员具备作为知识社会的现代劳动力的能力，促进其职业生涯发展并减少劳动力市场的能力错位和瓶颈。[18]

（2）英国。在创业方面，英国设立创业基金、创业投资信托计划、官办技术集团贷款等；在就业促进方面，英国对失业群体进行选择性干预，如 1998 年启动“新政计划”，重点针对青年失业者、长期失业者、单亲父母、残疾人或长期病患者、失业人员配偶等失业群体进行就业促进；在再就业指导与心理咨询方面，失业群体易产生经济贫困、生活质量低、心理失衡等问题，只有个性化的再就业指导与心理咨询才能解决失业的本质问题，英国“新政计划”要求所有参与该计划的失业人员都要进行求职面谈活动；在再就业技能培训方面，政府认为提高失业人员的就业能力比直接给予物质帮助更重要，因而，调动失业人员寻找工作的积极性和提高就业能力，成为政府再就业政策的重要内容；在社会救助政策制定方面，英国的“新政计划”要求失业青年必须参加培训或社会义务活动，“社区法案项目”也要求失业人员从事环境清洁与保护、参与社区活动、参加职业技能培训活动等。[18]

（3）奥地利。在再就业分类帮扶政策制定方面，奥地利针对不同特征的长期失业者分类帮扶，寻找不同的失业原因，针对 21—25 岁、50 岁以上、12 月以上的长期失业者、集体性失业者、重返工作岗位妇女等实施不同的再就业激励政策；在就业信息提供方面，奥地利的就业服务局为用人单位与失业人员共同服务，以合理分配人力资源为前提，为用工单位提供合适的员工，为失业人员提供就业机会和相应的再就业培训；在就业服务机构的专业化设置方面，奥地利的就业服务局不隶属于政府，完全是市场运营，其工作人员由政府、劳方劳动工作工人协会（AK）和商会三方代表共同组成，为用人单位寻找合适的员工，为失业人员寻找就业机会、提供再就业培训等；在再就业指导与心理咨询方面，奥地利就业服务局通过帮助失业者寻找长期失业的原因、进行职业前景预测、重新树立工作的信心等，尊重失业者的物质与心理需要，关注人的主体价值与个性差异；在再就业职业技能培训方面，奥地利职业教育的专业设置、课程学习、技能培训紧密与市场需求接轨，就业率非常高，职业教育跟随市场的变化与高等教育相互渗透，实施有效的对接政策，并通过奖励企业（积极培训员工的企业）的政策，实现与终身教育的接轨，旨在不断提升职业教育的层次与内容。[19][20]

4.1.4　就业困难人员就业政策国际先进经验

（1）美国。由于美国联邦政府实施的单亲家庭救助制度（AFDC）的固有缺陷，美国政府开始实施工作和基本技能计划，专门培训师为受助者提供职业咨询、职业规划、职业介绍等公共就业服务。同时，组织政府或者其他中介机构为受助者提供积极的就业培训，帮助他们获得或更新就业技能。肯尼迪政府于 1962 年通过了《1962 年人力开发与培训法》规定，国会要求联邦政府不但要对现有失业劳工进行培训，还要求它评估美国将来的人力需求，研究并利用必要的信息和方法，处理因技术变化而产生的失业问题和其他长期失业问题，设立由劳工部长负责的就业与培训信息报告制度。1964 年《经济机会法》指出，社区行动计划的服务对象是那些工作经验丰富，但因劳动技术落后或因企业关闭而失业的劳工、单亲家庭中的女性、65 周岁以上的有工作能力但不能就业的老年人口、归因于种族歧视而长期就业不足的贫困人口和具有犯罪前科的刑满释放人员等，所有计划均设有基础课补习、在岗培训和心理咨询等。为了确保每个学员都顺利结业，政府对所有参加者皆提供了补助，以降低他们培训期间的生活、医疗和交通等方面的成本，在他们结业后便由政府来帮助其就业。1996年8月制定了《福利改革法案》(以下简称《法案》)，结束了政府对穷人无限制进行福利补助的历史，该法案对于有未成年子女的家庭设置了获得现金救助的时间期限，如果不属于例外情况，在接受贫困家庭临时救助项目（TANF）后两年，成年人必须被雇用或是处于随时工作的状态，并且规定联邦救助资金不会再救助那些接受 TANF 救助超过五年的受助者。该《法案》还规定了惩罚办法，例如，规定如果受助者没有在规定时间内完成工作或做好进行工作的准备，其将面临相应的惩罚。[21]

（2）日本。日本政府注重充分调动各类就业困难群体如老年人、残疾人、青年与女性的就业积极性，通过与企业单位合作、对企业监督的方式，让企业利用自身需求增加职业岗位，利用与企业签订雇佣保险来稳定失业人员的基本生活，提高就业人员的专业技能知识。在针对就业弱势群体的政策方面，为缓解人口老龄化对社会造成的就业压力，日本推迟了退休年龄，将原来的60岁退休更改为65岁，还在一部分企业中试点实行70岁退休领取养老金的约束，激励中老年人群再次就业，提高就业率。日本政府所采取的就业政策得以有效地实施，源于它有稳定的资金来源且有较强的综合性，使得全体就业困难群体的就业问题基本都能得到有效的解决。通过企业主缴纳社会保险费用来支持国家的就业政策，是日本政府最有效的做法，同时，在促进就业方面也起到了关键性作用。[22]

4.2 就业保障政策的国内先进经验

由于对部分一线城市及宁波、厦门、大连等与青岛市处于同一行政级别城市的就业政策已经在“政策梳理”部分进行了相应的分析，并且根据猎聘大数据研究院披露的2017年第一季度人才净流入率数据排名可知，杭州和深圳两市是人才净流入率最高的两个城市，所以，下文主要是对杭州、深圳两市的就业政策进行分析，以获取青岛市在就业政策完善方面可借鉴之处。

4.2.1 杭州就业保障政策

通过对杭州有关就业政策的梳理，主要从以下6个方面进行介绍。

（1）高校毕业生就业方面。在养老、家政服务和现代农业方面，杭州市政府提出，在校大学生和毕业5年以内的高校毕业生在市区初次创办养老、家政服务和现代农业企业，或者毕业5年以内的高校毕业生到经认定的养老、家政服务和现代农业企业就业，符合资格的给予相应补贴。从事电子商务创业或在市区从事农产品网络销售创业，符合相应条件的给予相应补贴。而针对高校毕业生到中小微企业就业，杭州市政府有关部门提出中小微企业新招用毕业2年以内的高校毕业生，且符合其他有关条件的高校毕业生给予社保补贴或者就业补贴。

（2）农民工就业方面。农民合同制职工与城镇职工同等参保缴费，同等享受失业保险待遇。经认定的未签订劳动合同的新兴业态其他从业者，可按灵活就业人员身份在常住地进行就业登记，按规定参加养老、医疗保险和缴纳住房公积金。对符合条件的农民专业合作社、家庭农场、种养大户、建筑业小微作业企业等生产经营主体吸纳建档立卡贫困劳动力稳定就业的，给予补贴。同时，还对外来务工人员予以优待，在杭州市区缴纳社会保险费满10年的外来务工人员，在市区创办企业、个体工商户或民办非企业，并依法缴纳社会保险费满12个月的，可以享受自主创业社保补贴。同时，还注重农民工的精神文化生活，推进全市公共文化服务标准化、均等化，将农民工文化建设纳入常住地公共文化服务体系，实现公共文化服务基本性、公益性、便利性。提出健全农村留守人员关爱服务体系，在留守儿童集中的村（社区），建立“儿童之家”，完善儿童福利督导服务体系，做好留守儿童信息的动态管理、关爱留守老人等措施。

（3）失业人员就业方面。登记失业半年以上人员在县（市）、市区的行政村从事电子商务创业或在市区从事农产品网络销售创业，可享受有关补贴。

（4）就业困难人员就业方面。市区就业困难人员申报灵活就业，并在市区以灵活就业人员身份缴纳社会保险费的，可享受灵活就业社保补贴。

（5）创业方面。杭州市将目光放在未来具有重大引领带动作用的相关产业，杭州发布的《加快推动杭州未来产业发展的指导意见》指出，对从事未来产业领域（人工智能、虚拟现实、区块链、量子技术、增材制造、商用航空航天、生物技术和生命科学等领域）的创业者、小微企业，给予创业担保贷款贴息的帮助。

（6）其他方面。杭州推行新型学徒制，把企业新招用和新转岗人员纳入学徒范围，通过校企合作，广泛开展技能培训，并给予企业培训补贴；对经认定为高质量就业社区（村）的，各区、县（市）可给予一定补助；推出了非全日制公益性社保补贴和岗位补贴政策；逐步使外来劳动人口与当地户籍人口享有同等的就业扶持政策。

4.2.2 深圳就业保障政策

通过对深圳有关就业政策的梳理，主要从以下3方面进行介绍。

（1）高校毕业生。深圳有关部门在积极推进一系列推进高校毕业生就业措施的同时，还积极开展心理辅导。另外，还通过上岗退费政策鼓励高校毕业生去乡村从教、医学专业毕业生去乡村从医，一方面促进了高校毕业生就业，另一方面缓解了乡村教育、医疗资源不足的问题。

（2）创业。深圳市为促进创业提出，采取有偿征集、动态管理的方式面向社会广泛征集创业项目，提倡开展公益性创业项目征集。对入库的创业项目，市公共就业服务机构应当与项目持有人签订协议，给予项目持有人一次性补贴3000元。各级公共就业服务机构可以无偿对入库的项目进行推介。

（3）其他方面。深圳市政府还举办其他特殊专场招聘会，比如农村教师专场招聘会、高校残疾毕业生供需见面会等。

第 5 章

特殊关注问题的探究

5.1 就业技能职业培训

5.1.1 就业技能培训定义

就业技能培训即就业培训，是指以党的十六届四中全会精神为指导，以科学发展观为统领，以培养劳动者的就业技能、创业能力为重点，以提高劳动者职业技能和适应职业变化能力为目的，发挥政府的组织作用，实现培训需求与培训资源的有效对接；突出产业技能培训，进一步增强培训的针对性、实用性和有效性，以就业引导培训，培训促进就业，为广大劳动者尽快实现就业、再就业提供的一种服务。

5.1.2 各级政府有关就业技能培训的相关政策

近几年，国家、山东省及青岛市陆续出台多项关于就业技能培训的政策，以下对部分政策进行列示及分析（见表 2－22、表 2－23、表 2－24）。

（1）国家层面

表 2－22　　国家关于就业技能培训的相关政策

重要政策	政策的主要内容
《国务院关于加强职业培训促进就业的意见》	在就业技能职业培训方面，文件强调要面向城乡各类有就业要求和培训愿望的劳动者开展多种形式就业技能培训，坚持以就业为导向，强化实际操作技能训练和职业素质培养，使他们达到上岗要求或掌握初级以上的职业技能，着力提高培训后的就业率。对农村转移就业劳动者和城镇登记失业人员，要重点开展初级技能培训，使其掌握就业的一技之长；对城乡未继续升学的应届初、高中毕业生等新成长劳动力，鼓励其参加 1—2 个学期的劳动预备制培训，提升技能水平和就业能力

我国是世界上劳动力资源最丰富的国家，但是整体看来，与其他国家相比，我国劳动力素质比较低，虽然素质教育的推进大幅度提升了我国劳动力水平，但尚不能满足社会经济发展对劳动力能力的要求；解决好劳动力素质与经济发展之间的矛盾需要大力加强职业培训，就业技能培训无论是对初次就业劳动者还是再次就业劳动者而言，都能帮助他们获得工作技能、提高就业能力、缩短失业期；加强职业培训是促进就业和经济发展的重大举措，职业技能制度的提出能够有效扩大就业，解决就业总量矛盾和结构性矛盾，促进我国各地区、各产

业的均衡发展。国家有关就业技能培训的出台为我国就业技能培训提供了指导和规范作用，明确了就业技能培训工作的指导思想和目标任务，为地方政策的出台提供了依据，保证了不同地方颁布政策整体上的统一性与细则上的差异性，在一定程度上缓解了地方政府政策的冲突。

就业是最大的民生，我国政府一直高度关注我国的就业问题。李克强总理指出，建立并推行终身职业技能培训制度，以促进就业创业为目标，面向城乡全体劳动者提供贯穿学习和职业生涯全过程的终身职业技能培训，有利于缓解技能人才短缺的结构性矛盾、提高全要素生产率、推动经济迈上中高端，可见就业技能培训也是政府关注的重点。我国人力资源和社会保障部还特别设立了中国就业网，并在网站上开设培训专栏、舆情专栏（内含培训舆情栏目）及读书频道（包括职业标准、培训教程、参考书等内容），对全国各地的培训活动、内容及成果进行展示，方便各级、各地区政府了解、学习、完善就业技能培训活动的实施及政策的颁布，从培训舆情专栏的设立可以看出，政府对民生及人民需求的关注。在中央的统领下，各地都在有差异地执行着就业技能培训工作。2010—2014 年，我国对公众的就业技能培训给予较高的重视度，从中国就业网公布的数据得知，2010 年前三个季度全国共有 1254 万人参与了政府补贴的就业技能培训，其中，企业在岗农民工培训 215 万人，困难企业职工培训 97 万人，农村“两后生”劳动预备制培训 89 万人，进城务工农村劳动者技能培训 471 万人，城镇失业人员技能培训 264 万人，登记求职高效毕业生技能培训 39 万人，创业培训 79 万人。

（2）山东省层面

表 2-23　　山东省关于就业技能培训的相关政策

重要政策	政策的主要内容
《山东省人民政府关于进一步加强职业培训促进就业工作的意见》	大力开展就业技能培训，并对国家的要求进一步细化。对有就业要求和培训愿望的城镇登记失业人员、农村转移就业人员、毕业年度内高校毕业生、城乡未继续升学的应届初高中毕业生广泛开展就业技能培训，强化实际技能训练和职业素质培养，着力提高其就业能力和岗位转换能力。对城乡未继续升学的应届初、高中毕业生等新成长劳动力，鼓励其参加劳动预备制培训；对职业院校学生要强化职业技能和从业素质培养，使他们普遍掌握国家中级以上职业技能。鼓励高等院校大力开展大学生职业技能和创业能力培训。鼓励技师学院、高级技工学校与高等院校相近专业间的相互合作，充分发挥职业院校实训场地、设备和师资的优势，通过提高就业技能和创业能力，促进大学生就业创业
《山东省加强就业培训提高就业与创业能力五年规划（2014—2018）》的通知	对有就业愿望和能力的各类城乡劳动者开展就业技能培训，采取理论学习、实际操作和生产实践相结合的方式进行，根据职业（工种）标准和岗位规范确定培训内容分类施教；加强公共就业实训基地建设，更多地开展技能实训；鼓励未就业高校毕业生和毕业学年大学生根据市场需求和自身专业特点，积极参加职业技能培训，鼓励技工院校与高等院校相近专业间的相互合作，充分发挥资源优势，创新办学方式，全面提高大学生从业素质

山东省为进一步提高劳动者职业技能水平和就业创业能力，加快技能人才队伍建设，也颁布了相关政策，与中央相比，在时间上落后了一年。在内容上，在中央政策的基础上进一步强调了岗前培训、政府购买培训成果机制、培训实名制管理等，以中央政策为基础，结合山东省的实际情况进行相应的调整及明细化，进一步加强了政策的可行性及指导意义。

2015 年，山东省以省内普通高等院校毕业学年毕业生为重点，积极开展就业技能培训和创业培训。2015 年，共组织高校毕业生参加就业技能培训 1.69 万人，培训后取得初级以上职业资格证书的 1.55 万人，实现就业 0.9 万人，就业率达到 53%；组织高校毕业生参加创业培训 1.65 万人，培训后取得合格证书 1.59 万人，实现就业创业 0.9 万人，就业创业率达到 55%，确定山东劳动职业技术学院、山东技师学院等 40 家培训机构入围省级培训项目定点培训机构，并对其进行考核，综合考评结果为“优秀”的培训机构有 13 家，综合考评结果为“合格”的培训机构有 15 家，综合考评结果为“不合格”的机构 12 家。但是，2016、2017 年山东省只颁布了《山东省人力资源和社会保障厅山东省财政厅关于开展 2017 年度全省加强就业培训提高就业与创业能力五年规划（2014—2018）绩效考评工作的通知》，未公布绩效考评结果。

（3）青岛市层面

表 2－24　　青岛市关于就业技能培训的相关政策

重要政策	政策的主要内容
《关于做好化解过剩产能等企业裁减人员就业创业和职业培训工作有关问题的通知》	开展就业精准帮扶、技能精准帮扶，对山东省政府颁布的政策进行落实。制度中明确应对有就业需求的化解过剩产能等企业裁减人员，根据其求职岗位要求、就业区域、工资预期等需求，定期对其就业、创业、技能培训等情况进行跟踪服务，落实“月走访、季回访、季反馈”制度。还提出技能精准帮扶，各区市人力资源社会保障部门要主动与辖区内的化解过剩产能等企业进行对接，指导其对转岗职工开展转岗培训和能力提升培训。各区市人力资源社会保障部门要指导定点培训机构及时开班培训，对报名培训人数少、不具备培训开班人数条件的，要协调其他定点培训机构采取合并组班、插班、跟班等形式开展培训
《关于就业技能培训补贴实行先垫后补试点工作有关问题的通知》	就业技能培训补贴实行“先缴后补”的方式，由个人申领直补个人。为保证就业技能职业培训的有序进行，还对参训人员的资格进行严格规定
《青岛市农民工职业技能提升三年行动计划实施方案》	旨在使有培训愿望的农村转移劳动力都有机会接受一次相应的就业技能培训，使企业在岗的农民工普遍得到一次技能提升培训，使有创业愿望的农民工得到一次创业培训，促进农民工实现就业和稳定就业

5.1.3　我国其他地区就业技能培训的经验

（1）农民、农民工就业技能培训方面。河北省迁安市针对农村劳动力开设了家政服务员、育婴员、养老护理员、手工编织、农村经纪人、设施果菜等专业技能培训。本着就地就近的原则，学员集中的村进村培训，学员相对集中地在镇里培训，有效提高了农民的技能，促进了农民增产增收和向非农产业转移就业。做好妇女的技能培训工作，促进家庭服务业的发展。该市政府还针对农村家庭妇女就业难的问题，新批办了两所以家庭服务业为主业的职业培训学校，增设了养老护理员、育婴员（月嫂）两个家庭服务类培训专业，并对结业学员全部进行职业技能鉴定，鉴定合格发放全国通用职业技能鉴定证书，并推荐到家政公司、老年公寓等用人单位就业。

（2）从市场需求出发进行培训。内蒙古鄂尔多斯市政府组织工作人员深入园区、社区、苏木①、嘎查②宣传各项就业培训政策的同时，开展用工和培训需求调研，为做好培训工作

① 苏木：来源于蒙古语，是一种高于村级的行政区划单位。——编者按

② 嘎查：蒙古语嘎查即汉语行政村的近义词，在内蒙古有关盟市所属旗的行政编制下设置。——编者按

打好坚实的基础。河北省迁安市职业培训基地根据企业需求设立培训专业、确定培训内容，课堂教学与企业实践相结合，增强了培训的针对性和适用性。安徽省无为县坚持以市场需求为导向，不断变换培训内容，提高培训技能的实用性。2018 年，从新增的 10 个技能脱贫培训补助工种中，挑选了农作物种植、绿化保洁等多个实用性较强的工种作为技能脱贫培训工种，教学内容更贴近实际，贴近生活，贴近贫困户内心。河北省故城县结合该县园区企业、社区家政用工的需求开展培训。乌鲁木齐市在辖区内进行农民技能培训时先采集企业的信息，然后根据企业的信息结合农民的信息进行匹配以后，进行专业的培训，然后推荐到适合的岗位，提高农民的就业成功率。

5.1.4 青岛市就业技能培训政策的自我优化

（1）以需求为导向设立就业技能培训项目。通过对青岛市就业技能培训政策进行分析可知，青岛市就业技能培训政策已经在国家、山东省政府出台的有关政策的基础上，结合青岛市的具体情况建立起十分完善的制度。为推动政策更加为民所用，应当进一步以需求为导向设立就业技能培训项目。在企业建设中，“以市场需求为导向，以技术为依托”是许多企业的宗旨，政府虽然不同于以盈利为目的的企业，但是了解民众的需求同样重要。青岛市就业技能培训的对象为青岛市户籍贫困家庭子女，毕业年级的高校毕业生，青岛市户籍城乡未继续升学的应届初、高中毕业生，青岛市户籍农村转移就业劳动者及青岛市城乡登记失业人员，可见青岛市就业技能培训的对象的覆盖范围十分广泛。应从劳动者需求及市场需求两个角度展开调研，不同类型的企业的岗位需求是不一致的，不同类别培训对象的需求也存在着一定的差距，政府可以通过问卷、走访等形式了解市场及培训人群的需求，通过制定政策对就业培训项目进行规范，缓解就业岗位供给端与需求端之间的摩擦，促进这五类人群更加高效地就业。根据劳动者及市场需求，可以对青岛市户籍农村转移就业劳动者，结合青岛沿海城市的特色以及实际情况开展农产品经纪人、厨师等专项培训；对青岛市户籍农村转移就业劳动者及青岛市城乡登记失业人员中的女性适龄人员的培训，则可以从青岛经济的不断发展，人们的生活状况有所改变，人们对家政服务员、养老护理员等职业的需求量越来越大，以及该类人群中的适龄女性对该类行业积极的态度的角度出发，建立以家庭服务业为主业的职业培训学校，并对其进行考核，合格后推荐到家政公司、老年公寓等合适的单位中工作，以解决其就业问题。

（2）完善培训的内容。就业技能培训的内容不仅要注重理论知识与实践技能相结合，还应当注重就业培训、就业服务与劳动维权相结合，我国人民尤其是农民、农民工群体的维权意识比较差，所以，可以在课堂上教授劳动法规、劳动者权益维护和劳动争议处理等方面的常识，使得在促进劳动者就业的同时还学习到如何保护自己，进而使劳动者以更加积极的态度面对就业。失业主要是由于两方面原因所导致的，一方面是自身的能力问题，另一方面是就业意愿不足，所以，在进行就业培训时，应当注重对就业意愿的积极引导。政策的制定能够有效约束培训机构、参与培训人员的行为，通过政策对培训内容进行规范，对提高参训人员的求职意愿、提高维权意识等各方面发挥着积极的作用，促进就业技能培训综合效应的发挥，更好地推动各类就业人群的就业。

5.2 创业载体运行管理

5.2.1 创业载体的定义

创业载体主要是指聚集科技型创业企业以及促进成果转化、孵化的载体，主要包括创业园、创业孵化基地、创业培训基地等。2018年，财政部、工业和信息化部及科学技术部共同颁布的《关于支持打造特色载体 推动中小企业创新创业升级的实施方案》中指出，创新创业载体可以分为专业资本集聚型、大中小企业融通型、科技资源支撑型、高端人才引领型等多种类型，其中，科技资源支撑型、高端人才引领型可以进一步归类为由科技局负责管理的创业载体，专业资本集聚型、大中小企业融通型可以归类为由人力资源和社会保障局负责管理的创业载体，基于本章的研究目的，本章仅对由人力资源和社会保障局负责管理的创业载体即促进创业就业的创业载体进行分析。

5.2.2 各级政府有关规范创业载体运行管理的相关政策

(1) 国家层面（见表2-25）

表2-25 国家关于创业载体运行管理的相关政策

政策名称	政策主要内容
《关于实施大学生创业引领计划的通知》	充分利用大学科技园、高新技术开发区等现有资源，建设大学生创业园、留学人员创业园和创业孵化基地，为创业大学生提供创业经营场所。对建设大学生创业园、留学人员创业园和创业孵化基地的地方和高校，有关部门要积极给予对口支持和业务指导
《国务院关于大力推进大众创业万众创新若干政策措施的意见》	政府要加大财政资金支持，在确保公平竞争的前提下，鼓励对众创空间等孵化机构给予适当优惠，减轻创业者负担。引导和鼓励国内资本与境外合作设立新型创业孵化平台，引进境外先进创业孵化模式，提升孵化能力
《国务院办公厅关于建设大众创业万众创新示范基地的实施意见》	强化顶层设计，注重分类指导，充分考虑各类主体特点和区域发展情况，有机衔接现有工作基础，有序推进双创示范基地建设
《国务院办公厅关于支持返乡下乡人员创业创新促进农村一二三产业融合发展的意见》	依托现有开发区、农业产业园等各类园区以及专业市场、农民合作社等，整合创建一批具有区域特色的返乡下乡人员创业创新园区（基地），建立开放式服务窗口，形成合力。支持中高等院校、大型企业采取众创空间、创新工厂等模式，创建一批重点面向初创期“种子培育”的孵化园（基地），有条件的地方可对返乡下乡人员到孵化园（基地）创业给予租金补贴
《关于支持打造特色载体 推动中小企业创新创业升级的实施方案》	工作目标：引导开发区打造专业资本集聚型、大中小企业融通型、科技资源支撑型、高端人才引领型等不同类型的创新创业特色载体，推动各类载体向市场化、专业化、精准化发展；充分利用大数据、云计算、人工智能等“互联网+医疗健康”方式，提高创新创业服务和资源融通的质量与效率；促进中小企业特别是小微企业提升专业化能力和水平，引导中小企业在关键领域核心技术有所突破。以点带面推动地方构建各具特色的区域创新创业生态环境。 基本原则：(1) 地方为主，中央引导。(2) 择优支持，目标导向。(3) 跟踪问效，奖补结合。(4) 区域协调，部门协同

创业活动的高失败率一直是困扰创业经济发展的重要难题，自2014年李克强总理在政府工作报告中提出“大众创业，万众创新”后，这一观念逐渐被公众接受，社会各界逐渐开始将目光聚焦于创业方面，国家及各地区有关创业的政策数量骤增，其中涉及创业载体的政策众多，使得创业载体的运行得以规范化。

（2）山东省层面（见表2－26）

表2－26　　山东省关于创业载体运行管理的相关政策

政策名称	政策主要内容
《关于印发〈山东省创业带动就业扶持资金管理办法〉的通知》	孵化基地要为创业者提供免费的创业指导、创业培训（实训）、政策咨询、项目推介、跟踪管理、经营场地租金和水电暖费减免优惠，各地可根据一定的标准对孵化基地和园区给予奖补。对经评估认定的省级创业孵化示范基地、创业示范园区，给予每处不超过500万元的一次性奖补
《关于印发山东省实施创业孵化基地和创业园区项目管理办法的通知》	山东省人力资源社会保障厅建立信息统计制度，定期对各地孵化基地和创业园区建设推进情况进行统计调度，通报工作情况。各设区的市人力资源社会保障局要建立信息统计、日常管理、资金扶持、监督考核等制度，加强对孵化基地和创业园区的管理。各孵化基地、创业园区要健全规章制度和基础资料台账，孵化基地或创业园区内企业数、就业人数、政策兑现、跟踪服务等记录要真实、准确、规范。各市要不断加强创业带动就业扶持资金的使用管理，坚持专款专用。对违反资金管理规定、随意变更使用范围或挪用专项资金的单位，按有关规定作出严肃处理。每年对省级创业孵化示范基地、创业示范园区进行绩效考评。对发展后劲不足、孵化能力下降、创业扶持政策落实不到位的，取消其省级示范资格
《关于实施大学生创业引领计划的通知》	各市、各高校应围绕产业和学科优势，合理布局，加大创业平台建设力度。统筹利用大学科技园、科技企业孵化器等现有资源，为大学生创业提供创业孵化服务或经营场所。每年开展评估认定省级大学生创业孵化示范基地和大学生创业示范园工作，并对已经通过评估认定的实施绩效评价、动态管理，对促进创业带动就业成效突出的，按有关规定给予资金奖补，对不合格的单位取消示范资格，追回奖补资金。对孵化成功的创业企业给予后续支持，结合当地产业转型升级和经济区域规划实际，推动孵化成功企业向承接园区等顺利转移、持续发展
《关于在全省创建创业大学的指导意见》	对创业大学的创建方式进行规定，并提出创业大学可在县（市、区）、高校、创业孵化基地、创业园区设创业学院、教学点、实训基地，建立“创业大学＋学院”“创业大学＋教学点”“创业大学＋实训基地”等灵活多样的创业大学架构体系

山东省在国家颁布的有关创业、创业载体运行政策的基础上也颁布了相关政策，结合山东省的实际状况对创业载体的规范化运作进一步规范，以更好地推动山东省的创业，利用创业推动就业。

（3）青岛市层面（见表2－27）

表2－27　　青岛市关于创业载体运行管理的相关政策

政策名称	政策主要内容
《关于实施青岛市大学生创业引领计划的通知》	按照青岛市“十二五”规划关于产业发展布局和重点扶持大学生创业园、专业创业园区建设的要求，不断完善全市“一中心，多基地”创业孵化格局，积极构建融“政、产、学、研、金、介”为一体的孵化基地发展新模式。以文化创意等现代服务业、高端装备制造等战略新兴产业和海洋生物等海洋产业为突破口，积极探索建立各类产业链高度集聚、内部企业资源共享、相融共生的生态链式孵化基地建设新思路。鼓励各政府部门、高校、企业、个人和社会组织等建设孵化基地，市财政每年对新认定的基地和优秀基地进行资金扶持和奖励，统一房租优惠政策，实行财政奖励政策

续表

政策名称	政策主要内容
《关于实施大众创业工程打造创业之都的意见》	以市创业就业实训基地为载体，构建青岛创业总部。集聚国内外各类创业资源和要素，打造集创业综合服务、创业成果转化、创业项目交易、创业投资融资、创业人才聚集、创业培训研发等于一体的创业平台。促进创新创业与市场需求、社会资本的有效对接，加速形成创业总部经济，建立创业循环发展的新生态。鼓励各类创业孵化基地（园区）、众创空间优势互补、资源共享、协同发展。对经认定的市级小企业产业园和小企业创业基地，按规定给予扶持
《青岛市人民政府关于实施就业优先战略行动进一步做好新形势下就业创业工作的实施意见》	搭建“互联网＋就业创业”平台；搭建返乡创业平台；整合创建一批农业创业创新示范基地和见习基地、返乡创业园。加强农村电商服务体系建设，支持农村网上创业；搭建新型创业教育培训平台；加强青岛创业大学建设，建成集创业培训、远程教育、创业孵化和创业服务等功能于一体的新型创业教育培训平台
《关于印发〈青岛市人力资源和社会保障局创业孵化基地和创业园区管理办法〉的通知》	各级人力资源社会保障部门要与发展改革、民政、残联等部门建立信息互通机制，实现创业载体信息互通、数据共享，避免重复奖补，各级公共就业服务机构要建立信息统计制度，定期对同级创业孵化基地和创业园区建设运营进行统计调度，通报工作情况。各区（市）人力资源社会保障部门要建立信息统计、定期抽查、资金扶持、监督考核等制度。创业孵化基地和创业园区应合理规划布局，避免重复投资、资源浪费。各级人力资源社会保障部门对同级创业孵化基地和创业园区实行动态管理，由同级公共就业服务机构每年进行一次绩效考评，对经年度考评不合格，或存在不服从各级主管部门管理等问题的，报同级人力资源社会保障行政部门，取消其创业孵化基地或创业园区资格，并追回奖补资金
《关于助推新旧动能转换进一步明确就业创业政策有关问题的通知》	对社会力量创建、经评估认定的各级创业孵化基地、创业园区，入驻的青岛市户籍失业人员、返乡农民工及高校毕业生等重点群体，享受3年内租金减免政策。实施创业场所租赁补贴政策，高层次、高技能人才、返乡农民工、就业困难人员、毕业5年内高校毕业生（含技师学院高级工班、预备技师班和特殊教育学院职业教育类毕业生）租用经营场地创业的，工商注册地区（市）、功能区可给予创业场所租赁补贴，具体补贴标准、期限由区（市）、功能区确定

青岛市在创业载体制度制定上，密切结合了青岛的特色及实际情况，对国家、山东省的政策进一步细化。同时，青岛市还对农民工创业载体的运行进行规范，助力农民工返乡创业，以创新型的政策推动传统农业等行业的创新性发展。

5.2.3 其他地区创业载体运行管理的经验

（1）政策宣传方面。吉林省辽源市充分利用电视、报刊以及网站、微信等多种手段着力宣传，利用在外务工人员集中返乡期间，大力度宣传外出务工人士返乡创业典型，介绍返乡创业的优惠政策，吸引更多外出务工人员返乡投资创业，激发和引导返乡农民工创业，促进农民工返乡创业基地的建设。河北省石家庄市人力资源和社会保障部门还通过微信公众平台、网站、报纸、显示屏等多种方式发布创业项目，争取资金支持，寻求合作伙伴；定期举办创业项目推介会，采用现场项目推介、大屏幕展播、各大新闻媒体宣传与网络展示相结合的方式，对创业项目开展全方位宣传、展示。

（2）后续服务方面。重庆市万州区积极督促培训的进行，在培训过程中，注重创业理论与实际相结合，系统地讲授了如何评估市场、选择创业项目、制订营销计划、财务管理、创业实例分析以及工商税务知识等内容。在培训结业后，就业局联合三峡创业孵化中心、大中型企业、各镇乡街道，主动为大学生创业者提供创业项目推介、方案设计、风险评估、开业指导、市场运作，协调落实税费减免优惠政策等全过程“一条龙”跟踪服务。山东省菏泽市牡丹区探索出培训、孵化、服务“三位一体”的创业服务模式，牡丹区依托中原科技市场和义乌小商品市场，高标准建立了两处大学生创业孵化基地。设立创业指导中心，提供政策咨询、信息服务、项目开发、风险评估等创业服务。宁夏回族自治区银川市为园区免费提供工商税务、法务、人力资源等事务代理，为园区企业提供创业便利条件。黑龙江省哈尔滨市以应急帮扶、前端服务为出发点，对转移人员提供应急性帮扶措施，使分流人员第一时间找到政府、得到安抚、降低焦虑，及时获得安置的解决方案。

5.2.4 青岛市创业载体运行管理的自我优化

（1）明确政府在创业载体运行中的定位及各部门责任权限。创业载体的运作方式大致可分为政府主导型、社会投资型和多元合作型三类，最为常见的是社会投资型创业载体，这一类载体活力较足，更能适应市场发展的需求，所以，在创业载体运行时，政府部门应坚持“政府扶持、社会参与、自愿加入、市场化运作、规范化管理”的原则。创业载体的基地场地、设施设备、日常管理费用等主要由社会资本负责，政府则是在职责范围内给予相应的支持，引导创业载体采用“市场化”运行的模式，充分发挥市场配置资源的决定性作用，减少政府对创业载体创新活动的行政干预，从而提高创业载体的运行效率。在创业载体运行管理的过程中会涉及人力资源和社会保障局、税务局等众多部门的参与，进而为创业载体提供更专业化的帮助和服务，所以，需要政府有关部门在政策颁布之初，将各部门职责权限给予明确规定，落实部门主体责任，完善责任追究机制，能够准确做到责任追究到部门、到人，从而避免由于创业载体运行管理的多方参与使得创业载体的管理落实不到实处，或者，当创业载体运行过程中出现问题时，不同部门之间互相推诿责任，无法做到责任追究到部门、到人，给部门工作人员逃避责任留下空间，阻碍了创业载体的有序运行等问题的出现。

（2）后续服务的不断跟进。创新创业具有高风险性，仅依靠市场力量是无法使创业载体的功能得到有效发挥的，所以，政府政策的制定及参与具有重大意义。为推动创业载体的持续运行，更好地推动创新创业，政府应当制定恰当的政策对创业载体运行过程中跟进服务及指导的提供进行规范，主要是针对以下几个方面：

第一，定期组织创业载体进行培训。我国创业载体还处于发展阶段，尚不成熟，部分创业载体管理人员虽然具有较高的管理能力，但是对于国家政策、服务标准等的把握可能存在偏差，所以，政府部门应积极开展政策培训。同时，我国创业载体内管理人员的管理水平大都处于较低的水平，有经验、有能力的管理人员较为缺乏，这极大程度上限制了创业载体的发展，所以，政府部门应积极邀请专家、学者对创业载体管理人员进行培训。

第二，相关部门提供“上门”服务。政府部门可以整合部门资源，为创业载体提供“一站式”服务。可以参照有关地区经验，在载体内开设工商、税务、人力资源和社会保障等服务窗口，组织相关职能部门每周定期去创业载体内联合办公，提高创业载体的效率，节约时间成本。

第三，积极组织创业载体座谈会的开展。创业载体是汇集了诸多人梦想的地方，政府应积极组织创业载体开展交流座谈会议，互相交流最近一个月发生的各项事宜，大家共同讨论、共同解决企业发展中遇到的瓶颈问题，对模式新颖、绩效突出的案例进行宣传推广。对大家经常遇到的问题进行整理，政府部门应借助自身特有的优势定期邀请一些知名企业家、学者进行指导，并积极引入上海、深圳等一线城市优质创业资源，为创业者提供更为前沿的创业指导和服务。

第四，定期进行审核。依据有关地区的经验，政府有关部门应成立考核小组，采取季度考核与年终专家评审相结合、企业法人现场陈述与资料考察相结合的方法，对创业载体内企业进行考核。考核合格的企业，继续享受政策支持，考核不合格的或存在违法违规经营、被投诉查实三次以上没有整改等行为的，应采取相应的惩罚措施，并在市人力资源社会保障部门等相关网站上进行公布。

5.3 职业教育和技工教育的发展

5.3.1 职业教育和技工教育的联系和区别

职业教育是指对受教育者实施可从事某种职业或生产劳动所必需的职业知识、技能和职业道德的教育，包括职业学校教育和职业培训。职业学校教育是学历性的教育，分为初等、中等和高等职业学校教育。

技工教育是技术工人的培养教育，承担的是技术工人和产业工人的培养、训练职责，其主要培养成果体现为全日制技工院校毕业生和以国家职业资格体系为衡定标准的社会各类技能人才。

表 2-28　职业教育与技工教育的区别

比较项目	职业教育	技工教育
管理权属	教育系统	人力资源和社会保障系统
招生秩序	优先招生	兜底招生
培养层次	可直达研究生教育层次	仅可达到技师（相当于高职高专）层次
文凭证书	职业技术院校毕业证书+职业资格证书	职业资格证书+技工院校毕业证书（+成教、自考的学历文凭）
升学通道	原则上可通过与普通教育系统的斜向沟通，向上升学至硕士、博士研究生层次	既难以向教育系统的职业技术院校转学，更难向教育系统的普通高等院校转学
人才培养定位	着重培养管理服务型人才，理论性强于技能性	着重培养专门技术工艺型人才，技能性强于理论性

首先，职业教育和技工教育是国民教育体系和人力资源开发的重要组成部分，都承担着为经济社会发展培养高素质技能人才的重要任务，是构建劳动者终身职业培训体系的重要载体，是培养技能人才的重要平台。其次，它们都服务于就业创业，是稳定社会的重要载体，是实现精准扶贫、精准脱贫的重要途径。最后，技工教育是职业教育的一个组成部分，它们通过分工合作共同承担起现代中国职业教育的使命。

5.3.2　我国职业教育和技工教育的发展现状

（1）我国职业教育的发展现状。2014 年，《国务院关于加快发展现代职业教育的决定》（国发〔2014〕19 号）对深入实施创新驱动发展战略，创造更大人才红利，加快转方式、调结构、促升级具有重大意义。文件提出了加快发展现代教育的总体要求，加快建设现代职业教育体系，激发职业教育办学活力，提高人才培养质量，提升发展保障水平，加强组织领导。截至 2016 年年底，我国中等职业教育共有学校 1.09 万所，中等职业教育招生 593.34 万人，占高中阶段教育招生总数 42.49%。中等职业教育在校生 1599.01 万人，占高中阶段教育在校生总数的 40.28%。中等职业教育毕业生 533.62 万人。具体数据见表 2－29。

表 2－29　　我国职业教育各项目比较

项目	学校数量	招生数量	在校生数量	毕业生数量
普通中等专业学校	3398 所	255.18 万人	718.12 万人	229.02 万人
职业高中	3726 所	151.43 万人	416.57 万人	141.87 万人
技工学校	2526 所	127.2 万人	323.15 万人	93.07 万人
成人中等专业学校	1243 所	59.53 万人	141.17 万人	69.66 万人
合计	10900 所	593.34 万人	1599.01 万人	533.62 万人

注：数据统计截至 2016 年底。

（2）我国技工教育的发展现状。通过对我国有关技工教育的政策进行分析可知，关于技工教育，国家人力资源社会保障部出台的政策并不多，从政策内容来看，2016 年颁布的《技工教育“十三五”规划的通知》为近几年技工教育的发展指明了道路，文件指出，“十三五”期间，建设以全面提高劳动者素质为目标，以加快高技能人才队伍建设和促进就业创业为重点的技能人才培养培训、评价使用、竞赛选拔、表彰激励、法律政策和宣传引导六大工作体系，推行终身职业技能培训制度，必须以加快发展技工教育为重要依托。文件还进一步指出我国技工教育的发展现状：一是总体规模基本稳定。全国技工院校保持在 2500 所以上，年招生保持在 120 万人以上，在校生保持在 300 万人以上，职业培训保持在 500 万人次左右。二是政策环境不断优化。三是投入力度不断加大，中央财政累计投入近 70 亿元。四是办学质量明显提高，就业率保持在 97% 以上。五是技能竞赛取得突破。以技工院校师生为主体的中国代表团参加三届世界技能大赛，取得优异成绩，实现金牌零的突破。六是社会影响逐步扩大。表 2－30 总结了我国技工教育发展现状的具体情况。

表 2－30　　我国技工教育发展的各项指标

指标	2015 年
技工院校数（所）	2545
技师学院数（所）	434
年招生规模（万人）	121
在校生规模（万人）	322
高级工班以上在校生比例（%）	34.2

续表

指标	2015 年
毕业生就业率（%）	97.4
开展职业培训（万人次）	[2589]
开发技工院校国家级教材（种）	[1300]
一体化课程教学改革专业数（个）	14

注：[ ] 为五年累计数。

2017 年，全国技工院校招生 130.9 万人，在校生 338 万人，实现了两连增。技工院校的毕业生就业率保持在较高的水平，达到 97% 以上。此外，在 2017 年第 44 届世界技能大赛中，中国的技能人才以 15 块金牌获得了第一名。同时，中国还获得了 2021 年世界技能大赛的主办权。

5.3.3 青岛市职业教育和技工教育发展现状

（1）职业教育发展现状。根据《国务院关于加快发展现代职业教育的决定》《关于贯彻落实鲁政办字〔2013〕126 号文件推进现代职业教育体系建设的实施意见》等文件精神，按照《关于编制各设区市职业教育发展规划的指导意见》的要求，青岛市颁布了《青岛市职业教育发展规划（2014—2020）》。

近年来，青岛城市化进程快速推进，“环湾型、组团式、多层次”的大青岛城市发展格局逐步形成，产业结构和布局不断优化，“蓝色、高端、新兴”日渐成为产业发展的主导方向，人才需求结构不断升级，对职业教育在青岛市人才培养体系中的定位、教育模式、人才培养质量等提出了更高要求。青岛市职业教育坚持改革思路，以提高质量、促进就业、服务发展为导向，发挥好政府引导、规范和督导作用，充分调动社会力量，吸引更多资源向职业教育汇聚，增强职业教育的包容性、开放性，建立面向全民终身的现代职业教育体系。

青岛市共有职业院校 82 所，在校生 21.2 万人。其中，中等职业院校 72 所，在校生 12.3 万人，专任教师 7200 余人；高等职业院校 10 所，在校生 8.9 万人，专任教师 4600 余人。现有院校中，民办院校有 28 所，在校生 4.6 万人，分别占总数的 34.1%、21.7%。青岛市职业院校总占地面积约 1334 万平方米，建筑面积约 520 万平方米。建成青岛市职业教育公共实训基地，占地面积 11.6 万平方米。职业培训机构有 204 家。

（2）技工教育发展现状。2013 年，青岛市人力资源社会保障局颁布《关于深入推进技工教育集团化发展的意见》，文件指出，要强化政策扶持，优先安排符合条件的技工教育集团承担政府部门组织的就业技能、岗位技能、创业人才和农村实用人才等培训任务。技工院校举办进修班、培训班取得的收入，全部归该学校所有，按有关规定免征营业税，符合企业所得税法所规定的条件的非营利组织的收入免征企业所得税。对技工教育集团开展定向式、订单式、冠名式全日制教育培训，学生毕业后在青岛就业并签订 1 年以上劳动合同的，按照就业人数，给予每名毕业生不超过 2000 元的一次性奖励。对于开发紧缺专业、名牌骨干专业、促进就业效果明显专业和实训基地的技工教育集团，青岛市财政局采取了“以奖代补”的方式，按照投资额度的一定比例给予每个专业不超过 100 万元的奖励扶持。鼓励校企合作和成果转化，推动教学内容与企业需求紧密衔接，对于技工教育集团教师到企业学习实践、企业技能人才到学校参与教学指导的，参照青岛市师资培训补贴标准，给予每人每学期不超过3000元的教学实践补贴。

近年来，青岛市在人力资源社会保障部、财政部的指导下，主动对接供给侧结构性改革，创新作为，夯实基础，不断培育发展新动力，实现了技工教育规模、质量双提升。截至2017年，青岛市共有技工院校24所，在校生3万余人，每年输出高技能人才1万余人，占青岛市新增高技能人才的65%以上。目前，全市共组建9个集团，加盟院校12家、企业267家，每年为行业企业培训高技能人才1.6万人次，受到了中车四方、海尔、青岛地铁等企业的广泛好评。此外，青岛市建成国家级培训基地、技能大师工作室5个，省级培训基地、技师工作站12个，市级示范基地和技师工作站30个。

（3）职业教育和技工教育发展不平衡的原因。通过以上的分析可以看出，无论是从全国发展情况还是从青岛市的发展情况来看，也无论从学校数量和培养人数来看，职业教育和技工教育发展都是不平衡的，技工学校的数量和招生规模远不及职业学校的规模。具体分析为以下几个原因。

技工教育在竞争发展的过程中面临着生源质量差、社会认可度低、升学通道不畅、培养层次不同等困难和问题的制约，在事实上处于竞争的劣势地位。以招生为例，技工教育往往发挥着兜底招生的功能，选拔性远远弱于中职学校、高职院校。一方面，生源减少，另一方面，同类院校竞争加剧，就使得技工院校稳定招生规模的压力加大，阻碍了技工教育的发展，此外，技工教育的社会认可度低，进一步导致全社会对技工教育的重视程度和支持力度远远达不到应有的水平。

技工教育与职业教育虽然同属于“大职业教育”范畴，但二者却享有不同的政策待遇。技工教育因归人力资源和社会保障系统管理，很早就将职业资格证书制度纳入技工学校学生培养中；而职业教育归教育部门管理，职业学校毕业生大多可以获得毕业证和职业资格证“双证书”。但是，技工学校的毕业生无法升入高等职业学校，高级技工学校、技师学院的学生无法直接晋升本科院校，也享受不到诸如在报考国家公务员、工资评定、职称晋升、考核定级等方面的与大专学历人员同等的政策待遇。这也是技工教育存在的劣势之处。

在高等教育大众化的背景下，尽管技师学院在高职高专层次能够“相当于”高等院校，且高等学校设置制度将符合条件的技师学院纳入高等学校序列［《现代职业教育体系建设规划（2014—2020年）》］，而且人力资源和社会保障部门愿意积极协调有关部门将技师学院列入高等学校序列，按照高职生均经费标准落实办学经费（《人力资源和社会保障部关于推进技工院校改革创新的若干意见》），但不可否认的是，教育系统的职业教育体系与人力资源和社会保障系统的技工教育体系，在总体上构成的是“上下型”纵向等级关系，这抑制了技工教育的发展潜力，压抑了技工教育的功能发挥。

在技工教育体系内部，自低向高依次有技工学校、高级技工学校、技师学院三个层次。从技工院校内部的层次定位看，“技师学院主要承担通过学制教育培养高级工以上技能人才任务，属职业教育高层次技能人才培养范畴。高级技工学校主要承担中级工、高级工培养任务，普通技工学校主要承担中级工培养任务，属中等职业教育。”三个层次的技工院校在人才培养定位上，既彼此分工，又互相衔接。但在技工教育体系中，“相当于”中等教育的技工学校、介于中等教育与高等教育之间的高级技工学校、“相当于”高等教育的技师学院，混搭在同一院校内跨层次办学，这属于组织集成模式。与此不同的是，教育系统的中职学校、高职院校往往是按照严格的办学标准，各自独立办学，属于组织分化模式。从理论上讲，不同层次的组织混合在一起，却没有根据专业分工的事实适时进行组织分化，不利于促进组织的专业化，会影响其社会声誉，易降低社会公众的认可度。组织集成而非适时分化的办学模式，可能是技工教育的地位相对较低的重要原因之一。

5.3.4　职业教育与技工教育的进一步优化建议

对于职业教育和技工教育发展不平衡的问题，理论界和实务界都在积极探索和改革。想要彻底解决不平衡的问题，无非有两种解决途径，即并行和统一。

并行，是指依然维持双方分头管理现状，或者适度进行变革。在维持两种教育体系独立的基础上，技工院校获得与教育系统的职业院校建立统一的招生平台、加大经费投入、落实毕业生待遇等政策性支持。统筹二者的关系，创造公平竞争的环境成为更加妥当的道路，实现技工教育与职业教育两条腿走路，从而达到双轮驱动的战略目的。例如，广东省政府制定出台的《广东省职业技术教育改革发展规划纲要（2011—2020年）》（以下简称《纲要》），该《纲要》的核心内容为“五个统一”，即统一发展规划、统一招生平台、统一经费投入、统一资源配置、统一培养标准。该《纲要》的主要目的是统筹技工教育和职业教育的政策环境，促进双方的公平竞争，协同发展。这份文件的出台为职业教育和技工教育提出了一个发展方向，值得借鉴。

将职业教育和技工教育统一到一个部门管理。可以将技工学校划归教育部门，这样有利于实现教育管理的专业化，也有利于理顺教育体系。教育管理是一项专业化水平高的社会活动，与其他领域的管理存在本质上的不同。人力资源和社会保障部门作为技工教育的主管行政部门，其主要的职能在于人力资源的调配和社会保障，因此，把技工教育移交给教育部门更符合教育专业化的要求。教育系统经过一段时间的改革，内部体系已经逐渐理顺，中高职衔接逐渐实现，职业教育与普通教育间的“立交桥”已经初步搭建。因此，把技工学校划归教育部门从而理顺教育体系已经顺理成章，并且，在一些省市已经开始了初步探索。2009年，山东省就曾经试图把技工学校全部纳入教育部门管理，实现普通职业教育与技工职业教育的融合和一体化。尽管最后没有完全实施，改革中途停滞，但也成为一种勇敢尝试，为以后的改革提供了有益借鉴。针对青岛的实际情况，提出如下优化措施：

（1）调整完善技工教育体系。一是大力发展各级各类技工院校，特别是技师学院和高级技工学校，充分发挥其高端引领示范作用。二是推动公办技工院校资源整合和重组。支持和鼓励现有技工院校实行集团式联合，争取组建部分技工教育培训集团，促进技工院校协调发展。三是进一步调整优化技工院校布局和专业设置。围绕“环湾保护、拥湾发展”战略和城镇化进程，推动机械、化工、橡胶等技工教育资源向五市三区布局；围绕发展先进制造业产业集群和现代服务业，办好适应经济发展、相对稳定的骨干专业、特色专业，大力推进精品专业建设。

（2）加大对技工学校的资金扶持力度。主要从两个方面平衡技工学校与职业学校相关待遇：一是落实国家有关规定，统筹考虑教育费附加使用的问题，调整教育经费支出比例，从用于职业教育30%的教育费附加中，划出一定的比例专项用于技工学校发展。二是落实青岛市公用经费制度，目前，青岛市已建立高中阶段公办学校公用经费财政预算拨款制度，并在2010年提高了标准，按照教育公平和公共服务均等的要求，技工院校作为中等职业教育的组成部分，也应享受这一扶持政策。

（3）深化技工院校教学改革。进一步突出技工院校的职业化特色，强化软实力，推动内涵发展。一是扎实推进校企合作。将校企合作作为基本的办学制度，按照优势互补、互利共赢的原则，创新多种形式的校企合作模式，在专业设置与课程开发、学生实习与就业推荐、师资交流与生产实践等方面密切合作，努力实现学校培养与企业需求之间的无缝对接，增强技能人才培养的适用性。二是推动一体化教学改革。坚持以就业为导向、以能力为本位，建立健全理论教学与实习实训一体化的课程体系，开发一体化课程教学标准和教材，推进一体化教学场所和师资队伍建设，加强现代化教学手段的研发和应用，不断提高学生的综合职业能力和创新创业能力。

（4）进一步发挥高技能人才培养的重要作用。按照多元化办学思路，推动技校健康发展。一是充分发挥技工院校培养高技能人才的重要基础作用，进一步加大企业职工培训力度，开展“项目式”技能提升培训，不断扩大培养规模，提高培养质量。二是进一步发挥技工院校在实训设施和师资力量等方面的优势，紧密结合劳动力市场需求，对未继续升学的城乡“两后生”、退役士兵、未就业高校毕业生等新成长劳动力，开展劳动预备制培训，提高其就业能力。三是在加强后备高技能人才培养的同时，对失业人员、农村转移劳动力和返乡农民工开展“定单式”实用技能培训，提高其再就业能力，在加快推进工业化、城镇化进程方面发挥更大的作用。

（5）建立科学完善的技工教育导向机制。一是充分利用媒体资源，扩大宣传力度。要注意体现技工教育的特色，把握热点、焦点和难点问题，突出技工教育在经济社会发展中的重要作用。二是加强各学校网站的建设，完善学校各类信息，及时做好信息发布和更新，实现网上信息互通。三是加大城市技工教育的宣传力度。鼓励社区街道积极开展关于题为“如何正确看待职业教育”“坚持以就业为导向，大力发展职业教育”等系列讲座，同时，合理利用街道宣传栏、街道广播、宣传册，对有关政策进行宣传。

第6章

就业保障政策的优化建议

6.1 明确政府责任，讲究因地制宜原则

青岛市政府部门应当明确政府在就业中的责任，首先，在国家及山东省颁布文件的基础上，结合青岛市的实际情况制定相适应的政策，对政策的制定不仅要与地理环境、经济环境相适应，同时还应当注意青岛市产业结构的宏观把控，像河北雄安新区、东北老工业基地等地区的产业结构就会对当地就业产生显著影响，制定适当的政策能帮助政府各部门、用人单位等恰当地履行职责，以提升就业率，促进社会的和谐稳定发展。其次，积极推动高校、用人单位、中介机构等在就业中的作用，实现产学研相结合，加大统筹协调和扶持力度，依托高校、职业院校、行业协会、培训机构，建立高新技术、现代制造业、现代服务业、现代农业四大人才培训联盟。再者，要发挥政府的监管作用，对不合理、不合法举措进行惩戒，尽可能降低城乡就业人员在就业上遭遇的歧视，同时，对中介机构、用人单位进行严格的审核，我国每年都有大量的人员在寻找工作的过程中误入传销组织等歧途，所以，政府部门应重视就业领域，严格执行自身的监督作用。而且，青岛市与厦门、大连等市相比，在求职补贴这一方面，青岛市的补助标准要低于其他几个城市，没有限定可以领取的毕业生范围，要想吸引人才进入青岛，需要设置恰当的补助标准，制定更加具体、具有实践指导意义的举措。最后，政府部门还要做好政府部门的信息公开工作，政府部门应主要从三方面完善信息公开工作：第一，信息提供类别的丰富化。随着信息技术的不断发展，信息公开已不再是难事，人们获取信息也更为容易，但是，通过调研发现，青岛市的很多数据、活动等未得到及时、有效的公开，使得政府绩效不能得到准确评估，公众不能及时获得政府信息，积极参与就业培训等活动。第二，信息提供的规范化。从青岛市有关网站上可以了解到，青岛市将就业板块的信息公开分就业促进及高校毕业生就业两大板块，较为笼统的分类不利于信息需求者高效、准确地获取信息。可以参照国家部门的模块设计，使之更加具体。第三，做好政府部门与用人单位之间的信息对接，政府不能盲目地提供信息，应当了解用人单位岗位需求状况、所需技能水平等，从而实现就业供给与需求信息的有效对接，提供真正造福于求职、创业者的信息，推动其更好地实现就业。

6.2　完善就业培训，形成配套系统

完善政策，规范就业培训系统的运作。就业培训是各个国家就业政策实施中的重点，就业培训可以分为政府部门对求职及失业人员的培训、高校对毕业生的培训、用人单位的雇用前培训、机构的专业技术的培训等。但这些培训涉及多个部门，所以，需要政府的协调以及监督和管理。在管理过程中，应注重刚性管理和柔性管理相结合，采取奖惩措施，在提高参与各方的积极性的同时，加强就业培训行为的约束。另外，应当明确政府、高校、用人单位等进行培训时的重点，高校毕业生应将重点放在就业信息、实习机会、职业规划等的培训，用人单位应当结合本单位工作岗位的需求，制订明确的培训计划，政府为高校毕业生、农民工、失业人员、就业困难人群提供低成本、低门槛的技能培训等一些基本的培训活动。而且，培训的重点不能只注重实践、技能，还应当进行思想教育以及心理辅导，要知道许多人失业是由于自身就业积极性不足，未对自己进行恰当的定位，从而找不到合适的工作。国外许多国家都对就业培训人员的能力进行严格的约束，青岛市政府应当针对政府部门、高校、用人单位等培训的特点，在保证适度灵活性的前提下，对职业咨询机构和队伍建设进行明确的政策规定，打造一支专业的职业咨询队伍。该队伍中既有高级研发和培训师，有中级咨询师，同时，还要有年轻的助理人员完成资料整理、数据统计等任务，建立一支梯队合理、分工明确、共同成长的职业咨询队伍，为高效就业提供技术支持。

6.3　强化信息调研，以需求为导向制定恰当的政策

政府不同于企业，企业在信息获取和披露方面更多的是定性信息，政府在资金使用、拨付等方面则是在定性信息和定量信息相结合的基础上进行的。所以，在就业政策的颁布和实施方面不能够“纸上谈兵”，如深圳就通过调研发现乡村对医疗、教育等资源的需求，通过特殊专场招聘会、上岗退费等政策积极促进具备相应技能的人员去资源稀缺地区就业。所以，青岛市有关部门在信息获取方面不仅要关注自身所获取的就业统计信息、现实财务信息、有关专家的论证等信息，还应当多走访、多调查，通过大范围、大数量的线上和线下调查，来获取更多有关就业政策实施方面的信息，从而更好地了解公众对青岛市就业政策的满意度、公众对于岗位的需求等信息，了解整个社会中普遍存在的问题——就业难的症结所在，力争做到对症下药，从根源上解决问题。根据全面调研所获取的资金使用状况，对下一年有关政策制定和资金补助的领取人数、机构数等信息进行合理估计，制定恰当的预算执行方案，提高资金的使用效率，避免资金大量沉淀和低效率现象的发生。

6.4　注重心理引导，加强精神文化建设

当今社会，心理问题日益受到公众的关注，在求职就业人群中亦是如此，所以，政府在

政策制定时应对心理问题给予充分的关注。人员的失业其中一大原因是心理因素导致的，比如，现今社会有不少待业在家的80后、90后“啃老族”对就业持有消极的态度，有的对自己估计过高，缺乏正确评价，有的缺乏正确的人生价值观，好逸恶劳等。从国内外经验可以看出，奥地利、中国香港等国家和地区都十分注重对失业人员、高校毕业生的心理疏导问题，所以，在促进就业方面应当高度重视，积极开展心理咨询活动，帮助其寻找长期失业的原因、进行职业前景预测、重新树立工作的信心等，培养高校毕业生的独立意识、积极就业意识，帮助其找到适合自己或者自己感兴趣的就业方向，尊重求职者的物质与心理需要的同时，关注人的主体价值与个性差异。另外，还应当积极推进精神文化建设，通过对国家、山东省及各大城市的就业政策分析可知，政策重点主要是集中在补贴发放、技能培训等方面，而鲜少关注精神文化建设。精神文化建设为经济建设、政治建设、社会建设提供精神动力、文化环境和智力支撑，是构建社会主义和谐社会的重要任务，是改革开放和现代化建设的重要目标，也是搞好改革开放和现代化建设的重要保证。所以，政府应当注重农民工等群体的精神文化建设，推进全市公共文化服务标准化、均等化，将农民工文化建设纳入常住地公共文化服务体系。

第7章

研究展望

7.1 追本溯源，完善和普及就业教育制度

教育制度会影响劳动力的供给，所以，要想实现就业制度的完善，就需要教育制度的配合。这里所谈的教育并不是简单意义上的学校教育，还包括很多社会上的职业教育、职业培训和职业规划等。目前，我国的九年义务教育全面普及，高等教育也逐渐受到更为广泛的关注，但是，其中专业化教育的热度在近几年呈现一定的下滑趋势，所以，我国开始强调专业化教育的重要性，积极开发人力资源，全面提高职业技术教育水平。专业化教育应当配合我国经济发展、社会进步、科技提高的需要进行及时的调整，优化学科专业结构，建立与产业结构协同发展的动态机制，合理调整学科专业结构，增强专业设置的弹性，促进高校毕业生的就业结构与产业结构的适应性发展，使我国劳动力的供给与需求相匹配，降低结构性失业。同时，也要扶持社会上的各种职业教育和职业培训，可以给予相应的政策扶持与资金支持，使之助力解决社会就业难问题。

7.2 提高培训质量，助力新旧动能转换

随着科学技术的不断发展，越来越多的传统行业被信息技术和先进机器所替代，这也就意味着，更多从事传统行业的从业者面临着失业的风险。随着新旧动能转换综合试验区在青岛的设立，新技术、新产业、新业态、新模式将逐渐地替代传统动能，势必需要更多掌握高新科技的人才。如何培养这些高新技术人才，以及如何解决即将到来的传统行业从业人员的失业问题，是人们将要面临的一个非常棘手而又迫切的问题。同时，这也要求时刻要以发展的眼光来看待问题，在改造升级传统动能时注意发掘其中蕴藏的新的生命力，不断地调整就业培训发展的方向，注重高新技术人才的就业技能培训。同时，加快培训资源整合，积极培育产业人才培训市场。要注重技能培训要与人才成长需要以及经济社会发展需求紧密结合，争取逐渐形成具有国际竞争力和区域带动力的现代产业人才支撑体系。

7.3 高瞻远瞩，推行终身职业技能培训制度

在供给侧结构性改革的大背景下，进一步提高就业人口，实现高质量就业发展，就需要推行终身职业技能培训制度，广泛开展职业技能培训。首先，要认识到，职业技能培训是国民教育体系和人力资源开发的重要组成部分，承载着培养多样化人才、传承技术技能、促进就业创业的重要职责。提高技能人才专业水平和质量，以适应经济高质量发展、培育经济发展新动能、推进供给侧结构性改革的内在要求。其次，要逐渐形成包含人才、土地、项目、资金等培训资源和政府优惠政策在内的培训联盟，加强在高新技术产业、农业等方面复合型人才的培养。最后，加快远程教育网络资源整合，开办全民终身教育网，逐步建立网络化、开放式、自主性的终身教育学习平台。推行终身职业技能培训制度，对推动大众创业万众创新、推进制造强国建设、提高全要素生产率等具有重要意义。

7.4 放眼全局，建立人才培养体系

一个国家的发展离不开对人才的培养，人才是国家向前发展的核心力量，我国亟须建立起由创新性人才、应用型人才、多元化人才构成的人才培养体系。第一，创新性人才的培养。目前，从社会各界和用人单位反馈的信息来看，作为未来国家顶梁柱的在校大学生创新意识及创新能力十分薄弱，适应不了市场经济迅速发展的要求和日益激烈的科技竞争的需要。这主要是由于我国公民在学习期间偏向于唯书、唯师、唯古不唯新，把现有知识看成是绝对的真理，满足于对现有知识的记忆和复现，而对当今世界在高新技术以及人文社会科学方面的新进展、新动向，特别是一些正在探索而尚未解决的问题，不敏感、缺兴趣、少研究。因此，我国教育要适应新形势，满足社会发展的新要求，必须调整人才培养目标，由以往培养单一的“知识型”人才提升拓展为培养“知识、能力、素质三位一体型”人才。第二，应用型人才的培养。根据我国目前的经济发展状况，应用型的人才是当前所需。我国现在处于工业化发展阶段，并且是世界工业生产和制造的中心，需要大量高级应用型人才作为人力支撑。第三，多元化人才的培养。从社会经济看来，经济的多元化对各类人才的规格、层次、要求也是千千万万，同一模式下的人才不可能满足社会多样化的需求；人的个性、智力、需求、追求的目标以及愿意付出的代价也不尽相同。只有多样化的人才培养目标才能满足更多人的不同的学习需求，才能满足社会对人才的需求。

参考文献

［1］荆德刚．国外高校毕业生就业模式研究［J］．教育研究，2009，30（8）：38－43．

［2］岳昌君，张恺．城乡背景高校毕业生就业差异的实证研究［J］．高等教育研究，2015，36（5）：37－47．

［3］马莉萍，刘彦林．大学教育如何促进地区代际流动？——对大学生生源地、院校地和就业地城市级别的实证研究［J］．华东师范大学学报（教育科学版），2018，36（5）：51－59，167．

［4］马永霞，马立红．高校毕业生就业结构与产业结构研究的可视化分析［J］．教育与经济，2016（6）：40－46．

［5］HIGGINS N O. Government policy and youth employment［C］．Paper prepared for the world youth summit to be held in aiexandria，Egypt，2002：7－11．

［6］张敏．供给侧改革下农民工就业促进产业结构升级研究［J］．理论探讨，2016（6）：101－105．

［7］穆怀中，范洪敏．环境规制对农民工就业的门槛效应研究［J］．经济学动态，2016（10）：4－14．

［8］刘万霞．职业教育对农民工就业的影响——基于对全国农民工调查的实证分析［J］．管理世界，2013（5）：64－75．

［9］西奥多·舒尔茨：《对人进行投资——人口质量经济学》［M］．吴珠华，译．北京：首都经济贸易大学出版社，2002．

［10］吴江，王欣．北京市失业保险金支出与公共就业服务联动机制研究［J］．北京社会科学，2011（6）：47－50．

［11］陈成文，汪希．社会工作与就业援助：一项评估研究——以失业人员为例［J］．湖南师范大学社会科学学报，2010，39（6）：76－81．

［12］罗明忠，万盼盼，陶志．影响就业困难人员工作搜寻决策的主要因素——基于广州市某区的问卷调查分析［J］．经济与管理评论，2018，34（2）：5－15．

［13］李超，钤青莲．政府购买公益性岗位存在的实践及制度完善——以大龄就业困难人群为例［J］．市场论坛，2009（11）：10－11，9．

［14］刘萍．广东省政府促进本科毕业生就业的对策研究［D］．兰州大学，2018．

［15］薛荷．高校大学生就业中的问题与对策研究［D］．安徽大学，2013．

［16］田彤．新生代农民工向现代产业工人转变问题研究［D］．山西大学，2017．

［17］徐建军．我国农民工就业培训模式研究［D］．西南财经大学，2013．

［18］赵海霞，杨怀印．失业群体再就业政策的国际借鉴［J］．经济纵横，2015（2）：119－122．

[19] 金玲玲. 城镇低保失业人员就业保障优化研究 [D]. 同济大学，2008.
[20] 虞雁子. 促进就业的财税政策探讨 [D]. 苏州大学，2007.
[21] 郑叶秋子. 城市困难群体就业法律政策研究 [D]. 青岛大学，2015.
[22] 穆维博. 我国就业援助法律制度研究 [D]. 西南政法大学，2016.

第三部分

社会保险

第1章

绪　论

1.1　研究背景

社会保险是以国家或政府为主体，依据法律，通过国民收入的再分配，对公民在暂时或永久丧失劳动能力以及由于各种原因而导致生活困难时给予物质帮助，以保障其基本生活的制度。其本质是追求公平，责任主体是国家或政府，目标是满足公民基本生活的需要。改革开放四十年以来，我国社会保险制度走的是一条渐进改革的发展道路，社会保险制度改革不可避免地采取了试点先行、逐渐推进的改革方式。时至今日，社会保险制度改革在一些重点领域和关键环节取得重大进展，改革成果丰硕，但从现状来看，社会保障投入偏低，对社会成员的覆盖范围小，社会保障体系依然存在制度性缺陷。

近年来，我国不断探索完善社保制度的新方法、新途径。党的十九大明确提出要完善失业、工伤保险等社会保险制度；完善城镇职工基本养老保险和城乡居民基本养老保险制度，尽快实现养老保险全国统筹；完善统一的城乡居民基本医疗保险制度和大病保险制度，建立全国统一的社会保险公共服务平台。李克强总理在政府工作报告中表示，2018年，将合理调整社会最低工资标准，职工的失业保险金、医疗期内的病假工资、试用期工资、公益性岗位工资以及单位歇业、停产等情况下工资、生活费将随最低工资标准的调整而上涨。在2018年召开的“两会”中，调整工伤保险待遇成为热门话题，参会代表提出应进一步提高建筑业农民工工伤保险待遇、每两年提高一次工伤保险待遇、工伤保险待遇的动态调整、工伤职工难以承受过高的律师代理费等问题。青岛市政府积极响应国家号召，不断深化制度改革和机制创新，推进社保领域“一次办好”改革，社会保障体系更加完善，各项社保待遇不断提升，社保覆盖面不断扩大，社保制度改革取得明显成效。

本章以养老保险、失业保险、工伤保险、生育保险为研究对象展开探讨研究（其中医疗保险相关内容已在“医疗卫生保障”相关章节展开研究）。通过梳理目前已出台的相关政策，进行横向和纵向的分层级对比分析，了解我国各层级、地区所颁布的社会保险政策所共同关注的重点、优势及不足，并结合青岛市过去政策的颁布实施及资金收支情况对社会保险政策的绩效进行评估。借鉴国内外其他地方较先进的做法和经验，结合青岛市实际情况，对现存制度和体系进行优化，提出合理建议。

1.2 文献综述

1.2.1 关于失业保险的研究

黎大有、张荣芳（2015）认为，我国失业保险制度存有不足，需要以就业保险的制度优势来完善失业保险制度。可以从逐步扩大覆盖面、完善保险费率与保险待遇制度、提高失业保险的管理成效等方面入手，构建我国的就业保险制度。[1]董芳、周江涛、赵俊康（2015）采用线性协整理论和以误差修正为基础的面板协整理论，对全国（1993—2012）和省级（1999—2013）的失业保险基金支出与失业人员再就业人数的关系分别进行了检验。研究发现，失业保险基金支出在全国范围内的促进就业功能是正常存在的，但是，从全国各省份来看，失业保险基金支出对失业人员再就业的影响具有显著的区域差异性。[2]梁书毓、薛惠元（2016）通过构建失业保险替代率精算模型，基于费率降低背景和基金收支平衡视角，对2015—2035年间的失业保险保障水平进行测算，发现当前我国的失业保险保障水平过低，长期下去会出现失业保险基金结余过多，并提出提高失业保险金给付标准，至少要达到最低工资标准的75%—110%，失业保险金给付标准应同个人工资挂钩等建议。[3]董保华、孔令明（2017）认为，我国失业保险的现行模式是经济补偿“广覆盖＋高标准”与失业保险“窄覆盖＋低标准”的“并列模式”。该模式存在制造摩擦、增加成本、抑制灵活三个问题。我国应当对经济补偿与失业保险进行制度重塑，进行经济补偿“缩范围＋降标准”以及失业保险“扩范围＋升标准”的双向改革。[4]齐声贺（2017）基于我国目前失业保险基金的结余现状，认为失业保险基金结余的影响因素可以归结为以下几个方面：失业保险覆盖率、失业率、基金征缴率、替代率和基金的发放比例。[5]Milan Vodopivec（2013）提出，失业保险在发达国家充分发挥了保护失业者的功能，且覆盖了大部分的就业人员，而影响发展中国家失业保险功能的主要因素有庞大的不正规部门、薄弱的行政管理能力和巨大的政治风险。这些国家应该根据自己的情况，制订一个类似于经合组织的失业保险计划，其中包括将失业保险储蓄账户，辅以团结融资，作为融资的关键来源；还可以简化对求职行为和劳动力市场状况的监控，通过利用现有的网络来管理各方利益。[6]

1.2.2 关于工伤保险的研究

陈敏（2017）提出，当前我国的工伤保险制度没有将灵活就业人员、农业劳动者、公务员等“非职工”群体纳入其中，造成不同群体的差别对待，这与社会保险制度分散风险的宗旨相背离。应该顺应我国《社会保险法》保障对象“公民化”趋势，以“工伤保险社会保险化论”理论为支撑，借鉴其他社会保险制度的经验，减弱社会保险与劳动关系的关联性，将“非职工”纳入工伤保险体系，使更多群体因工作损害享受工伤待遇。[7]张军（2018）认为，按照党的十九大提出的社会保险兜底线、织密网、建机制的要求，应建立与经济发展水平相适应的工伤保险待遇保障机制，提供多元化职业伤害保障，进一步提出了要加强以工伤待遇补偿为主体，以工伤预防、工伤康复为两翼的“三位一体”的工伤保险制度体系建设。[8]吴晓丽、薛兴利（2018）利用DEA模型，对我国31个省（市、区）的工伤保险运行效率进行了分析，研究结果表明，我国工伤保险整体运行效率不高，从各省（市、区）来看，仅有12.9%的省（市、区）无论在规模上还是技术上资源利用都达到了最优，而87.1%的省（市、区）属于DEA无效状态且规模效益递减，没有对工伤保险基金进行有效利用。[9]杜鹃、王丽（2017）认为，补充工伤保险制度的推行可以实现政府、商业保险、用人单位及工伤职工“多方共赢”的效果，为进一步提高工伤保险的保障能力，有效减轻用人单位负担，确保参保职工的合法权益，完善工伤保险制度，应该积极实施补充工伤保险制度。[10]Sasha Holleya（2015）等研究表明，一个成功的工伤补偿计划的中心目标是及时和持久地恢复工伤者的工作，对受伤工人通过有效的职业康复，让其重新走向工作岗位，然而，工人的补偿计划是复杂的系统，涉及多个当事人，动态和非线性交互的影响不可预知。[11]

1.2.3　关于生育保险的研究

卢纯佶、程琳敏（2017）认为，生育保险与基本医疗保险合并实施，体现了经济的发展和社会的进步，也是社会保险惠民程度的提高。此外，两险合并有利于实现社会保险的全覆盖，降低缴费比例，减少管理成本。[12]李颖（2016）认为，目前的生育保险制度存在着覆盖面小、待遇标准模糊、不同地区和不同性质的单位待遇差别大、权利义务不匹配，强化了职场性别歧视等问题，这些问题的存在严重影响“全面二孩”政策的实施，因此，提出以下建议：将个人与国家确立为生育保险的责任主体；男性女性应享有同样时长的产假；立法提高生育保险待遇；注意平衡员工与雇主的利益。[13]张盼、周绿林等（2017）通过对江苏省生育保险的相关数据进行分析得出，生育保险基金的收入、支出和调剂金是影响生育保险基金平衡的主要因素，进一步提出了保持生育保险基金收支平衡的建议，如积极扩大医疗保险覆盖面并提高统筹层次、建立生育保险动态筹资机制等。[14]唐芳（2017）认为，我国生育医疗保险待遇采取总额控制、定额制和限额制支付标准，导致女性自行承担大部分生育医疗费用，不利于女性生育健康权的实现。为了彰显生育社会价值，促进我国经济发展，在“生育保险和基本医疗保险合并实施”管理体制下，我国有必要实行全额支付女性生育医疗费用的保险待遇，从而保障母婴健康，实现社会公平。[15]Laura Addati（2015）从法律、实践和社会政策出发，提出应该扩大生育保险覆盖范围，要将弱势群体，包括处于失业和工伤境况下的妇女纳入生育保险政策中，同时，也强调了生育保险中男性角色的重要性，呼吁男女机会均等。[16]

1.2.4　关于养老保险的研究

蒋彧、全梦贞（2018）选取2002—2015年我国省级面板数据，实证检验养老保险对居民消费的影响，以及人口结构对二者之间关系的影响。结果表明，养老保险发展水平对居民消费水平有显著的正向影响，进一步研究发现，人口老龄化会减弱养老保险发展水平对居民消费水平的正向影响，劳动人口增加会增强养老保险发展水平对居民消费水平的正向影响。[17]Blake（2004）以英国1958—1994年的相关时间序列数据为基础，通过研究发现，国民的养老保险金水平对人均居民消费支出水平存在相对积极的影响，而从个人储蓄角度来看，更多地表现为一种强的替代效应。[18]Aydede（2007）对土耳其1970—2003年的时间序列数据进行相关研究分析，发现发展中国家社会保险的支出对总消费的影响相当显著。[19]杨宜勇、吴香雪（2018）提出，我国基本养老保险制度“一枝独秀”，第二支柱企业年金、第三支柱个人储蓄养老保险发展缓慢。税收优惠政策是推动养老保险制度全面发展最直接有力的工具变量。应改革基本养老保险统账结合制度，充分发挥税收优惠政策调控经济和资源配置的功能，推动养老保险第二、第三支柱的建立和完善，以达到养老保险制度体系优化和更加公平、可持续的目的。[20]刘二鹏、张奇林（2018）通过将老年贫困操作化为主观贫困、客观贫困两个维度，利用2011年CLHLS数据，实证分析了社会养老保险对农村老人贫困减缓效果。研究发现，在不同的贫困标准测度下，社会养老保险对农村老年贫困的影响不同，突出表现在，社会养老保险在一定程度上降低了农村老人主观贫困的发生概率，但由于存在对子女经济供养的“挤出”效应，在客观上提升了农村老人客观贫困的发生概率。[21]王增文（2018）认为，面对养老金未来的供需结构性矛盾，养老保险基金保值增值和基金缺口填补成为社会保险基金管理的两大核心问题。王增文把退休后老年人的生活水平分为三个层次：即退休后低于退休前生活水平、维持基本生活水平和维持退休前生活水平，对未来养老保险基金的需求进行了预测，发现养老保险基金最优投资组合比例随着目标层次的提高，养老保险基金在股票市场的投资比例逐渐增加，应采取养老金入市比例由少到多、渐进式提高的投资策略。[22]

综合以上对文献的梳理与总结，我们发现，目前，我国社会保险在制度设计、管理机制以及运行机制等方面仍然存在着诸多的问题，诸如覆盖范围不全面、地域发展不平衡、保障水平低、运行成本高、资金管理不到位等。针对这些问题，学术界分别给出了相应的解决思路和方法指导，但这些政策建议大多都是理论上的研究成果，想要进一步完善和发展社会保险体系，除了积极借鉴专家学者的研究成果外，还需要政府有关部门的决策和指导，把理论分析真正运用到现实社会中，通过理论研究来优化、提升相关政策的实施效果。

第2章

社会保险政策的梳理与分析

进行政府的政策梳理主要是为了了解政府兜底管理的职责范围，政府在社会保险领域应承担哪些责任，以及出台了什么政策来履行相关的责任，不仅为财政资金的使用提供收支依据，也为财政资金的使用绩效提供评估依据，因此，本章先对社会保险的相关政策进行梳理分析。

2.1 社会保险政策的纵向梳理分析

关于社会保险的相关政策主要是由人力资源和社会保险部门牵头，财政部门、教育部门等部门协助共同制定的。本章以国家、省级和市级人力资源社会保障部门相关网站披露的政策为主，对近六年有关社会保险的政策进行梳理，其目的在于总结国家、省及其他同类城市的先进经验，发现青岛市自身的问题与不足并提出改进意见。

2.1.1 国家层面有关社会保险政策的分析

国家层面有关社会保险的政策由人力资源和社会保障部颁布，对于各省市而言起着统领作用。第一，关于失业保险的政策。失业保险相较于养老保险、工伤保险、生育保险来说实施最晚，于1999年开始实施，2005年至今为强化促进就业的阶段。2012—2017年这六年间，人力资源社会保障部出台的关于失业保险方面的政策并不多，只有十条，虽然数量较少，但是失业、就业始终是政府关注的焦点问题。国家、省、市每年都有诸多政策不断出台，以推动各方人员就业，降低失业率。近几年，国家出台有关失业保险的重点，从规范失业保险的运行，向更好地降低失业率方向转移，比如《关于印发〈2012年失业保险工作要点〉的通知》（人社失业司便函〔2012〕1号）的重点在于如何保障失业保险制度有效的实施，《关于进一步做好失业保险支持企业稳定岗位工作有关问题的通知》（人社失业司便函〔2015〕10号）《关于实施失业保险援企稳岗“护航行动”的通知》（人社厅发〔2017〕129号）等实施，旨在通过为企业提供补助的方式降低企业的失业率，保证更多人获得稳定的收入。第二，关于工伤保险的政策。在2012—2017年这六年间，人力资源社会保障部颁布了25条关于工伤保险的政策，彰显我国对工伤保险的高度重视。工伤事故和职业病严重威胁了我国广大职工的健康与生命，对职工的工作、收入及家庭的影响十分重大。我国每年工伤死亡人数、致残人数不容小觑，其中，建筑业行业为高危行业，所占比例最大。为了保证建筑工人的权益，2014年起，我国每年都会推出相应的建筑行业工伤保险政策，如《关于进一步做好建筑业工伤保险工作的意见》（人社部发〔2014〕103号）《关于开展建筑业"同舟计划"——建筑业工伤保险专项扩面行动计划的通知》（人社厅发〔2015〕43号）《关于加快推进建筑业工伤保险工作的通知》（人社厅发〔2016〕43号）等都是针对建筑行业专门推出的政策。近两年，随着微信等网络平台的不断发展，人们获取信息的途径逐渐变广，人力资源社会保障部不断出台新政策，以促进对工伤保险政策法规的宣传，加强广大用人单位和职工知法守法意识，从而在一定程度上降低工伤和职业伤害。第三，关于生育保险的政策。生育保险是四种社会保险中政策出台数量最少的一种，六年间，人力资源社会保障部出台的政策中仅有《关于做好生育保险和职工基本医疗保险合并实施试点有关工作的通知》（人社厅发〔2017〕29号）与生育保险相关。我国的生育保险一直处于不断的发展中，但是政府的发展力度不够、进展不快，而且所覆盖的群体仅限于职工群体，与不断发展中的养老、医疗等社会保险制度的建设并不同步。2016年1月1日，我国正式开始实施"全面二孩"政策，该政策对社会及人们的生活带来了巨大的影响，对生育保险也提出了新的要求，"全面二孩"政策颁布后，生育保险的申报成为众多职工关注的焦点，所以，人力资源社会保障部在"全面二孩"政策推出之后，应对生育保险的规范性进行深入研究。第四，关于养老保险的政策。随着我国人口开始逐渐进入老龄化状态，养老保险成为人们未来生活的重要保障。养老保险是四种社会保险中开始实施最早、政策颁布数量最多的政策，2012—2017年这六年间，国家共颁布33条有关养老保险的政策，且每年政策颁布的数量整体呈现上升的趋势，其中，2017年颁布的政策数量最多。从政策的内容来看，国家颁布的政策十分注重政策之间的协调性，并且一直在努力将养老保险制度统一化、规范化，从2014年颁布的《人力资源社会保障部办公厅关于贯彻实施〈城乡养老保险制度衔接暂行办法〉有关问题的通知》到2017年颁布的《人力资源社会保障部 财政部关于进一步完善企业职工基本养老保险省级统筹制度的通知》等政策可以看出，政府不断推进养老保险制度统筹化，促进各省市、各行业养老保险工作的同步进行，推动养老保险在全国范围内的广泛实施。

2.1.2 山东省层面有关社会保险政策的分析

对于山东省有关社会保险政策的梳理主要是从山东省人力资源和社会保障厅的网站上进行搜集整理，从梳理的结果来看，就数量而言，山东省人力资源和社会保障厅发布的政策数量要少于国家人力资源和社会保障部发布的政策，尤其是在养老保险方面。就类别划分而言，山东省人力资源和社会保障厅并未像国家人力资源和社会保障部一样按养老保险、失业保险、工伤保险及生育保险来划分政策类型，而是全部归为社会保险统一发布。就政策分布而言，国家政策数量最多的为养老保险，山东颁布政策最多的社会保险为工伤保险，失业、生育保险数量相对较少，山东省与国家对养老保险和工伤保险都给予了高度的重视。根据政策的原创性分类，可以将人力资源和社会保障厅发布的各种政策分为两类。第一类是关于转发国家有关部门相关政策的执行通知，以此可见国家政策统领作用；第二类是山东省人力资源和社会保障厅根据山东省的实际情况并结合国家已有的政策所颁布的政策。相较于第一类而言，第二类政策的制定地方有一定自主权，更加符合山东省的实际情况，内容上也更加具体、更具有指导意义。

2.1.3　青岛市层面有关社会保险政策的分析

对青岛市社会保险政策进行梳理的政策来源为青岛市人力资源和社会保障局的网站。就数量而言，青岛市人力资源和社会保障局颁布的工伤保险最多，其次是养老保险、失业保险，最少的是生育保险，与山东省四种社会保险政策颁布的重点相一致，但是，在政策的绝对量上明显少于国家及山东省，这是因为青岛市一方面所涉及的人口、地理范围、行业等较国家及山东而言明显要小，另一方面，统一执行省里的政策。将青岛市的社会保险政策根据政策的原创性分类，与山东省社会保险政策的分类结果相类似。第一类是关于转发中央、省级政府部门的相关政策的执行通知，可见从国家到省到市逐级的统领作用；第二类是青岛市人力资源和社会保障局根据青岛市的实际情况，因地制宜地制定的政策法规。青岛市失业保险的政策主要是关于失业保险金标准及稳岗补贴的发放，其中，失业保险金标准是由山东省制定的，青岛市无权制定，只是执行省级政府统一标准，稳岗补贴是要根据各地区具体情况进行制定。而养老保险受国家颁布政策中城乡统一、养老保险个人账户记账利率等诸多方面的影响，使得山东、青岛的养老保险更多起到补充的作用，政策的重点为与农民工相关的养老保险政策的制定。工伤保险是社会保险政策中的重点，主要关注的是建筑行业的工伤保险政策，并根据青岛市的情况颁布一级至四级工伤职工伤残津贴、生活护理费和工亡职工供养亲属抚恤金标准，而生育保险需要根据青岛本地实际情况进一步完善、调整。

2.2　社会保险政策的横向梳理分析

青岛属于计划单列市，在我国和青岛处于同一行政级别的城市还有大连市、宁波市和厦门市，因此，研究横向同级别的城市关于社会保险政策内容对于本书的研究具有参考意义。借鉴其他城市的一些相关经验，对改进及完善青岛市社会保险服务及政策具有一定的借鉴意义（见表 3－1）。

2.2.1　关于工伤保险的政策对比分析

表 3－1　　国家、山东省及五城市关于工伤保险政策包含的内容对比

内容＼城市	国家	山东省	北京市	青岛市	大连市	宁波市	厦门市
健康检查补助	—	—	—	√	—	—	—
工伤预防费	√	√	√	√	—	—	√
建筑业参与工伤保险	√	√	√	√	—	√	√
工伤辅助器械配置	√	√	√	√	√	√	√
伤残鉴定	√	√	√	√	√	√	√
工伤保险宣传活动	√	√	√	—	√	—	—

通过以上对比分析可以看出，国家、山东及北京关于工伤保险方面的政策倾向较为相似，山东省及北京市积极跟进国家政策取向。青岛市关于工伤保险政策涉及健康检查补助、

工伤预防费、建筑业参与工伤保险、工伤辅助器械配置、伤残鉴定等方面。从整体来看，定期的伤残鉴定及工伤辅助器械的配置在国家、山东及四个市的政策中均有涉及，伤残鉴定的定期实施，在保障受伤职工遭遇工伤时得到合法的补偿的同时，也避免了部分人员借工伤之名谋取个人利益。建筑业参与工伤保险均是国家、山东省及各市的人力资源和社会保障部门监管时所关注的重点。相较其他三个沿海城市，青岛市在工伤预防费上积极跟进国家及山东省在该方面的政策，更好地保障职工的生命健康和安全，促进用人单位做好工伤预防工作，从而降低工伤事故伤害和职业病的发生率（见表3－2、图3－1）。与国家、山东及其他四个市不同，青岛市人力资源和社会保障局实施工伤预防职业健康检查补助政策，是青岛市独特之处，旨在对接触职业危害因素的在岗职工实施补助，并对检查结果进行整理，从而完善职业病防治体系，预防职业病的发生。①

表3－2　2011—2016年三城市工伤保险参保人数及增长率对比

项目	2011年	2012年	2013年	2014年	2015年	2016年
青岛（万人）	214.57	220.75	228.34	236.7	239.74	244.74
青岛市增长率（%）	—	2.88	3.44	3.66	1.28	2.09
宁波（万人）	253.36	270.22	283.38	291.09	293.21	296.96
宁波市增长率（%）	—	6.65	4.87	2.72	0.73	1.28
厦门（万人）	147.83	160.26	170.03	175.33	182.41	192.46
厦门市增长率（%）	—	8.41	6.10	3.12	4.04	5.51

资料来源：各城市的统计年鉴。

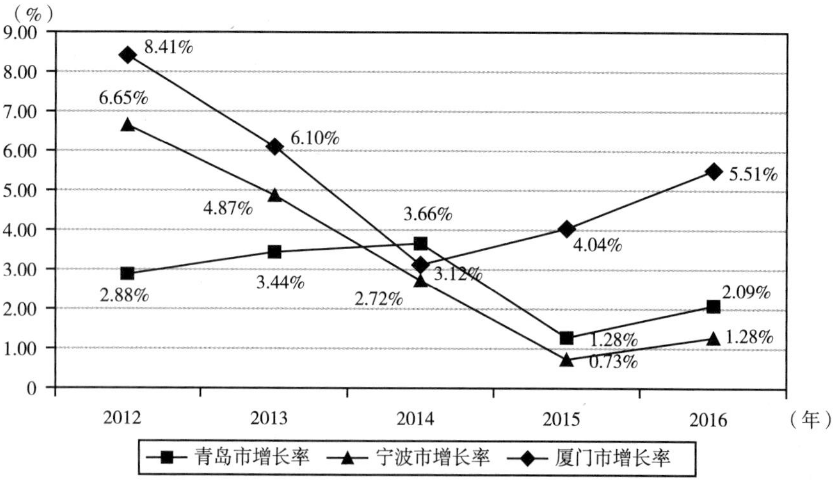

图3－1　2012—2016年三城市工伤保险参保人数增长率

① 由于上述政策梳理截止到2017年，2018年的相关政策并没有统计在内，2018年新政指出，注重传统媒体与新媒体的结合，全方位多媒体宣传，着力打造“关注工伤预防，保障万家安康”工伤预防服务品牌，普及工伤保险及安全生产相关知识。

由表3－2及图3－1可知，所有城市的工伤保险参保人数都在上升，但是增长幅度都不稳定。整体分析可见，厦门市增长率较高，宁波市增长率较低，青岛市增长幅度最低。青岛市的健康检查补助政策于2017年开始实施，所以，政策效果在表3－2中还未有体现，工伤预防费、建筑业参与工伤保险等措施的实施，促进了工伤保险参保人数的增加。从实施效果来看，厦门市人力资源和社会保障局积极实施工伤保险相关政策，2016年，工伤保险覆盖全市182万职工，2016年，赔付4097万元，涉及企业755家，90%的赔案涉及建筑施工队或中小微企业。

通过对北京、上海的工伤保险政策进行分析，可知两市的工伤保险政策与青岛市的政策趋势大致相同（见表3－3）。但北京市相较于青岛市，推出了有关工伤保险宣传的通知，这与我国国家政策中有关失业保险宣传政策的提出密切相关，山东省人力资源和社会保障厅也推出了有关政策。工伤保险的宣传有助于提高职工的维权意识，减少因工伤导致的生活困境，因此，提高广大职工参与工伤保险的意识十分重要，而在工伤保险的宣传中，建筑业工伤保险的宣传显得尤为重要。建筑业属于工伤风险较高的行业，而且是农民工最为集中的行业。因此，青岛市应当加强工伤保险的宣传，尤其是建筑业工伤保险的宣传，来提高企业和工人的参保意识，保障建筑业工人的切身利益。此外，青岛市每年都会有大量的工伤人员，但是，原有的工伤人员的身份认定、工伤待遇费用的确定等还缺乏有效的政策进行指导，可以参考上海市有关政策的实施，对老工伤人员的认定进行规范，提升规范化管理水平。

表3－3　　北京、上海工伤保险特色政策对比

城市	政策
北京	北京市人力资源和社会保障局《关于转发人力资源社会保障部办公厅关于开展2015年全国工伤保险集中宣传活动的通知》（京人社工发〔2015〕94号）
上海	上海市人力资源和社会保障局、上海市财政局、上海市国有资产监督管理委员会、上海市监察局《关于进一步做好本市老工伤人员纳入工伤保险统筹管理工作的通知》（人社福发〔2011〕26号）

资料来源：北京、上海人力资源和社会保障网。

2.2.2　关于生育保险、失业保险的政策对比分析

与工伤保险不同，无论是国家、山东省还是北京市及四个沿海城市，生育保险及失业保险所聚焦的范围相对较窄（见表3－4）。在生育保险政策方面，国家及所选择的各地方均及时公布各地的生育保险药品目录，以保证生育保险的有效实施，并保证参保人员合理用药，进而提高人民群众的医疗水平。2017年以前，厦门等出台了政策，保障参加生育保险单位男职工的无工作单位的配偶获得生育第一胎的补助，该政策于2017年在国家的相关文件中得到规范，可见我国部分地区（含青岛）积极致力于保障和改善民生及员工的权益。但是，随着国家二孩政策的放开，晚育补贴等补助开始发生变化，各地区应当结合国家政策积极规范生育保险，保障公民享受医疗保险的合法权益。

表 3-4 国家、山东省及五城市失业、生育保险政策对比

内容	级别	国家	山东省	北京市	青岛市	大连市	宁波市	厦门市
生育保险	生育保险药品目录	√	√	√	√	—	—	—
	男职工及其未就业配偶	√	—	—	√	—	√	√
失业保险	失业保险金标准	√	√	√	√	√	√	√
	稳岗补贴	√	√	√	√	√	√	√
	净裁员率	—	—	√	—	√	√	√
	就业和技能培训	√	√	√	√	√	√	√

对失业保险进行分析可以看出，国家、山东及五个市的政策均涉及失业保险金的标准，以保障失业者基本生活及规范运行，这是失业保险的重点所在，但是，失业保险金的标准是由各省制定的，市级单位无权制定。稳岗补贴与企业净裁员率是配套存在的，各层面政策均对稳岗补贴进行了规定，以避免过高的失业率对社会造成不利影响，国家及山东省未对企业裁员率进行具体规定，因此，企业裁员率应当根据各地具体形式进行规定，青岛对净裁员率虽然进行了说明，但是，缺乏相应的规范性文件对每年申报稳岗补贴的企业净裁员率进行规定。国家、山东及五个市的政策均涉及就业培训和技能提升的内容，这也是失业保险所涵盖的主要内容之一。

从表 3-5 可以看出，领取生育保险的比率在 2016 年以前都保持在 2.0%—2.7% 之间，每年波动幅度不大，但 2016 年、2017 年领取比率达到了 3% 以上。从政策方面分析，2016 年 1 月 1 日，我国全面实施"全面二孩"政策，青岛市积极响应国家政策，在 2016 年出台了《关于生育政策调整实施期间生育保险有关问题的通知》（青人社办字〔2016〕53 号），提出对于自 2016 年 1 月 1 日（含 1 月 1 日，下同）起，符合规定生育子女的夫妻，除国家规定的产假外，增加产假 60 天，享受生育津贴。这一政策在一定程度上促进了生育保险领取人数的增加，因此，2016 年及 2017 年，生育保险的领取人数的比率呈现大幅度增长，仅两年就增长了一倍左右。

表 3-5 2010—2017 年青岛市生育保险参保、领取人数及比率

项目	2010 年	2011 年	2012 年	2013 年	2014 年	2015 年	2016 年	2017 年
参保人数（万人）	148	157	163	172	180	194	201	221
生育保险领取人数（人）	34116	35413	41247	38808	49202	40459	64219	75300
领取比率（%）	2.30	2.253	2.538	2.251	2.73	2.083	3.188	3.405

资料来源：青岛市财政局社保处提供。

2017 年，国家人力资源社会保障部发布了《关于做好生育保险和职工基本医疗保险合并实施试点有关工作的通知》（人社厅发〔2017〕29 号），提出把生育保险和医疗保险合并实施，并开始了试点工作。由此可以看出，把生育保险并到医疗保险中是未来发展的一个趋势。从表 3-6 可以看出，一方面，上海市把参加医疗保险的非就业妇女的住院分娩医疗费用纳入城乡居民基本医疗保险报销范围，一定程度上扩大了医疗保险的范围，也响应了国家的政策。另一方面，上海继续将外来从业人员纳入生育保险的范围，扩大了生育保险的覆盖面。

表 3-6　北京、上海生育保险新政策对比

城市	政策
上海	1. 将参加城乡居民基本医疗保险的非就业妇女、符合条件的住院分娩医疗费用纳入城乡居民基本医疗保险报销范围 2. 继续将外来从业人员纳入生育保险的范围
北京	增加了生育奖励假，取消了晚育假

资料来源：北京、上海人力资源和社会保障网。

失业保险金是失业保险里最基本的保障，可以保障失业人员的基本生活。从表 3-7 可以看出，青岛市的失业保险金标准在四个城市中是最低的，为每人 1080 元/月，厦门市最高，为每人 1615 元/月，其次是宁波每人 1608 元/月，但这是各省根据自己经济发展水平等因素制定的，各市无权制定，因此，对各市的就业和失业影响较小。从表 3-8 可以看出，虽然青岛市的失业保险金标准在四市中是最低的，但是，从 2013 年开始，青岛就业增长率高于宁波，虽然厦门市的失业保险金最高，但厦门的失业率却是逐年上升的。从以上分析可以看出，失业保险金的高低对就业率的影响不明显，失业保险金越高，反而可能会影响失业人员再就业的积极性，使得失业人员安于现状，不主动寻找适合自己的工作。因此，应该从其他方面促进失业人员的再就业，充分发挥失业保险的作用。

表 3-7　2017 年计划单列市城市失业保险金对比

城市	失业保险金标准
青岛	统一标准，每人每月 1080 元
大连	每人每月最高 1344.6 元
宁波	统一标准，每人每月 1608 元
厦门	每人每月最高 1615 元

资料来源：各市人力资源和社会保障网。

表 3-8　三城市从业、失业人数及比率

指标		2013 年	2014 年	2015 年	2016 年
青岛市	从业人员数（万人）	571.47	588.97	595.44	601.44
	增长率（%）	—	3.06	1.10	1.01
宁波市	从业人员数（万人）	503.36	511.5	509.5	520
	增长率（%）	—	1.62	-0.39	2.06
	新增失业人员（万人）	6.7404	5.5974	6.28	5.8708
	新增失业率（%）	1.34	1.09	1.23	1.13
厦门市	失业率（%）	3.23	3.03	3.22	3.40

资料来源：各市统计年鉴。

李克强总理在《政府工作报告》中提出："2018 年，就业工作预期目标是：城镇新增就业 1100 万人以上，城镇调查失业率 5.5% 以内，城镇登记失业率 4.5% 以内。"这是我国首次将城镇调查失业率指标纳入政府工作预期目标。城镇调查失业率是宏观经济抽样调查的数据，不同于城镇登记失业率。城镇调查失业率越真实，就越能够比较全面地反映出就业总体状况，及时发现失业的变化起伏。上海市提出 2018 年要把城镇调查失业率和登记失业率都稳定在 4.3% 以内的工作目标，可以看出，从国家到地方政府都把"城镇调查失业率"列入了工作日程（见表 3－9）。因此，青岛政府也应该积极响应，出台相应的城镇调查失业率的政策，全面真实地反映就业的总体情况，扩大失业保险的覆盖面，继续统筹城乡职工统一的失业保险制度，及时更新失业保险方面的政策。

表 3－9　上海失业保险新政策

城市	政策
上海	1. 原农民合同制工人与城镇失业人员履行相同的失业保险缴费义务，享受同等的失业保险待遇 2. 继续实施城乡职工统一的失业保险制度 3. 上海市提出，2018 年要把"城镇调查失业率"纳入调查和统计范围

资料来源：上海人力资源和社会保障网。

2.2.3 关于养老保险的政策对比分析

通过上述对比分析可知，国家针对养老保险所颁布的政策呈现出统领性的特点，如失业、灵活就业人员参加养老保险的规定、流程规范等，国家均没有相关的政策颁布，而是将政策重点放于保险关系转移、养老保险标准等方面。而山东省则结合国家的政策与本省的实际情况，进一步对被征地农民工的养老保险进行规定，对流程进行规范。与其他几个市相比较而言，大连市颁布的有关养老保险的政策重点较为集中，涉及面、涉及人群较窄（见表 3－10）。而青岛市、厦门市养老保险政策涉及的内容较多，青岛市在国家、山东省政策的基础上，对被征地农民工养老保险、城乡养老保险等进行规定，同时，又进一步提出失业、灵活就业人员养老保险的申报政策，但对保险关系的转移尚须进一步明确，毕竟，作为极具人才吸引力的城市，保险关系转移是十分关键的一环。从各项指标来看，有关养老金标准的调整政策在国家、省以及各市中均有出现，这也是广大群众十分关心的问题。受国家对城乡协调的养老保险制度重点的影响，城乡养老保险政策也是所有城市政策制定的重点，这与我党十九大报告提出的"全面建成覆盖全民、城乡统筹、权责清晰、保障适度、可持续的多层次社会保障体系"的政策精神相契合。

表 3－10　国家、山东省及五城市养老保险政策包含的内容对比

比较项目	国家	山东省	北京市	青岛市	大连市	宁波市	厦门市
被征地农民养老保险	—	√	√	√	—	√	√
城乡养老保险衔接	√	—	√	√	—	—	√
保险关系转移	√	√	—	—	—	—	√
失业、灵活就业人员申报养老保险	—	—	—	√	—	—	—
流程规范	—	√	√	√	—	—	—
养老金标准	√	√	√	√	√	√	√

从全国来看，养老保险政策都是相对比较成熟的，各省市基本按照国家发布的政策积极推出适应本地基本情况的具体政策。为了进一步提高养老保障水平，可以参考借鉴杭州市的一些做法，比如，向死亡人员遗属发放20个月的基础养老金作为一次性丧葬补助费，并在将来囊括所有人员，这样可以在一定程度上鼓励更多的人员参加养老保险，尤其是让更多的农村劳动力参加养老保险，一方面为劳动力未来的老年生活提供了保障，一方面可以增加养老保险基金的收入（见表3－11）。

表3－11　杭州市养老保险政策

城市	政策
杭州	1. 城乡居民基本养老保险参保人员死亡的，统筹地社保经办机构应按照参保人员死亡当月当地城乡居民基本养老保险基础养老金标准，向死亡人员遗属发放20个月的基础养老金作为一次性丧葬补助费 2. 一次性丧葬补助费未来将囊括所有参保人员

资料来源：杭州人力资源和社会保障网。

第3章

社会保险的政策绩效分析

本章是在政策梳理分析的基础上，对失业保险、工伤保险、生育保险和养老保险财政资金的投入、绩效和政策执行效果的分析，首先是对青岛市现行政策的执行效果进行分析，然后通过相关数据进行对比，分析制度执行资金投入和资金使用的效果，探究存在的问题（见表3-12）。其中，对现行失业、工伤、生育和养老保险制度执行效果的评估主要是采用定性、定量分析相结合的方法。

表3-12　　青岛市社会保险成效分析

类别	年份	成效	资料来源
工伤保险	2013	青岛市将农民工参保缴费情况列入建筑企业资质年审和升级的重要考核指标，实现建筑行业农民工参保模式由商业保险改为社会保险，共为15万名农民工办理了参保手续。为了提高效率，青岛市实行了工伤快速认定，认定决定的时限平均缩短维权时间1/3以上，15日内审理结案的案件数达到总案件数的28%以上。青岛市鉴定现场分层排队，职工从申请到拿到结论平均时间缩短到40天左右。青岛市加强鉴定专家管理，建立了由200多名医学专家组成的鉴定专家库	《中国劳动保障报》2013年6月1日第2版
	2014	截至2014年12月底，全市工伤保险的参保人数已经达到了236.7万人，参保单位8.9万户，其中，农民工参保人数95.5万人	《青岛日报》2015年5月19日第2版
	2017	青岛市强力推进建筑业“同舟计划”，将行政区域内从事建设项目施工的所有建筑企业纳入工伤保障范畴。其中，新开工项目641个，在建项目425个，实现新建项目和在建项目参保率“双百”。在即墨区开展了“工伤认定进基层”试点工作，将部分简易工伤案件的受理、调查工作权限下沉至12个基层人力资源和社会保障服务中心，案件实地调查率大幅提升，案件认定质量明显提高，方便企业和职工就近办理	《中国劳动保障报》2018年2月27日第4版
	2018	截至2018年3月底，工伤参保单位达到12万户，参保人数达到256万人	《中国劳动保障报》2018年2月27日第4版
失业保险	2007	青岛市失业增速首次出现负增长，失业率创下历史新低。上半年，青岛市失业保险金支出7467万元，比上年同期下降37.9%；领取失业保险金的失业人员46190人、协保人员2659人，分别比上年同期减少3.3%、50.1%；失业保险基金累计结余7.34亿元，同比增长65%	《青岛日报》2007年8月15日第1版

续表

类别	年份	成效	资料来源
失业保险	2016	青岛市累计为失业人员发放失业保险金 5.29 亿元；核准 287 户企业享受稳岗补贴，发放资金 2267.8 万元，惠及职工 91649 人。及时启动失业保险金标准与物价上涨挂钩联动机制，为 53449 人发放价格临时补贴 735.2 万元。同时，对领取失业保险金人员信息与工商注册信息进行核对，查处并停发了 3615 名已领取工商营业执照人员的失业保险金，有效减少了失业人员隐性就业和杜绝冒领失业保险金现象	青报网新闻中心
	2017	随着失业保险费率的下调，青岛市每年为参保单位和职工减负约 4 亿元，惠及全市 10.8 万户参保单位、194.3 万参保职工	《工人日报》2017 年 5 月 2 日第 5 版
养老保险	2012	截至 2011 年 12 月中旬，青岛市城乡居民养老保险参保人数 244.8 万人，同比增长 193%。同时，为全部参保人员建立了个人账户，并建立了个人账户查询机制，率先在全国实现了个人账户信息网上查询。全青岛市待遇发放人数达到了 89.2 万人，同比增长 229%；累计收缴保险基金 62.6 亿元，同比增长 538%；发放养老金 17.8 亿元，同比增长 278%。在纸质和电子两套档案基础上，建立了个人账户查询机制，健全完善了养老金防冒领联动机制，有效地防止了基金流失	《青岛日报》2012 年 1 月 4 日
	2013	截至 2013 年年底，青岛市城乡居民养老保险已由 2011 年的制度全覆盖实现了人员全覆盖，参保人数达到 302.2 万人，其中，领取养老金的 91.9 万人，养老金发放率达到 100%。与全国即将实施的城乡居民养老险相比，青岛居民养老险的缴费档次要高很多，全国居民养老险最高缴费档次设为 2000 元，而青岛 2013 年的缴费档次在 2000 元以上的，还有 2500 元、3000 元、4000 元和 5000 元四档。除缴费档次高之外，青岛居民的基础养老金也高不少。基础养老金的最低标准，国家统一规定每人每月 55 块钱，而青岛从 2012 年 7 月 1 日起将基础养老金提高到每月 110 元	中民保险网
	2015	“十二五”期间，青岛的养老和医疗保险呈现出划时代的变革，从覆盖面上看，该市企业职工养老参保人数达到 377.5 万人，较“十一五”末增长 54%。退休人员养老金“11 连涨”；缴费档次也不断调整分为 12 档	《青岛早报》2015 年 12 月 14 日

3.1　社会保险制度执行成效分析

通过对社会保险的实施效果进行分析可知，关于生育保险的文件及实施效果一般聚焦于生育保险产假期限、领取步骤等方面，关于生育保险覆盖面等方面的信息较少。关于工伤保险及失业保险的效果方面的资料相较而言比较多，无论是从政策上还是从实施效果上都可以看出，建筑业的工伤保险是重中之重，可见，青岛市不仅在政策的颁布上与国家相匹配，还积极贯彻落实相应的政策。失业保险的实施效果的衡量标准不仅是领取失业保险金的人数、失业保险金的发放金额等，还体现在对失业保险冒领的治理，体现了青岛市失业保险的规范化管理。养老保险的实施效果更多地表现在参保人数、基金收入增长、居民养老险的缴费档次等方面。

3.2 社会保险基金支出构成分析

社会保险基金的支出代表政府在社会保险领域的资金投入，通过分析社会保险基金的支出构成和支出方向，可以更好地了解事权与财权的匹配程度，了解相关政策的落实情况，了解在政策的执行中资金的具体去向。

3.2.1 工伤保险基金支出构成分析

从表 3-13 中可以看出，工伤保险基金的支出包含工伤保险待遇支出、医疗待遇支出、劳动能力鉴定费支出和工伤预防费用支出，其中，工伤保险待遇支出是最基本的支出，每年都占据较大的支出比例，支出的增长率也是不断变动；医疗待遇支出是从 2014 年开始在工伤保险待遇支出下细分的一个支出项目，最近两年，医疗待遇支出有所下降；劳动能力鉴定费用支出前三年基本稳定在 90 万—110 万之间，但 2015 年出现一个最高值 239 万元，2016 年又骤降到 41 万元；2016 年，青岛市成为国家、省工伤预防试点城市，因此，在 2016 年新增了工伤预防费用支出，主要用来支付工伤预防培训费、工伤预防媒体宣传费和工伤预防查体补贴。

表 3-13　2012—2017 年青岛市工伤保险基金支出构成

支出项目	2012 年	2013 年	2014 年	2015 年	2016 年	2017 年
工伤保险待遇支出（万元）	31815	38796	43024	46452	47309	51893
增长率（%）	—	21.94	10.90	7.97	1.84	9.69
其中：医疗待遇支出（万元）	—	—	18269	19240	13700	14536
增长率（%）	—	0.00	0.00	5.32	-28.79	6.10
劳动能力鉴定费支出（万元）	90	94	99	239	41	110
增长率（%）	—	4.35	6.06	140.47	-82.71	166.32
工伤预防费用支出（万元）	—	—	—	—	190	92
增长率（%）	—	—	—	—	—	-51.45

资料来源：青岛市财政局社保处提供。

3.2.2 生育保险基金支出构成分析

生育保险基金支出的涵盖内容较少，主要包括生育医疗费用支出和生育津贴两项支出，其中，从 2016 年开始，在生育医疗费用支出下面又设置了明细支出项目，即计划生育医疗费用支出，2016 年 1 月 1 日，我国全面实施“全面二孩”政策，此项目的设置正是为了“全面二孩”政策的实施。从支出数据大小也可以看出，受政策的影响，2016 年生育医疗费用支出较 2015 年增长 129.8%，生育津贴支出增长 60.22%，2017 年，虽然增长速度有所放缓，但仍维持较大的支出数额，说明受政策影响，青岛市的生育率仍然没有降低（见表 3-14）。

表 3-14　2012—2017 年青岛市生育保险基金支出构成

支出项目	2012 年	2013 年	2014 年	2015 年	2016 年	2017 年
生育医疗费用支出（万元）	—	13307	18073	14159	32537	39059
增长率（%）	—	—	35.82	-21.66	129.80	20.04

续表

支出项目	2012 年	2013 年	2014 年	2015 年	2016 年	2017 年
其中：计划生育医疗费用支出（万元）	—	—	—	—	956	39059
增长率（%）	—	—	—	—	—	3985.63
生育津贴支出（万元）	39894	47987	65059	64548	103423	155916
增长率（%）	—	20.29	35.57	-0.78	60.22	50.76

3.2.3　失业保险基金支出构成分析

失业保险基金支出涵盖内容较多，其中失业保险金支出、医疗补助金、丧葬抚恤和职业培训补贴支出是其基本支出项目，每年也都保持一定的支出比例，用来保障失业人员的基本生活。从表 3-15 来看，这四项支出增长率近年来都呈现出递减的状态。一方面是政策的出台，如扩大失业保险金的支出范围，注重失业保险促进就业的功能，发挥失业保险的事前作用；另一方面是相关政策的出台加强了失业保险金支出的监督管理，如规定严禁在支出项目、支出范围以及项目实施过程中发生违规行为，不得用于人员经费等，使得失业保险金的支出更加规范。职业介绍补贴支出在 2013 年之前单独列示，在 2014 年之后就不单独列示，归集到其他费用支出中；稳定岗位补贴支出是 2014 年新增支出项目，旨在进一步促进失业保险的促进就业功能；技能补贴支出是 2017 年新增的一个支出项目，旨在积极贯彻落实《人力资源社会保障部　财政部关于失业保险支持参保职工提升职业技能有关问题的通知》(人社部发〔2017〕40 号)，提升参加失业保险职工的职业技能，发挥失业保险促进就业作用。这些新增支出项目体现了失业保险金越来越注重促进就业的作用，而不是发生失业后再给予帮助。

表 3-15　2012—2017 年青岛市失业保险基金支出构成

支出项目	2012 年	2013 年	2014 年	2015 年	2016 年	2017 年
失业保险金支出（万元）	19623	26241	35485	44698	52939	51687
增长率（%）	—	33.7	35.2	26.0	18.4	-2.4
医疗补助金支出（万元）	1812	5127	16020	11735	15863	16401
增长率（%）	—	182.9	212.5	-26.7	35.2	3.4
丧葬抚恤补助支出（万元）	88	109	121	152	232	276
增长率（%）	—	23.2	11.3	25.5	52.3	18.9
职业培训补贴支出（万元）	314	400	526	760	521	443
增长率（%）	—	27.6	31.5	44.4	-31.4	-15.0
职业介绍补贴支出（万元）	0.57	0.01	—	—	—	—
增长率（%）	—	-98.9	—	—	—	—
稳定岗位补贴支出（万元）	—	—	—	11.36	1579	2060
增长率（%）	—	—	—	—	13795.9	30.4
技能提升补贴支出（万元）	—	—	—	—	—	48.6
增长率（%）	—	—	—	—	—	—
其他费用支出（万元）	12889	30987	69710	60933	73490	69081
增长率（%）	—	140.4	125.0	-12.6	20.6	-6.0

3.2.4 养老保险基金支出构成分析

企业职工养老保险支出主要包括基本养老金支出、丧葬抚恤补助支出和转移支出三大部分，其中，基本养老保险支出占据支出主要部分，2012—2017 年其增长率从 21.55% 下降到 10.25%，增长速度明显放缓；丧葬抚恤补助支出波动不大，保持在 18%—38% 之间；转移支出是基本养老保险对象跨统筹地区流动而转出的基本养老保险基金，总的趋势是增长，从 2012 年的 13375 万元到 2017 年的 35211 万元，但增长率出现波动，最高增长率为 39.43%，最小增长率为 2.52%，转移支出的不断增加，一定程度上反映了青岛市企业职工的流动性加大（见表 3－16）。

表 3－16 2012—2017 年青岛市企业职工养老保险基金支出构成

支出项目	2012 年	2013 年	2014 年	2015 年	2016 年	2017 年
基本养老金支出（万元）	1240859	1508255	1837378	2152820	2401203	2647208
增长率（%）	—	21.55	21.82	17.17	11.54	10.25
丧葬抚恤补助支出（万元）	38229	45567	56551	78298	78125	92615
增长率（%）	—	19.19	24.11	38.46	－0.22	18.55
转移支出（万元）	13375	17943	24612	25231	35180	35211
增长率（%）	—	34.15	37.16	2.52	39.43	0.09

居民养老保险支出主要包括基本养老金支出、个人账户养老金支出、丧葬抚恤补助支出、其他支出和转移支出五大部分，与企业职工养老保险基金支出相比，多了个人账户养老金支出和其他支出两个项目（见表 3－17）。2015 年是一个分水岭，当年我国养老保险进行改革，出台较多政策，其中，青岛市人力资源和社会保障局、财政局《关于提高居民基本养老保险基础养老金标准的通知》提出，自 2014 年 7 月 1 日起，青岛市居民基本养老保险基础养老金标准提高至每人每月 130 元，即在原每人每月 110 元的基础上增加 20 元，这也是导致 2015 年以后各项支出增长较快的一个原因。

表 3－17 2012—2017 年青岛市居民养老保基金支出构成

支出项目	2012 年	2013 年	2014 年	2015 年	2016 年	2017 年
基础养老金支出（万元）	103619	134061	133482	171110	174993	191489
增长率（%）	—	29.38	－0.43	28.19	2.27	9.43
个人账户养老金支出（万元）	89687	95195	102912	81939	90647	95924
增长率（%）	—	6.14	8.11	－20.38	10.63	5.82
丧葬抚恤补助支出（万元）	—	—	—	3294	3481	3459
增长率（%）	—	—	—	—	5.69	－0.63
其他支出（万元）	13092	11242	11457	8651	8820	8937
增长率（%）	—	－14.13	1.91	－24.49	1.95	1.32
转移支出（万元）	59194	37527	17200	17	17	33
增长率（%）	—	－36.60	－54.17	－99.90	4.99	88.69

2015 年 1 月 14 日，国务院印发《关于机关事业单位工作人员养老保险制度改革的决定》，对机关事业单位工作人员养老保险制度进行改革，实行社会统筹与个人账户相结合的基本养老保险制度。与其他两类养老保险相比，机关事业单位养老保险处于发展阶段，其支出项目主要包括基本养老金支出和转移支出，其中，基本养老金支出占据主要部分，从 2015 年的 382814 万元到 2017 年的 719206 万元，三年时间内，基本养老金支出增长了将近一倍，越来越高的老龄化是基本养老金支出增加的一个原因（见表 3－18）。

表 3－18　2012—2017 年青岛市机关事业单位养老保险基金支出构成

支出项目	2015 年	2016 年	2017 年
基本养老金支出（万元）	382814	563094	719206
增长率（%）	—	47.09	27.72
转移支出（万元）	7.23	1.94	0
增长率（%）	—	-73.18	-100.00

3.3　社会保险基金支出效果分析

上一章分析了社会保险基金的主要支出方向和用途，而本章分析多少人纳入社会保险覆盖范围，多少人从社会保险基金支出中获得了帮助。

3.3.1　工伤保险基金支出效果分析

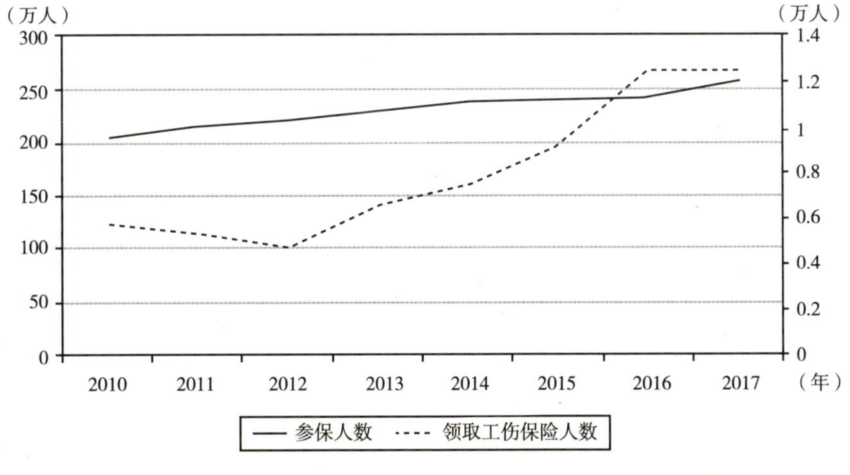

图 3－2　2010—2017 年青岛市工伤保险参保人数、领取人数情况

由图 3－2 可以看出：从 2010 年到 2017 年，青岛市参加工伤保险的人数呈现稳步增长的趋势，工伤保险的参保人数增长幅度变化较小，从 2010 年的 2058110 人增长到 2017 年的 2586842 人，增长幅度为 25.69%。而领取工伤救助金的人数增长的幅度较大，从 2010 年的 5631 人增长到 2017 年的 12391 人，增长了 120.05%。这是因为，2011 年我国新《工伤保险条例》正式实施后，人们逐渐认识到工伤保险的好处，广大职工的维权意识逐渐提高，越来越多的人购买工伤保险。而且，随着社会的不断发展，我国职业数量及就业人数的不断增加，职工在工作中所面临的职业伤害、交通事故伤害等也在日益增加，工伤保险在人们工作生活中的作用越来越大，领取工伤保险的人数也逐年增加。

3.3.2 生育保险基金支出效果分析

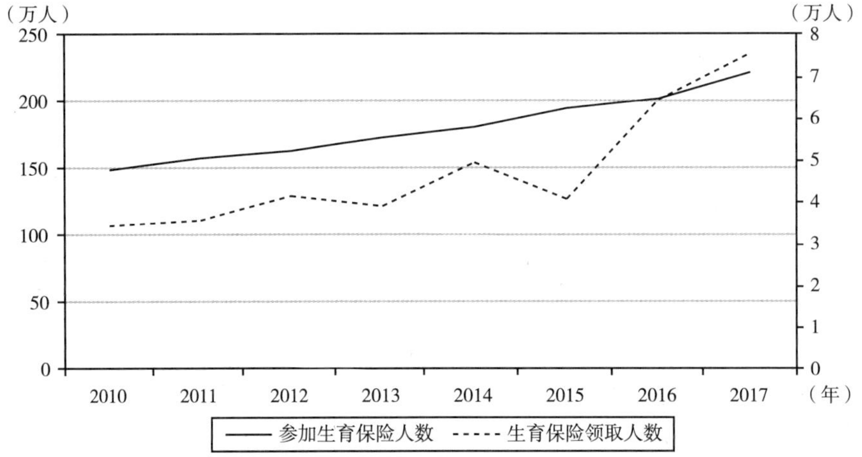

图3-3 2010—2017年青岛市生育保险参保人数、领取救助金人数情况

由图3-3可以看出，从2010年到2017年，青岛市参加生育保险的人数一直处于增长状态，从2010年的1484600人增长到2017年的2211628人，增长幅度为48.9%。参与生育保险的人数不断增加主要是由两方面原因导致的。一方面是我国社会保险水平的逐步提升，人们对社会保险的认识程度不断提升，所以，生育保险的参与人数不断提升；另一方面原因是国家、山东省及青岛市不断推出各种就业保障政策以保障各方就业，我国就业率不断提升，所以，在就业单位参与社会保险的人数也在不断提升。而领取生育保险的人数在2016年以前以较小的幅度波动性增长，从政策方面分析，在这一时间段，国家、山东省及青岛市所颁布的有关生育保险的政策十分少，生育保险的领取人数的波动性增长，与生育保险参保人数的增加以及婴儿的出生率波动有关。2016年1月1日起，我国实施“全面二孩”政策，所以，2016年及2017年生育保险的领取人数呈现大幅度增长，仅两年就增长了一倍左右。

3.3.3 失业保险基金支出效果分析

由图3-4可以看出，从2010年到2017年，青岛市参加失业保险的人数一直处于增长状态，从2010年的1480587人增长到2017年的2102543人，增长幅度为42%。我国是一个人口大国，劳动供给大于劳动需求，失业是在所难免的，导致人们参与失业保险的意识不断增强。而领取失业救助金的人数在2010—2014年间以较快的速度增长，这是因为随着社会保险政策的不断实施及推广，广大人民群众的保险意识逐渐增强，诸多失业人口开始领取失业保险金以维持失业期间的基本生活。而2014—2017年间呈现下降的趋势，这与国家、山东省及青岛市就业保障政策的实施有关，就业是最大的民生，2014年以后，国家、省、市每

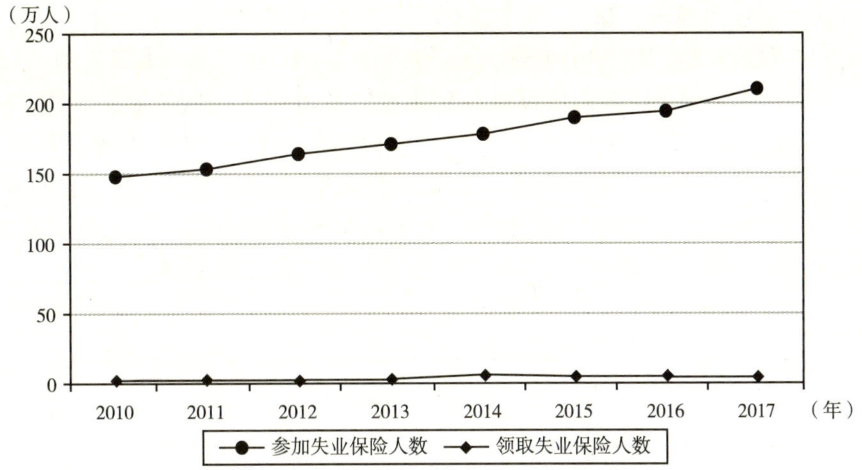

图 3－4　2010—2017 年青岛市失业保险参保人数、领取救助金人数变化情况

年都有大量的政策出台以推动我国就业，2014 年，李克强总理在政府工作报告中提出“大众创业，万众创新”，通过创业推动就业成为我国就业的一大趋势，同时，政策不断实施及就业宣传教育工作的不断强化，使得我国失业人口有所降低，在这一大趋势下，青岛市领取失业保险的人数也在逐渐下降。

3.3.4　养老保险基金支出效果分析

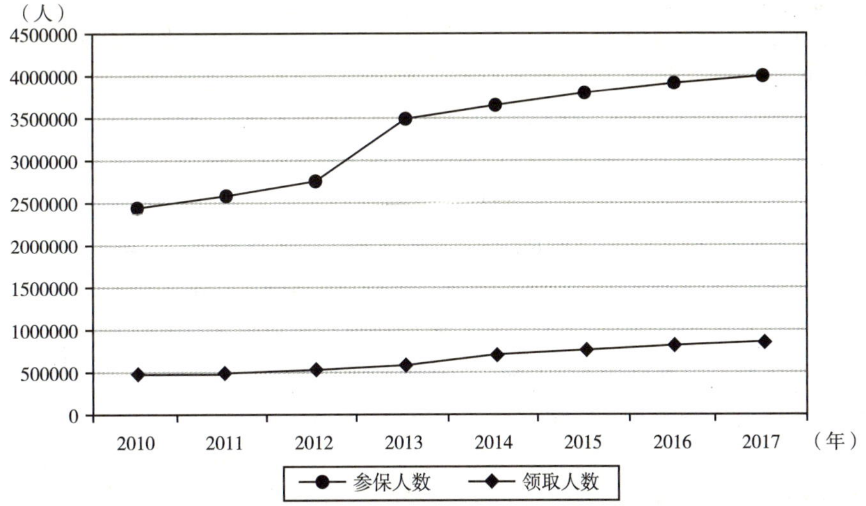

图 3－5　2010—2017 年青岛市职工养老保险参保人数、领取人数

由图 3－5 可以看出，从 2010 年到 2017 年，青岛市参加企业职工养老保险的人数一直处于稳定增长状态，从 2010 年的 2443114 人增长到 2017 年的 3997926 人，增长幅度为 64%。同时，领取人数从 2010 年到 2017 年也处于稳定的增长状态，由 2010 年的 476957 人增长到 2017 年的 860066 人，增长幅度为 80%。因为职工养老保险属于国家强制性缴费，而居民养老保险属于自愿参保，因此，职工养老保险的参保人数与居民养老保险的参保人数不同，不会出现大幅度的增减变动。

由图 3 - 6 可以看出：从 2010 年到 2013 年，青岛市参加居民养老保险的人数一直处于增长状态，从 2010 年的 910428 人增长到 2013 年的 3022051 人，增长幅度为 232%。从 2013 年到 2017 年，基本处于不变的状态。而领取养老保险的人数从 2010 年到 2012 年处于增长状态，2012 年以后几乎保持不变的状态。主要原因是青岛市 2010 年居民养老保险主要在部分市区试点，到 2013 年才逐步在全市推开，所以，2013 年之前一直处于增长状态，在全市推开之后，新增居民相对比较少，人数基本没有发生较大的增减变动。

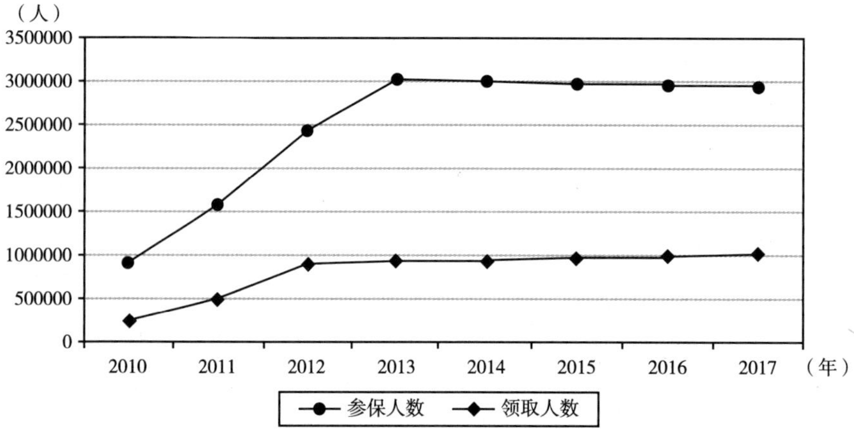

图 3 - 6　2010—2017 年青岛市居民养老保险参保人数、领取人数

2015 年，我国实施养老保险改革，将机关事业单位正式纳入养老保险的范围。从图 3 - 7 可以看出，从 2015 年正式实施机关事业单位养老保险起，养老保险的参保人数一直在增加，虽然只有短短三年的时间，已经从 2015 年的 279950 人增长到 2017 年的 335395 人，增长率为 19.8%，从增长趋势上来看，2017 年的增长速度有所放缓。

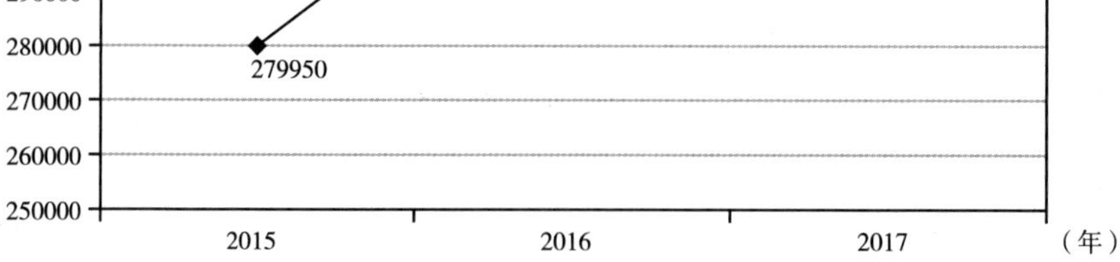

图 3 - 7　2015—2017 年我国机关事业单位养老保险参保人数

3.4　社会保险基金支出可承受性分析

社会保险资金支出的可承受性分析主要从基金支出占基金收入的比重来衡量基金支出对财政的压力。

3.4.1　工伤保险基金支出的可承受性分析

从图 3－8 可以看出，工伤保险基金支出占保险基金收入的比重在 2012 年出现了拐点，在这之前保持在 70% 以上，2012 年最低为 60%，其后，一直出现小幅度上升，在 2017 年又达到 70.9%。青岛市工伤保险基金支出占保险基金收入的比重一直保持在 60%—80% 之内，比重合理，在可承受性范围内，不会导致政府的财政负担。

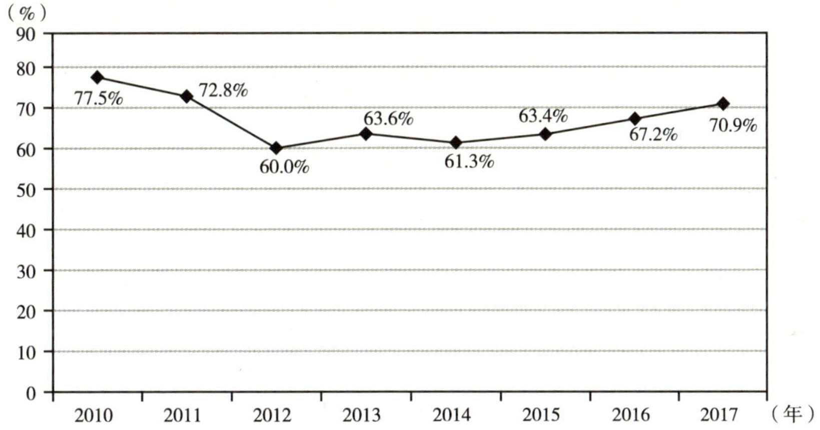

图 3－8　2010—2017 年青岛市工伤保险基金支出占保险基金收入的比重

3.4.2　生育保险基金支出的可承受性分析

虽然在 2010—2017 年生育保险的基金收入和支出都是稳步增长的，但从图 3－9 可以看出，生育保险基金支出占保险基金收入的比重呈现波动变化，最低比重为 82.4%，最高比重为 118%，极差并不大。波动的原因和我国的计划生育政策的变动和生育保险政策的变动

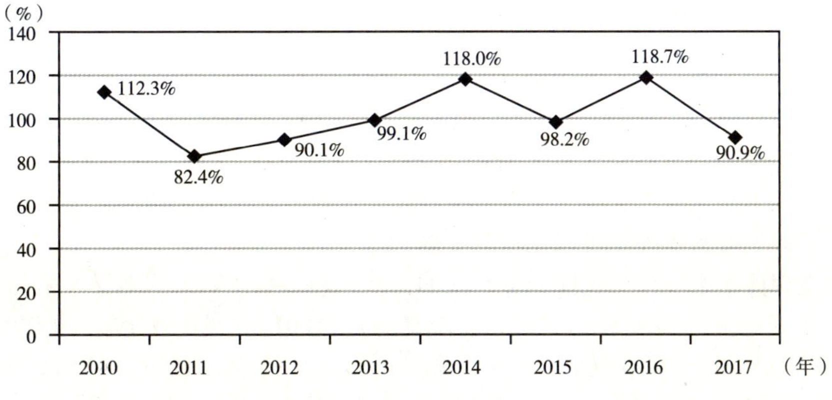

图 3－9　2010—2017 年青岛市生育保险基金支出占保险基金收入的比重

有关，由于2016年实行“全面二孩”政策，使得保险支出增长过快，2016—2017年收入里已经包含了财政巨额补助，使得青岛市生育保险基金收入并不能保障生育保险资金的支出，需要财政弥补资金缺口。

3.4.3 失业保险基金支出的可承受性分析

虽然从2010年到2017年青岛市参加失业保险的人数一直处于增长状态，且从2013年失业保险基金收入出现了大幅度的下降后一直处于波动增长，失业保险基金的支出也从2011年开始一直处于增长状态当中，但从图3-10可以看出，失业保险基金支出占保险基金收入的比重出现非常大的波动。失业保险基金支出占保险基金收入的比重从2011年到2017年一直在波动增长，且增长幅度较大，在2014年及以后支出远超过收入。2011年比重最低，仅为20.5%，而2017年比重最高，为130.9%，二者之差高达110%。出现这种现象的原因如下：一方面，失业保险费率的降低。相关政策规定，自2013年1月1日起，参保单位和职工个人的失业保险缴费费率分别下调50%，即单位缴费比例为1%，职工个人缴费比例为0.5%，2017年，再次调低失业保险费率，相关规定为：2017年1月1日起，青岛市阶段性降低失业保险费率，由1.5%降至1%，其中，单位费率由1%降至0.7%，个人费率由0.5%降至0.3%。使得保险收入减少。另一方面，失业保险金支出范围的不断扩大，如稳定岗位补贴支出、技能提升补贴支出等促进就业的相关支出。

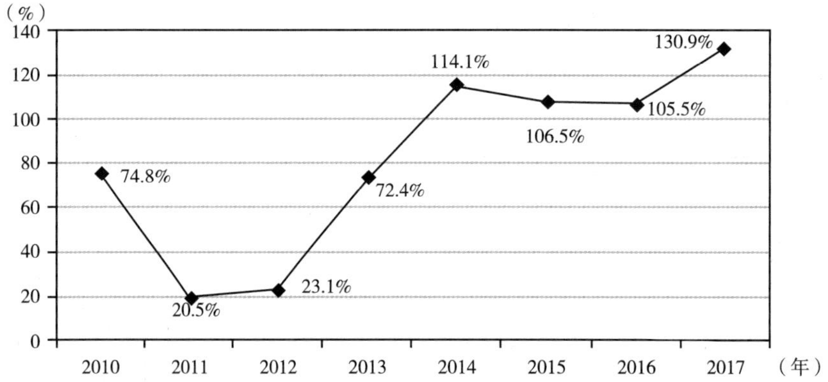

图3-10 2010—2017年青岛市失业保险基金支出占保险基金收入的比重

3.4.4 养老保险基金支出的可承受性分析

从图3-11可以看出，企业职工养老保险基金支出占保险基金收入的比重2010—2017年间一直处于增长状态，从2011年的78.2%增长到2016年101.2%，虽然比重在增长，但增长速度较慢，极差并不大，六年间增幅为20%左右。总体来看，企业职工养老保险收入基本能保证相关养老保险的支出，个别年度支出大于收入，可用累计滚存结余进行弥补，企业职工养老保险财政支出处于可承受性的边缘。

居民养老保险基金支出占保险基金收入的比重相较于企业职工养老保险来说，变化和波动都较大，最低比重为2010年的20.5%，最高比重为2012年的138.1%，在2013—2017年间比重逐渐下降，2017年下降到73.5%（见图3-12）。出现2012年这个极端值的原因为，在2012年单位缴纳的养老保险比例由之前20%下降到18%，导致保险基金收入下降，从而引起支出占比增加。总体来看，由于参保人数和领保人数近几年变化并不大，因此，居民养老保险基金支出在可承受范围内。

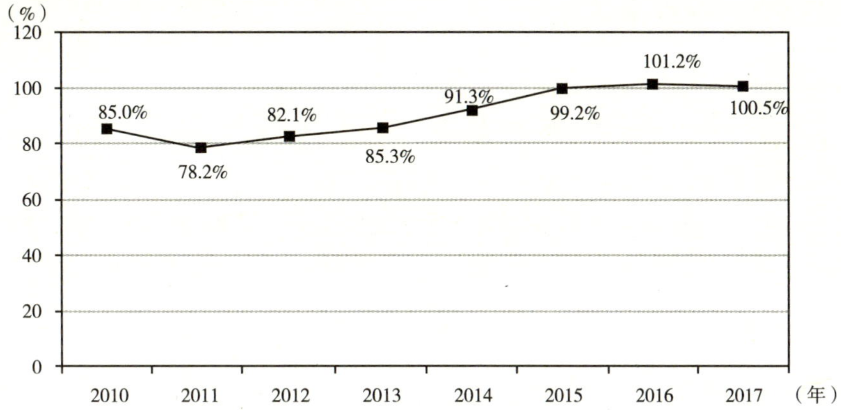

图 3－11　2010—2017 年青岛市企业职工养老保险基金支出占保险基金收入的比重

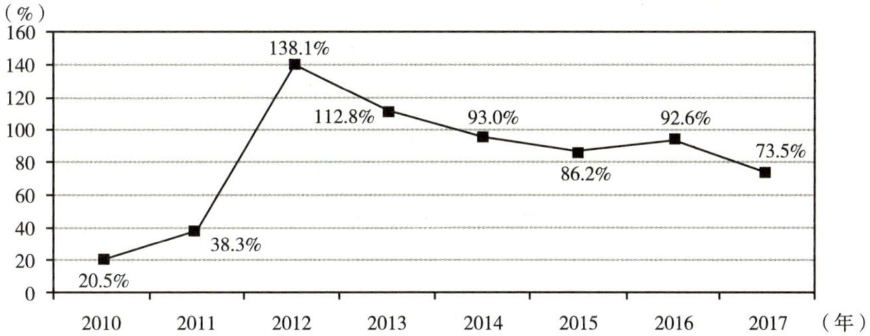

图 3－12　2010—2017 年青岛市居民养老保险基金支出占保险基金收入的比重

机关事业单位养老保险相较于上述两类保险实施较晚，只有短短三年时间。保险支出占收入的比重呈现 V 形，2015 年比重为 101. 28%，2016 年下降为 69. 44%，2017 年又增长为 101. 09%（见图 3－13）。从未来发展趋势看，机关事业单位养老保险基金还是有一定的支

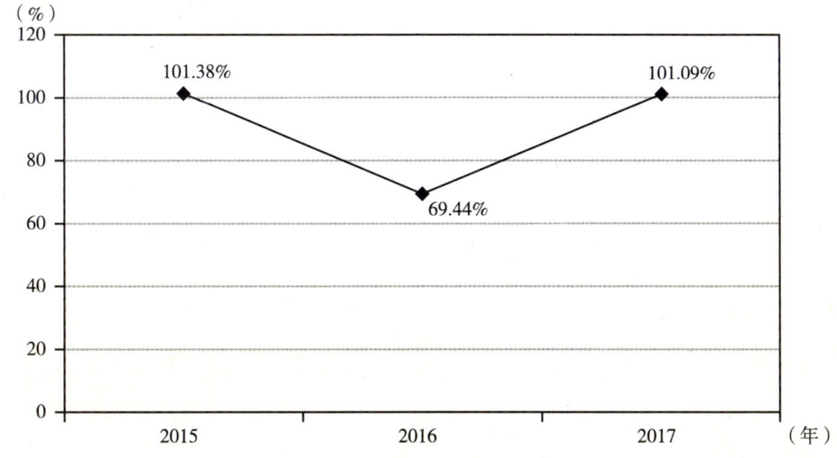

图 3－13　2015—2017 年青岛市机关事业单位养老保险基金支出占保险基金收入的比重

出压力的，支出超过收入的资金缺口将由财政资金弥补、填充。目前，青岛各区（市）机关事业养老保险改革进度不尽相同，因此，应加快各区（市）的机关事业单位的养老保险改革，减小各区之间的改革进度差异。

3.5 社会保险基金支出可持续性分析

通过对基金收入、基金支出和结余来分析社会保险资金支出的可持续性，通过分析现在状况，预测未来的社会保险支出的可持续性。

3.5.1 工伤保险基金支出的可持续性分析

由图 3－14 可以看出，从 2010 年至 2017 年，工伤保险基金收入一直处于增长状态，从 22957 万元增长到 76283 万元，增长幅度为 232.28%。2016 年出现小幅度的下降主要原因是，2015 年人力资源社会保障部、财政部联合印发了《关于调整工伤保险费率政策的通知》，对全国的工伤保险金率进行调整，而且，青岛市 2016 年工伤保险的参保人数存在略微的下降，所以，2016 年青岛市工伤保险基金收入降低。与此同时，工伤保险基金的支出从 2010 年开始一直处于增长状态当中，从 17790 万元增长到 54091 万元，增长幅度为 204%。一方面是由于我国领取工伤保险的人数一直以较大幅度的增长率在不断地上升，另一方面是由于青岛市工伤预防补助、工伤预防费等政策的实施，2017 年又进行了第十三次调整一级至四级工伤职工的定期待遇，增加了政府工伤保险支出，故工伤保险的支出整体呈上升趋势。

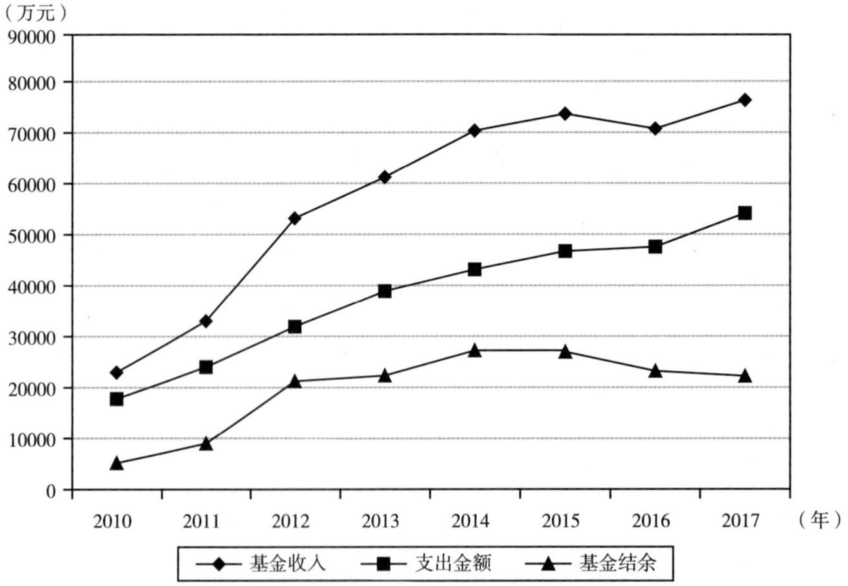

图 3－14 2010—2017 年青岛市工伤保险基金收入、支出变化情况

可以看出，工伤基金收入的增长要远大于支出，工伤保险基金结余也在稳步增长，且都是正数，当年结余规模较大，截至2017年，工伤保险累计滚存结余为20亿元左右，表明工伤保险基金有较大的资金盈余。基金收支还在可控范围内，目前来看，可持续形势相对乐观。

3.5.2 生育保险基金支出的可持续性分析

由图3－15可以看出，从2010年至2015年，生育保险基金收入一直处于缓慢增长当中，从25923万元增长到80164万元，增长幅度为209.24%，但2016年及2017年仅两年时间，生育保险就增长了一倍多，一方面是因为2016—2017年的生育保险基金收入包含了财政补助安排，另一方面是因为青岛市参与社会保险的人数不断增加，以及生育保险的最低缴费基数上调。与此同时，生育保险基金的支出与生育保险基金的收入增长趋势大抵一致，从2010年开始总体呈增长趋势，2016年以前增长较慢，2016年以后高速增长，从2010年的29100万元增长到2017年的194974万元，由于生育保险补贴金额并未发生调整，所以，生育保险基金支出的高速增长，不仅与二孩政策后我国生育保险领取人数的增长密切相关，还与生育保险补贴范围扩大有关。

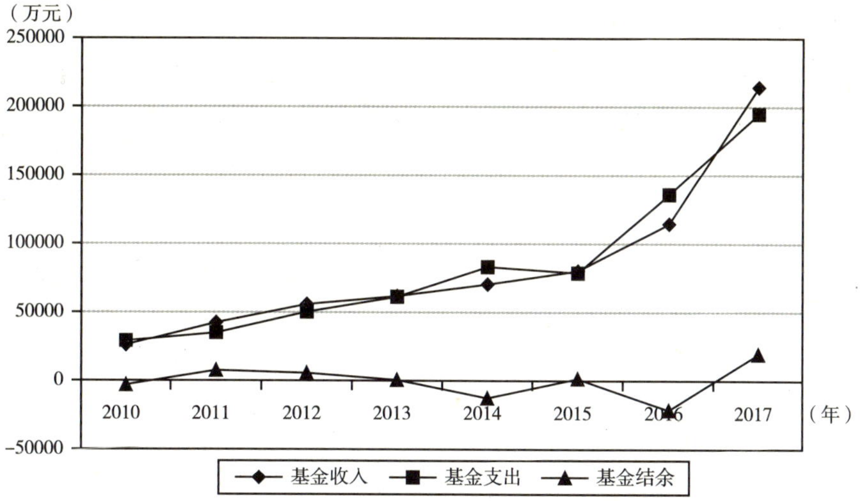

图3－15　2010—2017年青岛市生育保险基金收入、支出变化情况

虽然基金收入和基金支出都在增加，但从每年的基金结余情况来看，波动较大，2010年、2014年、2016年均出现负数，2017年出现盈余，可持续性形势依然严峻。截至2017年，生育保险累计滚存结余为2.7亿元，规模较小，未来须及时跟踪国家生育保险与职工医疗保险合并实施进度，通过政策调整化解压力。

3.5.3 失业保险基金支出的可持续性分析

由图3－16可以看出，从2010年至2012年，失业保险基金一直处于增长当中，从55364万元增长到152512万元，增长幅度为174%。而2013年失业保险基金出现了大幅度的下降，而后一直波动增长。2013年7月，青岛市开始下调单位失业保险缴费比例，职工参保单位及职工个人失业保险费率各下调50%，所以，失业保险基金收入在2013年呈现出

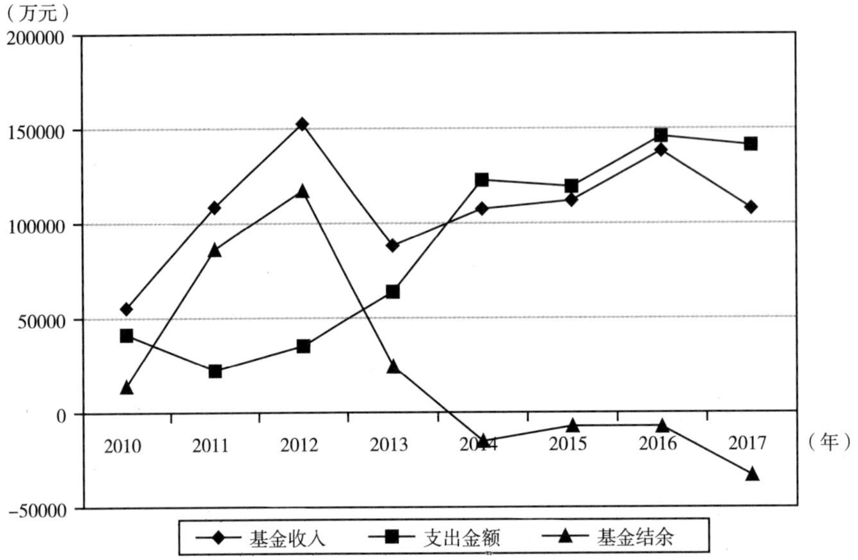

图 3-16　2010—2017 年青岛市失业保险基金收入、支出变化情况

大幅度下降的趋势。但从 2014 年开始，青岛市将领取失业保险金期间灵活就业人员社保月缴费标准上调，同时，我国社会平均工资一直在不断地上调，参保人数不断增加，所以，失业保险缴纳金额也在不断增长。为进一步减轻用人单位负担，增强社会发展活力，促进稳定就业，从 2017 年 5 月 1 日起，青岛市将失业保险费率由 1.5% 调整至 1%，因此，2017 年失业保险基金收入出现大幅度下降。

与此同时，失业保险基金支出从 2011 年开始却一直处于增长状态，从 22321 万元增长到 141073 万元，增长幅度为 532%，其中，2011—2014 年间增幅较大，2014—2017 年间增幅下降。由图 3-16 我们得知，我国失业保险的领取人数从 2014 年开始下降，人数减少，失业保险支出金额也会减少，但是，国家、省及各市为裁员率符合规定的企业提供稳岗补贴、技能提升补贴等，青岛市也在积极贯彻落实该政策，扩大失业保险金的支出范围，所以，该方面的支出开始增加，而且青岛市的失业保险金从 2010 年开始一直保持平稳的增长趋势，所以，2014 年以后，在领取失业保险人数逐渐下降的情况下，失业保险的支出金额是以较缓的趋势逐年增长。

从当年基金结余来看，2012 年以前，基金结余为正数，且呈现增长趋势，2012 年达到最高 117250 万元，而 2013 年至 2017 年，基金结余都是负数，且下降速度并没有放缓，2017 年达到 -33288 万元，但 2017 年年底，累计滚存结余为 33.9 亿元，结余规模较大，基金收支还在可控范围内，目前来看，可持续形势相对乐观。

由图 3-17 可以看出：从 2010 年起，失业保险金一直不断上涨，由 2010 年的 510 元上涨至 2017 年的 1080 元，上涨了一倍有余，其中，2013 年至 2017 年失业保险金标准均在年中进行了调整，导致同一年存在两个标准。失业保险金上涨的原因可以从两个方面分析。一是我国目前物价水平一直在不断上涨，保障失业人员失业期间，基本生活的费用也在不断提高；二是最低生活保障标准及最低工资标准也在不断地调整，失业保险金标准一般低于当地最低工资标准、高于城市居民最低生活保障标准。

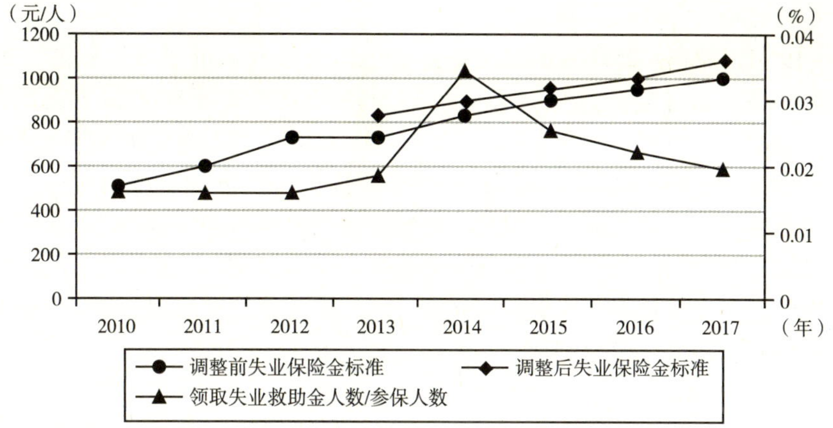

图 3－17　2010—2017 年青岛市失业保险金标准变化情况

3.5.4　养老保险基金支出的可持续性分析

由图 3－18 可以看出：从 2010 年至 2017 年，职工养老保险基金一直处于增长状态，由 1106172 万元增长到 2762476 万元，增长幅度为 150%。主要原因是，这段时间，随着企业职工养老保险制度的不断规范与完善，参加职工养老保险人数的增加和居民工资收入的增长。同时，基金支出也一直处于增长状态，而且增长的幅度和基金收入大致相同，由 2010 年的 939719 万元增长到 2017 年的 2775034 万元，增长幅度为 195%，这也与领取保险金人数的变动相符。

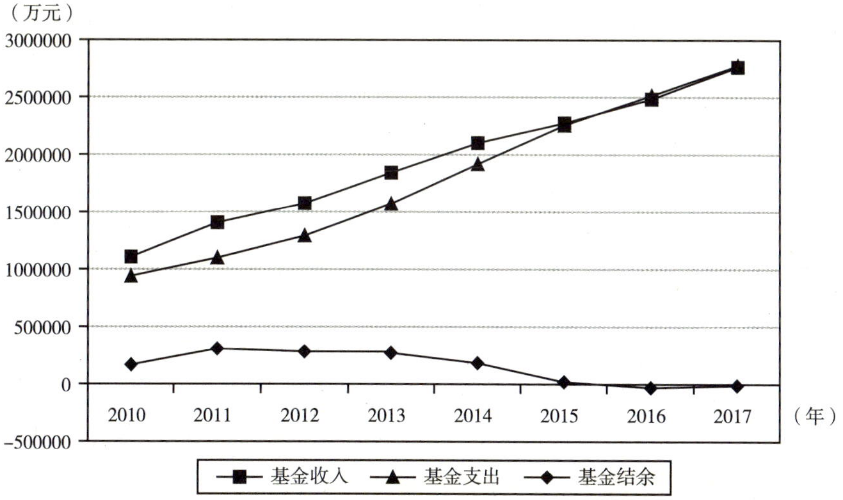

图 3－18　2010—2017 年青岛市职工养老保险基金收入、支出变化情况

从职工养老保险基金收入和支出增长的速度来看，二者增速基本持平，从而导致当期基金结余保持在零刻度线左右，基本收支相抵。考虑到通胀因素，以后年度养老金调待还将继续，在老龄化社会的深入过程中，每年将新增退休人员 5 万—6 万人，即每年新增支出 10%，而扩面征缴红利是有限的，基金收入很难长期维持 10% 的增长态势，企业职工养老保险下行趋势已经确定。

由图 3 - 19 可以看出：2010—2011 年，养老保险基金收入处于增长状态，2012 年出现下滑，2012—2016 年处于稳定增长状态，由 192269 万元增长到 300038 万元，增长幅度为 56%。2016—2017 年出现较大幅度的增长，由 300038 万元增长到 407839 万元，增长幅度为 36%，主要原因是，2014 年以前，我国的居民养老保险主要分为新型农村社会养老保险和城镇居民社会养老保险，尚未建立全国统一的城乡居民基本养老保险制度。由于划分口径不同，基金收入的管理不同，所以，在前几年基金的收入出现较大的变化。而 2014 年后，建立起了全国统一的城乡居民基本养老保险制度，统一了基金管理的划分口径，故基金收入一直处于稳定的增长状态。

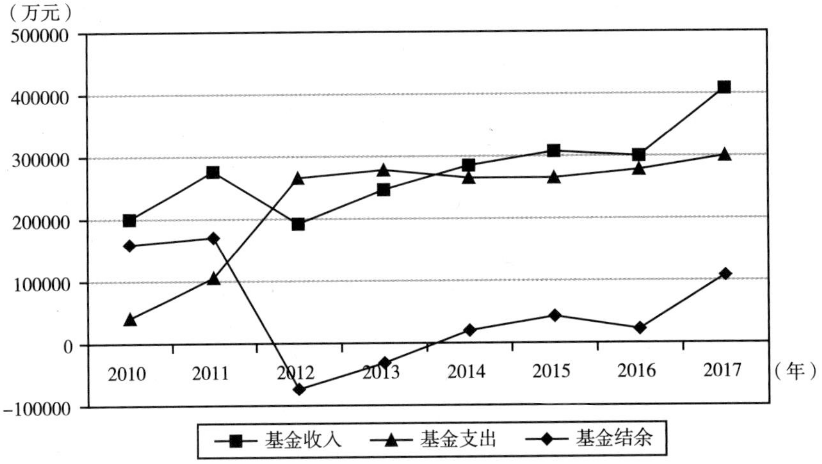

图 3 - 19 2010—2017 年青岛市居民养老保险基金收入、支出变化情况

居民养老保险支出增长为刚性增长，主要是养老金调整和领取待遇人数增加导致，随着老龄化社会的深入，基金支出增幅逐步加大。但从目前的基金结余来看，2017 年当期结余 10.8 亿元，年末累计结余 65 亿元，达到 24 个月的支付水平，可持续形势短期内比较乐观。

由图 3 - 20 可以看出，机关事业单位的养老保险收入呈现倒“V”形，2015—2016 年增长到 800000 万元以上，2016—2017 年又下降到 700000 万元左右；而保险基金支出却是直线增长，从 2015 年的 382822 万元到 2017 年的 719206 万元，增长率为 88.87%；基金结余的变化趋势和基金收入的变化趋势一致，也呈现倒“V”形，除 2016 年结余为正数，2015 年和 2017 年都是负数。2017 年年末，累计结余为 27.8 亿元左右，短期内可持续性较乐观。

综上分析所述，企业职工养老保险收入和增长速度逐渐趋于一致，但随着我国老龄化的到来，企业职工养老保险下行趋势已经确定，支出缺口可能会逐年增加；城乡居民养老保险基金截至 2017 年年末累计结余 65 亿元，达到 24 个月的支付水平，可持续形势短期内比较乐观；机关事业单位养老保险虽有累计结余，但从支出增长趋势来看，未来可能继续产生负的结余，需要财政资金弥补缺口。

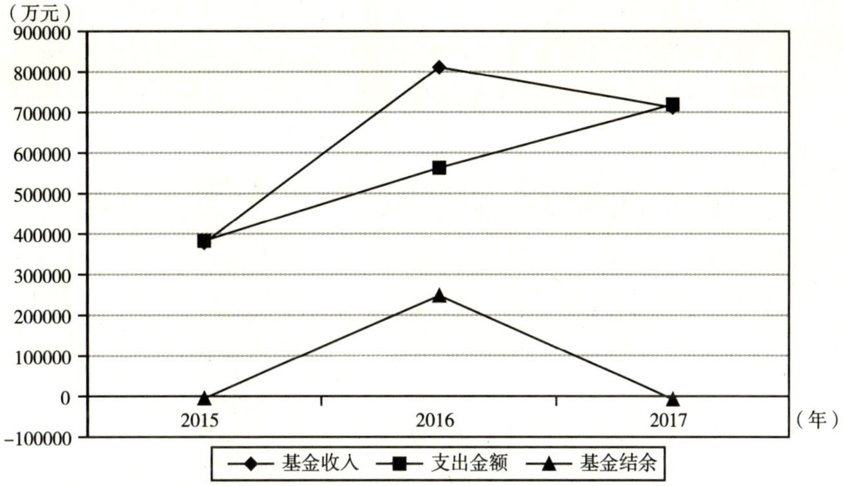

图 3-20　2010—2017 年青岛市机关事业单位养老保险基金收入、支出变化情况

第4章

社会保险政策的国内外先进经验

4.1 社会保险政策的国外先进经验

4.1.1 工伤保险

（1）德国。德国具有非常完善的工伤保险体系和制度。一直以来，德国的工伤保险制度都是世界各国学习的对象，做到了最大限度地降低对劳动者的职业伤害，最大程度地保障劳动者的职业安全。

德国政府立法推动具有强制性的工伤保险制度。国家设立专门的行政部门，按照法律规定具体负责工伤保险的运营；覆盖范围涵盖了境内大部分人群；德国的工伤待遇根据伤残情况而定，普通疾病由疾病基金资助，受到严重伤害的人员由专门的事故基金资助，达到一定丧失谋生能力的部分或永久伤残人员可领取全额抚恤金的一定比例，永久完全伤残人员按一定比例支付其年收入，严重残疾者除了给予基本抚恤金外，还给予每月照顾补助。对于死亡遗属，也给予了一定的抚恤金和收入。

德国在日常预防工伤事故方面做得也很好，如开展劳动监察和咨询、开展安全教育和劳动医疗以及制定和公布劳动保护方面的规定。经过几百年的实践和发展，德国工伤保险制度在管理、资金筹集、费率等方面都发展得较为完善，也获得明显的社会效应。

（2）美国。美国没有统一的工伤保险制度，而且其管理机构、资金来源、工伤待遇等都不相同，但其最大的特点是拥有专业化、市场化的工伤康复体系。从专门的康复协会、私人职业康复行业、职业康复咨询机构到专业康复咨询机构与社区卫生服务相结合，美国建立起了较为完善的工伤康复体系，较好地解决了工伤者的康复需求。

（3）新加坡。新加坡没有形成集中的工伤保险基金制度，而是国家通过立法对工伤的赔偿类型和标准作出规定，由雇主对雇员的工伤进行赔偿。经办形式上，不由相关政府机构或者公共机构建立机构，完全推向市场化，要求或者鼓励雇主向私人的保险机构购买保险。

新加坡工伤保险制度形成了自己的特点。首先，新加坡工伤保险制度规定了工伤保险的雇主责任。工伤保险覆盖范围包括月薪低于一定数额的员工、所有雇佣合约下的雇员及学徒工。雇主要为蓝领工人购买商业性的意外保险，工伤赔偿包括一般医疗费赔偿、误工费赔偿、伤残津贴赔偿等项目，在赔付额度方面，考虑因素包括员工月收入、伤残等级以及年龄等因素。其次，雇主选择性较大，在保险方式问题上享有较为广泛选择权，可以选择是否购买工伤事故保险。同时工伤风险与雇主利益直接挂钩，促使雇主在工伤预防上具有一定的自觉性。雇主会在充分考虑自身利益和风险评估的基础上做出选择。最后，政府的监督和管理责任。虽然与工伤相关的保险事务是由私人的保险公司来承办，但是政府部门在工伤事故的报告、工伤认定、待遇核定等方面对保险业进行严格的监督和管理。

4.1.2　失业保险

（1）日本。日本实行强制性失业保险制度，覆盖范围为工薪雇员，包括正规的就业雇员及临时工、日工和非全日制工人。资金来源为雇主和雇员缴费及政府补贴。

日本将失业保险基金用于鼓励企业招聘失业人员。在征收失业保险费时单独征收促进就业费，用于以下就业补贴项目：一是对不景气而被迫缩小经营规模 的企业给予为期1年的工资补贴，以便安置内部富余人员。二是对转产、重组企业提供一次性就业稳定特别补贴。三是对在就业特别困难地区开办的企业给予奖励性补贴。四是对创造出大规模就业岗位的企业给予岗位开发补贴。五是向企业、在职员工和失业者个人直接提供培训补贴。

（2）法国。法国通过全国700多家职业介绍机构为失业人员提供再就业服务，并规定其26％的工作经费由失业保险基金提供。法国规定，失业人员从事其他不依靠工资生活的职业，有权在一定时期内享受国家给予的特别补贴。对自行创办微型企业的失业者，除给予技术支持、咨询服务外，还由失业保险基金给予担保，由银行给予贷款。如法国规定创业者在开业的头几个月时间内继续享受各项社会保险，包括失业津贴。

法国对因经济性裁员失业而要求在6个月内再就业的人，不作为失业人员处理，而由失业保险管理机构发给其相当于原工资80%的转业安置津贴。6个月后仍未找到工作，再按失业人员进行登记并领取失业津贴。对领取失业津贴期间愿意接受一份比原来待遇差的工作的失业者，规定在其从事这项工作并继续寻找更合适的岗位期间，可继续领取失业津贴。

4.1.3　生育保险

在一些西方国家，生育保险的覆盖范围早已扩展到灵活就业的群体中了。生育的医疗保障包含在疾病保险中，而疾病保险已经覆盖全体国民，所以，全体国民都能享有生育医疗保障，如芬兰、瑞典、德国、英国等。在没有建立全民生育保障的一些国家，也通过单独立法或者修改法律将生育保险扩至灵活就业群体。如印度《灵活就业人员社会保险法》规定，向灵活就业人员本人和家庭提供健康险，其中，包括不超过每年1.5万卢比的医疗费用、每胎不超过1000卢比的生育费用。在英国，生育保险覆盖自雇者，自我雇佣者需要缴纳第二类型国民保险税，只要其在婴儿出生前66周中，至少26周是自我雇佣并通过了收入情况审查，就可以获得生育津贴（Maternity Allowance），生育津贴发放时间与法定产假工资时间相同，都是39周。2002年9月，南非《基本就业条件法和劳动关系法》开始适用于家政工人，要求雇主为失业保险基金登记所雇的家政工人缴纳保险金，让这些工人享有失业和生育津贴。

4.1.4　养老保险

（1）智利。智利规定，所有养老保险参保人都必须建立个人账户，雇主和国家无须缴纳保险费，政府仅给予部分参保优惠。缴费者可以自主选择一家私营养老金管理公司管理自己的个人账户。当其退休时，可以按个人养老金账户中的积累数额领取养老金。职工每月缴纳工资额的10%，存入个人资本积累账户。雇员一旦在某家养老基金管理公司建立了个人资本积累账户，其成员资格不会因调动工作、失业或者退休而被终止。投保人还可以自愿增缴高于法定10%的份额，建立“自愿储蓄账户”，以获得更多的退休金或者用于提前退休，但有最高限额约束。个人账户资金所有权归于个人，退休时方可领取，如未到领取期去世，个人账户基金可以由其继承人领取。“自愿储存账户”的资金每年可以提取4次，也可以在退休时全部转入法定的个人养老保险账户，统一计算领取每月的养老金。

智利的养老基金管理公司是专门运营养老保险基金的私营机构，只能从事养老保险基金的收入、支出和投资。智利政府规定，养老基金管理公司必须要常年保持在四千人以上的客户规模，养老基金的收益全部划归养老基金，并且公司要依法纳税。若公司破产也只限于公司自身的资产，不能使养老金遭受任何损失。

（2）瑞典。瑞典作为“从摇篮到坟墓”的高福利国家的典范，很早就建立了全民养老制度。其社会养老保障以“高福利、高税收”为特点，通过征收高额的税费来提供充足的福利，其中，养老保险的替代率达到了65%。然而，老龄化程度的不断加剧使得瑞典的经济发展逐步受到了高福利的严重制约，因此，瑞典政府开始采取措施缩减社会保险支出。瑞典养老金改革的主要特点是从“慷慨”到“吝啬”，从完全国家管理变为国家管理和私人管理相结合，由原来的现收现付制转向现收现付制与养老金投资并重。

目前，瑞典基本养老金由两部分组成，包括国家保证养老金和收入关联养老金，国家保证养老金用于最低保障，收入关联养老金又包括收入型养老金（占16%，由4只缓冲基金管理）和基金制养老金（占2.5%，由基金管理局PPA管理）。这些基金近年来的收益率都很不错，4支缓冲基金年化收益率在2%—4%，基本可以达到收大于支。此外，瑞典还建立了准强制性的职业养老金作为第二支柱，主要用于私营部门的员工养老，也取得了不错的收益。

（3）英国。英国是世界上较早建立现代社会保险制度的国家，也是现代养老保险制度比较完善国家。目前，英国养老金基本可划分为“三支柱”：国家养老金信用账户和国家基本养老金，国家第二养老金和职业养老金，个人养老金。第一支柱具有强制性和全覆盖性，实行现收现付制，与员工收入水平无关，保证退休后的最低生活需要。第二支柱由雇主为职工选择一种养老金计划并帮助其加入，雇主需要按一定比例缴纳费用。第三支柱是个人养老金，由于职业养老金的快速发展，个人养老金参加人数近年来有所下降。

4.2 社会保险政策的国内先进经验

4.2.1 杭州市社会保险政策

对于失业保险，2018年1月1日起，杭州农民合同制职工与城镇职工同等参保缴费，同等享受失业保险待遇。农民合同制职工与城镇职工同等参保缴费，同等享受失业保险待遇。原农民合同制职工本人不缴纳失业保险费的，所在单位为其缴纳失业保险费的时间按规定进行折算，与之后的实际缴费时间累计计算。统一政策后，农民工失业后不仅可以按月领取失业保险金，由失业保险基金代缴基本养老和医疗保险费，还可根据自身情况享受职业培训、职业技能鉴定和创业补贴，待遇水平更高，保障也更全面。

对于生育保险，杭州市相关政策规定，男职工也可以享受生育津贴，职工只要办理了生育保险参保登记手续的，不论男女，在国家统一规定的计划生育手术休假期限内，均可以享受计划生育手术津贴。

对于养老保险，2018 年杭州出台的新政策调整了丧葬补助费发放范围：城乡居民基本养老保险参保人员死亡的，统筹地社保经办机构应按照参保人员死亡当月当地城乡居民基本养老保险基础养老金标准，向死亡人员遗属发放 20 个月的基础养老金，作为一次性丧葬补助费。今后，受益面将会扩大，囊括所有参保人员。另外，在个人账户继承标准方面也作了调整：新政策规定，城乡居民基本养老保险参保人员死亡的，其个人账户中个人缴费、集体补助和实际缴费年限的财政缴费补贴余额及利息可依法继承。而此前，财政缴费补贴部分不在继承范围内。

4.2.2　深圳市社会保险政策

对于养老保险，《深圳经济特区社会养老保险条例》实施细则对一些细节进行了规定，如个人账户储存额只能用于参保人养老，除符合国家规定情形的，不得提前支取；参保范围的规定，如外籍人员女性年满 50 周岁、男性年满 60 周岁的，不参加深圳市社会养老保险。重复参保以及重复享受养老保险待遇的，如参保人在两个以上统筹地区重复参加社会养老保险的，应按国家有关规定办理清退手续；选择清退本市重复缴费的，其个人缴费部分的本金和利息退还本人，其余划入本市基本养老保险统筹基金等。这些细小问题的规定，让政策执行更加透明化，避免引起争议。

对于生育保险，深圳市为提升新生婴儿照顾水平，进一步鼓励广大人民群众积极执行计划生育基本国策，实行“基本产假 + 奖励产假”的模式，在基本产假的 98 天的基础上，增加奖励产假 80 天。

第5章

社会保险政策的优化建议

5.1 宏观层面

5.1.1 厘清政府与市场的边界，明确政府的角色定位

党的十九大提出，坚决破除制约市场发展的体制机制弊端，使市场在资源配置中起决定性作用，更好地发挥政府作用，转变政府职能，建设人民满意的服务型政府，这意味着政府与市场边界的逐步清晰化。市场机制在很多情况下可以实现资源的最优配置，但市场并不是万能的，也会产生市场失灵问题，这时候就要政府来提供市场不能提供的公共产品等，如调节收入贫富差距，实现公共服务均等化等。在保障人民生活水平、调节收入再分配中，政府应该明确自己的角色定位，即先由市场配置，政府承担兜底责任。厘清哪些由市场配置，哪些由政府承担，不仅可以提高资源的最优配置，更可以提高政府的工作效率，更好地为人民服务，保障人民生活。

5.1.2 明确财权与事权，保持财权与事权的协调性

明确事权，在此基础上作出财政预算，明确各级政府相应的支出责任，以保障国家责任和政府职能的履行，是打造现代国家治理体系和提高国家治理能力的必要条件。明确财权是在事权确定的基础上，首先明确是中央事权还是地方事权，还是中央与地方共同事权，依此确定政府应该在哪些地方花钱，由哪级政府负担。如财权与事权不匹配，则要么以无财履行责任为由使事权落空，要么大行财政机会主义，违规扩大赤字和负债，增加财政风险。基本养老保险基金逐步实现全国统筹、医疗等其他社会保险省级统筹等，以及未来不可回避的省以下各级政府在这些基本公共服务支出责任的分担，都会涉及事权与财权的协调。政府在为公众提供社会保险的同时，应保证财权事权的统一性，协调性，充分考虑社会保险的可持续性和财政的承受力。

5.1.3 注重公平与效率，实现公共服务的均等化

一个健全的社保制度应实现公平与效率的统一，社保制度既要维护社会公平，又要提高效率，二者不能顾此失彼，处理好公平与效率的关系问题是完善制度的核心问题。公平是社保制度的本质和核心，是制度最初设计时追求的目标，我国社保制度规定，任何社会成员只

要符合法律规定的条件，均被“无歧视”地纳入覆盖范围，每一个社保项目对其适用范围的社会成员来说，都是一种起点公平的保障。健全的社保制度应该覆盖全民，我国应将广大农民、自由职业者等群体逐步纳入社保覆盖范围，让全民共享改革发展成果，实现公共服务的均等化发展。

5.2　微观层面

5.2.1　扩大工伤保险覆盖范围，保障农民工合理权益

目前，建筑业作为工伤高发的行业已经被纳入工伤保险的覆盖范围，有效保障了建筑工的合理权益。在以后的发展中，应进一步扩大工伤保险的覆盖率，可以尝试把所有存在雇佣关系的建筑工人，不论其年龄、种族、性别、收入以及职位稳定状况，都应当而且必须使其成为工伤保险的被保险人，同时，也要把所有的农民工包括进来，只有这样才能使所有的工伤遭遇者得到及时有效的赔偿，使受伤害者的权益得到更好的保障，使整个社会更加稳定、和谐。因此，应该充分利用媒体资源，扩大宣传力度，让更多的工薪阶层认识到工伤保险的重要性，鼓励社区街道积极开展关于“如何正确看待保险的重要性”“如何通过社会保险保障自己的权益”等系列讲座，同时，合理利用街道宣传栏、街道广播、宣传册对其进行宣传。

5.2.2　开源节流，增收节支，推动社会保险可持续

从前面的分析中可以看出，很多保险的收支不平衡，如生育保险基金结余最近几年经常出现负数，支出大于收入，导致2017年累计结余仅为2.6亿元左右，严重影响了社会保险的可持续发展。因此，要想保持较大的基金结余，一方面须加大社会保险扩面征缴力度，将更多的人纳入社会保险的范围中，增加社保收入，另一方面须加强对社保基金支出的动态监控和日常监管，严格控制基金支出，严厉打击违法骗保行为，防止“跑冒滴漏”。此外，还须改进相关政策，比如，及时跟踪国家生育保险与职工医疗保险合并实施进度，通过政策调整化解压力，推动可持续性发展。

5.2.3　重视灵活就业群体，普惠社保福利

通过前面的调研分析发现，关于灵活就业群体的社会保险政策较少。随着市场经济及互联网的发展，我国灵活就业群体呈现不断扩大的趋势。由于灵活就业的群体没有固定的公司代为管理，与传统的就业方式相比，灵活就业群体更容易遭受市场经济带来的各种风险。因此，应该关注灵活就业人群的社会保险问题，明确把各类灵活就业者纳入“劳动者”范畴，进一步促进灵活就业者自由缴纳社会保险。根据灵活就业群体的特点和需求，针对不同的灵活就业者采取分类管理，建立针对弱势灵活就业者的优惠机制。分类构建灵活就业群体的生育保险制度，为其提供医疗服务和经济双重保障。对于灵活就业者缴费难、转移接续困难等问题，应该充分利用信息技术、网络技术，创新管理和服务机制，不断完善渠道和平台建设，简化办理流程，加强信息互动，确保灵活就业者享有相同的社会保险权益。

5.2.4 设置完善的制度配套，建立养老金动态调节机制

一方面，继续稳妥扩大参保面。加强宣传，规范个体工商户缴费情况，与此同时，完善企事业单位的薪酬基数管理，逐步规范工资之外的收入。此外，随着“全面二孩”政策的放开，未来养老金的参保面也会随之扩大。另一方面，建立养老金的动态调节机制。根据城镇职工基本养老现状，尽快落实渐进式延迟退休制度，形成人口预期寿命和个人账户养老金支付相契合的领取机制。

第6章

研究展望

社会保险制度被称为“社会的稳定器”，从它诞生的那一天起，就担负起了救济贫困，平衡社会不同阶层的利益，从而实现社会稳定的重任。我国已经提出“到2020年基本建立覆盖城乡居民社会保险体系”的战略目标，且党的十九大报告也提出：要全面实施全民参保计划，要建立全国统一的社会保险公共服务平台等目标，这为青岛市今后五年乃至更长时间的社会保险发展指明了方向。

为实现这一战略目标，在未来的发展中，青岛市应该按照“兜底线、织密网、建机制”的总要求，加快建设覆盖全民、城乡统筹、权责清晰、保障适度、可持续的多层次的社会保险体系，具体从以下几个方面着手：

第一，进一步加大宣传力度，提高对制度实施的重视程度。社会保险作为一项意义重大的制度安排，各级政府和基层组织都要落实并加大宣传解释的力度，必须使广大城乡居民从传统的家庭保障意识向现代保障意识转变。充分运用电视、广播、网络、报刊等各种现代传播工具进行制度宣传，提高基层工作者和城乡居民对制度建设重要性和优越性的认识程度，准确把握制度发展的最新动向。同时，政府应定期将本地社会保险执行情况向居民公示，鼓励广大居民就本人在参保过程中出现的问题进行咨询和投诉。只有这样，才能真正增强群众参保积极性，实现应保尽保。

第二，继续深化实施全民参保计划，实现全民覆盖，增大保障范围的普遍性。按照“全覆盖”的要求，进一步提高养老和其他社会保险制度的参保缴费率，扫除参保的“盲点”和“死角”，防止重复参保。全面推进五大社会保险统一征缴改革，稳步推进机关社保改革后续工作，配合做好养老保险全国统筹相关工作，落实基本养老保险中央调剂金制度。

第三，切实加强基金收支管理，保障平台的有效性。逐步建立起全国统一并与其他相关系统有机衔接的社会保障信息管理网络和社保资金管理系统，规范社保资金收支流程，加强经办服务能力，严厉打击基金违规违法行为，落实基金安全管理追究制度。强化保险基金收支管理，抑制收支不断恶化的局面。在基金收入端，要严格执行保险费率调整、缴费基数核定、参保缴费等各项政策，切实实现基金应收尽收。在基金支出端，要通过合理确定待遇调整水平，切实控制基金支出。建立先进、科学、完备的信息管理平台，为社会保障事业发展提供先进的管理服务。

第四，进一步完善社会保险政策体系，强化社会保障制度建设和运行的“法治”色彩，避免政策实施和调整的随意性、不规范性，确保社会保障改革顺利推进。社会保险的规范化发展和稳定运行需要政策法规的支持和制度体系的完善，应当结合实际情况有针对性地完成政策的制定，通过与其他城市的对比进一步完善政策法规，提升其广度和深度，充分借鉴发展较快的其他省市的先进管理经验，进一步提高社会保险的管理和保障水平。

第五，通过落实和完善税收支持政策，鼓励用人单位为劳动者建立补充保险逐渐成为社会保险体系之外的一个重要的方式，要进一步鼓励商业保险发挥补充性作用。同时，要进一步健全社会保险管理体制和经办服务体系，为可持续发展提供基本支撑和保障，推进多层次社会保险体系建设。

参考文献

［1］黎大有，张荣芳．从失业保险到就业保险——中国失业保险制度改革的新路径［J］．中南民族大学学报，2015，35（2）：108－112．

［2］董芳，周江涛，赵俊康．失业保险基金支出促进就业功能研究——基于线性协整与面板协整的实证检验［J］．经济问题，2015（2）：63－68．

［3］梁书毓，薛惠元．费率降低背景下失业保险保障水平的确定——基于基金平衡的视角［J］．西北人口，2016，37（1）：63－69．

［4］董保华，孔令明．经济补偿与失业保险之制度重塑［J］．学术界，2017，224（1）：18－33．

［5］齐声贺．影响失业保险基金结余有效性的因素分析［J］．劳动保障世界，2017（18）：14－16．

［6］VODOPIVEC M. Introducing unemployment insurance to developing countries［J］. Journal of labor policy，2013（2）：1－23．

［7］陈敏．"非职工"群体纳入工伤保险制度保障探析［J］．政治与法律，2017（2）：151－161．

［8］张军．对完善我国工伤保险制度的一些思考［J］．中国医疗保险，2018（2）：66－68．

［9］吴晓丽，薛兴利．基于 DEA 模型的我国工伤保险运行效率分析［J］．经济论坛，2018，570（1）：145－150．

［10］杜鹃，王丽．现行工伤保险制度下的补充工伤保险探索［J］．中国劳动，2017（4）：30－33．

［11］HOLLEYA S，et al. Reforming a complex system：the case of NSW worker' compensation and return to work［J］. Labour & Industry：a journal of the social and economic relations of work，2015（2）：85－99．

［12］卢纯佶，程琳敏．对生育保险与基本医疗保险合并实施的思考［J］．中国劳动，2017（3）：33－35．

［13］李颖．全面二孩政策下的生育保险制度调整探讨［J］．市场论坛，2016（8）：1－3．

［14］张盼，周绿林，张笑天．生育保险基金收支平衡的影响因素分析——以江苏省为例［J］．行政事业与财务，2017（19）：29－32．

［15］唐芳．完善生育医疗保险待遇制度研究［J］．中华女子学院学报，2017（3）：22－26．

［16］Extending maternity protection to all women：Trends，challenges and opportunities［J］. Laura Addati. Int Soc Secur Rev. 2015（1）．

[17] 蒋彧，全梦贞．中国人口结构、养老保险与居民消费 [J]. 经济经纬，2018，35 (1)：131-137.

[18] BLAKE. The impact of wealth on consumption and retirement behavior in the uk [J]. Applied financial economics，2004，14 (14)：555-576.

[19] AYDEDE H. Saving and social security wealth：a case of Turkry [Z]. SSRN，Networks Financial Institute，Working Paper，2007.

[20] 杨宜勇，吴香雪．养老保险制度体系改革与税收扶持机制研究 [J]. 税务研究，2018 (1)：25-30.

[21] 刘二鹏，张奇林．社会养老保险缓解农村老年贫困的效果评估——基于 CLHLS (2011) 数据的实证分析 [J]. 农业技术经济，2018 (1)：98-110.

[22] 王增文．财政缺口下养老保险基金最优风险投资组合策略研究 [J]. 华中科技大学学报（社会科学版），2018 (1)：15-21.

第四部分

社会救助

第1章

绪　论

1.1　研究背景

社会救助是历史最为悠久的社会保障制度之一，也是政府用以免除国民生存危机，削弱经济波动影响、促进社会公平的重要宏观调控机制。改革开放以来，我国经历了从社会救济到社会救助的制度过渡，并逐步实现由基本生活保障向综合型社会救助体系的发展。1993年，上海在全国率先建立城镇居民最低生活保障制度；1997年，全国各省、市、城镇相继拉开建立低保的序幕；2003年和2005年，国家分别开展了农村医疗救助和城镇医疗救助工作；2006年，开始设立以财政供养为基础的新型农村五保供养制度；2007年，国务院发文，在全国建立农村最低生活保障制度；2011年，国家开始全面推进保障性安居工程建设；2014年，国务院颁布《社会救助暂行办法》，正式标志着一个与市场经济相适应的，以最低生活保障、农村五保供养为核心，以医疗救助、住房救助、教育救助等专项救助为辅助，以临时救助、社会帮扶为补充的覆盖城乡的新型社会救助体系的形成。这不仅大大提升了社会救助的政治地位，强化了政府责任，而且从根本上改变了中国社会保障制度的理念，实现了从人性关爱到维护权利的转变，凸显了政府在维护公民基本生活安全方面的责任。[1]

处在新的起点，党的十九大报告确立的“以人民为中心”的发展思想，对整个社会保障提出了更高的要求，社会救助制度作为社会保障体系的“最后一道安全网”，必然也要站在新的高度，切实做好“兜底”工作，保证“应保尽保，动态管理”。此外，随着2020年的迫近，社会救助作为重要的反贫困政策支柱，必然也要与扶贫政策一道，全力解决好贫困问题，争取早日实现全面小康。而实现社会救助的政治定位，不仅要出台科学合理的社会救助政策，也要发挥好财政资金的效能，财政部门作为财政资金的预算安排和监督管理部门，也要配合民政、卫生、残联等事权部门不断完善和优化社会救助政策，做好财力保障工作，不断提高社会投助资金使用效益，促进社会公平、和谐、稳定。

一直以来，青岛市政府始终积极响应党中央的要求，高度重视青岛市民生问题。在社会救助方面，市政府依据国务院出台的《社会救助暂行办法》，结合青岛市当地情况，将当地社会救助发展为以城乡最低生活保障制度为基础，以医疗、住房、教育、临时救助等分类救助制度为辅助，以经常性社会捐助、慈善救助、结对帮扶等社会帮困手段为补充，以“阳光救助”为服务品牌的多元化救助体系，极大地满足了青岛市基层人民的生活需求，并多次受到国家表彰。另一方面，虽然青岛市社会救助制度取得了质的飞跃，但我们也应当意识到，随着“社会基本矛盾已经转化为人民日益增长的美好生活需要与不平衡不充分的发展之间的矛盾”，青岛市社会救助应在“消除贫困”、减少贫富差距等方面进一步发挥作用，以发展性救助为指引，既要实现兜住底线、织好密网、健全机制，也要充分尊重受助者的权利，提升受助者的能力。同时，对社会救助制度内部而言，青岛市社会救助仍面临着诸多挑战，急切需要通过深化改革来优化制度结构，明晰责任分担，优化救助资金效能，以为未来发展筑牢保障民生、稳定社会的基石。

为便于后续的研究，本章以国务院 2014 年发布的《社会救助暂行办法》（下文简称《暂行办法》）为基础，主要从最低生活保障、特困人员救助、医疗救助、临时救助等方面展开研究。《暂行办法》的颁布，一方面明确界定了社会救助的基础性概念，另一方面确立了我国新型社会救助体系框架（详见图 4－1），这对我国社会救助相关工作的实施起到了重要的指引作用。《暂行办法》对社会救助相关的概念作出了如下描述：

第一，最低生活保障：国家对共同生活的家庭成员人均收入低于当地最低生活保障标准，且符合当地最低生活保障家庭财产状况规定的家庭，给予最低生活保障。

第二，特困人员供养：国家对无劳动能力、无生活来源且无法定赡养、抚养、扶养义务人，或者其法定赡养、抚养、扶养义务人无赡养、抚养、扶养能力的老年人、残疾人以及未满 16 周岁的未成年人，给予特困人员供养。

第三，医疗救助：健全医疗救助制度，保障医疗救助对象获得基本医疗卫生服务。

第四，临时救助：对因火灾、交通事故等意外事件，家庭成员突发重大疾病等原因，导致基本生活暂时出现严重困难的家庭，或者因生活必需支出突然增加超出家庭承受能力，导致基本生活暂时出现严重困难的最低生活保障家庭，以及遭遇其他特殊困难的家庭，给予临时救助。

第五，受灾人员救助：对基本生活受到自然灾害严重影响的人员，提供生活救助。自然灾害救助实行属地管理，分级负责。

第六，教育救助：对在义务教育阶段就学的最低生活保障家庭成员、特困供养人员，给予教育救助；对在高中教育（含中等职业教育）、普通高等教育阶段就学的最低生活保障家庭成员、特困供养人员，以及不能入学接受义务教育的残疾儿童，根据实际情况给予适当教育救助。

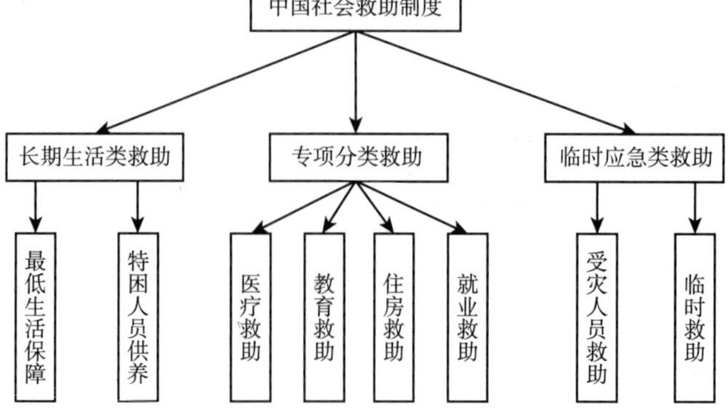

图 4－1　我国社会救助体系组成

第七，住房救助：对符合规定标准的住房困难的最低生活保障家庭、分散供养的特困人员，给予住房救助。

第八，就业救助：对最低生活保障家庭中有劳动能力并处于失业状态的成员，通过贷款贴息、社会保险补贴、岗位补贴、培训补贴、费用减免、公益性岗位安置等办法，给予就业救助。

1.2　文献综述

1.2.1　社会救助发展困境

当前，我国已初步形成了“8 + 1”社会救助体系，但在政策的制定与执行等方面仍存在有待完善之处。整体上，我国的社会救助存在救助理念消极、救助项目捆绑、救助方式单向、偏重现金救助、就业激励不足等问题（苑晓美，2018）。[2]此外，由于相关制度建设不同步，社会救助在实践中出现了职能紊乱，综合保障的角色超出了其本身应当承担的职责，使得多种救助项目叠加在最低生活保障制度之上，既造成了低保制度职能异化，更造成了享受低保者与低保线上的边缘人群之间的收入鸿沟。[3]

在最低生活保障方面，低保救助存在认定困难与偏误，如赖志杰（2013）认为，社会救助对象中存在“应保未保”“保不应保”“应退未退”等瞄偏现象的主要原因是：申请者存在“福利欺诈”与“弃真错误”，社会救助服务人员兼有审查不力与利用手中权力形成“人情保”“关系保”，此外，家庭经济状况调查缺乏可操作性也是导致出现瞄准偏误的原因之一。[4]在医疗救助方面，成呈（2016）对全国 29 个省市重特大疾病医疗救助政策进行梳理并比较分析后指出，当前对重特大疾病的概念不清、边界不明。[5]在特困人员救助方面，苏祥（2016）指出，农村地区特困儿童社会救助实践存在“多头治理、缺乏协调、救助对象覆盖不全、重资物轻服务、工作人员不足且缺乏专业性”等问题。[6]在临时救助方面，梁土坤（2016）以其实际调研为证据指出，临时救助制度需要一线工作人员有较大的自由裁量权，能够根据具体情况迅速做出判定，但当前一是缺少具体规定，二是相关工作人员没有足够的权力。[7]在住房救助方面，季璐（2015）提出，当前我国住房救助存在碎片化情况，且“夹心层”问题突出——既买不起经济适用房，又不够廉租房申请条件，难以通过现有住房救助制度解决住房困难问题。[8]

1.2.2　完善优化社会救助的政策建议

现有文献，从下几个方面对优化社会救助制度提出了建议：

救助理念积极化。谢勇才（2015）认为，随着当前贫困的归因由收入贫困发展到权利贫困、机会贫困和可行能力的缺乏，社会救助应当更加积极，提倡救助前置、救助方式多元化、救助力量的社会化和市场化。[9]

救助资金管理。杨红燕（2011）研究了救助项目财权划分不明确问题，提出应树立中央与地方财政共同承担社会救助支出责任，以中央财政为主的观念；在稳定中央转移支付总额的同时，应规范中央的社会救助专项转移支付，使之公式化、科学化以及加快社会救助项目间的整合衔接，向标准化的最低生活保障制度过渡。[10]

完善分类救助项目。张晓宇（2017）总结了各个分类项目的现状，提出应合理推进城乡各项救助制度衔接，打破二元分制，重点推进“救急难”制度发展，及时有效地解决困难人群突发性、临时性、紧迫性的急难事项。[11]具体到各个项目，成呈（2016）按照世界卫生组织的观点对重特大疾病进行界定，即当家庭医疗支出超过家庭非食品消费支出的40%就被认为是大病引发的灾难性医疗支出。[5]此外，对重大疾病也应当分类处置，选取特定病种实行零起付、高限额救助，同时对其他病种设起付线，按病种和按费用救助结合。苏祥（2016）提出，对特困人员如特困儿童等群体建立救助协调中心的组织创新，既融合了各方的参与力量，也为特困人员提供了全链条的专业化服务；[6]关信平（2015）则认为，完善临时救助不仅要提高应急性也要注重预防性，提出引入“风险管理”思想，加强事前预测。[12]吴桦（2012）对我国教育救助提出注重救助内容的创新，即要注重对受助者心理的辅导。[13]

此外，对社会救助机制的完善，孙远太（2016）基于精准救助理念提出，应改进识别机制，就是要根据精准识别完善对象识别机制、建立需求识别机制和健全信息化机制。[14]改进帮扶机制，则须采用分类施保和差异化救助，分类施保的关键是生活救助和专项救助相分离，各救助从收入定位逐步转向需求定位和类别定位，并采用差异化救助机制对不同救助对象提供侧重点不同的救助方式。改进管理机制，则需要健全就业激励机制，建立分类退出机制，完善代际贫困干预机制。

1.2.3 社会救助与精准扶贫的衔接

社会救助作为社会政策的一类，并非孤立存在。特别是当前，社会救助以其“缓解并消除贫困”的制度使命，与诸多政策存在一定耦合性，一旦不注意这些政策目标的联系，一定程度上会浪费资源、削弱政策效能，如匡亚林（2018）就指出，精准治贫与社会救助在同一时空贯序上推移变迁，出现了政策覆盖、人群重叠、发挥功能重合。[15]左停（2018）也认为，社会保障既被列为消除贫困的重要目标，也被列为消除贫困的主要路径，在中国农村减贫发展进程中的嵌入程度逐渐加深。[16]为了减少因制度不一造成的缝隙和叠加问题，将扶贫与低保等其他社会保障制度进行衔接十分必要。

为此，有学者就政策的整合提出了诸多建议。李泉然（2017）结合“十二五”时期社会救助政策的发展以及精准扶贫的战略要求，重新反思社会救助政策，认为如何将社会救助资源精准地导向贫困群体，以充分发挥救助资源的效用才是关键。[17]针对这一问题，李泉然从基本价值理念、宏观福利治理和微观实施机制三个层面予以展开，即自上而下的官员考核体制机制的重构以转变地方政府理念，将社会救助政策目标定位放置于更为宏观的、整体性的福利治理模式之中进行战略定位，构建现代化的社会救助政策目标定位机制，实现社会救助的法治化、专业化、信息化、程序化和本土化。白小平（2017）则建议，将相关精准扶贫项目增列为社会救助项目，适时扩展社会救助的内容，提高救助水平，促使社会救助从生存型向发展型转变。[18]另一方面，借助社会救助制度的普遍实施，增强精准扶贫对相关风险的应对，坚持以“济”为主、以“扶”为辅的综合治理思路，注意区分各项目的主次关系，着力解决项目碎块化与不适宜、“运动式”与可持续性差、“多头”管理与监管难等问题，使其规范化、普遍化、科学化、系统化。

随着2014年《社会救助暂行办法》的颁布与实施，我国社会救助也进入了新的发展阶段。而在新型的社会救助格局下，我国在最低生活保障、特困人员供养、受灾人员救助、医疗救助、教育救助、住房救助、就业救助、临时救助等社会救助项目上仍存在诸多问题。对于这些问题的解决，既要考虑到现阶段我国社会主要矛盾，即人民日益增长的美好生活需要和不平衡不充分的发展之间的矛盾，也要充分结合国家治理现代化、财政体制改革的政策背景；既要体察人民群众对于公共服务质量与公平性的需要，也要顺应我国全面深化改革的大方向。从社会救助层面来看，解决问题的基础和前提在于优化与完善社会救助体系，在此基础上充分发挥社会救助体系的整合功能，使社会救助体系与整个社会保障体系相衔接，使社会救助政策与统筹使用社会资源相衔接，促进大社会救助体系的建立。

第2章

社会救助政策的梳理与分析

本章内容的梳理与分析的逻辑是首先明确全国社会救助政策及所取得的成效，然后，以此为基准，从纵向对比分析青岛市社会救助政策及成效是否达到全国平均水准。最后，以同类型沿海城市为标杆，分析青岛市各个救助项目的优劣势。

2.1 我国社会救助政策的梳理与分析

2.1.1 我国社会救助政策梳理

为推进我国民政事业持续快速健康发展，民政部依据《中华人民共和国国民经济和社会发展规划纲要》定期发布民政事业发展规划，包括2005年的《民政事业发展十一个五年规划》、2011年的《民政事业发展十二个五年规划》以及2016年的《民政事业发展第十三个五年规划》等（见表4－1）。本章首先以民政部规划为主线，对近些年我国社会救助政策及现状进行简要评价，以便为后续评价青岛市社会救助政策树立评价基准。

表4－1　　我国民政事业发展规划“社会救助”部分情况

类别	“十一五”规划	“十二五”规划	“十三五”规划
最低生活保障	实施分类救助，对有特殊困难的救助对象予以重点照顾；逐步建立农村最低生活保障制度	确保救助标准年均增幅不低于同期城乡居民人均生活消费支出增幅；加强最低生活保障与最低工资、养老保险、失业保险、农村扶贫开发等政策的配套衔接	推进城乡低保统筹发展；完善低保对象认定办法；确保2020年前所有地方农村低保标准不低于国家扶贫标准；加强低保与就业救助、扶贫开发等政策的衔接
特困人员救助供养	适时调整供养标准，使其达到当地居民平均生活水平；坚持分散供养和集中供养相结合	以不低于当地农村居民平均生活水平的原则确定“五保”供养标准；坚持集中供养与分散供养相结合，稳步提高集中供养率	制定特困人员认定办法，科学测算基本生活标准和照料护理标准；优先集中供养完全或部分丧失生活自理能力的特困人员，到2020年底前生活不能自理特困人员集中供养率达到50%

续表

类别	“十一五”规划	“十二五”规划	“十三五”规划
医疗救助	在农村，进一步规范与完善医疗救助政策；在城市，稳妥地扩大医疗救助试点范围	将重度残疾人、低收入家庭成员等特殊困难人员纳入救助范围；推广诊疗费用即时结算的“一站式”服务方式，逐步降低或取消医疗救助起付线	合理界定医疗救助对象范围；到2020年底前，重特大疾病医疗救助人次占直接救助人次比例达到30%；健全“一站式”结算服务机制，覆盖95%以上的地区
临时救助	健全临时救助制度	加强临时救助与最低生活保障之间的衔接，合理确定临时救助标准	明确救助对象范围，科学制定救助标准，规范审核审批程序，完善临时救助方式
流浪乞讨人员救助	完善分类救助管理办法；积极协调有关部门，组织社会力量参与	加强流浪精神病人、智障人员、危重病人救助管理；健全流浪未成年人救助保护体系；基本实现城市街面无流浪儿童的目标	升级完善全国救助寻亲网，加强人脸识别、指纹识别、DNA比对、数据挖掘等技术在救助管理工作中的综合应用；推动解决长期滞留人员安置难题

2.1.2　我国社会救助政策的分析

对我国社会救助政策的分析是先分别以时间为轴分析政策内容，再基于全国数据对政策效果作简要评价。

从我国各时期社会救助的发展来看，“十一五”时期，国家高度重视民政事业发展，制定政策措施，提出发展要求，指引民政事业在全面建设小康社会实践中阔步前进，社会救助体系基本覆盖城乡，民政领域国际交流合作、科技研发和法制化、标准化、信息化建设取得重要进展，为今后民政事业长远可持续发展打下良好基础。“十二五”时期，国家高度重视、社会广泛关注、各界大力支持民政事业发展，民政领域政策创新加快步伐，社会救助标准大幅提升，低保标准动态调整机制、社会救助保障标准与物价上涨挂钩联动机制普遍建立，“十二五”期间城乡最低生活保障标准年均增长率均超过10%，分别达到451.1元/人·月和3177.6元/人·年（见表4-2）。临时救助制度全面建立，专项救助范围有所拓展。残疾人和儿童福利保障进一步加强，困难残疾人生活补贴、重度残疾人护理补贴、孤儿基本生活保障等制度在全国普遍建立。“十三五”时期，我国全面建成小康社会进入决胜阶段，国家治理体系和治理能力现代化建设将取得重大进展，“五位一体”总体布局纵深展开，“四个全面”战略布局协调推进，对民政切实兜住民生底线、深度参与社会治理、主动服务国防和军队改革、广泛提供均等化社会服务，提出了新的更高的要求。

从民政事业发展规划的具体内容来看，我国社会救助总体呈现不断向上发展的趋势：第一，城乡差距逐步减小。第二，救助标准测算方式逐步科学化。第三，救助对象的待遇标准逐步提升。第四，救助对象的认定标准不断细化。第五，救助对象覆盖面逐步扩大。第六，社会救助与其他政策制度、保障机制间的联系逐步加强，等等。

然而，我国社会救助也凸显不少待解决的矛盾问题与瓶颈制约：一是法制建设相对滞后，与民政事业改革发展不相适应。二是城乡、区域之间仍然差距较大，迫切需要加大对广大农村、中西部和贫困地区的扶持力度。三是民政公共服务设施建设投入不足，“重设施，轻服务”“有钱盖楼，没钱运营”的现象客观存在。四是基层力量薄弱、工作负荷过重、工作经费短缺等问题突出，制约了政策落实和事业发展。

表4-2　我国民政事业发展规划“社会救助”实现情况

类别	“十一五”规划	“十二五”规划
最低生活保障	在2010年，最低生活保障覆盖了2310.5万名城市人口和5214万农村人口，其中城市救助标准为251.2元/月，五年内年均增长10%，农村救助标准为117元/月	城乡最低生活保障标准年均增长率均超过10%，分别达到451.1元/人·月和3177.6元/人·年
特困人员救助供养	以农村“五保”为例，年均增长9.71%，到2010年，当年救助了556.3万人，集中与分散的救助标准分别为2951.5元/年、2102.1元/年	截至2015年年底，全国救助供养农村特困人员516.7万人，集中供养162.3万人，年平均供养标准为6025.7元/人；分散供养354.4万人，年平均供养标准为4490.1元/人
医疗救助	2010年，共救助了1921.3万名城市困难群众，5634.6万名农村困难群众，5年里救助城市人口年均增长75.65%，救助农村人口年均增长45.93%	2015年，直接医疗救助2889.1万人次，各级共投入298.5亿元。五年内直接救助人口数年均增长7%，财政投入年均增长11.8%
临时救助	五年内共救助受灾群众4.5亿人次	2015年，临时救助655.4万户次，五年共救助约3500万户次
流浪乞讨人员救助	共救助781.3万流浪人员，其中含流浪未成年人73.6万人	2015年，全年救助生活无着流浪乞讨人员370.5万人次，五年年均增长10.75%

由于尚未到达2020年，无法对“十三五”规划给予全面评价，因此，本章以2016年统计公报为例，介绍当前社会救助的发展情况。2016年，全国社会服务事业费支出5440.2亿元，比上年增长10.4%，占国家财政支出比重为3.4%，全年救助生活无着流浪乞讨人员328.3万人次。虽然2016年全国农村特困人员救助供养496.9万人，比上年减少3.9%，但各级财政支出达到228.9亿元，比上年增长9.0%。此外，2016年临时救助累计850.7万人次，支出救助资金87.7亿元。医疗救助方面，各级政府在2016年资助参加基本医疗保险5560.4万人，实施住院和门诊医疗救助2696.1万人次，支出资金分别为63.4亿元、232.7亿元。可以看出，我国社会救助体系不断完善，各项制度覆盖范围不断扩大，各级财政投入不断增加，但是法制建设的滞后、各项制度之间的衔接、农村公共物品供给不足等问题亟待解决，详见表4-3。

表4-3　2010—2016年中国社会救助覆盖人数　单位：万人

年份	低保人数	资助医疗保险	直接医疗救助	特困人口
2010	7524.5	6076.6	1479.3	556.3
2011	7582.5	6375.1	2144	551

续表

年份	低保人数	资助医疗保险	直接医疗救助	特困人口
2012	7488	5877.5	2173.7	545.6
2013	7452	6358.8	2126.4	537.3
2014	7084	6723.7	2395.3	529.1
2015	6604.7	6213	2515.9	516.7
2016	6066.7	5560.4	2696.1	496.9

资料来源：《中国统计年鉴》。

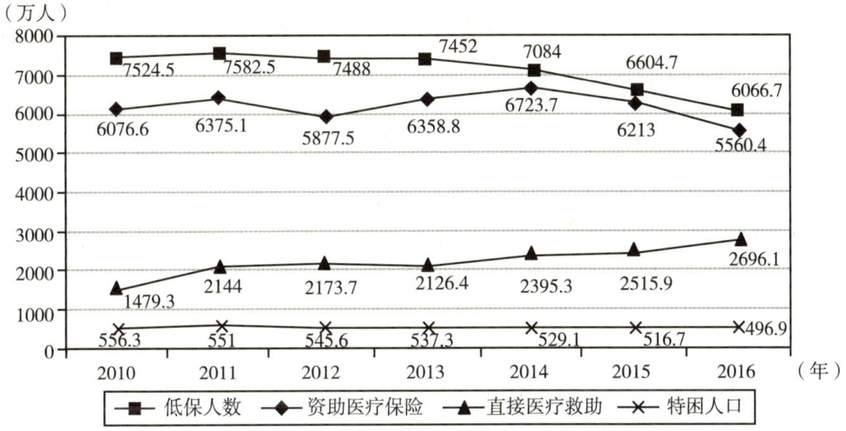

图 4－2　2010—2016 年我国社会救助人数增长变动情况

资料来源：《中国统计年鉴》。

如图 4－2 所示，我国所救助的特困人员数量相对稳定，享受低保人员数也是稳中有降。这主要是因为我国社会救助体系不断完善，对受助对象的认定标准不断完善，并且在“大数据”“互联网＋”的技术支持下，政府与救助对象之间的“信息不对称”现象有所缓解，“应保尽保”的目标基本实现；我国社会救助方式不断发展，由过去的“授人以鱼”逐渐向“授人以渔”的方式进行转变，使得越来越多的救助对象通过就业逐步实现富足；此外，直接性医疗救助人数不断增长，这主要是因为医疗救助体系不断完善，医疗救助对象范围不断扩大，医疗救助疾病病种范围不断增加。随着政府对社会救助投入力度不断增加，我国社会救助覆盖范围不断增加，救助标准不断增加，并且取得了一定的减贫效果。

借助于医疗救助标准的变动情况，我们可以看到，救助标准能够达到甚至高于同期经济增长速度，为受助人群提供有效生活等各方面保障（见图 4－3）。医疗救助保障经济困难群体的基本医疗服务得到保障。随着经济水平的发展，一方面，居民的经济收入也在发生变化，过去不贫困的人因多种原因可能陷入贫困，过去享受医疗救助的人也可能因子女工作等原因增加收入来源，脱离贫困；另一方面，国家财政和各种途径对医疗救助的投入逐步增长，有能力提高救助水平，扩大救助范围。

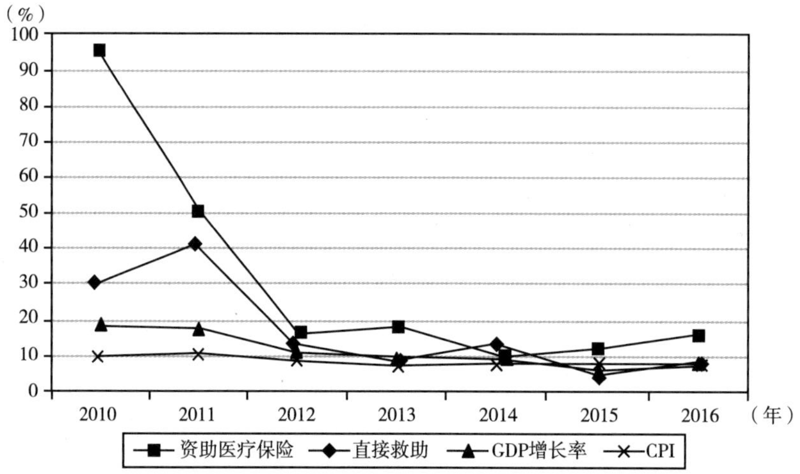

图 4-3 2010—2016 年我国医疗救助水平与经济发展对比

资料来源:《中国统计年鉴》。

2.2 青岛市社会救助政策的梳理与分析

2.2.1 青岛市社会救助政策梳理

本章通过查阅电子资料及书籍,首先对各社会救助项目的政策数量进行了简要统计(如表 4-4 所示)。由政策发布数量的变化可以看出,青岛市社会救助体系在不同时间段有不同发展的侧重点。在 2015 年以前,青岛市重点建设低保制度与特困人员供养制度,逐步建立低保和特困救助标准的价格联动机制,扩大救助范围,同时使救助标准更为合理化。2015 年以后,青岛市重点建设医疗救助制度与流浪人员救助制度,逐渐实现医疗救助与其他社会保障制度的有效衔接,以及对流浪人员救助的连续性。

表 4-4 2013—2017 年青岛市社会救助政策发布数量 单位:项

政策类别	2013 年	2014 年	2015 年	2016 年	2017 年
最低生活保障	2	1	1	1	4
特困人员救助	1	1	3	2	7
医疗救助	—	—	1	—	1
临时救助	1	—	2	—	1
流浪乞讨人员	—	1	—	—	5

资料来源:根据青岛市财政局、民政局网站官方数据整理。

(1)社会救助体系建设。近年来,我国在社会保障体系的“碎片化”改革方面取得了极大的进展。2014 年,国务院出台的《社会救助暂行办法》,标志着我国正式从顶层上对整个社会救助体系的构建与整合。

《社会救助暂行办法》的出台对加强社会救助、保障公民的基本生活、促进社会公平、维护社会和谐稳定具有重要影响。该《暂行办法》将整个社会救助体系划分为：低保、特困、受灾、医疗、教育、住房、就业、临时以及社会力量参与等方面。同年，山东省为了进一步加强社会救助体系建设，保障经济困难家庭的基本生活，促进社会公平与和谐稳定，根据国务院《暂行办法》和国家有关规定，制定了《山东省社会救助办法》。2016 年，青岛市结合上述文件的精神与要求，为加快推进青岛市社会救助体系建设，更好地保障困难群众的基本生活权益，出台了《关于加快推进社会救助体系建设的意见》。以上文件均针对各级社会救助体系的建设，在内容上具有一致性，所以，本文以中央文件为标准，分类对省市文件内容进行对比，在以下方面，山东省和青岛市均对中央要求作了一定扩展，未提及的专项救助则与中央要求相差无几。

第一，省市级确定的低保对象认定标准以中央规定为基础，进一步放宽了救助标准，即准许符合一定条件的外来人口可就地申请，并允许特殊困难人口以个人名义申请低保。此外，在救助方式上，山东省和青岛市都有所创新，根据困难程度的不同给予分类施保，并计划逐步缩小城乡和区域之间最低生活保障标准差距。

第二，在对特困人员的救助方面，相较于中央政策，青岛市细化了救助政策之间的衔接，即特困人员供养与最低生活保障、孤儿基本生活保障不得重复，并且明确救助标准不得低于城乡居民平均生活水平，并实现特困人员的救助标准变动与最低生活保障标准同步。

第三，相较于中央规定的医疗救助对象，青岛市更清楚地指出主要救助对象为低保户和特困人员，并进一步拓展，将低保边缘户、在青就读的大学生以及因医疗费用负担过重造成支出型贫困家庭成员均纳入救助对象。

第四，在教育救助方面，青岛市采用分阶段救助方式。

第五，青岛市细化了临时救助的救助内容以及救助对象的认定，并对需要后续救助的对象采用了分类救助方式。并且，将非本地户籍的外来务工人员和在本地各类全日制普通高等院校就读的在校学生纳入了救助范围。

然而，《社会救助暂行办法》的出台并不表示整个社会救助体系“完美无缺”，在后续的执行中，依然存在或大或小的问题，为此，以民政部为主导的各国家部委又相继出台了一系列重要补充意见，以便丰富并细化整个救助体系，使整个体系兼顾公平与效率的同时助力“消除贫困”。

（2）最低生活保障类政策。为主动适应、把握、引领经济发展新常态，有效应对当前价格运行的新特点、新变化，更好地发挥联动机制作用，确保困难群众基本生活水平不因物价上涨而降低，国务院对联动机制作出进一步完善，明确补贴对象包括定期领取优抚的优抚对象、城乡低保对象、特困人员、领取失业保险金人员，发放价格临时补贴，此外，还规定了启动价格补助的具体条件。

在这方面，青岛市不仅实施该项制度早于国家，并且救助启动的要求比国家更低，价格补贴标准制定得更详细，此外，对不同补贴对象的资金来源给予规定。青岛市在物价联动方面更为优越的一点是实行“双联动”政策，即根据物价上涨情况，除对联动机制保障对象发放价格临时补贴之外，考虑调整低保标准、优抚对象抚恤和生活补助标准、农村“五保”

供养标准、失业保险金标准。该项制度考虑了经济发展对救助对象的影响，符合救助制度的定位，更好地“托住底线”。

（3）特困人员救助类政策。为深入贯彻党的十八大精神，中央政府以加快推进残疾人小康进程为目标，以残疾人需求为导向，制定残疾人专项福利政策，逐步完善残疾人社会保障体系。因此，2015 年，国务院为有效改善 5000 多万残疾家庭的生活质量，出台了《关于全面建立困难残疾人生活补贴和重度残疾人护理补贴制度的意见》，针对特困人员中的残疾人中的两类残疾人（困难残疾人生活补贴和重度残疾人），制定不同救助标准，并允许特定残疾人可以同时领取两份。根据国家和山东省的意见与精神，青岛市针对青岛籍二级以上残疾人（将两类残疾人合一对待）提供 130 元/人·月（2018 年）的救助，并计划救助标准逐年递增。该标准约为省级最低救助标准的 1.68 倍。此外，青岛为了防止资源低效率，在残疾人护理补贴制度与其他补贴衔接上有较详细的规定。

为贯彻落实党中央精神，解决特困人员的认定困难问题，2016 年，民政部正式发布《特困人员认定办法》，细化了原《社会救助暂行办法》中的“三无”认定条件，此外，对特困人员的两类补助标准也有了较为明确的指导意见，规定原则上基本生活标准应不低于当地低保标准的 1.3 倍，依据自理能力的 6 个指标将照料护理标准分 3 档。该《办法》还指出，应将特困人员的救助资金列为财政预算，并建议财政救助向农村地区倾斜。相较于中央规定，青岛市扩大了救助范围，将处于教育阶段且超过 16 周岁的未成年人纳入其中，还指出，具体救助供养标准的确定应跟随经济发展水平和物价变化情况而适时调整。此外，青岛市进一步提高了基本生活标准，将当地居民最低生活保障标准的 1.5 倍作为救助底线（高于中央提出的 1.3 倍），同时对 3 档的护理标准制定了对应的详细救助方式。最后，为实现社会救助管理精细化，青岛市对特困人员采用了“一人一档案”的管理模式。

（4）医疗救助类政策。为全面落实《社会救助暂行办法》，编密织牢保障基本民生安全网，国务院决定在 2015 年年底前实现城、乡之间的医疗救助合并，要求在实现最低生活保障家庭成员和特困供养人员全部纳入医疗救助范围后，仍要扩大救助对象，并且增加对困难群众的重特大疾病的救助力度。青岛市则在国务院意见基础上，针对重点救助对象的救助，需长期门诊或长期服药的对象的医疗救助以及住院救助的方式等都作出进一步的规定。青岛市还计划将重特大疾病医疗救助方式逐步从按病种救助转向按费用救助。此外，青岛市将持有本市户籍和符合条件的外来人口（包括在青大学生）扩大为救助对象。

为进一步加强医疗救助和城乡居民大病保险在对象范围、支付政策、经办服务、监督管理等方面的衔接，充分发挥保障困难群众基本医疗权益的基础性作用，国家针对不同救助对象参加大病保险提供不同档次的补贴，规定对大病医疗保险后仍困难的群众启动特大疾病医疗救助，明确了总体上“保险在先、救助在后”的结算程序，以及医疗救助、重大特病医疗救助的费用核算与结算方式。青岛市参照国家规定作了如下扩展：第一，明确界定了大病医疗保险后仍困难的群众。第二，提出 2017 年年底前，实现重特大疾病医疗救助由按病种救助转向按费用救助。第三，细化重特大疾病认定标准，以及医疗救助之间内容的衔接。

（5）临时救助类政策。为了全面高效实施临时救助制度，细化、实化政策措施，明确救助对象范围，科学制定救助标准，规范审核审批程序，完善临时救助方式，2015 年，青岛市民政局、财政局联合下发了《关于进一步完善困难居民临时救助制度的通知》，明确了临时救助的政策。新政策的出台，扩大了救助范围，提高了救助标准，为该市城乡居民及在青务工、上学的非青岛市户籍人员的基本生活提供有效保障。

早在 2002 年，青岛市就建立了城市居民临时困难救助制度，并不断完善；2010 年，实现了“城乡统筹、一体救助”，救助对象主要是城乡低保家庭和低保边缘家庭（家庭人均收入在低保标准 100%—150%），家庭人均收入在低保标准 150%—200% 的重残和单亲家庭，以及因严重自然灾害、突发事故造成基本生活设施破坏无生活自救能力的家庭。救助标准为每户全年救助不超过两次，总金额不超过 4000 元。2013 年 6 月，出台了《青岛市城乡居民临时困难救助制度》，扩大救助范围，将在青务工、非青岛市户籍的新市民纳入该市临时困难救助范围：一是在青岛市办理了居住证后连续居住 3 年以上并在青岛市缴纳社会保险或纳税 2 年以上的非青岛市户籍的新市民，因遭遇火灾、水灾等严重自然灾害、突发事故，患大病、重病造成家庭生活严重困难的，可以申请临时困难救助，与青岛市居民享受同等待遇。二是提高了临时困难救助标准，全年最高救助标准由原来的 4000 元提高至 10000 元。三是扩大了因重特大疾病申请临时困难救助范围。因患大病、重病家庭，在各类救助后家庭支出的医疗费用明显高于家庭收入和家庭财产（不含唯一住房），导致家庭基本生活难以维持的，均可申请临时困难救助。救助范围由原来的低保和低保边缘家庭扩大到全市城乡居民。四是建立临时困难救助绿色通道，在严重自然灾害、突发事故及其他突发紧急事件导致群众遭遇严重困难和低保家庭因患重大疾病急需住院却无支付能力的情况下，启动该通道。由区（市）民政、财政部门、镇（街道）现场调查确认后，直接为困难群众发放一次性临时困难救助金和生活物资，每户总金额不超过 10000 元，然后按程序补办手续。2015 年 6 月，青岛市政府又出台了《关于进一步完善青岛市困难居民临时救助制度的通知》，进一步降低非青岛户籍人员救助门槛，扩大了救助范围，提高了救助标准，使城乡居民及在青务工、上学的非青岛市户籍人员的基本生活得到有效保障。

新出台的困难居民临时救助制度，具体在降低救助门槛、扩大救助覆盖面、提高救助标准等方面有了新突破。

第一，救助门槛降低，救助面扩大。新制度救助范围覆盖到全体市民和在青务工、上学的非青岛市户籍人员。突破点体现在：一是将外来务工非青岛市户籍人员的救助条件由原来连续居住 3 年以上并在本市缴纳社会保险或纳税 2 年以上调整为“在本市办理居住证满 1 年、就业或创业并缴纳社会保险或纳税满 1 年”。二是将非青岛市户籍但在本市各类全日制普通高等院校就读的在校学生，纳入临时救助范围。

第二，临时救助标准提高。临时救助最高标准由原来的每年 1 万元提高到 2 万元。低保、低保边缘家庭，因子女在国家认可的全日制普通高等院校就读期间，在各有关部门和社会力量救助之后，家庭基本生活仍然存在严重困难的救助标准，由原来的 1500 元调整为原则上本科 5000 元，专科以下的 3000 元（学校发放的奖学金不列为救助范围）。

第三，建立绿色通道，实施救助前置。要求各区（市）在年初筹集一定数额的紧急救助备用金，在突发事故及其他突发紧急事件导致群众遭遇严重困难和低保家庭因患重大疾病急需住院却无支付能力的情况下，实施救助前置，启动临时救助绿色通道，24 小时内直接为困难群众发放一次性临时救助金和生活物资，5 个工作日内按程序补办手续。

（6）流浪乞讨人员类救助政策。为认真贯彻落实国务院《城市生活无着的流浪乞讨人员救助管理办法》，继续对生活无着流浪乞讨人员提供临时食宿、急病救治、协助返回、滞留人员寻亲等救助服务，青岛市要求落实属地化管理原则，切实加强救助管理工作，保障城市流浪乞讨人员的基本权益，并加强流浪未成年人救助保护工作，此外，青岛市强化与其他社会救助制度的衔接，要求各相关部门要按照各自的职责，齐抓共管，密切配合，把救助管理工作落到实处。2017 年，青岛市民政局分别出台《青岛市救助机构儿童社会工作服务规范》《青岛市街头救助服务规范》《青岛市弃婴收养管理办法》《青岛市收养档案管理规范》《青岛市流浪乞讨人员救助管理工作规范》《青岛市流浪未成年人救助保护管理工作规范》，对服务内容、管理制度、保障措施等进行详尽规定，旨在规范救助管理和服务流程，推动解决长期滞留人员安置难题。

2.2.2 青岛市社会救助政策的分析

总体上，青岛市社会救助工作走在全国前列。青岛市是全国最早建立城乡最低生活保障制度的城市之一，城市低保制度与农村低保制度分别于 1994 年 6 月和 1996 年 12 月建立。为了满足低保人群的基本需求，截至 2017 年，青岛市城乡低保标准分别调整 16 次、11 次。在医疗救助方面，青岛市于 2011 年率先实现城乡统筹，并逐步与特殊救助制度实现整合。其他专项救助的标准更是稳步提升。

自《社会救助暂行办法》实施后，青岛市积极发展民政事业，创新地采用“一门受理，协同办理”的工作模式，该工作模式的施行，不仅“有效避免了多部门重复救助和救助缺失的问题”，较好地体现了社会救助工作“托底线，救急难”的根本要求，而且受到国家民政部的有关领导高度评价，民政部及山东省领导曾就此事专门来青岛实地调研。此外，作为最早发展医养结合的城市，青岛的医养结合模式曾被中央电视台《新闻联播》报道；在 2016 年 6 月，青岛市成功跻身“第一批国家级医养结合试点单位”行列；2017 年，青岛市在全国社会救助工作推进会上作典型发言。

近些年来，青岛市在扩大救助覆盖面、明确低保家庭认定标准、科学设置救助比例、突出重点救助对象等方面始终坚持做到惠民利民，着力政策完善；在健全核对机制、即时结算机制、救急难机制等方面坚持精准高效，着力机制创新；通过链接社会资源、支持更多社会力量融入、引入商业保险等，坚持多方参与，着力资源统筹。但是，在当下“脱贫攻坚”的关键时期，民政系统的兜底保障压力进一步增大；各项民政工作的专业化、标准化、信息化水平还须全面提升。

青岛市“十三五规划”对青岛市民政事业的发展提出以下几方面要求：加快制定农村低保与扶贫开发衔接方案，适时合理提高低保标准，分类施保，实现应保尽保；建立民政对象医疗救助即时结算服务系统，实现城乡困难居民医疗救助在定点医疗机构“一站式”即时结算；建立健全长期滞留的本市户籍的流浪乞讨人员救助、转介、安置等工作机制，基本实现城市街面无流浪儿童的目标。

总之，当前青岛市民政重点是着力发挥好在脱贫攻坚中的兜底保障作用，使政府政策资金用准、用足、用到最需要扶持的地方，打造青岛市城乡解困新模式，将青岛民政事业初步打造为以保障和改善民生为主线、以城乡社区治理为平台、以增强社会组织活力为载体、以专业人才队伍为主力、以网络信息技术为手段的现代民政发展新格局。

2.3　同类型城市社会救助政策的梳理与分析

由于青岛市社会救助政策的制定标准是以国家政策为基础，且在山东省居于头名。因此，本章将青岛市社会救助政策与全国同类型的沿海发达城市进行对比，从而进一步明确青岛市社会救助政策优、劣势所在。

2.3.1　同类城市间社会救助政策梳理

表 4－5　　**四城市不同救助政策总量对比**　　单位：项

政策类别	青岛	宁波	大连	厦门
最低生活保障	9	4	6	11
特困人员救助	14	6	2	14
医疗救助	2	4	1	4
临时救助	4	3	4	6
乞讨流浪人员	6	1	0	6
合计	35	18	13	41

资料来源：根据各市财政局、民政局网站官方数据整理。

如表 4－5、图 4－4 所示，从分类统计数据上看，2013 年后在青岛、宁波、大连及厦门四个城市中，厦门发布与社会救助的相关政策最多，共计 41 项。从政策类别角度看，厦门市发布 11 项与最低生活保障相关的政策，厦门市和青岛市都发布 14 项与特困人员救助相关的政策，宁波市及厦门市都发布 4 项与医疗救助有关的政策，厦门市发布 6 项与临时救助相关的政策，青岛市及厦门市都发布 6 项与乞讨流浪人员相关的政策。

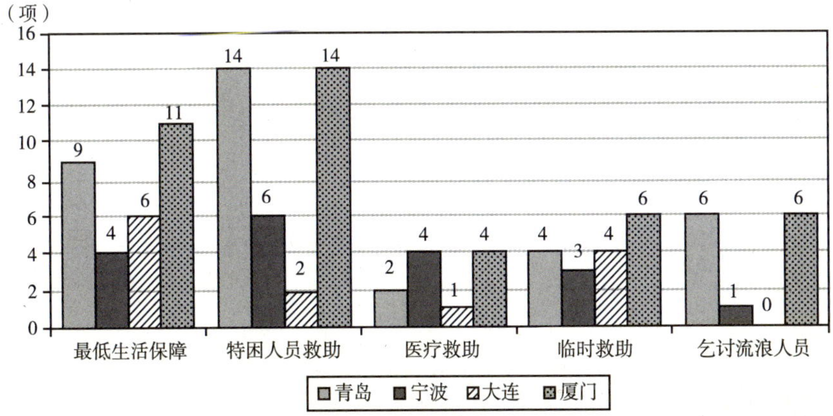

图 4－4　四城市不同救助政策总量对比

资料来源：根据各市财政局、民政局网站官方数据整理。

根据上述分析，各个城市均对低保和特困较为重视，但结合时间分析，我们有着不同的发现。厦门市整体工作居于全国前列，但整个救助体系中，该市最为突出的部分是低保标准的一体化、多元化的救助资金来源等方面。当前，青岛市在低保以及特困救助等方面处在全国前列，未来工作重点是临时救助与医疗救助等方面，特别是“困难群众医养结合制度”。

2.3.2 同类城市间社会救助政策的分析

社会救助政策与社会公平特别是底层人民的生活息息相关，但社会救助资金同时也受到地方财政、中央转移支付力度、地方消费水平等多因素影响。因此，评价社会救助政策须全盘考虑各个因素。本章根据各类因素，对社会救助政策进行了横向和纵向的全方位对比。

从统计信息来看（如表4－6所示），我国社会救助体系已有雏形，基本的方面都有了相应的制度规定。在进行同类城市间的政策数量及内容的对比后，可以看出，青岛市和厦门市在社会救助的各方面建设中均积极响应国家号召，并以国家政策为依据出台了符合当地情况的政策。大连市和宁波市在对流浪乞讨人员的救助方面并未有详尽规定，此外，在医疗救助方面，大连市也有待进一步完善。

表4－6　2010年至今国家、省、市社会组织政策发布情况分类对比

政策板块	具体细分	国家	山东省	城市对比			
				青岛	厦门	大连	宁波
救助对象范围及类别	综合	√	√	√	√	—	—
	最低生活保障	√	√	√	√	√	√
	医疗救助	√	√	√	√	√	√
	临时救助	√	√	√	√	√	√
	乞讨流浪人员	√	√	√	√	—	—
审核审批程序	综合	√	√	√	√	—	—
	最低生活保障	√	√	√	√	√	√
	医疗救助	√	√	√	√	—	√
	临时救助	√	√	√	√	√	√
	乞讨流浪人员	√	√	√	√	—	—
救助标准制定	综合	√	√	√	√	—	—
	最低生活保障	√	√	√	√	√	√
	医疗救助	√	√	√	√	√	√
	临时救助	√	√	√	√	√	√
	乞讨流浪人员	√	√	√	√	—	—
救助方式完善	综合	√	√	√	√	—	√
各部门间衔接	综合	√	√	√	√	√	√

资料来源：国家、山东省及各市的民政部门网站等。

以上为政策内容的粗略对比，难以评价出具体政策的效果。因此，本章在以下部分，通过量化分析，对青岛市与同类型城市作进一步比较。

（1）同类型城市最低生活保障标准比较。如图4－5、图4－6所示，青岛、厦门与大连三个城市中，青岛的城市低保标准最高。厦门从2015年实行城乡一体，其农村低保标准最高。三者的城市低保标准在2014年差距最大，青岛市的城市低保标准比厦门市及大连市每月分别高出75元、30元，但从2016年开始，三者的差距逐渐减小，2017年开始，青岛市城市低保标准在三市中最低，分别低于厦门市和大连市60元、10元；2018年，分别低于厦门市和大连市60元、30元。2014年，厦门市的农村低保标准比青岛市每月高出100元，比大连市每月高出75元。2018年，青岛市的农村低保标准与厦门市的标准间的差距进一步拉大。

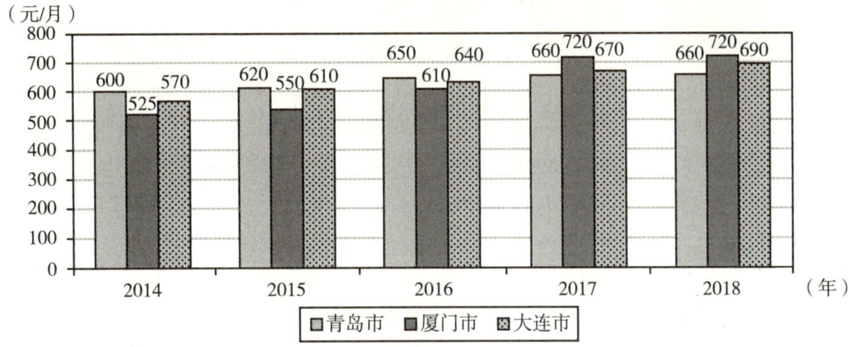

图4-5　2014—2018年三城市最低生活保障标准比较

资料来源：根据各市财政局、民政局网站官方数据整理。

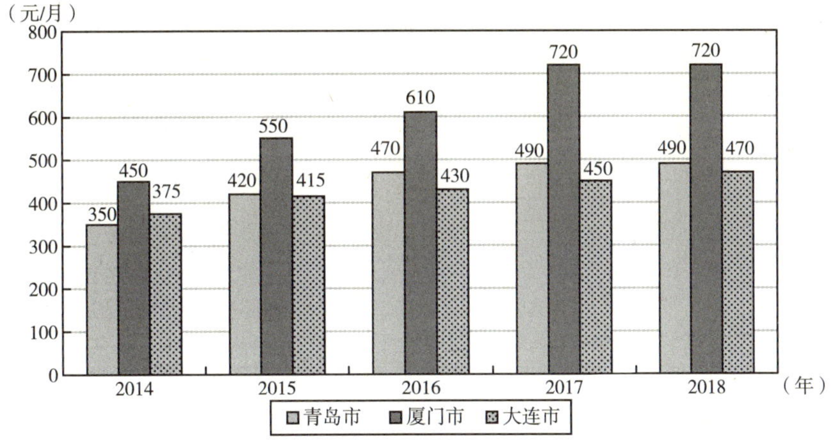

图4-6　农村最低生活保障标准比较图

资料来源：根据各市财政局、民政局网站官方数据自行整理。

（2）同类型城市城乡差距比较。如图4-7所示，青岛市、厦门市及大连市最低生活保障的城乡标准之差逐渐减小。其中，厦门市低保标准的城乡差距最小，从2015年开始实现城乡统一标准；大连市低保标准的城乡差距最大，且差距减少的趋势不明显，2014—2016年城乡差距保持230元/月，2017年之后城乡差距仅降低了10元/月；青岛市低保标准的城乡差距有所下降，2014年城乡差距为250元/月，到了2018年城乡差距下降为170元/月。

（3）同类型城市社会救助信息披露情况比较。如表4-7所示，青岛市、厦门市、大连市三个城市中，厦门市的信息披露质量最佳，青岛市次之。具体来说，厦门市每月对社会救助的信息进行披露，以区为单位，将社会救助的人数、投入、额外补助、对象类型等信息形成统计表，能够有效地追查至相关的责任人，能有效提高社会救助信息公开的透明度、提升

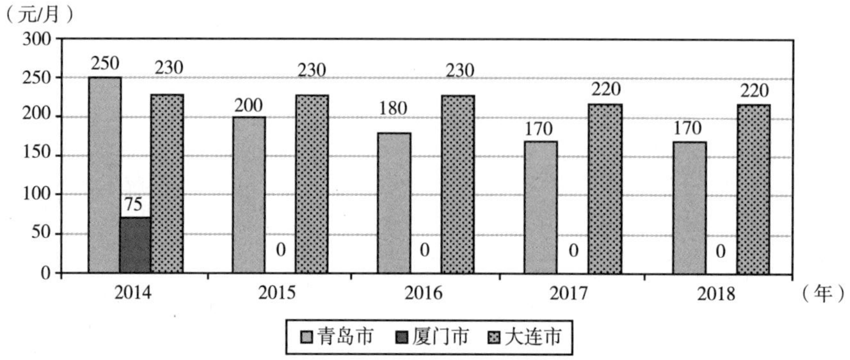

图 4－7　2014—2018 年三城市最低生活保障城乡差距比较

资料来源：根据各市财政局、民政局网站官方数据整理。

管理效率。青岛市每月会对社会救助的总体情况进行披露，包括总人数、总投入等，自2018 年 4 月起，青岛市通过部门网站设置“低保公示信息”专栏，对全市低保人员的基本信息、救助金额等按月实行公开，但与厦门市相比，仍须改进。大连市仅披露社会救助的相关政策信息，除了救助标准以外，其他信息几乎没有披露。

表 4－7　三城市信息披露情况比较

比较项目		青岛市	厦门市	大连市
信息披露频率		每月一次	每月一次	频率较低，发布没有规律
信息披露范围	最低生活保障	√	√	√
	特困人员	√	√	√
	临时救助	√	√	√
	医疗救助	√	√	√
披露详细程度		较为详细，披露社会救助的总人数、总投入等	信息翔实，社会救助人数、投入等详细信息	信息粗略，仅披露相关政策文件，未形成统计表

通过对各指标细致分析，不难发现，青岛市政府重视社会救助体系的建设，出台的政策数量多，涉及的内容全面，但同时可以看出，青岛市社会救助的标准有待提高，低保的城乡差距有待进一步缩小。

第3章

社会救助政策的绩效分析

本章对青岛市社会救助政策绩效的分析思路是，首先，对青岛市社会救助政策的执行效果作出评价，主要目的是评价青岛市政府对其自身已发布的政策是否贯彻执行及执行效果。其次，再根据青岛市财政、社会生活等环境特征对现行的社会救助政策的合理性、可持续性及各救助项目的资金绩效等方面进行细致评价。

3.1 社会救助政策的执行情况评价

3.1.1 定量评价

(1) 社会救助覆盖范围。青岛市城乡低保人数、农村“五保”人数呈现先升后降的趋势，2008—2014年低保人数及“五保”人数小幅增加，2014—2017年低保人数及五保人数有所下降（见图4-8）。2014年之后，享受低保人数的下降有赖于青岛市居民家庭经济状况核对信息系统基础平台的建立，该平台与公安、税务等部门共享数据，居民的房产、存款等状况在平台上一目了然，可对申请低保等社会救助项目的家庭的经济状况，包括住房、车辆等情况进行联网核查，以增强救助工作规范性，消除“开豪车领低保”等乱象。在该信息平台的支持下，青岛市对低保享受人群的认定标准也进一步完善，对受助人群或家庭的收入、资产等规定日益详尽。

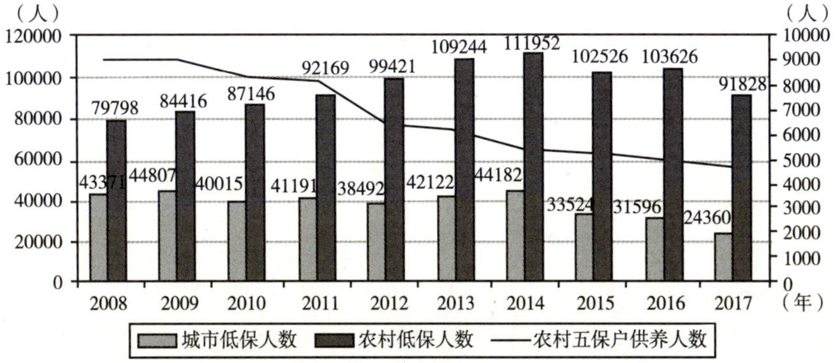

图4-8 2008—2017年青岛市低保及特困救助覆盖范围

资料来源：根据青岛市财政局提供资料整理。

如图 4 -9 所示，青岛市医疗救助及临时救助人数稳步上升。这是医疗救助及临时救助基本原则的体现。这两类救助以“救急”为主，其中，医疗救助保障的是困难居民的基本医疗服务，医疗救助应该遵循的是“低水平，广覆盖”原则，首先要保证救助的“低水平”能够达到满足受助对象基本卫生服务的要求，在资金允许的情况下，优先考虑扩大救助覆盖面，而不是提高保障水平。临时救助的建立，是为了进一步发挥社会救助“托底线、救急难”作用，解决城乡困难群众突发性、紧迫性、临时性的生活困难，面向的对象是其他社会救助项目暂时无法覆盖或救助之后基本生活仍有严重困难的家庭或个人。因此，近年来，青岛市将越来越多的人口纳入医疗救助与临时救助的范畴，2013 年，更是将非青岛籍居民纳入救助范围，充分体现了“救急难、兜底线”的原则与方针。

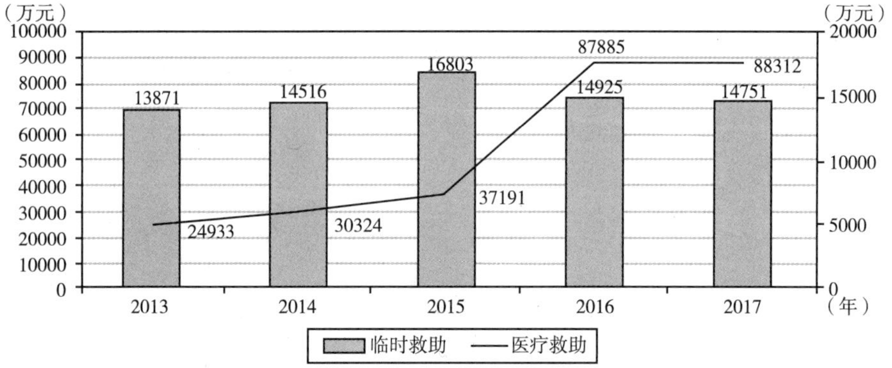

图 4 -9 2013—2017 年青岛市医疗及临时救助覆盖范围

资料来源：根据青岛市财政局提供资料整理。

（2）社会救助标准。如图 4 - 10 所示，青岛市救助标准有稳步上升的趋势。2011 年，青岛市政府下发《关于建立城乡低保（农村五保）标准制定和调整机制的通知》，综合考虑低收入居民消费价格指数、城乡居民人均消费性支出、城镇居民人均可支配收入等因素，科学制定提标方案。2017 年，市民政局、财政局、物价局、统计局、国家统计局青岛调查队五部门联合出台《关于完善城乡最低生活保障标准动态调整机制的意见》，对低保标准动态调整机制作了进一步完善。截至 2017 年，青岛市已连续 7 年提高低保标准，也是城乡低保建制以来城市低保标准第 16 次、农村低保标准第 11 次调整，调整后的青岛市城乡低保标准在全省继续保持最高。青岛市之所以多次提高低保标准，是为了进一步改善全市城乡低保家庭的基本生活条件，保障困难群众的基本生活权益，并且让困难群众共享改革发展成果，维护社会的和谐与公平。

（3）社会救助总投入。青岛市高度重视困难群众最低生活保障工作，在社会救助方面的投入量连年攀升。青岛市认真履行社会救助职责，不断创新机制，加大财政投入，全面提升了社会救助工作水平。2013 年以市委办公厅、市政府办公厅名义出台《关于建立大救助机制的意见》，就整合社会救助资源、强化资金保障、发挥社会救助工作保障困难群众基本生活的作用提出专门要求。2013 年，青岛市政府出台《关于进一步加强和改进城乡最低生活保障工作的意见》，2016 年，青岛市出台《关于加快推进社会救助体系建设的意见》，两项《意见》明确要求加大资金投入，各级政府作为责任主体，要将社会救助资金纳入财政预算，逐步加大资金投入。

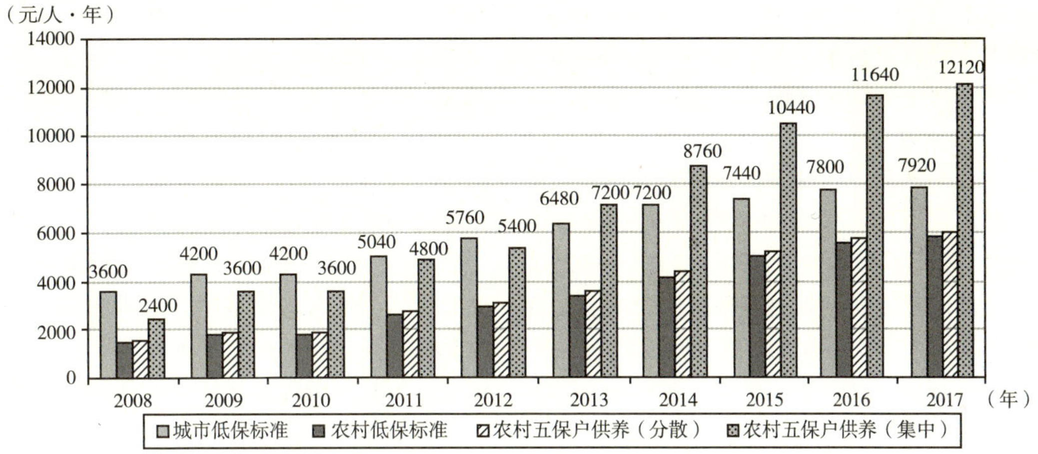

图 4-10　2008—2017 年青岛市城乡低保标准变动情况

资料来源：根据青岛市财政局提供资料整理。

如图 4-11 所示，从低保投入总额来看，农村低保投入总额不断攀升，城镇低保投入总额先增后降。结合低保覆盖人数的变化来看，农村低保投入额的连年增长是城乡救助标准一体化的结果，农村低保标准与城市低保标准的差距越来越小，即便受助人数自 2014 年后有所下降，农村低保的投入总额仍在上升。城镇低保投入总额自 2014 年之后下降，则是由于青岛市对低保对象的管理更加科学化、制度化、规范化。2013 年，青岛市民政局完善了居民家庭经济状况核对机制，与 15 个部门实现 24 个数据项信息共享，对低保对象的“准入”“退出”实行即时监控、动态调整。

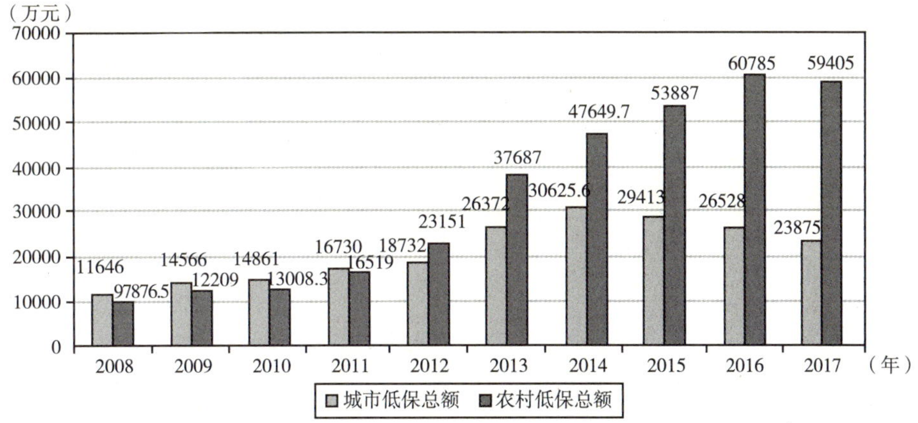

图 4-11　2008—2017 年青岛市城乡低保投入总额变动情况

资料来源：根据青岛市财政局提供资料整理。

青岛市加快社会救助体系建设，减轻困难群众的生活负担，因此，青岛市临时救助及医疗救助的投入总额上升。从医疗救助看，自 2012 年起，青岛新设大病救助专项资金，用于建立重大疾病和罕见疾病救助制度，以此为标志，青岛将通过政府主导的医疗救助制度，着力解决大病患者特殊困难和后顾之忧，从而避免“因病致贫”“因病返贫”。医疗救助投入资金的攀升，一方面是由于救助群体广覆盖，如2005年6月，将医疗救助制度由城市扩展到农村，2011年9月，出台城乡医疗救助制度，实行城乡统筹，救助对象扩展到城乡低保家庭成员和患重大疾病的低保边缘家庭成员。2012年12月，出台大病医疗特殊救助办法，根据“普惠加特惠”的原则，在城市和农村基本医疗保险大病医疗救助和城乡困难居民医疗救助的基础上，对城乡困难家庭成员实施大病医疗“兜底救助”。救助对象界定为青岛市常住居民户口，家庭年人均收入低于上年度城镇居民人均可支配收入、农村居民人均纯收入以下的中低收入城乡困难居民。2015年12月，完善城乡医疗救助制度，将医疗救助制度和特殊救助制度整合，将支出型贫困家庭、在青就读大学生等纳入救助范围。另一方面，救助病种不断“扩容”，随着青岛市医疗水平的提升，越来越多的病种被纳入救助范畴。

从临时救助看（如图4-12所示），自2010年起，本只有低保家庭才能获得的临时困难救助，现在范围扩大了，低保边缘家庭、困难单亲家庭也被纳入救助范围，2010年出台的《青岛市城乡居民临时困难救助制度》，实现了临时困难救助城乡一体化，在困难群众遭遇重大疾病致家庭负担过重、残疾丧失劳动能力、水灾、火灾、车祸等自然灾害、子女上学费用过高和其他原因造成家庭基本生活困难时进行救助，而且城乡间受助范围、救助程序和救助标准全部统一，实现“同难同助”。临时救助总投入额不断提升，一方面是由于救助范围的扩大，另一方面是由于救助项目的增加。2013年，把部分符合条件的非青岛籍居民纳入救助范围；2015年，将救助门槛再次降低，救助范围覆盖到全体市民和在青务工、上大学的非青岛市户籍人员。

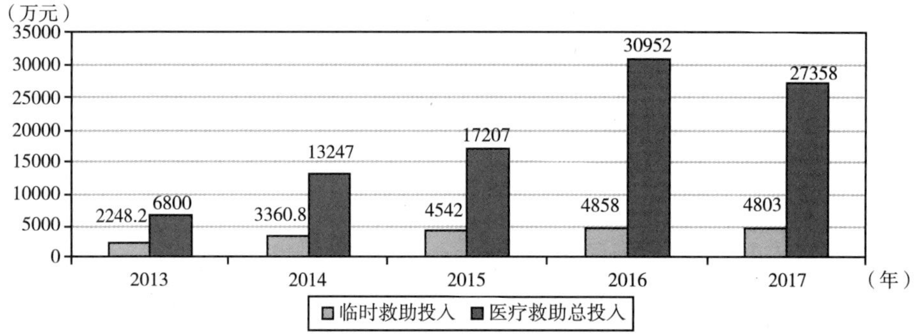

图4-12 2013—2017年青岛市医疗及临时救助投入总额变动情况

资料来源：根据青岛市财政局提供资料整理。

3.1.2 定性评价

（1）救助标准测算。青岛市对救助标准的调整机制日益常态化、科学化。以青岛市最低生活保障等标准调整为例。国务院《社会救助和保障标准与物价上涨挂钩联动机制》要求CPI单月同比涨幅达到3.5%，可以启动物价补贴机制，而青岛市每季度均会考虑物价水平、经济发展水平等因素的影响。据了解，青岛市目前的做法是：当城镇低收入居民基本生活费用价格季度同比平均指数每上涨1个百分点（含不到1个百分点），青岛市即启动物价补贴，显然，这一做法高于国家要求。此外，青岛市不仅施行价格补贴制度，也将物价波动影响纳入下一期救助标准的考虑范围，以便更为科学地制定救助标准。这有助于缓解基本生活用品价格波动给居民尤其低收入群体带来的影响，践行兜住民生底线、补齐短板的要求。

（2）救助认定标准。青岛市认定救助对象的标准更为细致，要求更为明确。以对低保对象的家庭财产与收入的认定标准为例，2012 年国务院出台《关于进一步加强和改进最低生活保障工作的意见》指出“要明确核算和评估最低生活保障申请人家庭收入和家庭财产的具体办法”，但并未确定具体的量化性指标，因此，为使认定对象更为精准，将救助资金提供给更为有需要的人群。以临时救助为例，青岛市自建立临时救助制度后，对临时救助对象的规定日趋具体、完善，提升临时救助的效率与效果，详见表 4-8。

表 4-8　青岛市临时救助相关政策对救助对象的认定

时间	政策名称	临时救助对象认定标准	政策来源
2002 年 5 月	《关于建立城市居民临时困难救助制度的通知》	主要救助青岛市常住非农业户口和混合户口家庭中基本生活暂时存在严重困难的居民	青岛市政府
2010 年 11 月	《关于印发〈青岛市城乡居民临时困难救助制度〉的通知》	凡具有青岛市常住户口，符合以下五类情况之一的家庭，均可申请临时困难救助： 1. 因遭遇火灾、水灾等严重自然灾害、突发事故及其他突发紧急事件，造成基本生活设施破坏，无生活自救能力，家庭基本生活存在严重困难的 2. 低保家庭和家庭人均收入在当地低保标准 100%—150% 之内的家庭（以下简称“低保边缘家庭”）中因患大病、重病家庭支出的医疗费用明显高于家庭收入，造成家庭生活严重困难的 3. 低保家庭和低保边缘家庭中，子女在国家认可的全日制普通高等院校就读期间，家庭生活存在严重困难且一年内未获得其他救助的 4. 年满 18—29 周岁靠父母或兄弟姐妹供养、未单独立户、家庭人均收入在当地低保标准 100%—200% 范围内的重度残疾人，因患大病、重病、上学等支出费用高造成家庭生活严重困难的 5. 单亲家庭人均收入在当地低保标准 150%—200% 范围内的家庭中，因患大病、重病、子女上学等家庭支出费用高造成家庭生活严重困难的	青岛市民政局、青岛市财政局
2012 年 11 月	《关于印发〈青岛市城乡居民临时困难救助制度〉的通知》	凡具有青岛市常住户口并符合下述情况，均可申请临时困难救助：因遭遇突发紧急事件，造成基本生活设施破坏，家庭基本生活存在严重困难的；低保家庭和低保边缘家庭中因患大病、重病家庭支出的医疗费用明显高于家庭收入的；低保家庭和低保边缘家庭中，子女在全日制普通高等院校就读期间，家庭生活存在严重困难的；符合条件的重度残疾人及单亲家庭	青岛市民政局
2015 年 7 月	《关于进一步完善青岛市困难居民临时救助制度的通知》	增加“在本市办理居住证满 1 年、就业或创业并缴纳社会保险或纳税满 1 年、具有合法固定住所的非青岛市户籍的外来务工人员和在本市各类全日制普通高等院校就读的在校学生，符合条件的，可申请临时救助”	青岛市民政局
2017 年 1 月	《青岛市城市居民临时困难救助制度补充规定》（以下简称《规定》）（2008 年规范性文件继续有效）	增加对城市最低生活保障低保和低保边缘家庭入学子女的救助；将该《规定》中所称“低收入家庭”改称“低保边缘家庭”，指家庭月人均收入高于低保标准 50% 之内的家庭	青岛市政府

此外，2014 年 9 月，青岛市政府办公厅印发《青岛市居民家庭经济状况核对办法》（以下简称《办法》），明确救助申请人向镇（街）提出社会救助申请时，应授权核对机构对其家庭收入和财产进行核对，为救助认定提供依据，该《办法》的出台，为提高政府救助的准确性和公信力奠定了坚实基础。2014 年，成立核对中心，建立青岛市居民家庭经济状况核对系统，8 月，青岛市在市南区开展核对试点，核对工作正式开展；2015 年，出台金融资产核对办法、金融资产核对规程；2016 年，出台核对规范。核对系统与民政、公安、国土、人力资源和社会保障、工商、卫计委、国税、地税、公积金、海洋与渔业、残联、水利、交通委、财政、编办等 20 多个部门、多家银行业金融机构、共计 34 项数据实现了信息共享。该政策创新地启动居民家庭经济状况核对系统，2017 年，青岛市民政局出台《关于调整最低生活保障家庭金融资产认定标准的通知》，明确指出：低保家庭金融资产认定标准是指低保家庭持有的金融资产总和的最高限额；低保家庭金融资产认定标准基础值为不超过当地月低保标准的 48 倍。青岛市这一做法规范了认定对象的界限，有效促进救助的公平与公正。

（3）分类救助。针对不同人群提供不同层次的救助，以医疗救助制度为例，2015 年，民政部下发《关于进一步完善医疗救助制度全面开展重特大疾病医疗救助工作意见的通知》，要求城镇医疗救助制度和农村医疗救助制度于 2015 年底前合并实施，并全面开展重特大疾病医疗救助工作。青岛市不仅实现城乡医疗救助制度的合并，而且在开展重特大疾病医疗救助时根据不同救助对象，施行不同救助方式及救助比例。对重度残疾人，社会孤老、年龄不满 18 周岁的城乡散居孤儿、农村“五保”对象低保家庭成员等不同对象都有着较为明确的救助比例、救助标准以及救助限额，使较为有限的财政资金能帮助更多救助对象。

3.2 社会救助政策的合理性分析

3.2.1 社会救助标准变动的合理性

如图 4－13 所示，城乡救助标准的增长率自 2010 年后基本保持一致，这体现了城乡之间社会救助的公平性。此外，城乡救助标准的增长情况略高于 CPI 指数与 GDP 增长，但趋势基本一致，这表示青岛市对社会救助的重视日益加深、投入的比重有所增长，且救助标准的变动较为合理，其变动趋势与青岛市的经济与社会发展程度基本保持一致，既紧跟 GDP 与 CPI 的增长，又没有脱离发展的实际情况。

3.2.2 社会救助总投入变动的合理性

如图 4－14 所示，一般公共财政收入、一般公共财政支出与社会救助总投入的变动趋势基本一致。这意味着社会救助总投入的金额没有超出公共财政能够承受的限度，并随着公共财政承受能力的提高而有所上升。

如图 4－15 所示，社会救助总投入与生产总值 GDP 的增长趋势基本一致，说明青岛市对于社会救助的投入并没有超出经济发展的水平，并且社会救助总投入在生产总值 GDP 中的占比呈现稳定的状态。

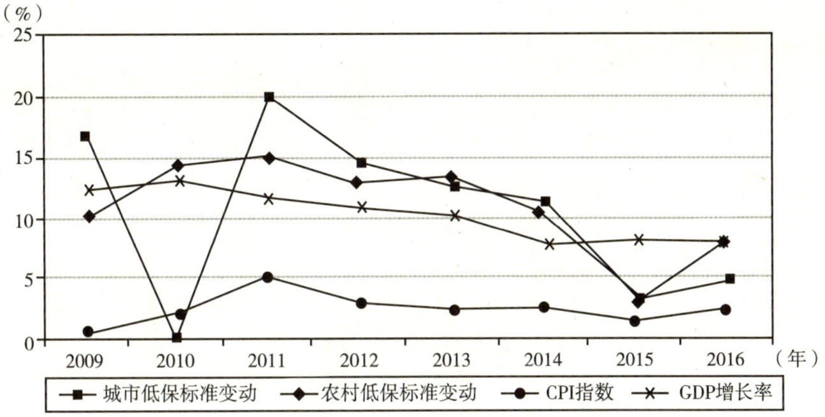

图 4－13　2009—2016 年青岛市救助标准增长率与 CPI/GDP 增长率波动对比

资料来源：根据青岛市统计年鉴相关数据整理。

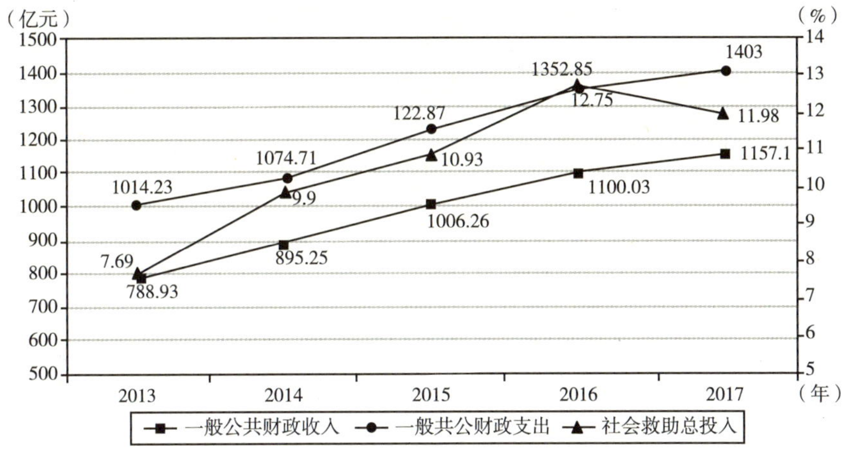

图 4－14　2013—2017 年青岛市社会救助总投入与一般公共财政收入/支出的变动趋势

资料来源：根据青岛市统计年鉴相关数据整理。

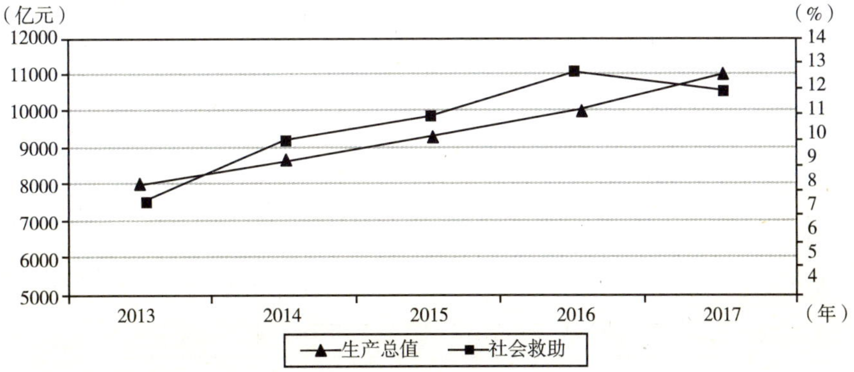

图 4－15　2013—2017 年青岛市社会救助总投入与生产总值 GDP 的变动趋势

资料来源：根据青岛市统计年鉴相关数据整理。

3.2.3 社会救助城乡差异的合理性

如图4－16所示，青岛市低保标准占人均消费的比值在城市与农村之间并无较大差异，并且从图形上看，农村低保标准占人均消费支出的比重略高于城市，一方面是由于城乡的低保标准的差异逐步缩小，另一方面是由于城市的人均消费支出高于农村的人均消费支出。

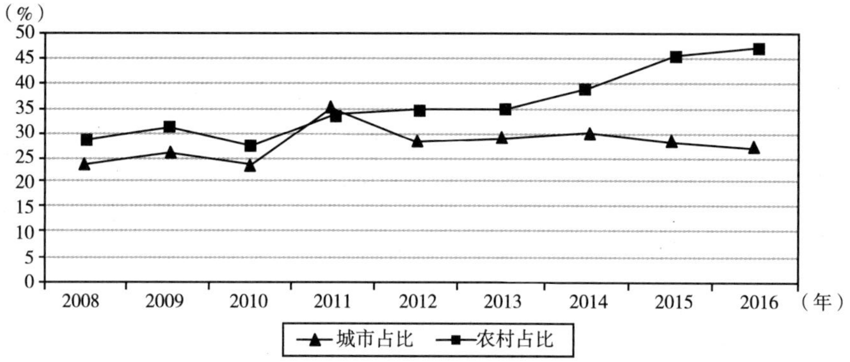

图4－16 2008—2016年青岛市低保标准与人均消费之比变动趋势

资料来源：根据青岛市统计年鉴相关数据整理。

3.3 社会救助政策的可持续性分析

3.3.1 社会救助的财政承受能力分析

如图4－17所示，青岛市社会救助占一般公共财政收支的比例从近五年看来，稳定在0.7%到1.2%的区间。这说明，青岛市对社会救助的投入一直保持在财政可承受的范围以内，并且随着公共财政收支的变化相应地增或减。

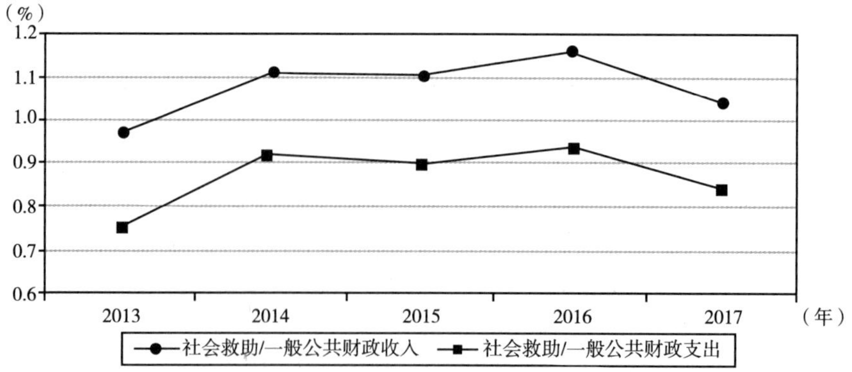

图4－17 2013—2017年青岛市社会救助投入占公共财政收支的变动趋势

资料来源：根据青岛市统计年鉴相关数据整理。

3.3.2 和同类型城市对比分析

如表4-9、图4-18所示，与厦门市、大连市相比，青岛市社会救助的投入占一般公共支出的比重较高，2013至2017年，青岛市社会救助占一般公共支出的比值均高于厦门市与大连市。这说明，青岛市对于社会救助的投入与重视程度高于大连市与厦门市。而青岛市社会救助占一般公共支出的比重均未超过1%，又说明社会救助的投入尚在合理范围内。

表4-9 2012—2016年大连市与厦门市社会救助总投入 单位：亿元

年份	厦门市	大连市
2012	0.74	7.4
2013	0.91	7
2014	1.29	6.81
2015	1.57	6.9
2016	1.55	5.7

资料来源：根据各市统计年鉴相关数据整理。

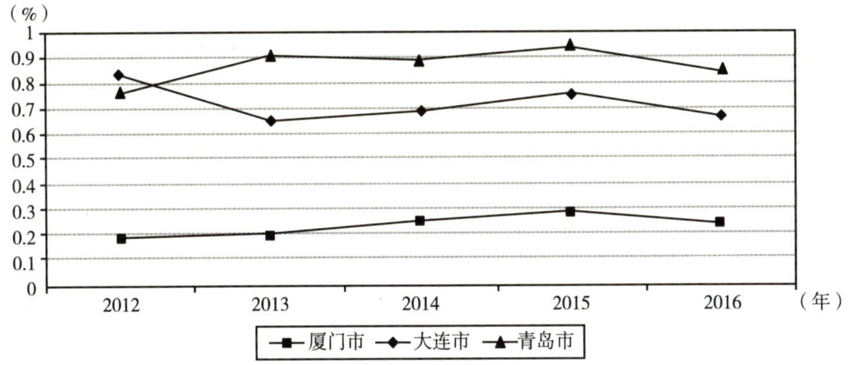

图4-18 2012—2016年青岛市、厦门市及大连市社会救助/一般公共财政支出变动情况

资料来源：根据各市统计年鉴相关数据整理。

3.4 社会救助政策的资金绩效分析

3.4.1 社会救助整体

(1) 贫困人口及低保覆盖范围。如表4-10所示，青岛市的贫困人口、低保覆盖人数及农村低保人数都有着逐年下降的趋势，这一方面说明了经济与社会的发展、社会救助的高效实行，有效地降低了青岛市的贫困人口总数及低保覆盖人数，另一方面说明了社会救助机制的不断成熟，能够精准地定位出真正需要救助的贫困人口。低保覆盖人数高于总贫困人口数，这是由于贫困人口与低保覆盖人口的定义有所区别，低保覆盖人口还包括部分符合条件的中低收入人群。

表 4-10 2014—2017 年青岛市贫困人口及低保覆盖人数 单位：人

年份	2014	2015	2016	2017
总贫困人口	6.5 万	3.8 万	2.6 万	0
低保覆盖范围	15.6 万	13.6 万	13.5 万	11.6 万
农村低保覆盖	11.2 万	10.3 万	10.4 万	9.2 万

资料来源：青岛市政务网。

（2）城市救助人口与农村救助人口之比的逐年变化。如图 4-19 所示，青岛市城市救助人口与农村救助人口之比逐年下降，且比值处于 0.25 到 0.55 区间，说明农村救助人口数长期高于城市救助人口数，且二者的差距存在逐步加大的趋势。这意味着，青岛市社会救助政策逐步向农村倾斜。

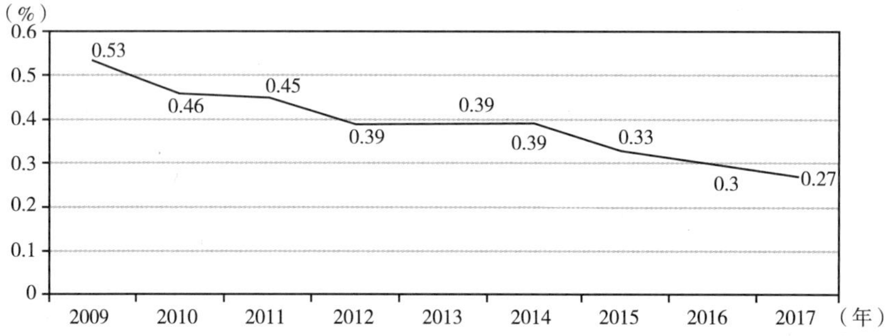

图 4-19 2009—2017 年青岛市城市救助人口与农村救助人口之比的逐年变化趋势

资料来源：根据青岛市财政局提供资料整理。

（3）集中供养人口数波动。集中供养与分散供养主要是对特困人员供养的形式。具备生活自理能力的，鼓励其在家分散供养；完全或者部分丧失生活自理能力的，优先为其提供集中供养服务。如图 4-20 所示，青岛市集中供养人口数自 2009 年来逐年递减。根据近年来青岛市针对特困人员的政策，青岛市已逐步实现对特困人员的精准识别，并根据特困人员的实际情况，恰当选择分散供养还是集中供养的形式，并且，有部分原来在特困人员救助范围的人群，也纳入其他救助范围。比如，未满 16 周岁的未成年人同时符合特困人员救助供养条件和孤儿认定条件的，应当纳入孤儿基本生活保障范围，纳入孤儿基本生活保障范围的，不再适用特困人员救助供养政策。纳入特困人员救助供养范围的残疾人，不再享受困难

图 4-20 2009—2017 年青岛市集中供养人口数波动情况

资料来源：根据青岛市财政局提供资料整理。

残疾人生活补贴和重度残疾人护理补贴。纳入残疾人托养中心供养的特困人员，不得重复享受照料护理补贴。集中供养的特困人员享受长期照料护理保险的，不得重复享受照料护理补贴。以上原因均导致了集中供养人口逐年递减的变动。

3.4.2　医疗救助

（1）医疗救助中各类人群构成的变化情况。如表 4－11 所示，从近五年的数据来看，青岛市医疗救助中占比最大的是低保人员。低保人员与低保边缘人员之和，所占比例基本在90%以上。这意味着医疗救助面向的主要人群是低保及低保边缘人员，中低收入者及符合条件的非青岛籍居民所占比重较低，不足 10%。

表 4－11　　2013—2017 年青岛市医疗救助各类人群构成　　单位：人

年份	低保		低保边缘		中低收入		非青岛	
2013 年	18407	73.83%	5906	23.69%	620	2.49%	0	0.0000%
2014 年	20094	66.26%	8275	27.29%	1955	6.45%	0	0.0000%
2015 年	28413	76.40%	5285	14.21%	3493	9.39%	0	0.0000%
2016 年	78260	89.05%	4541	5.17%	5084	5.78%	1	0.0011%
2017 年	83052	94.04%	2970	3.36%	2290	2.59%	1	0.0011%

资料来源：根据青岛市财政局提供资料整理。

（2）医疗救助中各类人群投入量的变化情况。如表 4－12 所示，青岛市医疗救助投入资金中，低保及低保边缘人员所占比重最高，二者之和超过 60%。对于中低收入人群，虽然人数所占比重较低，但资金投入比重相对较高，近五年来平均比重高于 20%。这主要是因为中低收入人群一般在患有重大疾病时才会申请医疗救助，而这类疾病的医疗支出较大。

表 4－12　　2013—2017 年青岛市医疗救助投入人群分类　　单位：万元

年份	低保		低保边缘		中低收入		非青岛	
2013 年	3289	48.37%	2457	36.13%	1054	15.50%	0	0.0000%
2014 年	4641	35.03%	5110	38.57%	3496	26.39%	0	0.0000%
2015 年	7436	43.21%	3858	22.42%	5913	34.36%	0	0.0000%
2016 年	16868	54.74%	4830	15.67%	9118	29.59%	1	0.0032%
2017 年	18813	68.77%	3713	13.57%	4829	17.65%	3	0.0110%

资料来源：根据青岛市财政局提供资料整理。

3.4.3　临时救助

如表 4－13、表 4－14 所示，青岛市临时救助人数构成中，低保及低保边缘人员比例逐步减少，从 2013 年的 95.53% 减少至 2016 年的 42.74%；青岛市临时救助投入构成中，低保及低保边缘人员比例同样逐步缩减，从 2013 年的 91.93% 减少至 2016 年的 33.14%。这说明青岛市社会救助体系逐步成熟，临时救助的对象更加清晰明确。

表 4－13　　2013—2017 年青岛市临时救助各类人群构成　　单位：人

年份	低保		低保边缘		中低收入		非青岛	
2013	4535	32.74%	8697	62.79%	618	4.46%	21	0.15%
2014	6375	43.97%	4885	33.69%	3238	22.33%	18	0.12%
2015	6498	38.73%	4143	24.69%	6138	36.58%	24	0.14%
2016	5768	38.76%	874	5.87%	8240	55.37%	43	0.29%
2017	5545	37.62%	755	5.12%	8441	57.26%	10	0.07%

资料来源：根据青岛市财政局提供资料整理。

表 4－14　　2013—2017 年青岛市医疗救助投入分类　　单位：万元

年份	低保		低保边缘		中低收入		非青岛	
2013	683.2555	30.31%	1389	61.62%	176	7.81%	6	0.27%
2014	1359.9383	40.44%	1195	35.53%	799	23.76%	9	0.27%
2015	1585.9658	34.94%	1173	25.84%	1765	38.89%	15	0.33%
2016	1834.51	37.64%	370	7.59%	2654	54.46%	15	0.31%
2017	1312	27.11%	292	6.03%	3228	66.71%	7	0.14%

资料来源：根据青岛市财政局提供资料整理。

总体上讲，青岛市社会救助政策得到了较好执行，青岛市基层人民的生活因此也得到了充足的保证，但同时也要注意青岛市财政需要对各救助项目科学地分配、管理财政资金，保证社会救助进一步统一化、精准化、高效化。

第4章

社会救助政策的国内外先进经验

由上述分析可知，青岛市社会救助政策仍有不足之处。因此，本章针对问题，“对症下药”，通过分析国内外先进的社会救助经验，为青岛市政府进一步完善社会救助政策提供借鉴。

4.1 社会救助政策的国际先进经验

4.1.1 美国社会救助经验

第一，救助财权可变化。美国由联邦政府、州政府和地方政府共同负担社会救助经费，各自的比例由各州对该项目的实际支出和州人均收入决定，人均收入较低的州，联邦政府负担的比例较高。州政府与地方政府在确定对象上也主要以特定的收入标准为主。

第二，救助内容突出生存权，强调自立：一是对有子女的困难家庭的资助，政府以现金资助有子女的单亲家庭，或父母失业和丧失劳动能力的家庭。二是养老及困难补贴，主要是对老年人和残疾人发放现金补贴。三是免费医疗，为了使穷人获取医疗服务的项目，在美国所有的资助项目中该项目耗资最大，由联邦和州政府分担。四是食品券补助，以解决贫困阶层的基本生活。五是儿童营养补助，主要是为哺乳期的母亲、婴儿、5 岁以下儿童而设立的，每年都有数千名妇女儿童享受这种补助。除此之外，美国还有安居计划、教育救助、就业培训援助等，帮助贫困家庭获得教育、住房、培训和就业的机会，增强自救、自助和发展的能力，解决长期依赖政府救助的问题。为解决“福利依赖”问题，在 1996 年，美国通过了《个人责任和工作机会协调法》，对受助对象设立受助时限和工作小时等限制，2000 年起，政府要求接受援助的单亲父母两年内每周工作至少 30 小时，核心家庭每周至少工作 35 小时。联邦政府还制定了社会救助受益家庭的就业目标。

4.1.2 英国社会救助经验

第一，救助财权事权集权化。英国社会救助属于中央统管，中央政府确定社会救助标准，负责具体管理并由中央财政拨款。和大部分国家类似，在确定救助对象上，英国对申请人及相关家庭成员的收入及资产状况进行审查，不足特定标准时才予以救助。

第二，救助内容广泛化。英国社会救助的项目很多，甚至有些是福利式的救助，主要包括低收入家庭救助、老龄救助、儿童救助、残疾救助、失业救助及疾病救助等内容。低收入家庭救助是对收入低于官方规定贫困线家庭的救助，救助金随政府规定的贫困标准而变化。

低收入者还可以取得一部分取暖费，有子女的可取得学校免费牛奶和免费膳食以及免缴国民保险费，还可以享受房租补贴等。老龄救助主要是对年满 80 岁、没有资格享受养老金或只有少量养老金的老年人给予补助。残疾救助包括残疾人的保姆补贴、活动补贴和重残补贴。英国社会救助的一个重要特点是细分救助对象，按照不同的救助对象，给予不同标准的救助。具体来说，主要是从年龄差异、家庭成员承担责任差异以及“单身户”与“家庭户”差异进行划分。

第三，救助对象认定严格。政府对以下四类人员实行严格限制：一是年轻失业人员。英国政府要求失业 6 个月的 18 岁至 24 岁的年轻人必须从以下四种方案中作出选择——在私人部门工作（雇主得到补助）、在志愿性部门工作、从事环境保护工作、接受全职教育或培训。二是单亲父母。英国政府制订了特别行动计划，通过工作寻求、建议和培训帮助单亲父母找到工作，必要时可以为那些再次全职学习的单亲父母提供小孩的照看。三是长期失业人员。英国政府规定，雇主雇用一个已失业两年或两年以上的失业者可从政府获得为期 6 个月的每周 75 英镑的工资补助，年龄超过 50 岁的人还可享受特殊援助。四是残疾人或者长期患病的人。这类人也可获得额外的补助，目标是帮助残疾人或长期患病的人找到工作或者帮助那些已工作的人继续工作。通过这一系列措施，使那些依靠福利生存的特殊人群走上工作岗位，摆脱对福利的依赖，建立社区不同部门（包括雇主、志愿性组织）、地方政府和中央政府之间的新型关系。

4.2　社会救助政策的国内先进经验

4.2.1　杭州市社会救助服务

杭州市是我国首个出台社会救助家庭评估地方标准并配套相关条例的城市。该项举措使得救助标准更科学化、精细化；救助认定更透明化；救助申请更精简化。其特征具体表现为：

第一，率先将传统的评估家庭“毛收入”转变为核对家庭“净收入”，明确规定可直接扣减因病、因学等刚性支出费用，准确判断家庭状况；将分散的“低保、支出型、残保、低边、低收入家庭”等单项性社会救助政策整合为全市统一的社会救助家庭评估规范，困难群众一次申请即可分类评估。

第二，改民主评议举手表决为现场评估，由民政部门或第三方社会组织对五类社会救助家庭进行统一评估，确保社会救助资源公平分配与使用。

第三，评估规范中取消了 13 项需群众提供的证明类文书，改由部门之间电子证照的形式提供，仅需提供身份证、申请（授权）书 2 项，实现“最多跑一次”的承诺。通过上门评估服务，困难群众甚至还能“一次也不跑”。同时，简化了评估流程，在赡养能力评估上，在全国首创以赡养人的自诉承诺为依据，不需其提供烦琐的材料，审核审批机关进行事后部分家庭核查。赡养人自诉承诺虚假的，将记入杭州市公共信用信息平台，与信用体系挂钩。

4.2.2 深圳市社会救助服务

深圳市社会救助开展时间早，救助内容多，在诸多救助方面在全国都属于首创。

第一，对流浪人员的救助。深圳以市救助管理站为中心，宝安、龙岗两区救助管理站为东西两翼，形成了覆盖全市的流浪乞讨人员救助管理网络，2017 年，全市未发生一起流浪人员冻死、病死、饿死街头事件。深圳街面应急救助制度的快速响应机制，更是吸引了全国 40 多个城市来深“取经”。由民政部门牵头建立、多部门形成合力的街面应急救助队伍，能够实现接报后 30 分钟即抵达现场，确保每名流浪人员“应救必救”。此外，深圳救助站以“救急难、避风寒、供住宿、寻亲人、助返乡”为职责，可提供一年最多 2 次、每次上限 10 天的免费食宿，加上青年驿站、梦工场等多个项目，来深务工人员可以放心在深圳为就业创业梦想扬帆。

第二，对外来人员救助措施多。对于非深户困难群体，深圳出台的《困难群体临时救助暂行办法》明确规定：持有效居住证的非深户居民可以向辖区街道申请临时救助，视情况获得 2—12 月最低生活保障标准的补助，原则上一年最多可以申请 2 次。如果不是深户也没有居住证，困难群体还可以通过市民政局和市慈善会共同搭建的“寻找需要帮助的人”项目或其他慈善机构，申请“雪中送炭”救命钱。

第三，救助形式的多样化。如连续 12 届开展的深圳“爱心福彩——资助来深建设者春节返乡”活动，累计投入福彩公益金 2650 万多元，资助 48500 多名来深建设者返乡，随着深圳福彩爱心大巴、爱心火车的线路驶向全国 14 个省 67 个城市，已成为享誉全国、温暖人心的大型公益品牌；在福田区莲花街道“慈善超市”，困难群众每月花 30 元就可以买到价值 150 元左右的物品，而超市的运营，除了福彩公益金的资助，还有爱心企业和热心群众的持续捐赠。

4.2.3 上海市综合帮扶模式

上海市综合帮扶模式有如下几点特征：一是救助前置，提前预防。通过构建信息平台，建立支出型贫困预警机制，即在市和区县成立居民经济状况核对中心，根据政府的委托开展核对工作，核对结果作为审批部门提供社会救助的参考。核对机构使用入户调查、邻里访问、信函索证以及调取政府相关部门信息等方式开展工作，核对内容主要包括贫困对象的可支配收入和财产状况，同时规定核对对象在提出享受社会救助、福利待遇申请时，有如实提供个人或家庭经济状况信息、配合核对机构开展调查的义务。二是政府牵头，多方参与。上海市政府通过调动多方力量探索社区市民综合帮扶机制。该具体运行机制是指通过政府资助、社会募集、福利金出资等方式，在市和区县建立了综合帮扶基金，委托基金会民间组织操作。民间组织根据不同的情况分三种形式开展帮扶：一是个案帮扶，按照“特殊困难、个案处理”的办法，针对辖区范围内政府制度性救助暂时没有解决的个别困难情况进行帮扶。二是项目帮扶，按设立的帮扶项目，针对辖区范围内突出困难群体进行帮扶。三是特定帮扶，针对天灾人祸等特定事件开展帮扶。

第5章

社会救助政策的优化建议

近年来，社会保障成为举国上下高度关注的领域，也是全面深化改革的重点领域。党的十九大确立了以人民为中心的发展思想、走共同富裕的发展道路、以增进民生福祉为国家发展的根本目的。之后，青岛市政府深入贯彻落实党中央精神，团结带领各级、各部门在社会保障尤其是社会救助方面取得了优异成绩。比如，青岛市“困难居民医疗救助制度”在全国社会救助工作推进会上作了典型推广，中央电视台专题报道了青岛市医养结合发展经验；青岛市荣获“全国殡葬综合改革试验区”称号等等，一系列荣誉充分体现了青岛市市政府响应党的号召，真真正正地为人民办实事、谋福利。在新形势下，为使青岛市社会救助成为更加牢固的“最后一道安全网”，本章结合前期的调研情况与分析结果对青岛市社会救助下一步发展提出如下建议。

5.1 完善对象识别机制，建立需求识别机制

精准识别决定着整个社会救助的公平性。根据对社会救助政策的梳理，近年来，青岛市在识别救助对象方面虽已有极大进展，却在其他方面仍有提升空间。为了实现社会救助的精准识别，青岛市需要完善对象识别机制，建立需求识别机制和健全信息化机制。

首先，完善对象识别机制。社会救助对象不限于收入水平低下，还体现为包括经济权利、文化权利等在内的社会权利贫穷。当前，包括青岛市在内的诸多城市，其社会救助主要以收入和财产状况为标准，尤其侧重于容易操作的收入。基于新的社会权利贫困观，识别社会救助对象要放弃单一的经济标准，运用健康、教育和消费等多项指标综合识别社会救助对象。

其次，建立需求识别机制。如何搜集社会救助对象需求信息，是能否进行有效救助的前提条件。社会救助须完善需求识别机制，搜集和分析救助对象的需求。一方面，借助社区层面的救助平台，搜集社会救助对象的需求信息，另一方面，建立社会救助对象需求表达的多种渠道。对搜集到的需求信息进行分类整理，作为社会救助实施的依据，在社会救助过程中优先解决，及时回应社会救助对象的需求。

最后，健全信息化机制。借鉴上海、广东等地区搭建信息网络平台的先进经验，青岛市应当利用银行、证券、税务、工商、社会保障等部门的信息管理系统，核对申请者家庭收入和财产状况。与传统办法比，这种办法有利于构建跨部门、多层次的核对信息平台，在核对家庭收入与财产方面更为精准。民政部已经出台政策文件，要求2016年完成

省级核对信息系统建设，未来要形成省、市、县三级联网的经济状况共享机制。青岛市应以此为依托，在此基础上，逐步建立城乡各类困难群众基本信息数据库，实现社会救助的规范化和精细化。

5.2　健全分类救助机制，完善差异化救助机制

在供给侧改革的政策背景下，社会救助作为公共服务，同样需要进行供给侧改革，将救助对象置于社会救助的中心地位，实现从供给方主导，向需求方选择转移。同时，要改进社会救助的帮扶机制，建立分类救助机制，健全差异化救助机制，完善社会救助服务购买机制。

首先，建立分类救助机制。目前，青岛在社会救助实施过程中，已对社会救助家庭进行了初步的分类，并规定了相应的救助标准及救助形式。然而，由于分类救助机制还并不完善，生活救助与分类救助并未完全分离。应根据社会救助对象的救助需求，将简单叠加在基本生活保障的其他救助项目剥离出来，从收入定位逐步转为需求定位与类别定位，分类提供医疗、住房、就业等专项救助。

其次，健全差异化救助机制。不同的社会救助对象在生活中具有不同的需求，在社会救助中应根据需求差异化制定政策。对丧失、缺乏劳动能力的社会救助对象，应侧重满足他们的生存性需求，采取生存型救助方式，通过基本生活保障解决其基本生存问题；对具备劳动能力的社会救助对象，应侧重满足他们的发展型需求，采取发展型的救助方式，通过教育救助和就业救助等方式，投资于人力资本，最终帮助他们摆脱贫困状态。

最后，完善社会救助服务购买机制。社会救助服务有助于社会救助的转型升级，而开展政府购买服务有利于弥补社会救助资源不足。社会救助应当优先发展生活性救助服务、庇护性服务、就业扶持服务以及专业辅助服务。在政府购买社会救助服务中，可以把提升社会救助对象的发展能力和培育社会工作组织结合起来。购买社会救助服务以项目制方式运作，具体采取“社会救助服务项目招投标”和“社会救助服务项目公益创投”等两种方式实施。在购买服务中，通过人力、物力和财力等资源输送，促进社会工作组织自身发展，以壮大承接主体。

5.3　建立分类退出机制，完善代际贫困干预机制

精准管理是优化社会救助资源配置的途径。为了改进社会救助的管理机制，建议建立分类退出机制和完善代际贫困干预机制，这是发展型社会救助的需要，也是促进社会公平的必然要求。

首先，建立分类退出机制。青岛市可以根据救助对象有无劳动力建立社会救助退出机制。无劳动能力者属于社会救助的长期对象，对其应遵循自然退出原则。社会救助退出机制主要针对就业困难家庭和支出型贫困家庭。对于就业困难家庭，救助对象具备自力更生的能力，对此应强化其就业能力，通过就业达到退出社会救助的目的。对于支出型困难家庭，要

有针对性地采取医疗救助、教育救助以及住房救助等措施，扶持该类家庭渡过生活难关，并有针对性地提供社会救助服务，达到退出的目的。

其次，完善代际贫困干预机制。社会救助不应只关注当前的贫困，而应积极关注贫困的“代际转移”问题，明确把阻断贫困代际作为社会救助目标之一。青岛市应当对社会救助家庭的未成年子女实施特殊救助，以达到干预代际贫困的目的。对于在学的未成年子女，要施以补偿教育，以多种形式消除教育中的不平等现象，推动他们更好地适应学校生活，以教育公平阻断贫困代际传递。对于走向就业的社会救助家庭的子女，要做好就业帮扶工作，消除基于非能力的就业排斥机制，推动他们融入社会生活，帮他们完成从学校到社会的转换。

第6章

研究展望

党的十九大确立的“以人民为中心”的发展理念，对社会保障体系提出了更高要求，社会救助作为社会保障的“最后一道防线”，应站在新的高度，更好地规划未来的发展与政策走向。

6.1 提高社会救助对象的瞄准度

保证识别救助对象的精确度能够确保社会救助发挥“最后一道防线”的制度职能，同时避免养懒汉，维护社会的公平正义。就目前我国社会救助制度的性质和青岛市当前社会救助资金的投入水平看来，应该提高“瞄准度”，实现“应保尽保”，要避免“保不应保”，落实“应退尽退”。

首先，青岛市应提高社会救助服务人员的审查业务水平，不仅提高队伍素质，加强现有社会救助服务人员队伍的培训，还可由独立于政府社会救助行政组织体系之外的社会工作机构及社会工作者队伍，负责执行申请者的救助资格审查及其他管理工作。

其次，青岛市应建立规范、有效的家庭经济状况核查机制，一方面，可借助信息化技术，建立跨部门、多层次、信息共享的家庭经济状况核对机制，另一方面，也可以建立第三方证明制度，由申请者的亲友对申请者家庭的收入和财产信息的真实性进行证明。

最后，青岛市应明确违规获取或给予救助资格行为的法律责任，对违规获取救助资格者，如故意隐瞒家庭经济状况的申请者、已保对象和违规给予救助资格者的法律责任要加以明确，进一步完善低保的行政法规、地方性规章和部门规章。

6.2 改善社会救助的事前预防能力

事后救助与“下游干预”，不仅代价高昂，而且救助效果有限，不利于社会救助制度的健康运行与长效发展。为此，政府必须改善社会救助的方式，转变为事前预防和“上游干预”，增强受助者的风险抵御能力。

一是应逐步建立贫困预警系统，对于那些濒临贫困和被致贫因素（如失业等）困扰的高风险人群提供事前的物质或者服务支持，以帮助他们提升自我发展能力或者鼓励他们选择一些回报较好的经济活动。

二是社会救助的相关政策应当致力于减少或者消除那些导致民众陷入贫困的各种诱因，而不是在民众陷入贫困或者不幸后再对其进行救助，例如，通过实施积极的就业政策和有效的就业救助，减少失业现象的产生，通过教育救助等，提升贫困家庭子女接受教育的可及性，等等。

6.3 提高社会救助标准制定的合理性

救助标准的高低不仅关系到贫困群体的基本生活需要能否得到保障，而且在很大程度上关乎救助政策的有效与否。一方面，救助标准偏低，往往会阻碍受助者自我发展能力的提升，这无异于是在制造和维持一个贫困阶层，严重地影响了社会救助制度的整体效果。另一方面，救助标准偏高，则会削弱受助者改善自身困境的积极性与主动性，可能会导致受助者对救助制度产生福利依赖，违背了社会救助制度建立的初衷。

6.4 提升社会救助内容的丰富度

单一的货币或者实物救助往往不能有效地帮助社会救助对象缓解或者消除贫困，更不能提升受助者的风险抵御能力。因此，青岛市社会救助的内容应当转向以能力救助、服务救助、权利救助、机会救助以及精神救助为主要内容的多元化救助，以期有效地应对各种贫困风险。

对那些需要照顾的老年人、残疾人、儿童等人群，通过提供专业服务，尤其是政府购买服务的方式，购买相应的服务小时数，发挥专业救助服务机构和社会工作者的优势；对一些因劳动能力低下、失去工作而陷入贫困的受助者制订就业援助计划，加强对困难家庭劳动力的技能培训，提高有劳动能力者的素质，实施“积极的劳动力市场政策”；可以从社会购买服务的项目开发代金券，如教育券、食品券、交通券等，既能确保受助者得到其所申请的救助项目，且资金不被挪用于其他地方，又给予了受助者一定的选择权利。

6.5 提升社会救助主体的多元化

当前，社会救助制度责任主体的单一化，不仅无法有效解除受助者的生活困境，也不利于制度的可持续发展。因此，青岛市应当在坚持政府主导的前提下，引入民间组织、社区、企业和社工机构等社会力量，实现社会救助制度责任主体的多元化与社会化，进而构建政府主导与多方分责的社会救助责任体系。一方面，民间慈善组织与社会救助仍存在一些政策上的壁垒，在组织设立、资金筹集、税收减免、服务提供等方面有诸多制度限制，造成一些有意愿加入社会救助服务的民间组织运作困难。另一方面，社会公众对于民间救助力量的信心受到社会公众人物和知名组织“诈捐”报道的影响，对于社会力量参与社会救助的行为存在质疑，一定程度上影响了民间慈善组织参与社会救助的机会与效果，也降低了公众参与的热情。

参考文献

［1］刘喜堂．建国60年来我国社会救助发展历程与制度变迁［J］．华中师范大学学报（人文社会科学版），2010，49（4）：19－26.

［2］苑晓美．发展型社会救助的理念、实践及其启示［J］．中州学刊，2018（5）：80－85.

［3］郑功成．中国社会救助制度的合理定位与改革取向［J］．国家行政学院学报，2015（4）：17－22.

［4］赖志杰．"瞄偏"与"纠偏"：社会救助对象的确定——以最低生活保障制度为例［J］．理论探索，2013（2）：73－76.

［5］成呈．我国城乡基本医疗保险一体化路径分析［J］．现代商贸工业，2013，25（13）：34－35.

［6］苏祥，陈天柱．西部农村地区特困儿童社会救助的实践：整合、协调与专业化［J］．社会保障研究，2016（2）：84－90.

［7］梁土坤．新常态下的精准扶贫：内涵阐释、现实困境及实现路径［J］．长白学刊，2016（5）：127－132.

［8］季璐，白维军，刘红光．我国城镇住房救助体系研究综述［J］．河北经贸大学学报，2015，36（4）：125－129.

［9］谢勇才，丁建定．从生存型救助到发展型救助：我国社会救助制度的发展困境与完善路径［J］．中国软科学，2015（11）：39－49.

［10］杨红燕．中央与地方政府间社会救助支出责任划分——理论基础、国际经验与改革思路［J］．中国软科学，2011（1）：25－33，66.

［11］张晓宇．我国社会救助体系发展现状及问题探究［J］．北京劳动保障职业学院学报，2017，11（1）：13－20.

［12］关信平．关于全面建立临时救助制度应当注意的几个问题［J］．中国民政，2015（7）：19－21.

［13］吴桦．我国教育救助制度完善探讨［J］．西南农业大学学报（社会科学版），2012，10（5）：152－154.

［14］孙远太．社会救助运行机制的功能障碍与改进路径［J］．中国行政管理，2016（10）：40－44.

［15］匡亚林．论精准治贫与社会救助的整合治理［J］．华中科技大学学报（社会科学版），2018，32（1）：117－124.

［16］左停，赵梦媛，金菁．路径、机理与创新：社会保障促进精准扶贫的政策分析［J］．华中农业大学学报（社会科学版），2018（1）：1－12，156.

[17] 李泉然. 精准扶贫视阈下社会救助政策的发展 [J]. 中州学刊，2017 (1)：65 -71.

[18] 白小平，代枚训，王娅荣. 精准扶贫与社会救助制度“协同”观察 [J]. 重庆社会科学，2017 (5)：49 -56.

[19] 王延中，等. 推动社会保障制度更加成熟定型可靠 [J]. 中国社会保障，2015 (5)：36 -38.

第五部分

社会福利

第1章

养老服务政策的梳理与分析

1.1 绪论

1.1.1 研究背景

随着城市化进程的加快，我国人口老龄化不断加速，老年人在社会人群中的比例逐年增加，特别是“四一二”现代家庭结构的显现，老有所养、老有所依已成为全社会普遍关注的热点和难点。老年人的赡养、医疗保障、社会服务等问题的日益凸显，必将对经济社会的发展带来诸多影响和挑战。因此，党的十九大报告中明确提出：“积极应对人口老龄化，构建养老、孝老、敬老政策体系和社会环境，推进医养结合，加快老龄事业和产业发展。”

养老服务，广义上指一切以满足老年人需要为指向的产品和服务的总称。关于养老服务的类别，依据供养来源的不同可分为家庭养老与社会养老，依据居住地点的不同可分为居家养老、机构养老和社区居家养老。[1]中国传统的养老方式是家庭养老，但在经济快速发展、人口流动性增强、少子化趋势日益明显的今天，中国“大家族聚居”的家庭结构正向“小家庭独居”转变，传统家庭养老模式难以充分满足老年人日益增长的养老服务的需求。在此情况下，机构养老和社区居家养老应运而生。

人口是影响经济发展的重要因素之一，人口规模、人口增长速度、老龄化程度、人口负担压力等都会影响社会经济发展，正确处理人口发展问题，特别是关注和正视人口老龄化的严重挑战，可以促进经济社会实现又好又快地发展。人口老龄化是指65岁及以上人口占总人口的比重逐渐增长的过程，通常，这一比例达到7%，则认为该地区进入人口老龄化社会。“十二五”以来，青岛市人口在保持低速平稳增长、人口规模继续扩大、城镇化水平明显提升的同时，更重要的是，表现出人口老龄化程度加剧、劳动年龄人口所占比重下降和人口负担压力加重等显著特征，需予以关注。

（1）全国老年人口数量变化

目前，我国60岁及以上老年人口数量已超过2.22亿，占总人口的比例为16.1%，未来20年，仍将以年增近千万人的规模快速增长。预计到2020年，全国60岁以上老年人口将增加到2.55亿人左右，占总人口比重提升到17.8%左右。从图5－1不难看出，老年人口在逐年增加，其比重也已经攀升到了16.7%，2025年，我国60岁以上人口数量将达到3亿，成为超老年型国家。考虑到20世纪70年代末计划生育工作力度的加大，预计到2040我国

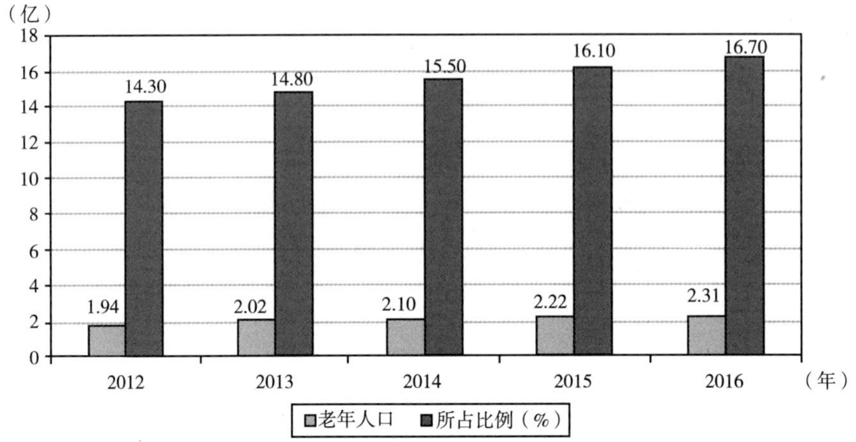

图 5-1　我国 60 岁以上人口数及其所占比例

资料来源：根据国家养老网数据统计整理。

人口老龄化进程达到顶峰，之后，老龄化进程进入减速期。

（2）全国养老资金投入状况

根据表 5-1 数据显示，我国从 2013 至 2017 年，对于养老服务的公共财政支出不断增加，但是，“十三五”时期政府在养老服务体系建设领域都存在着一定的资金缺口。资金缺口将随着公共财政支撑力度增强、彩票公益金收入提高、新增老年人口减少等逐年缩小。“十三五”期间，资金缺口合计 3014 亿元，年均资金缺口为 603 亿元。

表 5-1　我国养老服务体系的财政性资金规模及缺口　单位：亿元

年份	政府承担的养老投资需求	公共财政支出	彩票公益金			财政性资金总计	资金缺口
			小计	中央福利彩票公益金	地方彩票公益金		
2013	1153	111.8	128.1	12.8	115.3	240	-913
2014	1210	122.4	161.4	16.0	145.4	284	-926
2015	1193	133.4	198.5	20.0	178.5	332	-861
2016	1267	181.3	238.5	24.8	213.7	420	-847
2017	1257	196.6	293.3	30.5	262.9	490	-767
2018	1216	212.5	357.9	37.2	320.7	570	-645
2019	1142	229.0	433.0	45.0	388.0	662	-480
2020	1040	246.2	519.6	54.0	465.6	766	-274

资料来源：根据国家财政部数据统计整理。

（3）全国养老机构床位状况

养老服务床位数从 2011 年到 2016 年呈现出逐年增加态势，这也印证了我国在养老领域的支出逐年增加的趋势，但从每千名老人拥有床位数据来看，截至 2016 年，每千名老人仅有 33.95 张床位，与数量巨大的老年人口比起来还差得太远，仍有巨大的缺口（见图 5-2）。同时，我国养老机构供求严重不均衡，存在公立机构一床难求、民营机构床位闲置的问题。

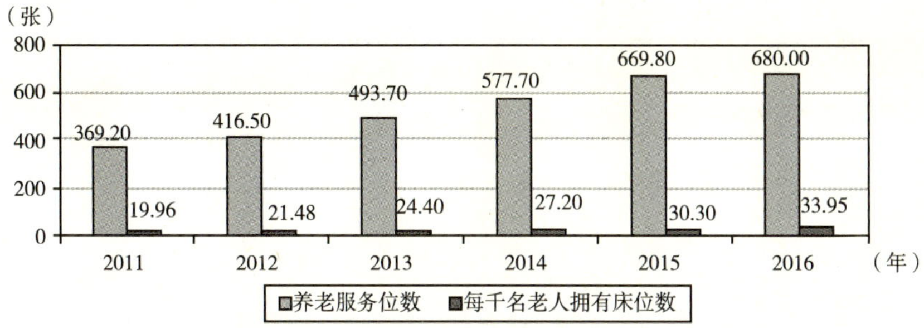

图 5－2　我国养老服务床位状况

资料来源：根据国家养老网数据统计整理。

（4）我国养老服务类型（见图 5－3）

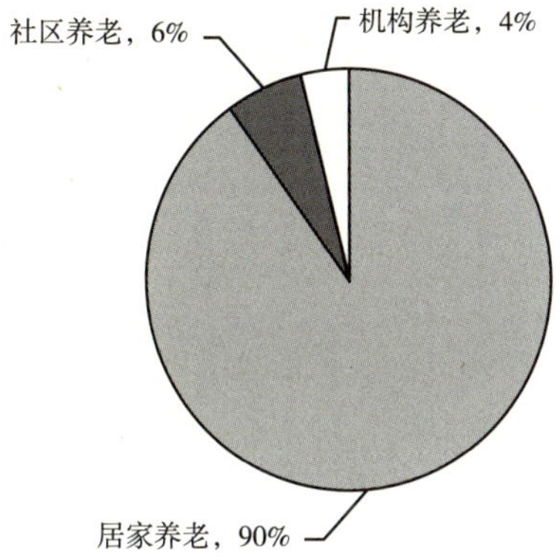

图 5－3　我国养老服务类型状况

目前，我国养老方式主要为居家养老、机构养老及社区养老，而在这三种养老方式中，居家养老占到了 90%，也是主流养老方式，从侧面也说明了我国的养老体系还不成熟，还需要一些政策来指导社会走向机构养老和社区养老，因为生活节奏快且独生子女的数量增加，难以兼顾工作和家庭。

目前，我国老年人权益保障和养老服务业发展等方面的法规政策不断完善；基本养老、基本医疗保障覆盖面不断扩大，保障水平逐年提高；以居家为基础、社区为依托、机构为补充、医养相结合的养老服务体系初步形成，养老床位数量达到 672.7 万张；老年宜居环境建设持续推进，老年人社会参与条件继续优化；老年文化、体育、教育事业快速发展，老年人精神文化生活日益丰富；老年人优待项目更加丰富、范围大幅拓宽（见表 5－2）。

表 5－2　　我国老龄事业发展和养老体系建设主要指标完成情况

主要指标	完成情况	预期目标	完成率（%）
城镇职工基本养老保险参保人数（亿人）	3.54	3.57	99
城乡居民基本养老保险参保人数（亿人）	5.05	4.5	112
企业退休人员社会化管理比例（%）	81.1	80	101
离退休人员养老金待遇年均增长率（%）	10.7	7	152

续表

主要指标	完成情况	预期目标	完成率（%）
农村五保供养平均标准年均增长率（%）	15.3	7	219
城乡居民基本医疗保险参保人数（亿人）	13.3	13.2	101
每千名老年人拥有养老床位数（张）	30.3	30	101
基层老年法律援助覆盖面（%）	98	75	131
老年协会城乡社区创建率（%）	81.9	87.5	94
老年教育参与率（%）	3.5	5	70
老年志愿者占比（%）	10	10	100

资料来源：根据“十三五”国家老龄事业发展和养老体系建设规划统计整理。

从我国老年人的数量变化、养老资金投入状况和养老机构床位状况可以看出，我国目前的养老服务还存在一些问题。本章以青岛市的养老服务政策为研究对象，对目前已经出台的政策进行横向和纵向分析对比，深入分析青岛市养老服务政策的不足，借鉴国内外先进经验，提出政策优化建议。

1.1.2 文献综述

人口老龄化最早发生于社会福利程度较高的西方国家，西方学者较早注意到了人口老龄化对国家未来发展的负面影响，并以该角度为切入点论证养老服务供给的必要性。Davidson（1989）在《人民生活与社会秩序》一文中提出，人口老龄化会造成社会生产率下降、经济发展放缓等负面影响，是一个不容忽视的社会问题。[2]

西方学者认为，机构化养老模式在经济发展初期起到了积极作用，但大型福利机构的建设与运营一方面大大加重了政府的财务负担，另一方面在机构运营中出现的官僚化倾使也得服务缺乏人性化、个性化。[3]在政府购买公共服务研究问题上，在新公共管理运动的推动下，这种新型供给方式逐渐推广到了其他欧美发达国家。[4]萨瓦斯（2000）从公共物品理论出发，提出“公共服务的供给有别于生产，公共服务既能通过政府直接生产，也能够通过其他制度安排得以实现”。[5]威尔逊从交易费用理论出发提出，通过比较服务外包费用和直接生产费用可以帮助政府选择合适的公共服务供给方式。[6]西方学者研究得出，各国的公共服务外包所具有的共性特征归结为以下两个方面：其一，明确的法律规定作为基础。其二，有效的政府资金支持作为推动力。[7]在政府资金扶持上，萨拉蒙的统计数据表明，英国、法国和德国等西欧发达国家的社会组织所接受的政府资助占其资金来源的50%以上。[8]

国内关于养老服务的研究开始于20世纪80年代中后期，同国外相比起步较晚。养老服务方面的研究聚焦点在于人口老龄化和养老模式两大问题上。在人口老龄化方面，姜向群（2006）认为，中国人口老龄化的主要特征为“增长速度块、增长人口多、地区间差异较大和国家未富先老”。[9]在养老模式问题上，穆光宗（2015）认为，中国家庭养老的压力将越来越重，未来劳动人口所面临的养老压力将超过最大承受程度，家庭养老模式亦将难以为继。[10]邬沧萍（1998）认为，现阶段中国理论领域最为普遍的看法是，家庭养老与社会养老应进行结合，构成社会养老服务体系。[11]姚远（2005）建议，在养老服务领域将政府的引导与社会组织的自我调整有机结合起来，在政府的引导下不断调整服务水平，让老年人享受到越来越高等的养老服务。[12]冉孜闻（2018）认为，居家养老作为一种社会化服务，在养老模式的地位中越显突出。[13]王震（2018）在肯定居家养老重要性的基础上提出，当前居家社区养老服务仍然存在供需失衡、利用率不足的问题。[14]江燕娟（2018）的研究表明，养老机构公建民营的合作模式有利于扩大机构养老服务的供给。[15]

在政府购买公共服务问题上，国内学者比较注重实证研究，以某个地区的实践案例为研究对象，以小见大地剖析政府购买中的成效及存在的问题，并提出优化的对策建议。在成效上，徐晓华（2018）认为，在政府购买公共服务问题上，存在地方政府购买公共服务的相关制度不健全、服务成本难以控制等问题。[16]王名（2008）看到了社会组织在参与政府购买实践中仍存在自身实力弱小、缺乏公信力等问题。[17]在破解问题的对策上，社会组织要以加强自身建设为前提，只有自身能力提高了才能更好地参与到公共服务中去（魏娜，张勇杰，2017）。[18]高晓波（2018）提出，我国社会老龄化问题不断加剧，养老服务需求急剧上升，而政府购买越来越成为政府实行公共服务的重要方式，政府需要对养老机构服务价格、服务质量进行决策。[19]

纵览学界关于老龄化和养老服务问题的研究，我们认为，西方学者起步早、研究实证性强。相比之下，国内研究起步晚，成果显示度尚待加强。但值得肯定的是，一方面，越来越多的中国学者对上述问题的研究产生出浓厚的学术兴趣，学术成果不断推陈出新；另一方面，在一定程度上体现出中国学者渐已建立的学术自省、学术自觉和学术自信，不再囿于西方研究的话语体系。当然，现有的研究成果和学术范式还存在一些不足。非常明显的是，学术性理论解构居多，实践性政策建构不足；引入性资料推介居多，回归性本土聚焦不足。

1.2 养老服务政策的梳理

1.2.1 养老服务政策的纵向梳理

关于养老服务的相关政策主要是由民政部牵头，财政部和人力资源社会保障部等部门协助共同制定的。本章以国家、省级和市级财政部门相关网站出台的政策为主，对有关养老服务的相关政策进行梳理，梳理的目的在于：总结国家、山东省及其他同类城市的先进经验，发现青岛市自身的问题与不足，并提出改进意见。

（1）国家层面养老服务政策的分析。国家层面有关养老服务的政策主要由民政部颁布，发布的政策对于各省市而言起着统领作用。国家层面养老服务的相关政策时间跨度从 1996 年一直到 2017 年，内容涉及老年人权益保障、养老服务体系、政府购买养老服务等方面。近几年，中央出台有关养老服务的重点从老年人权益保障，不断向解决养老服务提供过程中出现的问题进行转移，并且政策开始更多地关注社会资本参与养老机构建设。与此同时，为顺应时代发展，国家层面开始更加关注社区居家养老服务和医养结合的发展，并鼓励建设改革试点，从政策上不断促进养老服务的建设和发展。

（2）山东省层面养老服务政策的分析。从梳理的结果来看，山东省发布的各种养老服务政策分为两类。第一类是关于转发国家有关部门相关政策的执行通知，由此可见中央政策的统领作用；第二类是山东省根据山东省的实际情况并结合中央已有的政策所颁布的政策。

相较于第一类而言，第二类政策的制定更具有地方特色、更加符合山东省的实际情况，内容上也更加具体、更具有指导意义。

山东省在养老服务方面的相关政策数量较少，政策内容比较集中在总体方向的指导，政策并没有明显分类，政策内容主要涉及老年人优待、权益保障、养老服务体系建设、发展养老服务业以及养老专项资金使用等方面，没有涉及社区居家养老服务相关政策，医养结合政策数量也较少，这会造成对市县级政府在养老服务政策倾向方面的诱导，因此，须进一步充实、完善。

（3）青岛市层面养老服务政策的分析。就数量进行分析，青岛市民政局颁布的有关养老机构服务的政策最多，其次是医养结合的相关政策，最少的是社区居家养老服务的相关政策。青岛市在认真执行国家和山东省的养老服务政策的同时，根据青岛市的实际情况制定了该市的政策法规。

在总体大方向上，青岛市出台了关于加快推进养老服务业发展的实施意见，对该市养老服务的总体目标、主要任务以及保障措施作出了明确规定，颁布的《青岛市优待老年人规定》，从养老服务优待、医疗卫生优待、交通出行优待、文体休闲优待、维权优待、特定优待 6 个方面对老年人权益给予保障。

在养老机构方面，青岛市制定了大量的政策，主要涉及养老机构的设立、管理、补贴以及照护需求规范及评估，对于促进养老机构的发展和规范养老机构的运营起到了非常重要的作用，但对于养老机构政策的倾向性也在某种程度上导致了资源分配不均、养老机构空床率相对较高等问题，需要在养老服务的政策倾向性上进行调整。

在居家养老服务方面，青岛市出台的相关政策相对较少，虽然对设置社区老年人日间照料中心的要求、政府对社区日间照料中心的扶持政策、居家养老服务组织的登记、政府对居家养老服务组织的扶持政策进行了说明，但在政策数量上相对较少，这也直接导致了青岛市目前社区居家养老服务发展缓慢。

在医养结合方面，青岛市对医养结合发展、医养结合服务机构的设置、政府补贴政策以及医养结合服务的基本形式、基本要求、服务质量评价与监管都作出了明确的规定，政策比较全面，因此，青岛市的医养结合发展状况较好，形成的医养结合青岛模式已逐步成为全国典范。

1.2.2 养老服务政策的横向梳理

（1）养老服务支持政策的对比分析

通过表 5 - 3 对养老产业支持的相关政策进行对比分析可以看出，从中央到地方，政府不断出台相关政策对养老产业进行扶持，内容既涉及宏观层面的养老服务业发展规划、养老服务市场、养老服务体系，也包括微观层面上养老服务的标准、老年文化建设、老年宜居环境、资金使用管理等。

为进一步比较分析青岛市与其他三个计划单列市养老产业支持政策上的异同，本章以优待服务条例为例，并以青岛市的优待服务条例的分类为基础进行梳理，共分为养老服务优待、医疗卫生（保险）优待、交通出行优待、文体休闲优待、维权优待和特定优待等六类，下面，逐一展开对比。

表 5－3　　国家、山东省及四城市养老服务事业支持政策对比分析

	国家	山东省	青岛市	大连市	宁波市	厦门市
养老发展规划	√	√	—	—	—	√
养老服务市场	√	—	—	—	—	—
养老服务体系	—	—	√	—	—	—
养老消费	√	—	—	—	—	—
养老建设用地	—	√	—	—	—	—
养老服务标准化	√	—	—	—	—	—
养老服务机构纠纷	—	—	—	—	√	—
养老服务业放管服改革	—	—	—	√	—	—
养老服务转型升级	—	√	—	—	—	—
养老专项资金使用管理	—	√	—	—	√	—
老年人服务项目	√	—	—	—	—	√
老年文化建设	√	—	—	—	—	√
老年宜居环境	√	—	—	—	—	—
权益保障	√	√	—	—	—	√
发展养老服务业	√	√	√	√	—	√
优待	√	√	√	√	—	—

资料来源：根据中国政府网、各部委网站以及青岛、大连、宁波、厦门四市政务网、民政局网站、人力资源和社会保障局相关政策整理。

A. 养老服务优待。养老服务优待政策主要是政府对高龄老年人发放津贴和其他各种生活补贴的标准进行规定（见表 5－4）。

表 5－4　　四城市高龄老年人每人每月津贴标准　　单位：元/人

	青岛市	宁波市	大连市	厦门市
80—89 周岁	120	0	0	100
90—99 周岁	220	0	100	200
100 周岁以上	400	200	670	1100
备注	需为享受本市最低生活保障待遇的老年人	—	对 100 周岁以上老年人，补贴标准与当地城市居民最低生活保障标准保持一致，实行同步增长	机关、企事业单位离退休人员 70 岁起，可享受 100 元以上的高龄津贴；每年老年节，市财政为 90 岁以上的老年人发放 500 元的过节费；年满 60 周岁的独生子女或农村两个女孩的父母，每人每年可领取 1800 元奖励扶助金

资料来源：根据青岛、大连、宁波、厦门四市政务网、民政局网站、人力资源和社会保障局相关政策整理。

相比于其他三市发放的高龄老年人每人每月津贴标准，青岛市对高龄津贴标准的要求最为苛刻，厦门市的津贴补助力度最大，宁波市的覆盖面最小。其中，青岛市对80周岁到99周岁的老年人津贴补助的力度最大，对100周岁以上的老年人津贴补助相对较少，这可能是与各地老年人年龄结构的差异性有关。此外，青岛市对老年人选择不同的养老方式也实施了相应的鼓励政策。相比于其他三市，青岛的养老方式补贴最为健全，宁波市和厦门市甚至未作出明确规定。

B. 医疗卫生（保险）优待。医疗卫生（保险）优待政策主要包括老年人体检优惠、就医就诊优先以及为老年人购买意外保险等，具体内容详见表5－5。

表5－5　　　　四城市老年人医疗卫生（保险）优待政策

	青岛市	宁波市	大连市	厦门市
统一为本市户籍60周岁以上老年人购买意外伤害保险	√	—	—	√
老年人到公立医疗机构就医免收普通门诊挂号费，享受优先就诊、化验、检查、交费、取药、住院的优待	—	√	√	—
对行动不便的老年人，免费提供担架、推车和助步器等服务	—	√	—	—
基层医疗机构（社区卫生服务中心、站）应为患有慢性病或行动不便的老年人设立家庭病床，提供上门服务	—	√	√	—
每年免费对辖区内65周岁以上常住居民进行1次老年人健康管理	√	—	—	—
每年组织上门对100周岁以上老年人进行1次免费体检	√	√	—	—
未参加城市居民医疗保险的老年人在政府兴办和财政支持的区（市）级以上医疗机构就医，提供部分减免优惠	√	—	—	—
特困老人分散供养和住院救助进行补贴	—	—	—	√
享受城乡居民最低生活保障待遇的老年人和重点优抚对象的老年人去世后，免除基本丧葬殡仪费用	√	√	√	—

资料来源：根据中国政府网、各部委网站以及青岛、大连、宁波、厦门四市政务网、民政局网站、人力资源和社会保障局相关政策整理。

相比于其他三市，青岛市的医疗卫生（保险）优待政策相对较为宽泛，而宁波市则最为详细。青岛市在统一为本市户籍60周岁以上的老年人购买意外伤害保险和为百岁以上老人每年提供一次免费体检两方面做得较好，但在减免老年人的挂号费、免费提供助步器以及提供家庭病床和家庭医疗服务等方面仍存在很多有待完善的地方。

C. 交通出行优待。交通出行优待政策主要明确老年人在乘坐公共汽车、火车、飞机、船只等方面的优惠政策。其中，四城市在老年人乘坐本市公共汽车方面的优惠力度最大，具体内容详见表5－6。

表 5-6　　四城市老年人交通出行优待政策

	青岛市	宁波市	大连市	厦门市
公共汽车	半价（60—64 岁） 全免（65 岁以上）	全免（70 岁以上）	半价（60—69 岁） 全免（70 岁以上）	全免（本市 65 岁以上、本省 70 岁以上）
火车	—	优先购票	优先购票	—
飞机	优先购票	优先购票	优先购票	—
船只	优先购票	优先购票	优先购票	—
其他	建设标准无障碍设施	设立部分专窗、专座	海岛老年人乘船半价	—

注：①年龄都为周岁；②未标注年龄限制皆为 60 周岁以上。

资料来源：根据青岛、大连、宁波、厦门四市政务网、民政局网站、人力资源和社会保障局相关政策整理。

在老年人交通出行优待政策上，宁波市和大连市的政策最为完善，青岛市也相对较好，厦门市只在公共汽车方面有优待政策。相比其他三市，青岛市在老年人乘坐公共汽车方面的普惠力度最大，票价全免的范围最广。在老年人搭乘火车方面，青岛市政府未作出具体的政策规定。

D. 文体休闲优待。文体休闲优待政策主要是指政府在文化场所、旅游景点、公共图书馆、老年大学、公共厕所等方面对老年人实施的优惠政策。四城市具体优待政策详见表 5-7。

表 5-7　　四城市老年人文体休闲优待政策

	青岛市	宁波市	大连市	厦门市
文化场所（民办）	半价（60—64 岁） 全免（65 岁以上）	—	适当优惠	—
文化场所（公办）	—	半价（60—69 岁） 全免（70 岁以上）	半价（60—69 岁） 全免（70 岁以上）	全免（本市户籍）
旅游景点（民办）	半价（60—69 岁） 全免（70 岁以上）	—	适当优惠	—
旅游景点（公办）	全免	全免	半价（60—69 岁） 全免（70 岁以上）	全免（本市户籍）
公共图书馆	—	办证免费（70 岁以上）	—	—
老年大学	减免学杂费	—	减免学费	—
公共厕所	全免	全免	全免	—
影院	—	半价（民光影城、宁波影都）	—	—

注：①年龄都为周岁；②未标注年龄限制皆为 60 周岁以上。

资料来源：根据青岛、大连、宁波、厦门四市政务网、民政局网站、人力资源和社会保障局相关政策整理。

除厦门市，其余三市在老年人文体休闲方面的优待政策都较为丰富，皆可为老年人的文体休闲提供充足的便利。其中，宁波市还在公共图书馆和影院方面为老年人提供优惠，进一步丰富了老年人的精神生活，为青岛市提高文体休闲优待提供了思路。

E. 维权优待。维权优待主要是政府对老年人在进行法律咨询、法律援助、司法公证、司法救助等方面提出的政策保障。其中，未查阅到厦门市在老年人维权优待方面的政策，因此，将青岛市、宁波市和大连市三市老年人维权优待政策中费用优待比较如表 5 - 8 所示。

表 5 - 8　四城市老年人维权优待政策中费用优待

	青岛市	宁波市	大连市	厦门市
咨询费	免费（65 岁以上）	免费	免费（70 岁以上）	—
律师服务费	酌情减免	酌情减免	酌情减免	—
诉讼费	酌情减免	酌情减免	酌情减免	—
公证费	酌情减免	—	酌情减免	—

资料来源：根据中国政府网、各部委网站以及青岛、大连、宁波、厦门四市政务网、民政局网站、人力资源和社会保障局相关政策整理。

在法律咨询方面，以上三市法律服务机构均须免费为老年人提供法律咨询。在法律援助方面，青岛市规定，65 周岁的本市户籍居民均为法律援助的对象，其他年龄老人可申请法律援助，而宁波市和大连市的法律援助对象都须自行申请。青岛市规定，符合法律援助条件的老年人在聘请律师时，应视情况对其减免不低于 30% 的律师服务费；宁波市和大连市则是对符合法律援助条件的老年人免费提供法律援助。三市各级人民法院对享受最低生活保障待遇的老年人因合法权益受到侵害提起的诉讼，按有关规定给予免、减诉讼费用，并且优先立案、优先审理、优先执行。青岛市和大连市在司法公证方面，均提出按有关规定相应减免公证费的政策。

F. 特定优待。特定优待政策主要是对享受城乡最低生活保障待遇的老年人和空巢老人、“五保”老人等在筹资筹劳、医疗护理保险、住房保障、有线电视安装、固定电话使用等方面提出的优待政策。因未查阅到厦门市的特定优待政策，所以表 5 - 9 仅列出了青岛市和其他两市的特定优待政策。

表 5 - 9　三城市老年人特定优待政策对比

	青岛市	宁波市	大连市
老年人不承担各种社会集资、筹资、筹劳任务	—	√	√
生活完全不能自理的空巢高龄老年人可申请长期医疗护理保险待遇	√	—	—
优先纳入保障性住房、危房改造和低楼层选择	√	√	—
政府兴办和支持的供水、供电、供暖、燃气等公用事业经营单位，对享受最低生活保障待遇的老年人实行价格优惠	√	√	—
有线电视经营单位对享受最低生活保障的纯老年人家庭给予优惠	√	√	√
纯老年人家庭的电信住宅固定电话、SIM 卡进行部分优惠	—	√	—

资料来源：根据青岛、大连、宁波政务网、民政局网站、人力资源和社会保障局相关政策整理。

相比而言，青岛市和宁波市在特定优待方面的政策比大连市更加完善。其中，青岛市更是明文规定，政府兴办和支持的供水、供电、供暖、燃气等公用事业经营单位，对本市享受最低生活保障待遇的老年人实行降低 30% 以上的价格优惠，并且，老龄工作部门负责组织为老年人免费办理老年人优待证，工本费由市财政承担。

（2）养老机构政策的对比分析

表 5 - 10　国家、山东省及四城市养老机构政策对比

	国家	山东省	青岛市	大连市	宁波市	厦门市
养老机构设立	—	√	√	√	—	—
社会资本举办养老机构	—	—	—	—	√	√
区级养老机构	—	—	—	—	√	—
小型家庭养老机构	—	—	√	√	—	—
养老机构管理	√	—	√	—	√	√
养老机构标准	—	—	—	—	—	√
养老机构服务质量	—	—	—	√	—	—
养老机构质量等级评定	—	—	√	√	√	√
新增床位资助	—	—	—	√	—	—
养老机构补贴	—	—	√	√	—	√
养老机构改革	√	—	—	—	—	—
养老机构医疗服务	—	√	—	—	—	—
毕业生入职养老机构奖励	—	—	—	—	√	√

资料来源：根据中国政府网、各部委网站以及青岛、大连、宁波、厦门四市政务网、民政局网站、人力资源和社会保障局相关政策整理。

表 5 - 10 将有关养老机构的政策分为 13 类，有关于养老机构的规模的划分，最后一项为毕业生入职养老机构奖励。其中，四市共有的政策是养老机构的质量等级评定，这说明各市政府皆很重视机构服务的绩效评估，这也是政府部门评价政策实施效果和制定下一步政策的导向。从养老机构的运作流程看，青岛市总体上与其他地区相比政策较为丰富，但仍需较大程度的完善。青岛市未对养老机构医疗服务和养老机构改革作出政策指导，这两类政策还只停留在国家层面和省级层面，是青岛市下一步的工作重点。同时，区级养老机构政策、小型家庭养老机构政策，以及对毕业生入职养老机构奖励，青岛市尚未开展，尤其是最后一项也应该作为青岛市人才引进计划中的一种。

表 5 - 11　四城市养老机构补贴政策对比

	青岛市	大连市	宁波市	厦门市
建设补助	新建非营利普惠性养老机构每张床位补助 12000 元，分三年补助到位；改建养老机构每张床位补助 6000 元，分两年补助到位；医养结合机构在此基础上提高 20%	新建非营利性养老福利机构如中山区、西岗区、沙河口区、甘井子区和大连高新园区每张床位资助 5000 元；改扩建养老床位每张资助 4000 元；其他区市县新建养老床位每张资助 4000 元，改扩建养老床位每张资助 3000 元	用房新建的，按新增核定床位数给予每张床位 20000 元补助，分期到位；用房改造或租用的，租期五年以上，按新增核定床位数给予每张床位 10000 元补助，分期到位	投入使用的新增养老服务机构，按核定的床位给予一次性开办床位建设补贴，每张床位补贴 20000 元；新增养老服务机构，按核定的床位给予一次性开办床位建设补贴 10000 元，分五年拨付

续表

	青岛市	大连市	宁波市	厦门市
运营补助	自理老人按每人每月220元的标准给予养老机构运营补助；失能半失能老人每人每月350元的标准给予养老机构运营补助	中山区、西岗区、沙河口区、甘井子区和大连高新园区每人每月补贴100元；其他区市县每人每月补贴80元	—	按接收本市户籍老年人入住满一个月的实际占用床位数计算全年平均数，每年每张床位补贴2400元
保险补助	对为入住青岛户籍老年人购买意外伤害责任保险的非营利普惠性养老机构，每人年保费额不低于150元的，政府每人每年给予120元补助	—	—	—
星级补助	对评选为三至五星级的养老机构，4年管理期内给予10万元、15万元、20万元的奖励补贴	—	—	—
床位综合责任险补贴	—	—	—	按公共资源市场化配置规定所确定的保费补贴80%
特定服务对象补贴	—	—	—	全护理对象每人每月补贴800元，半护理对象每人每月补贴600元，自理对象每人每月补贴400元
一次性医疗设备补贴	—	—	—	对经市或区卫生计生部门批准获得医疗机构执业许可证的养老服务机构给予一次性医疗设备补贴50万元

资料来源：根据青岛、大连、宁波、厦门四市政务网、民政局网站、人力资源和社会保障局相关政策整理。

通过表5－11将四市的养老机构补贴政策进行对比，我们可以发现，青岛市除了建设补助和运营补助之外，还制定了保险补助政策，此外，与养老机构等级评定相结合，制定了养老机构的星级补助政策。在补助金额方面，青岛市的补助金额要远远高于大连市，截至2016年年底，大连市养老机构拥有32975张床位，而青岛市则拥有62000张床位。厦门市除了在养老机构建设和运营方面提供了补贴，还创新性地提出床位建设综合责任险补贴、特定服务对象补贴以及一次性医疗设备补贴。

表 5－12　　青岛市与宁波市入职养老机构人员补贴政策对比

	青岛市	宁波市
毕业生入职养老机构奖励	大中专院校毕业生在养老机构工作每满 5 年，给予最高 3 万元的一次性入职年限补贴	一类对象补助标准为：本科及以上毕业生补助 4 万元，大专毕业生补助 3 万元，中专（含职高）毕业生补助 2.1 万元。按每年 20% 的比例分 5 年实施补助。二类对象补助标准为：大专及以上毕业生补助 3 万元，每年补助 1 万元，分 3 年到位
岗位津贴	初级养老护理人员：每人每月 100 元；中级养老护理人员：每人每月 120 元；高级养老护理人员：每人每月 140 元；养老护理技师：每人每月 160 元	—
敬老使者奖励	每人每月享受市政府津贴 1000 元	—
创业补助标准	—	10 万元，分 3 年按比例实施补助

资料来源：根据青岛、宁波市政务网、民政局网站、人力资源和社会保障局相关政策整理。

在入职养老机构人员补贴政策方面，青岛市除了实行毕业生入职养老机构奖励，还实行岗位津贴和评选奖励，内容涉及相对广泛，但和青岛市相比，宁波市制定了更为详细的政策。首先，宁波市将补助对象分为创业补助对象和入职补助对象，青岛市只涉及入职方面的补贴，在高校毕业生初次创办养老服务机构方面并未制定相关政策。其次，在毕业生入职养老机构补贴方面，宁波市将补助对象划分为两类，即直接从事一线养老服务的养老护理员和其他养老服务管理和保障等工作人员，这样有针对性地给予补助一定程度上可以缓解财政压力。最后，宁波市对于补贴的申请流程、协议签订、审核发放、离职处置等方面都制定了非常详细的政策，进一步确保政策落实和顺利开展。

除此之外，无论是养老机构补贴政策，还是入职人员养老机构补贴政策，青岛市对于资金来源、承担比例、支付方式以及每年支付的比例均未给出明确指示，青岛市要完善相关政策，更好地发挥养老服务专业人才的积极作用，推进养老服务业健康发展。需要强调的是，虽然关于资金来源和承担比例并未作出规定，但是，一定要注意到，财政资金只是一种政策优惠，只可以起到引导的作用。因此，需要切实加强养老服务资金来源多元化，加强社会资金的投入和拓宽养老服务资金来源的渠道。

（3）社区居家养老政策的对比分析

表 5－13　　国家、山东省及四城市社区居家养老政策对比

	国家	山东省	青岛市	大连市	宁波市	厦门市
社区居家养老服务支持	—	√	—	—	—	—
社区养老资金扶持	—	—	√	—	—	√
社区养老服务中心管理	—	—	—	√	—	—
社区养老服务中心建设	—	—	—	√	—	—
居家养老服务	√	—	—	√	√	√
居家养老服务机构建设与补助	—	—	—	—	√	—

续表

	国家	山东省	青岛市	大连市	宁波市	厦门市
居家养老补贴	—	—	√	√	√	—
居家和社区养老服务改革试点补助资金	√	—	—	—	√	—
照护需求评估	—	—	√	—	—	—

资料来源：根据中国政府网、各部委网站以及青岛、大连、宁波、厦门四市政务网、民政局网站、人力资源和社会保障局相关政策整理。

通过表5-13梳理社区居家养老政策，我们发现社区居家养老服务政策涉及内容丰富，具体内容包括社区养老服务的支持、社区养老服务中心的建设和管理等。与其他城市相比，大连市关于社区居家养老的相关政策还不够完善，仅提出了社区居家养老服务的总体政策框架和实施意见，对如何建设、管理社区居家养老服务机构未给出明确的规定。

表5-14　　　　四城市社区居家养老服务补贴政策对比

	青岛市	大连市	宁波市	厦门市
居家养老服务财政补助标准	对半失能和失能困难老年人，分别给予每月45小时和60小时的政府购买居家养老服务，财政部门按照城镇每小时15元、农村每小时10元的标准给予补助	对享受城市特困老年人居家养老补贴、生活能自理的，维持每人每月100元、80元标准不变，生活半自理的每人每月增加200元，生活完全不能自理的每人每月增加400元。补贴以服务券的形式发放	评估结果为重度依赖的，入住养老机构（居家养老）的补贴标准与当地困难家庭重度残疾人集中托养（居家安养）补助标准相同；评估结果为中度依赖、轻度依赖的，入住养老机构（居家养老）的补贴标准分别为重度依赖老年人补贴标准的80%、60%	由市财政承担，给予每个新建居家养老服务站社区12万元一次性建设补助金，专项用于改善居家养老服务站硬件设施、重点服务对象购买服务经费和相关工作经费补助等。据此，厦门财政合计投入612万元
社区养老机构运营补助	每年最高10万元	社区养老服务中心日常运营补助由区（市、县）负责，补助标准自行确定	市级财政对市辖六区的城市居家养老服务中心（站）给予每个每年2万—4万元的运营补贴，农村居家养老服务中心（站）给予每个每年1万—2万元的运营补贴。各区按不低于1∶1的比例配套。经各级民政部门批准设立、社会力量投资兴办的非营利性养老服务机构，收住本市户籍的失能、半失能老年人，按实际收住人数给予日常运营补贴，补贴标准不低于每人每月100元，补助资金由市和县（市）区财政承担。同时，还实行了养老护理员特殊岗位津贴制度。对公办和非营利性民办养老服务机构中取得职业资格证书的护理人员，按照初级、中级、高级、技师不同等级，给予每人每月100元、150元、200元、250元的特殊岗位津贴，由市和县（市）区承担	各区落实每个社区居家养老服务站（农村幸福院）每年不低于2万元的运营补贴。社区居家养老专业化服务已落地196个社区，总投资3300万元

资料来源：根据青岛、大连、宁波、厦门四市政务网、民政局网站、人力资源和社会保障局相关政策整理。

通过表 5－14 将青岛市和大连市的社区居家养老财政政策进行对比，我们发现，青岛市的居家养老服务财政补贴主要是按服务小时进行补贴，而大连市则通过服务券的形式直接将补贴发放给老年人。在社区养老机构运营补助方面，青岛市规定每年最高 10 万元的标准，但具体针对不同层级的机构发放多少补助、以什么形式发放，都没有给出具体的规定，大连市则更加模糊，补助标准由各县自行确定。相比较而言，宁波在全国率先建立居家养老服务机构运营补贴制度，分别对城市居家养老服务中心（站）、农村居家养老服务中心（站）、社会力量兴办的非营利性养老服务机构以及养老护理员特殊岗位制定了相应的补贴政策，而且，对于资金的承担者作出了规定，政策内容全面，值得效仿。

（4）医养结合政策的对比分析

表 5－15　　国家、山东省及四城市医养结合政策对比

	国家	山东省	青岛市	大连市	宁波市	厦门市
医养结合服务发展	√	√	√	√	√	√
医养结合服务机构	√	√	√	—	—	√
医养结合服务规范	—	—	√	—	—	—

资料来源：根据中国政府网、各部委网站以及青岛、大连、宁波、厦门四市政务网、民政局网站、人力资源和社会保障局相关政策整理。

大连市政府发布《关于推进医疗卫生与养老服务结合发展的实施意见》，规定 100% 的医疗卫生机构开设为老年人服务的绿色通道、床位数在 300 张以上的养老机构可申请设立医院，支持有条件的医疗机构设置养老床位等。宁波市政府出台《关于进一步鼓励民间资本投资养老服务业的实施意见》，明确了促进医养融合发展的相关政策，鼓励医疗资源进入养老领域，支持民间资本在养老机构内举办老年护理院、康复医院和提供临终关怀服务的医养融合服务机构，健全医疗保险机制，将医保定点与养老“对接”。厦门市为了助力医养结合发展，对具备医疗服务从业资质的社会资本养老机构给予不超过 50 万元的一次性医疗设备补助。在医养结合方面，青岛市也已经制定了相对比较完善的政策，政策内容主要涉及医养结合服务发展、医养结合服务机构以及医养结合服务规范三个方面（见表 5－15）。在财政支持方面，通过整理得到青岛市关于医养结合的相关财政政策如表 5－16 所示。

表 5－16　　青岛市关于医养结合的有关财政政策

用地规划	营利性医养结合服务设施用地按照商务金融用途 0.3 的修正系数进行地价修订 非营利性医养结合服务设施用地如需办理出让，土地评估按照工业用途 1.0 的修正系数进行地价修订 5 年内可不增收土地年租金或土地收益差价
税收优惠	非营利性：免征企业所得税、房产税以及城镇土地使用税 微利营利性：增值税、营业税、企业所得税优惠 民办养老机构、社会办医疗机构：免征营业税 营利医疗机构：3 年内免征房产税、城镇土地使用税
收费减免	非营利性医养结合机构：免征行政事业性收费 营利性医养结合机构：减半征收行政事业性收费

续表

用电、用水、用气、用热	用电：按照居民生活用电的非居民用户价格执行 用水、用气、用热：按照居民价格执行 实行阶梯式价格的：按照不高于居民第二档阶梯价格执行
社会福利彩票公益金	50%以上用于支持发展养老服务业；其中，支持民办养老服务发展的不低于30%，重点用于促进医养结合服务发展
养老护理员教育培训专项基金	由福彩公益金和政府教育培训类投入按比例分担；实行养老护理员免费教育制度
保险保障	扩大基本医疗保险定点范围。将符合条件的养老机构内设医疗机构，按规定纳入城乡基本医疗保险定点范围。建立健全长期护理保险制度，做好医疗护理和生活照料服务的有机衔接。完善基本医疗保障制度。充分发挥基本医疗保险、大病保险和全民补充医疗保险的保障作用

资料来源：根据青岛市政务网、民政局网站、人力资源和社会保障局相关政策整理。

从表5－16中我们可以看到，为推进医养结合服务发展，支持医养结合类项目建设，青岛市对医养结合服务机构以及从业人员给予了资金支持、土地规划、税费优惠等扶持，并制定了相关扶持政策。但在相关扶持政策中，如何确定营利还是非营利、财政补贴如何支付、支付比例是多少都没有给出明确的标准，这在一定程度上会增加不确定性，影响医养结合服务的长期发展。

（5）政府购买养老服务政策的对比分析

表5－17　　国家、山东省及四城市政府购买养老服务政策对比

	国家	山东省	青岛市	大连市	宁波市	厦门市
政府购买养老服务	√	√	√	—	√	√
民间资本参与	√	—	—	—	—	—

资料来源：根据中国政府网、各部委网站以及青岛、大连、宁波、厦门四市政务网、民政局网站、人力资源和社会保障局相关政策整理。

通过表5－17对比分析可以看出，在发动社会资本参与养老服务方面，国家层面制定了比较详细的政策，宁波市和厦门市也出台了相关规定，而大连市则未制定相关政策。为加快转变政府职能，加强和创新社会管理，改进公共服务提供方式，青岛市人民政府办公厅于2014年出台了《关于推进政府购买服务工作的实施意见》（青政办字〔2014〕69号），在政府购买服务的内容、购买主体、承接主体、组织实施以及绩效评价方面进行具体的规定。

政府购买养老服务采取市场化提供、社会力量承担等方式，重点以养老服务标准制定、老年人生活照料、康复护理、养老服务需求评估和养老服务人员培训等为主，主要内容包括：购买政策研究与标准制订、购买养老评定评估服务、购买机构养老服务等。

在扶持社会资本举办养老机构的财政政策方面，表5－18列示了厦门市的财政政策。

表 5-18 厦门市关于扶持社会资本举办养老服务机构的财政政策

条件	社会资本举办床位数在 50 张以上的养老服务机构
贴息	财政按不超过基准利率给予五年期限的贴息，实际贷款利率低于基准利率的按实际贷款利率计算贴息数额
医疗设备补助	一次性补贴不超过 50 万元
床位建设补助	新建每张床位一次性补助 2 万元，租赁每张床位补助 1 万元，分五年平均拨付

资料来源：根厦门市政务网、民政局网站、人力资源和社会保障局相关政策整理。

由此我们可以看出，厦门市在扶持社会资本举办养老机构方面有着贴息、医疗设备补助以及床位建设补助等优惠政策，而且有着具体的标准。这在很大程度上促进了非公有制养老服务机构的发展，有助于形成投资主体多元化、投资方式多样化的养老服务新机制，也可以进一步提高社会资本养老服务的服务水平。青岛市不仅需要在扶持社会资本举办养老机构方面制定更为具体和明确的财政政策，在政府购买社区居家养老服务等方面，也要建立政府统一领导、财政牵头、民政等职能部门协同、社会广泛参与的政府购买养老服务工作机制。

1.3 养老服务政策的绩效分析

2017 年 10 月 27 日，青岛市统计局发布数据显示，截至 2016 年底，青岛市 60 岁以上老年人口为 189.64 万人（其中，失能、失智老人约 30 万人），比上年增长 6.19%，增速明显高于全市人口平均增速（1.18%），占全市总人口的比重首次超过两成，达到 20.60%，较上年提升 0.97 个百分点，老龄化程度进一步加重，老龄化水平高于全国（16.70%）3.9 个百分点，低于全省（20.72%）0.12 个百分点。随着经济社会的发展和生活观念的不断转变，老人与子女大多分开居住，60 岁以上单身老年人口占老年人口总数的比重为 32.56%。

从区域看，区市间老龄化差异较大，市南区最高，李沧区最低，四市老龄化程度整体较高，各市间差异较小，六区差异较大。2016 年年末，各区市 60 岁及以上人口占其总人口的比重最高的为市南区，高达 24.64%。主要原因为市南区域优势明显，适宜老人居住，房价普遍较高，限制了本市和外来人口在市南区定居，导致老龄化程度较高。李沧区老龄化水平为 16.17%，为全市最低。主要原因是位于市郊结合部，吸纳了较多的本市转移人口和外来人口，而流动人口多为年轻人员，拉低了其老龄化水平。其他四区老龄化水平依次为市北区 22.11%、黄岛区 18.52%、城阳区 18.36%、崂山区 18.08%。四市间老龄化水平差异较小，高低相差 1.92 个百分点，莱西市最高，为 22.15%，即墨市最低，为 20.23%。

数据显示，2016 年年末，青岛市 60 岁以上的老年人口中，近 1/3 为单身老人，在单身老人群体中，又有超过 1/3 的老人单独居住、生活，这部分老人需要社会和家庭给予更多的关怀与慰藉。目前，青岛市养老服务设施日臻完善，积极投入资金建设养老机构，并创新建设融合式社区小型养老机构，探索养老新模式。全市已建成各类养老机构 209 家，2016 年新增养老床位 4500 张，累计拥有床位 6.2 万张，每千名老年人拥有养老床位 37 张（见表 5-19）。建成的 30 处融合式社区小型养老机构操作灵活、易于管理、功能多元，可满足 1000 多名老年人就近入住需求。全市累计建成城乡社区老年人日间照料中心 1322 家，其中农村幸福院601家。另外，建成居家养老服务组织82家。

表5-19　　青岛市各区养老机构数量　　单位：家

	即墨区	城阳区	崂山区	市北区	市南区	平度市	李沧区	胶州市	莱西市	黄岛区
养老机构数量	9	17	12	59	21	21	33	11	11	15

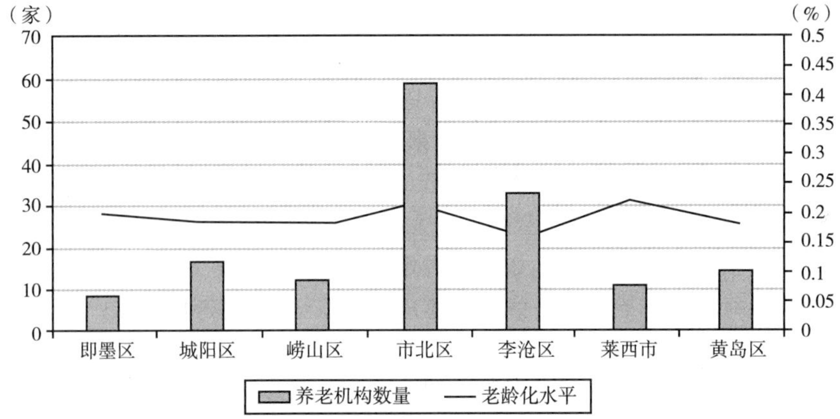

图5-4　青岛市各区老龄化水平与养老机构数量对比

表5-20　　青岛市各区养老机构数量与老龄化水平相关性分析

	养老机构数量	老龄化水平
养老机构数量	1.0000	—
老龄化水平	0.2008（0.6659）	1.0000

由表5-20的相关性分析发现，在显著性为95%的水平下，老龄化水平与养老机构数量之间存在着显著的相关关系，这是因为随着老龄化水平的日益增长，老年人养老服务的需求越来越大，机构养老作为我国养老服务中所占比例最大的一种养老模式，在其机构数量上也应满足较大的需求。但表5-20显示，青岛市的老龄化水平与养老机构数量的相关关系仅有0.2008，二者属于弱相关，说明青岛市目前的养老机构数量仍存在较大的缺口，而且各区域间养老机构数量发展不均衡。因此，加大对养老机构的建设及发展、统筹规划城乡养老服务是未来的一大方向。

1.3.1　养老服务政策的绩效评价

表5-21　　2014—2017年青岛市老年福利预决算明细　　单位：万元

年份	2014	2015	2016	2017
老年福利预算	570.00	1611.86	1677.24	1748.37
老年福利决算	728.46	1605.70	2533.49	1748.37
金额差距	-158.46	6.16	-856.25	0

资料来源：根据青岛政务网整理。

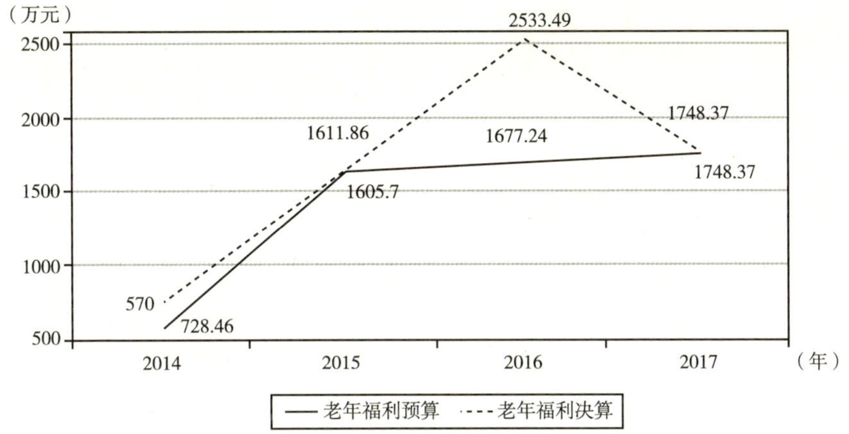

图 5－5 2017 年青岛市老年福利预决算对比

从表 5－21 和图 5－5 所展示的 2014—2017 年青岛市老年福利预决算情况可以看出：2014—2017 年，青岛市老年福利预算呈增长趋势，2014—2015 年增长速度较快，2015—2017 年增长速度趋于平稳。2014—2016 年，青岛市老年福利决算呈快速增长趋势，而在 2016—2017 年略有下降，虽然财政支出下降，但是实现了盈亏平衡，没有产生赤字。

此外，根据以上数据分析以及参考 2014—2017 年青岛市老龄事业资金绩效评价报告，我们可以看到 2014 年、2016 年以及 2017 年全部完成了老龄事业专项资金的绩效目标，达到了预期效果，只有 2015 年财政预算有少量结余，主要原因是：积极动员社会力量参与，节约了老年维权平台相关费用；《青岛市优待老年人规定》要求相关调研工作采取网络、邮件、发函和借开会学习之际与相关单位座谈等方式，节约了赴外地调研费用；未发放专家评审费；相关老年文化活动用品实行政府采购，实际支出低于预算资金；“老龄工作调查研究提升年”获奖作品奖励、评审费因财政政策原因未发放；参加中国（山东）国际老龄产业博览会单位数少于预期，展位补助有结余。

由此可见，政府非常重视对老年福利的投入，在老龄事业社会宣传、老年文化活动、老龄社会建设等方面成绩显著。特别是通过多种形式的老年文化活动，不断满足老年人的文化需求，丰富老年人的精神生活。另外，确保老年人优待证的及时印发，通过加强基层老年协会建设，组织老年人进行自我教育、自我管理等工作，达到基层老年协会活动设施更加完善、服务内容更加丰富、作用发挥更加明显的目标。以协会为平台，有针对性地发展壮大基层特色老年文体活动队伍，更好地丰富基层老年人精神文化生活，推进老年文化活动在城乡基层社区广泛开展，促进全市积极对待老龄化，实现老龄化事业健康发展。

1.3.2 养老福利支出的分析

由图 5－6 可以看到，2014—2017 年青岛市老年福利预算和决算增长率均呈现下降趋势，2017 年老年福利决算更是出现了负增长的情况。结合表 5－21 的相关数据可以看到，只有 2015 年出现了少量资金结余，2014 年和 2016 年老年福利决算均高于预算，出现赤字，在 2017 年达到了收支平衡。

由此可以发现，现有的养老福利支出主要依靠财政投入，单一的财政投入给政府造成了

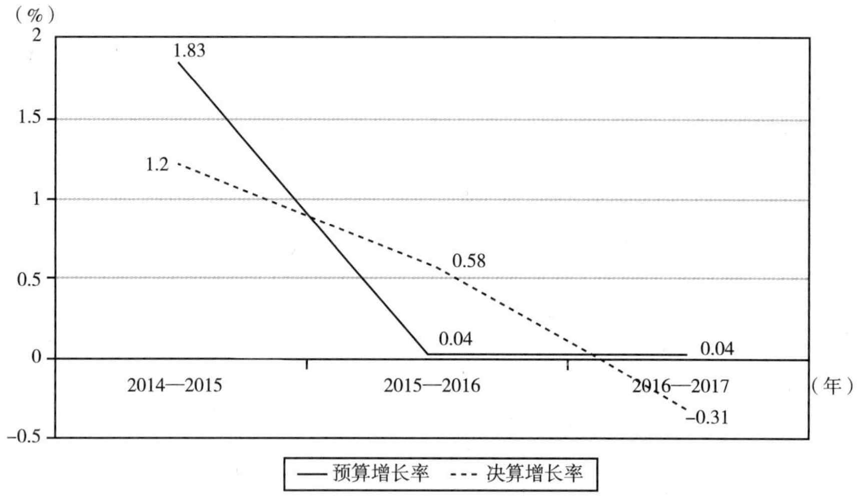

图 5-6 2014—2017 年青岛市老年福利预决算增长率对比

一定的财政负担。事实上，养老服务资金来源与基本公共服务的其他内容相比，不能完全依靠政府解决，政府财政投入只能起到基本养老服务"兜底"的作用，因此，除了需要进一步加大资金投入力度，还需要拓宽资金筹措渠道，健全经费长效保障机制，保证优惠政策的落实：一是政府应在财政预算和国民收入再分配中适当加大对养老资金的投入比例，为养老服务给予更大的资金支持。二是拓宽养老资金筹措渠道，形成多元化和多渠道投入的发展机制，建立以社会筹集为主、政府资助为辅的多层次、多途径、多渠道的投资发展体制。

1.4 养老服务政策的国内外先进经验

1.4.1 社区居家养老模式的国内外先进经验

（1）国外经验借鉴

A. 英国的居家养老模式。①运行机制。在政府层面，英国居家养老主要由卫生和社会保障部以及地方社会服务局管理。根据职能划分，卫生和社会保障部主要负责国民卫生服务体系的管理和监督，地方社会服务局主要负责养老服务购买、老年人服务评估和服务资源配置等工作。在社区层面，英国的社区照顾体系主要由经理人、专业工作人员和照顾员构成、承担不同职责。②筹资机制。英国的居家养老大多以国家福利的形式提供，资金大部分由政府财政承担，其余部分通过对私人企业、行业协会、慈善团体等募集获得。地方政府负责确定居家养老的收费标准，原则上控制在老年人能够负担的范围内，并由政府为服务费用提供适当补贴。③服务项目。英国居家养老主要包括生活照料、物质支援、心理支持和整体关怀等四大部分。其中，整体关怀主要包括政府出资兴办社区综合活动中心、为老年人提供休闲娱乐场所、举办各种联谊会等。

B. 美国、日本的居家养老模式。美国居家养老模式的运行机制与英国不同，其依托的是医疗保险制度，资金以医疗补贴为主，个人储蓄、慈善捐款以及社会救助等为辅，主要为体弱多病的老年人提供全面的医疗相关服务。日本政府没有像西方其他国家一样把老年人赡养问题从家庭中剥离，而是强调国民自立，重视家庭在养老中的重要作用。日本社会保障相关法律和政策的制定多以发挥家庭养老功能为目标，以家庭和家庭赡养为前提条件，在资金筹措上遵循以政府为主、服务机构为辅、多种渠道并行的原则，服务项目包括访问护理服务、日间护理服务、短期托付服务和社区贴紧型服务等类型。

（2）国内经验借鉴

A. 杭州的社区养老模式。①社区居家养老服务设施标准化。把居家养老服务设施标准化作为居家养老服务工作的基础。例如，出台《城市社区居家养老服务照料中心建设与管理规范》，明确居家养老照料中心的建设标准、服务内容、管理模式和管理队伍。②社区居家养老项目专业化。实现需求评估专业化、服务补贴专业化、服务队伍专业化。③社区居家养老服务社区集成化。发挥社区的依托和平台作用，让各项养老服务在社区集成，让老年人在社区中能高效、便捷、就近地享受养老服务。④社区居家养老服务智慧化。以信息化提升居家养老服务，依托智慧经济“一号工程”，实施“智慧养老”项目。⑤社区居家养老医养互融化。积极推行“医养护”一体化服务，以市政府名义出台实施意见，建立以“医疗康复进家庭”为基础，医疗、养老、护理一体化的健康服务模式。⑥养老服务城乡一体化。各地因地制宜，探索了多种养老服务模式。例如，在建设农村养老服务设施方面，建成农村老年食堂730家，照料中心1193家。

综上所述，通过推进社会居家养老服务设施标准化，服务专业化，项目集成化、智慧化，推进医养互融和城乡统筹，杭州市在居家养老服务工作方面初步形成杭州模式，老年人对养老服务的满意度明显提升。

B. 深圳的社区养老模式。①深圳“居家养老”补助。自2010年开始，深圳市所有的居家养老服务补助金都以消费券形式发放。目前，深圳市首批居家养老消费券定点服务机构挂牌成立，这些机构分布在深圳各区，服务的范围率达到了100%；服务的种类齐全，除了一般的家政服务、生活照料外，还提供临终关怀、日托等服务。②社区综合配套建设。目前，深圳老人的养老模式可概括为“9073”模式，即90%的老人选择居家养老，养老服务机构提供上门服务；7%的老人选择社区日间照料中心，由这里为老人提供24小时监护和服务；还有3%的老人是在机构养老。为满足传统老人“就近养老、不离家养老”的需求，深圳市还加快了社区养老服务“三驾马车”综合建设，即社区老年人日间照料中心、社区星光老人之家和社区综合服务中心。③养老保障。深圳市民政局为了让老人有更多养老保障，与保险公司合作，为全市80岁以上的老人购买意外伤害、意外医疗保险。同时，为户籍80岁以上的老人每月发放高龄津贴，为独居老人提供紧急呼援救助服务。

1.4.2 医养结合模式的国内外经验

（1）国外经验借鉴

A. 日本的医疗转型养老模式。日本的社会保障制度较为细致和复杂，对每一类人群的保障都进行了区分，特别是针对职业的不同，相对的社会保障都会有很大程度上的差别。总的说来，日本的社会保障制度体系主要由5个部分组成，包括年金保险、医疗保险、劳灾保险、雇用保险以及护理保险，以下将主要就年金、医疗和护理保险三个部分展开讨论。

第一，日本的年金保险体系。该保险按照投保人的不同又分为国民年金厚生年金、共济年金和企业年金，三种年金针对的对象不同。第二，日本的医疗保险体系。日本的医疗保险制度分为健康保险和国民健康保险。二者针对的对象不同，分别是工薪阶层和自营业者、退休人员等。第三，护理保险体系。该保险体系主要是为了解决罹患慢性病的老年人以及年纪过长的老年人的日常出行饮食、洗浴等基本问题。随着时间的推移，日本也在财政给付和负担之间平衡过渡改革，在国家财政负担和个人与企业灵活负担上平衡过渡改革，同时逐步实现碎片化的政策整合，在现在以及未来逐步实现医疗诊治到预防的过渡转型。

B. 以英国、德国为代表的税收筹资体制医养结合养老模式。经过上百年的历史发展，英国已经形成了一套由政府主导的国民医疗服务体系，也就是 National Health Service，简称 NHS。1948 年，英国正式实施了 NHS 法案，主要是通过国家税收筹资体制，相关的医疗费用由政府直接和提供服务者对接，也类似于政府购买服务，其中包括诊治和药品，并不向个人收取费用。NHS 制度在医疗诊治上，是由公民个人选择全科医生进行诊治，再根据疾病的不同类型及严重程度确定就诊的先后顺序，这些全科医生的相关费用和奖金都由政府负责出资。德国的情况与英国类似，实施的是以国家医保为主、私人医保为辅的医保政策。德国共有 1.24 万家养老机构（养老院），其中，54% 为慈善组织所办，40% 为私人养老院，其余为公立养老院。

（2）国内经验借鉴

A. 杭州的医养结合模式。在失能老人的康复问题方面，杭州市出台了《关于做好杭州市医养结合及护理型养老机构建设的实施意见》，在国内率先创新护理型养老机构技术规范和准入标准，从政策上支持养老机构开展医疗服务，允许各地采取灵活的方式推进医养结合护理型养老机构的建设，实现医疗机构和养老机构的深度融合。

在推进社区居家健康养老方面，杭州市于 2014 年在全国率先开展“医养护一体化签约服务”，促进了老年人通过签约享受家门口全科医生提供的优先就诊、双向转诊、健康管理等服务。

在促进医疗机构开展养老服务方面，目前，杭州市有 14 家康复医院、12 家护理院、19 家中医类医院设有老年科、康复科；43 家非中医类医院、36 家社区卫生服务中心、卫生院开设康复科，为老年人提供医疗、康复、护理等服务。此外，有 27 家医疗机构设置了养老机构。

在支持养老机构提供医疗服务方面，目前，杭州市共有 41 家养老机构设置了医疗机构。创新“1 +1 +X 医养结合机制”，即 1 家公立医院 +1 家社区卫生服务中心 +X 家辖区内养老机构组成医养结合联合体。对于无内设医疗机构的养老机构，与就近医疗机构合作提供服务，建立医院、养老机构、康复护理机构及社区卫生服务机构之间的业务协作、转诊机制，协同做好老年人医疗服务。

B. 深圳的医养结合模式。深圳鼓励养老机构开办医疗机构自给服务。例如，按相关规定申请开办老年病医院、临终关怀机构等，也可内设医务室或护理站，提高养老机构提供基本医疗服务的能力。其中，政府投资举办的养老机构必须开办医务室等各种类型的医疗机构，开办过程中由卫生系统提供技术指导和政策支持。通过市场化运作方式，兴办医养老结合机构以及老年康复、老年护理等专业医疗机构。

实现医疗服务嵌入式发展。例如，鼓励医保定点医疗机构在养老机构内开办老年病专科医院（“罗湖模式”）、康复医院、老年护理院等医疗机构，配备相关的医技人员。同时，委托医疗机构提供服务，养老机构与周边医保定点二级以上综合医院签订合作协议。为实现医疗机构医养融合发展，深圳还鼓励有条件的公立医院转为康复、老年护理等连续性医疗机构；鼓励提高基层医院康复、护理床位占比，鼓励其根据服务需要增设老年养护、临终关怀病床。

1.5　养老服务政策的优化建议

青岛市政府十分重视养老服务事业的发展，出台一系列政策、措施，加大资金支持力度，不断优化养老设施建设，积极创新养老服务体系，养老服务工作取得明显成效，初步形成了政府主导、民政牵头、社会参与、市场运作，以居家养老为基础、社区服务为依托、机构养老为支撑的具有青岛特色的社会化养老服务体系。以下从宏观、微观两方面提出相关优化建议。

1.5.1　宏观层面

（1）统筹区域发展、城乡发展。要根据本地老年人数量、结构和服务需求等，编制养老设施建设专项规划，明确养老设施建设的位置、规模、种类、数量和功能，推动养老设施合理布局。推进“多镇一院”“一县一院”“中心敬老院”等敬老院建设模式，优化农村敬老院布局。创新管理服务模式，通过公建民营、民办公助、购买服务等方式，在保障“五保”老年人基本养老服务基础上，向全社会老年人开放，打造农村区域性养老服务中心。整合有关涉农政策和资金，推进农村幸福院建设，落实农村扶贫开发部署，加大对贫困地区养老设施建设支持力度，建立城乡、区域交流合作机制。

（2）完善民办养老机构扶持政策，鼓励社会力量参与。建议进一步加大政策力度扶持民办养老机构，推进公办、民营养老机构改革，大力支持社会力量参与养老产业发展，逐步提高民办和民营养老机构占比。通过强化项目管理，切实提高政府财政资金使用效率。探索开展养老产业债券发行工作，对相关手续齐备、偿债保障措施完善的养老产业发债申请项目，适当放宽审核政策及准入条件。探索将政府支持社会力量建设养老服务设施的优惠土地和补助资金作价记账，政府不参与养老机构运营管理、收益分红和债务承担，对改变养老用途的，由政府及有关部门依法进行追偿和处置。

（3）结合事业单位改革，推进养老服务市场化。建议加快公办养老机构改革，通过将具有事业单位性质的公办养老机构转制为企业、社会组织或实现公建民营，促进各类养老机构公平竞争、有序发展。鼓励民间资本通过参资入股、收购、委托管理、公建民营等方式，建设和管理运营公办养老机构。利用公办养老机构现有土地资源和房屋设施，采取政府和社会资本合作模式，引导社会力量参与公办养老机构改扩建和运营管理。放宽民非类养老机构资产管理政策，允许民非类养老机构出资者拥有对投入资产的所有权。

（4）加强养老服务业监管。建议制定青岛市养老服务业标准化发展规划，出台一批养老服务业发展急需的标准。建立养老服务业统计制度，完善养老服务统计指标体系。建立养老机构、组织信用评价体系，完善养老服务举报和投诉等制度，依托各级养老服务协会、家政协会定期对养老机构、组织运营情况进行调查评价，形成政府指导、行业自律、社会监督相结合的监管体系。积极妥善解决老旧养老服务设施的消防、环保、卫生防疫等问题。将养老服务业纳入重点督查事项，重点督导发展养老服务业部门任务分工以及养老设施资金扶持、用地保障、价格优惠、税费减免等有关政策落实情况，清理不合理的行政事业性收费，解决养老设施项目“落地难”问题。

(5) 完善基本养老保障制度，逐步提高养老金待遇水平。建议完善特困老年人供养制度，加强对“三无”和“五保”老年人的服务保障，确保其生活不低于当地平均生活水平。建立困难老年人养老服务补贴制度，统筹整合老年人高龄津贴、护理补贴、服务补贴等老年人补贴项目，统一归并政府补贴政策和标准，积极采取政府购买养老服务等方式，为广大老年人提供基本养老服务。

1.5.2 微观层面

(1) 加大财政投入力度，合理配置养老财政资源。建议根据各地养老服务需求，合理配置养老机构资源，在考核养老床位数量的同时，扶持和资助已建成养老机构的健康发展，通过提高服务质量、合理收费等，降低养老床位空置率。对养老机构建设、城市社区日间照料中心和农村幸福院建设开办、养老服务业人才培养等给予扶持，优化资金补助结构和使用效益。提高符合条件的民办和公建民营养老机构运营补贴标准，加大对社区居家养老的支持力度。加大对护理型（医养结合型）养老机构扶持力度，在现行养老机构建设补助标准基础上，适当提高新建、改扩建护理型养老机构的建设补助标准。开展社区治理暨养老服务创新实验，对每个实验区给予一定的资金补助，聚焦社区居家养老，探索可复制、可推广的实践经验，发挥示范引领作用。

(2) 拓宽养老服务资金筹措渠道。政府财政投入只能起到对基本养老服务“兜底”的作用，因此，除了需要进一步加大资金投入力度，还需要拓宽资金筹措渠道。一是政府应在财政预算和国民收入再分配中适当加大对养老资金的投入比例。二是拓宽养老资金筹措渠道，形成多元化和多渠道投入的发展机制。建立以社会筹集为主、政府资助为辅的多层次、多途径、多渠道的投资发展体制。鼓励社会团体、企事业单位和个人向养老服务机构捐资、捐物或提供无偿服务。

(3) 保证财政可持续，实现养老精准扶持。统筹规划资金来源，建立大财政全面支撑系统，保证财政可持续性。不同的政府部门应加强联系互动，建立联席会议和信息沟通制度。财政部门应牵头做好四大口径资金的年度预算和归口管理，将支持社区居家养老服务资金纳入一般性财政专项预算；建立财政投入稳定增长机制，根据老年人口的不断增长和未来财政能力，做好居家养老服务中长期规划，以便合理运用财政资金，增强财政可持续性。整合资源，减少重复投资，实现养老精准扶持，大力扶持居家和社区养老模式。一是摒弃“撒胡椒面式”的财政投入，整合相关资金，集中使用，提高财政资金使用效益；二是优化资源整合。对相邻较近、规模较小的几家社区，实现服务资源和设施共享。

(4) 加强养老服务人才的培养。在补贴上，对高校毕业生从事养老服务工作的给予奖励，与符合条件的养老服务机构签订劳动合同，技工学校毕业生享受专科毕业生补助政策。大力推行学历教育，加快培养老年医学、康复、护理、营养、心理、社会工作等专业人才，对养老服务业专业学生给予减免学费、奖励奖学金倾斜等优惠照顾。鼓励医护人员到医养结合机构执业，促进人才有序流动。积极开展养老服务专业人才、管理人员在职培训。坚持

“走出去、引进来”，组织市内养老从业人员赴市外、境外学习培训。推行养老服务管理人员持证上岗，制定康复、护理人员服务标准，设立与报酬挂钩的职能技能级别。

（5）推进社区居家养老一体化发展。应积极建设以企业和社会组织为主体、社区为纽带、信息平台为手段、满足老年人各种养老服务需求的社区居家养老服务网络。提高社区日间照料中心、农村幸福院的覆盖率，完善提升日间照料、失能老年人托养、居家养老服务等功能。鼓励个人和家庭兴办小微养老机构和服务组织，依托热心老年人家庭，建设邻里互助养老点。支持社会力量独立举办或者以承包、合资、合作方式发展专业化社区居家养老服务组织。建设养老服务信息平台，整合社区养老热线、紧急救援系统、老人健康档案等服务资源和养老服务组织，打造没有围墙的养老院。

（6）重视医养结合服务的核心作用。把保障老年人基本健康养老需求放在首位，对有需求的失能、部分失能老年人，以机构为依托，做好康复护理服务，着力保障特殊困难老年人的健康养老服务需求；对多数老年人，以居家和社区养老为主，通过医养有机融合，确保人人享有基本健康养老服务。建立健全医疗卫生机构与养老机构合作机制，医疗卫生机构要为养老机构开通预约就诊绿色通道，鼓励二级以上综合医院（含中医医院）与养老机构开展对口支援、合作共建。提高养老机构提供基本医疗服务的能力，支持养老机构根据需求和能力开办老年病医院、康复护理院和分支医疗机构。推动医疗卫生服务向社区、家庭延伸，鼓励社区养老机构与周边医疗卫生机构建立业务协作机制，实现无缝对接。

1.6　研究展望

到2020年全面建成小康社会，是我党确定的“两个一百年”奋斗目标的第一个百年奋斗目标。“十三五”时期是全面建成小康社会的决胜阶段。“十二五”时期是我国养老服务业实现快速发展的时期，其间，社会养老服务体系建设速度加快，以居家为基础、社区为依托、机构为补充的社会养老服务体系初步建立。但是，“十三五”时期，我国人口老龄化仍处于快速发展时期，老年人口数量持续攀升，老龄化程度持续加重，60岁以上老年人口数量由2.2亿人增加到2.5亿人，其中，高龄老年人由2500万增加到2900万人，独居和空巢老年人由9949万人增加到1.1亿人。与此同时，我国社会养老服务总量不足，养老服务业发展的扶持政策落地难，结构不合理的矛盾依然突出；老年长期照护的费用缺乏制度来源；城乡、区域养老服务业发展的协调性、均等性、公平性和可持续性亟待进一步强化。

为此，党的十八届五中全会通过了《中共中央关于制定国民经济和社会发展第十三个五年规划的建议》（以下简称《建议》）。该《建议》强调，要“积极开展应对人口老龄化行动，弘扬敬老、养老、助老社会风尚，建设以居家为基础、社区为依托、机构为补充的多层次养老服务体系，推动医疗卫生和养老服务相结合，探索建立长期护理保险制度。全面放开养老服务市场，通过购买服务、股权合作等方式支持各类市场主体增加养老服务和产品供给”。这为青岛市今后五年乃至更长时间的养老服务业发展指明了方向。

第一，要进一步优化养老服务供给结构。要全面建成以居家为基础、社区为依托、机构为补充，功能完善、规模适度、覆盖城乡的养老服务体系，从而使青岛市广大老年人养老服务需求基本得到满足。从养老服务供给结构来说，要加大养老服务供给侧的改革。在居家养老服务上，要继续扩大居家养老服务网络的建设，夯实居家在养老服务体系中的基础作用。在社区养老服务方面，要大力发展基于社区组织的照料服务，推进日间照料中心、老年人活动中心等社区养老服务设施建设，发挥社区公共服务设施的养老服务功能。在机构养老方面，要统筹建设各类养老机构，充分发挥公办养老机构的托底作用，鼓励社会力量和境外资本兴办养老机构。

第二，要进一步推动医疗卫生和养老服务相结合。2015 年，国务院办公厅转发《关于推进医疗卫生与养老服务相结合的指导意见》，全面部署进一步推进医疗卫生与养老服务相结合。青岛市要以此项政策为导向，建立健全医疗卫生机构与养老机构合作机制，支持养老机构开展医疗服务，推动医疗卫生服务延伸至社区及家庭，鼓励社会力量兴办医养结合机构，鼓励医疗卫生机构与养老服务融合发展。

第三，要探索建立多层次长期照护保障体系。这是因为：一是我国高龄老人、失能老人、空巢老人数量巨大，这三类老人大多数体弱多病，需要接受长期护理。二是我国老年人口的健康状况不容乐观，需要接受长期护理的老年人占相当大的比重。三是我国的残疾人数量巨大，且在残疾人中，老年残疾人的长期护理问题更加突出。四是我国家庭结构发生变化，尤其是家庭的小型化，使得家庭成员越来越难以承担其他家庭成员的护理服务重担。可以说，建立我国长期照护保障体系迫在眉睫。

第四，要建立健全居家养老支持政策。首先，要落实家庭成员赡养老人的法律责任。其次，要探索建立居家养老的支持政策。制定、实施有利于家庭发展的政策措施，实施有利于家庭发展的户籍政策、住房政策和税收政策，鼓励和支持家庭成员与老年人共同或就近居住，为家庭成员照料老年人提供帮助和便利，发挥家庭对老年人的经济保障功能。

第五，要进一步推动公办养老机构的改革发展。在我国养老服务机构中，公办养老机构占据绝对优势，但存在机构形式单一、封闭运行、床位不足、效率低下等问题，公办养老机构改革已是大势所趋。公办养老服务机构的改革不应该是简单的改制或民营化，必须分类指导。具体来说，主要是两大类：一类是民营化改革或公建民营。另一类是继续保留公办养老服务机构的性质，但必须改革其职能定位。要根据各自的特点和优势，建设成医养结合型的、面向失能、半失能老人的“专科”型养老机构。

青岛市目前已经形成了较为完善的养老体系和养老格局，结合青岛市的实际情况，可以创新性地发展新型养老模式。

第一，积极推广“互联网+融合养老”模式。一是政府应该主导建立全市的公共服务信息平台，逐步实现全市老年人群体和服务项目的全覆盖，统一构建为老年人服务的信息平台，实现“一键通”的快速反应能力。二是促进社会组织自主开发养老服务应用平台，鼓励社会企业充分运用互联网和物联网技术，加快社区信息化建设工作，在社区构筑医疗、卫生、教育、劳动等部门参与的养老服务信息平台。三是探索制定智慧养老服务质量标准体系，为养老机构实施智慧养老提供参照系，节约资源，促进端口的开放以及互联互通，推动全市智慧养老健康发展。

第二，建立有利于更多社会组织参与融合养老服务的激励机制。青岛现有社会组织已经突破了 1 万家，每万人拥有的社会组织数量居于全国前列。政府要积极搭建技术、政策平台，鼓励那些有意愿、有能力的社会组织参与机构社区居家养老服务。一是充分利用好青岛智慧养老平台，进一步丰富线上线下服务功能，吸引更多的社会组织参与融合养老服务。二是在推行政府购买养老服务项目过程中，鼓励分散的社会组织建立联合体，以联合体形式参与养老服务项目招投标，促进社会组织相互合作和服务融合式发展。三是发挥青岛市养老服务协会、青岛市社会组织促进会的作用，两大行业管理机构建立定期沟通制度，为社会组织参与青岛市融合养老服务提供信息支持与合作平台。

第三，拓展社区为依据的养老功能，以形成基于社区机构（基层医疗服务）+专业养老机构的社区嵌入式养老机构格局。以社区为载体，以资源嵌入、功能嵌入和多元的运作方式嵌入为理念，通过竞争机制在社区内嵌入一个市场化运营的养老方式，整合周边养老服务资源，为老年人就近养老提供专业化、个性化、便利化的养老服务。针对居家失能、失智老人，重点辅助社区及周边高龄、独居、纯老年人家庭以及半自理、轻度失智失能、生活需要照料的老年群体，集生活服务、社区照料、养老居所、医疗保健、文体活动和增值设施于一体。依托于医疗机构，聘请专业照护人员护理，对社区内空置用房进行改造，并利用一定类型的公共设施之间借力发展的关系，集中优化无障碍设施，达到服务效应最大化。

第 2 章

儿童福利政策的梳理与分析

2.1 绪论

2.1.1 研究背景

儿童福利作为社会福利的重要组成部分，是民生改善和社会建设的重要指标，也是儿童最基本的一项权利。党的十九大报告提出，要坚持男女平等基本国策，保障妇女儿童权益。健全农村留守儿童关爱服务体系，幼有所育、学有所教，为儿童健康成长和优先发展指明了方向。目前，我国还未建立成熟的儿童福利制度体系，儿童福利制度建设仍然是一种“补缺型”，而非“普惠型”的发展模式，并且落后于社会经济的发展。为此，根据经济社会发展水平，逐步建立起满足全体儿童需要的适度普惠型儿童社会福利制度，不仅是保障全体儿童享有社会福利的需要，也是实现全面小康社会、建设社会主义和谐社会的需要。

在此背景下，青岛市积极响应国家相关政策，深入推进儿童福利事业发展，并结合本市实际情况，于 2017 年颁布了《青岛市“十三五”儿童发展规划》，为青岛市儿童福利事业工作指明了方向。但目前来看，青岛市儿童福利的整体保障水平与孤残儿童健康成长的需要及经济社会发展的水平还不适应，比如，对留守儿童和受艾滋病影响儿童的救助相对较弱；对儿童福利的多元化供给如机构养育建设、家庭寄养建设、依法收养建设等有待丰富。这些问题都直接影响了青岛市儿童福利水平的全面提升，需要加以解决。

因此，本章通过青岛市儿童福利近几年发展状况的统计分析及政府出台政策的收集调查，并对政府有关儿童福利的相关政策进行深入分析，总结政策变迁背景下的儿童福利的发展方向和先进经验，为青岛市的儿童福利服务的下一步发展提供建议。

2.1.2 文献综述

世界范围内关于儿童福利的研究有很多，尤其是英美等西方发达国家儿童福利研究起步较早且成果颇为丰富。在研究范围与内容上，国外对于儿童福利的研究广泛、具体，不仅涉及全体儿童，而且包括国家投入，儿童的生活、教育、服务与保护以及非政府组织参与等各个方面。在国家投入问题上，国外研究强调国家和社会对家庭的支持作用。Ozawa（2003）认为，只有保障收入安全，才能更有效地保护儿童享有公平的权利。[20] 在儿童教育问题上，Lacy 和 Johnson（2009）提出，儿童的教育责任主要由家庭承担，学校也要承担相应的义务和责任。[21]在儿童保护、防止儿童虐待问题方面，Fanshel 和 Shinn（1978）采用实证研究方法，对纽约市寄养青少年的学业进行了调查，促进了具有里程碑意义的收养援助制度的建立和 1980 年《儿童福利法》的制定和颁布。[22]

我国对于儿童福利的研究相比西方发达国家来说起步较晚，目前，国内学术界对于儿童福利相关问题的研究主要集中在以下几个方面：①儿童福利概念研究。陆士桢、常晶晶（2003）认为，儿童福利是一个十分复杂的概念。它不仅是一种社会理念，也是一种社会机制和社会政策。[23]成海军、朱艳敏（2012）将儿童福利分为“补缺型”儿童福利和“普惠型”儿童福利。[24]②儿童福利制度的问题及对策研究。目前，我国儿童福利模式处于转型的初期阶段，还未建立成熟的制度体系，是一种“补缺型”，而不是“制度型”的儿童福利，很多学者站在不同的视角来研究并提出了相应的对策。耿爱生、纪拓（2017）指出，目前我国儿童福利建设存在立法与制度设计亟待完善、政府财政投入整体水平偏低等问题。[25]吴鹏飞（2018）认为，儿童福利财政是儿童福利的重要组成部分，需要强化预算监督，使中央和地方事权与支出责任相适应。[26]岳经纶、范昕（2018）提出，应该重新认识儿童照顾政策对经济社会发展和人民获得感增强的重要作用，建构由国家、市场、社会、家庭共同参与的、普惠的儿童“混合照顾”体系。[27]③儿童福利的国外经验研究。满小欧、李月娥（2014）对美国儿童福利政策变革与儿童保护制度进行了研究，借鉴美国经验，提出要发挥政府在儿童救助领域的主导地位，明确家庭对于弱势儿童救助的核心地位，注重预防性服务的提供。[28]

纵览学界关于儿童福利问题的研究可以看出，相比西方发达国家，我国儿童福利制度建设时间较短，无论是在立法建设、制度保障，还是在监督管理体系等方面，与西方发达国家相比都有较大的差距。作为发展中国家，我国正处于社会经济结构的变迁过程中，对于儿童社会福利的研究仍处于探索阶段，研究更侧重于理论论述，实务探讨较少，实践可操作性不强；在研究方法上，大多是规范研究，实证研究较少；对儿童社会福利的考量主要从社会角度而非儿童自身角度，而且对适度普惠型儿童社会福利制度建设的研究还有待深入。因此，今后在对儿童福利问题展开研究时，应结合我国国情和传统，合理借鉴西方发达国家的成功经验，采用多种研究方法，把理论分析真正运用到现实社会中，通过理论研究来优化提升相关政策的实施效果，构建具有中国特色的普惠型儿童福利模式。

2.2　儿童福利政策的梳理

本章以中央、省级、市级的相关政府网站出台的政策为主，从纵、横两个角度对政策进行数量统计和内容分析，旨在总结政策变迁背景下的儿童福利的发展方向和先进经验，为青岛市的儿童福利服务的下一步发展提供建议。

2.2.1　儿童福利政策的纵向梳理

（1）基于国家层面的政策梳理。国家层面有关儿童福利的政策主要是由国务院统领，民政部、财政部等部门共同研究制定，发布的政策对各省市起着统领性和指导性的作用。国家层面儿童福利的相关政策共 25 项，时间跨度从 2001 年到 2018 年，按内容大致分为两类。

一类是总体导向型政策，共3项，如《中国儿童发展纲要（2001—2010年）》（国发〔2001〕18号），这些政策的出台对国家以及省市级进一步提高儿童福利政策的精准化供给提供了明确的方向。另一类是具体导向型政策，共22项，如《关于进一步加强受艾滋病影响儿童福利保障工作的意见》（民发〔2009〕26号）。在具体导向型政策中，国家儿童福利政策对儿童福利的覆盖范围、供给方式、保障机制等具体内容进行了完善。政策覆盖了流动和留守儿童、孤儿、残疾儿童、流浪儿童、受艾滋病影响儿童等，对包括儿童家庭寄养、机构养育、社工参与等在内的儿童福利供给方式的建设进行了规定，并通过制度建设、组织建设、机构建设和专项补助等，发展和完善了儿童福利的保障机制。

（2）基于山东省层面的政策分析。山东省层面有关儿童福利方面的政策是由山东省人民政府领导，民政厅、财政厅、教育厅等多部门联合发布，2011年至今出台相关政策共13项，其发布的政策均是对国家层面相关政策的贯彻和因地制宜地推广。山东省层面儿童福利的相关政策也大致分为两类。一类是以国务院发布的《中国儿童发展纲要》为依据制定的山东省儿童发展规划，对该省儿童福利等服务进行了主要目标和策略措施的总体部署；另一类是以国家出台的有关儿童福利的具体导向型政策为依据，结合该省儿童福利的发展现状，进一步制定深化儿童福利发展的具体导向型政策。

山东省政策与国家政策相比，该省对国家儿童福利方面的政策基本贯彻落实，并结合该省自身发展特色提出不少针对性保障措施，例如，2018年建成全省农村留守儿童关爱保护工作平台和全面开展留守儿童社会工作关爱服务、残疾儿童康复训练工作等。同时，也存在一些有待进一步完善的地方。一是有关儿童福利供给方式的政策有待丰富，如对儿童家庭寄养方式的管理；二是在儿童福利保障机制的建设方面缺乏创新和探索性尝试，如建立适度普惠型儿童福利市（县）级试点。

（3）基于青岛市层面的政策分析

青岛市层面有关儿童福利方面的政策是由青岛市人民政府发布，或青岛市民政局、财政局、残联等多部门共同发布，从各政府和部门网站上搜集到2010年至今出台相关政策共18项。其发布的政策均是对国家相关政策和山东省相关政策的进一步贯彻和实施。在内容上，同国家层面和省级层面的一样，分为总体导向型政策和具体导向型政策。

在青岛市总体导向型政策中，有关儿童福利的规划，《青岛市“十三五”儿童发展规划》与《山东省儿童发展“十三五”规划》基本保持一致，只有在残疾儿童康复方面，前者目标为对全市0—15岁有康复需求的残疾儿童提供康复服务，后者目标为实现6岁以下残疾儿童省、市、县三级免费康复全覆盖，可见前者覆盖范围更广，体现了市级政策对省级政策的贯彻和发展。

青岛市具体导向型政策，同国家和省级层面一样，对儿童福利的覆盖范围、供给方式、保障机制方面进行规定。在针对扩大儿童福利覆盖范围的市级政策中，关于孤儿保障的政策提出建立健全基本的孤儿保障体系，并对不同地区、不同养育方式的孤儿建立了分地区、分类型的精准化最低养育标准，且保障自然增长。在促进儿童福利供给方式多元化方面，从家庭寄养和公众参与两个角度进行了规范。针对儿童福利的保障机制，包括组织建设和专项补贴。

青岛市积极贯彻和落实国家和省级政策，认真扩大儿童福利的覆盖范围，积极开展儿童福利第三方参与的试点工作，加大儿童福利的专项经费投入，及时提高儿童福利的最低生活补贴费用等。但究其现状而言，青岛市对留守儿童和受艾滋病影响儿童的救助相对较弱，残疾儿童的心理建设如受教育程度还不健全，对流浪儿童的救助还未实现全覆盖；对儿童福利的多元化供给有待丰富，如机构养育建设、家庭寄养建设、依法收养建设等；对除孤儿以外的困境未成年人的财政补贴力度不大，且未规定其基本生活保障标准。

2.2.2 儿童福利政策的横向梳理

青岛市是我国著名的沿海经济城市，本章以此为依据，结合城市地区分布和经济发展类型，选定厦门、大连、宁波为儿童福利政策的对比城市。由表 5－22 和图 5－7 可以看出：青岛市的政策数量相对最多，且内容相对最为完善，大连市的数量少且内容覆盖面小，这有可能是由于大连市部分政策的非公开性而收集不足，也有可能是大连市关于儿童福利的研究较少。市级政策是对国家政策和省级政策等上级政策的贯彻和落实，是上级政策的本土化发展，是针对本市儿童福利事业发展的具体现状的精准化体现。市级政策与上级政策在内容上的匹配程度越高，说明该市政府对儿童福利服务的重视程度越高，该市在儿童福利方面的供给就能越精准。具体分析如下：

表 5－22 国家、山东省及四城市政策数量分类统计 单位：项

	国家	山东省	城市对比			
			青岛	厦门	大连	宁波
总计	25	15	18	9	4	12
纲要规划	3	2	1	1	1	2
覆盖范围	10	9	12	6	2	2
供给方式	3	1	3	0	0	1
保障机制	9	3	3	2	1	7

注：《青岛市人民政府关于加强孤儿保障工作的实施意见（青政发〔2011〕9 号）》既涉及孤儿保障体系建设，也涉及孤儿补助标准规定，所以既属覆盖范围，也属专项补助。

资料来源：依据各级政府、市民政局、财政局等网站官方数据整理。

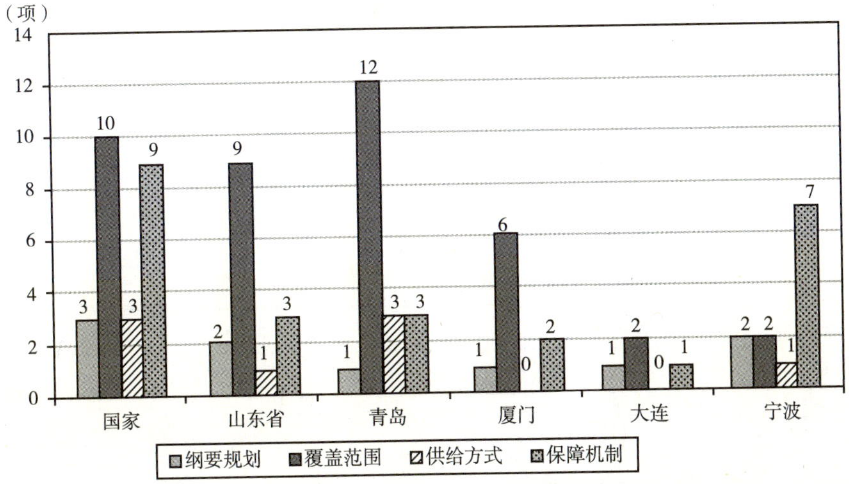

图 5－7 国家、山东省及四城市政府网站中儿童福利相关政策分布情况

在纲要规划方面，四市均以国务院印发的《中国儿童发展纲要（2011—2020）》（国发〔2011〕24号）为依据，并结合本市儿童福利的具体发展现状，对“十二五”以来各市儿童福利的发展目标和策略措施进行了规划，四市在内容上基本保持一致。

在儿童福利覆盖范围方面，青岛市和厦门市的政策所覆盖儿童最广，大连市政策所覆盖到的儿童最少（见表5－23）。四市政策都对孤儿和留守儿童的福利保障进行了明确，提出加强孤儿生活、医疗等基本需求保障，推动孤儿多元化的养育模式，青岛、厦门和宁波三市还分别建立孤儿最低养育标准自然增长机制；提出构建家庭尽责、政府引导、社会监督、全民关爱的留守儿童关爱保护体系。但对于国家层面所覆盖的受艾滋病影响儿童，目前只有宁波市对受艾滋病影响儿童的保障和救助提供政策建议，规定了具有宁波市常驻户籍的艾滋病病毒感染儿童按该市社会散居孤儿的标准发放基本生活费。

表5－23 四城市儿童福利政策在覆盖范围上的比较

类型	青岛	厦门	大连	宁波
孤儿	√	√	√	√
流浪儿童	√	√	—	—
残疾儿童	√	√	—	—
留守儿童	√	√	√	√
困境儿童	√	√	—	√
艾滋病儿童	—	—	—	√

资料来源：根据各市市政府、民政局、财政局等网站官方数据整理。

在儿童福利供给方式方面，青岛市和宁波市出台了相关政策，大连市政策相对较少（见表5－24）。青岛市在孤残儿童的家庭寄养方面制定政策1项，规定了孤残儿童家庭寄养方式的管理；有关在儿童福利服务中引入社会工作服务的政策2项，规范了救助机构儿童社会工作服务范围、服务保障等；制定了《青岛市困境未成年人社工关爱试点工作实施方案》（青民事〔2018〕12号），开展困境未成年人社工关爱试点，为进一步加大社工参与儿童福利奠定了基础。宁波市仅在机构养育方面颁布了《宁波市社会福利机构收送养弃婴（儿）管理规定》（甬民发〔2014〕106号），提出宁波市民政部门协调各有关部门健全弃婴（儿）接收、救治、安置机制，加强对各类儿童福利机构以及弃婴（儿）收养工作的指导和管理，提高弃婴（儿）的养育质量和养育水平。青岛市和宁波市在儿童福利供给方式上的相关政策正好互补，可以相互借鉴。

表5－24 四城市儿童福利政策在供给方式上的比较

供给方式	青岛	厦门	大连	宁波
家庭寄养	√	—	—	—
机构养育	—	—	—	√
社工参与	√	—	—	—

资料来源：根据各市市政府、市民政局、财政局等网站官方数据整理。

在儿童福利保障机制方面，与国家层面相比，四市政策内容的覆盖均有待提高，其中青岛市和宁波市相对较好（见表5－25）。在组织建设上，青岛市民政局2016年出台的第31号文件指出，将儿童福利业务由社会福利和慈善事业促进处调整到社会事务和区划地名处分管，并对有关儿童工作的职责进行了明确。而宁波市在组织建设上的政策指向与国家政策一样，提出建立农村留守儿童关爱保护工作联席会议制度，通过市政府、市民政局、市财政局等多部门协同合作，共同关爱、保护农村留守儿童。对于儿童福利的专项补助，四市均采取“分类施保”的原则，以当地上年度城镇常住居民人均消费支出或当地城市低保标准为参照系数，制定孤儿基本生活最低养育标准，并以孤儿基本生活最低养育标准为基准，规定残疾儿童、困境儿童、受艾滋病影响儿童的基本生活费用。“十二五”规划以来，四市孤儿基本生活最低养育标准增长趋势详见图5－8。

表5－25 四城市儿童福利政策在保障机制上的比较

保障机制	青岛	厦门	大连	宁波
制度建设	—	—	—	—
组织建设	√	—	—	√
机构建设	—	—	—	—
专项补助	√	√	√	√

资料来源：根据各市市政府、市民政局、财政局等网站官方数据整理。

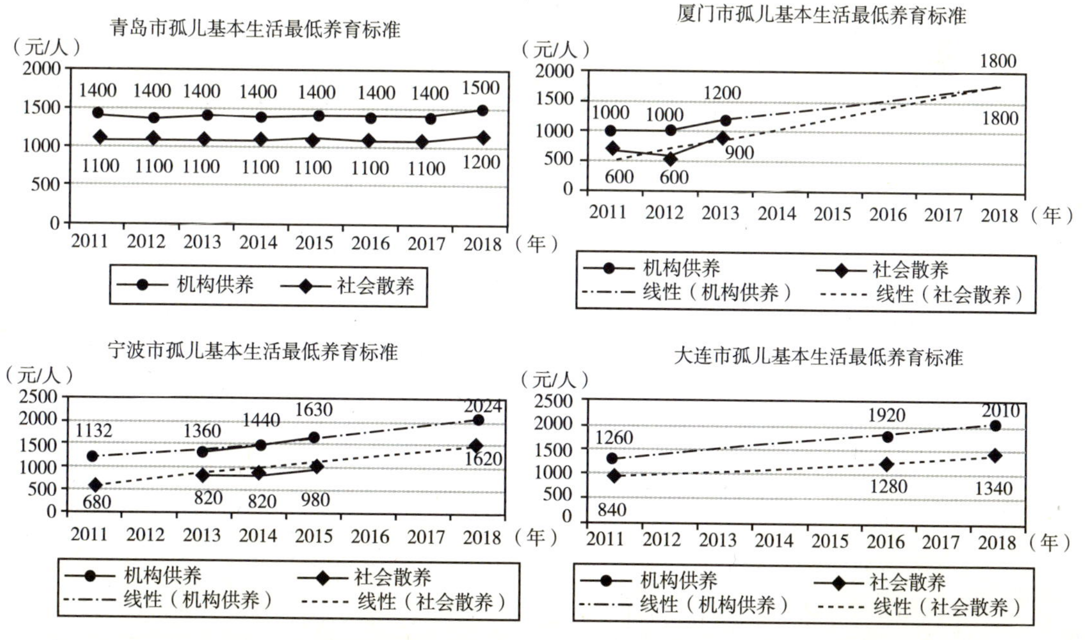

图5－8 四城市孤儿基本生活最低养育标准对比

资料来源：实线数据根据各市市政府、市民政局、财政局等网站官方数据整理；虚线数据为未查到数据，根据已查到数据做的趋势线。

2.3 儿童福利政策的绩效分析

从青岛市统计局连续三年发布的《青岛市儿童发展状况“十二五”终期监测报告》《2016年青岛市儿童发展监测报告》《2017年青岛市儿童发展监测报告》中可以看出，该市在积极推进儿童收养救助工作、全面建设残疾儿童康复服务、努力完善特殊未成年人群体关爱保护等方面逐步取得了显著发展。例如，全市集中养育的孤儿数从2015年的51人增加到2017年的261人，儿童福利机构与家庭收养登记儿童数从2016年的95人增加到2017年的348人，2015—2017年，全市共计5811名有康复需求的残疾儿童全部享受到了康复救助与服务等。与此同时，《青岛市儿童发展“十二五”规划》已经结束，《青岛市儿童发展“十三五”规划》的进程也已过半，但距离建立适度普惠型的儿童福利服务制度体系仍存在很大差距。为此，本章将从政策制定绩效和财政投入绩效两方面对青岛市儿童福利的发展现状进行定量的分析，指出影响建立健全适度普惠型的儿童福利服务制度体系的问题。

2.3.1 政策制定完善程度的分析与评估

以政策的一级分类和二级分类为评价指标（详见表5-26），构建政策制定完善程度的简单加权平均模型。

模型公式为：

$$Y = \sum_{i=1}^{n} \left(\omega_i \times \sum_{j=1}^{k} (\varphi_{ij} \times E_{ij}) \right) \times 100\%$$

其中，Y为政策制定完善程度的百分数；ω_i为第i个一级分类词所占权重；φ_{ij}为第i个一级分类词下第j个二级分类词所占权重；E_{ij}为虚拟变量，是指在第i个一级分类词下第j个二级分类词中是否存在相应的儿童福利政策，若存在则赋值为1，否则赋值为0；n为一级分类词的个数；k为某一级分类词下二级分类词的个数。

该模型的三个重要前提假设为：假设国家层面儿童福利政策制定的完善程度为100%；假设同一分类等级下分类词范围互相独立；假设同一分类等级下的分类词所占权重相同。

表5-26　　政策的分类评价指标及权重

一级分类词（权重）	二级分类词						
	权重总和	二级分类词（权重）					
纲要规划（25%）	100%	纲要规划（100%）	—	—	—	—	—
覆盖范围（25%）	100%	孤儿（16.67%）	流浪儿童（16.67%）	残疾儿童（16.67%）	留守儿童（16.67%）	困境儿童（16.67%）	艾滋病儿童（16.67%）
供给方式（25%）	100%	家庭寄养（33.33%）	机构养育（33.33%）	社工参与（33.33%）	—	—	—
保障机制（25%）	100%	制度建设（25%）	组织建设（25%）	机构建设（25%）	专项补助（25%）	—	—

求解与评估。经计算，求得：山东省政策制定完善程度$Y_{山东}=64.58\%$，青岛市政策制定完善程度$Y_{青岛}=75\%$，厦门市政策制定完善程度$Y_{厦门}=52.08\%$，大连市政策制定完善程度$Y_{大连}=39.58\%$，宁波市政策制定完善程度$Y_{宁波}=62.5\%$。

由此知，青岛市在儿童福利政策制定的完善程度上明显高于其余三个城市。这一定程度上说明，青岛市对儿童福利事业的高度重视和对上级政策的有效贯彻，也在于在儿童福利供给方式上响应中央号召，将2001年颁布的《青岛市人民政府办公厅转发市民政局关于做好孤残儿童家庭寄养的意见》延长使用期至“十三五”规划结束，规范了孤残儿童家庭寄养方式的管理。

2.3.2 财政绩效的分析与评估

预算是政府对财政收支的计划安排，是财政的主要环节，反映一定区域内政策、政府活动的范围和方向，通过对财政收入与支出的控制来实现政府职能。决算是一定时期（通常为一年）财政分配过程的终结阶段，它可以检验预算的科学性，检查预算的完成情况，总结一年经济工作的得失成败。因此，本章选取近三年的预算、决算数据，对青岛市儿童福利服务经济现状进行评价。

近年来，青岛市总收支预算和总收支决算均随时间逐年小幅度增加（详见图5-9），说明全市近三年整体的政策环境和导向相对稳定，这对包括儿童福利在内的社会保障提供了良好的生存环境和发展环境。同时，从收支预算方面看，2015年和2016年，儿童福利收支预算占总收支预算的比例基本保持不变，2017年，儿童福利占比产生小幅度的增加，因为2017年该市将儿童福利院从社会福利事业单位调整到儿童福利项目中。从收支决算方面看，儿童福利收支决算占总收支决算的比例先在2016年发生小幅度的下降，再在2017年发生较大幅度的增加，其下降是因为社会福利中养老保险改革追加资金和殡葬服务补贴增加，从而减小了儿童福利所占比重，其比例大幅度的上升则是2017年市儿童福利院从上年社会福利事业单位调整到儿童福利项目后所致。

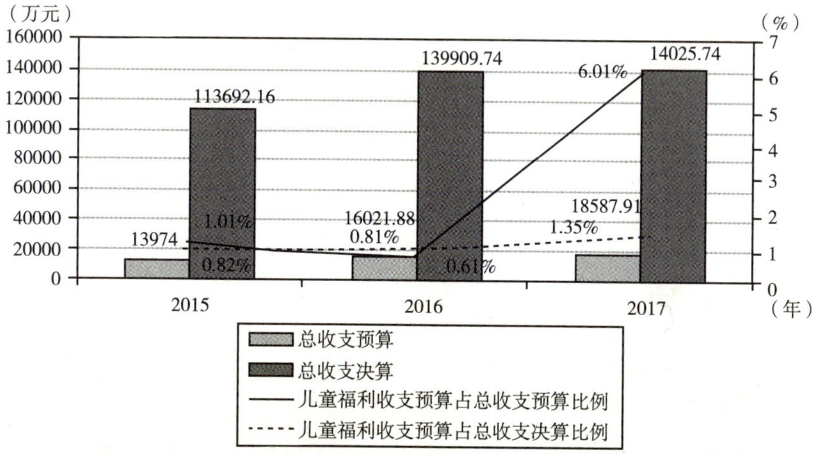

图5-9　2015—2017年青岛市总预（决）算及儿童福利占比

资料来源：根据青岛市政务网上民政局历年数据整理。

从儿童福利的收支预决算金额上来看，对儿童福利事业的建设仍处在不断完善和发展的阶段（详见图5-10）。2017年，儿童福利的收支预算和收支决算分别达到最高，反映了市政府不断加强儿童福利建设。青岛市民政局于2016年发布了《关于调整儿童福利工作职能的通知》（青民政〔2016〕31号），指出将原属于社会福利和慈善事业促进处的儿童福利业务主管职责调整到社会事务和区划地名处，并明确社会事务和区划地名处有关儿童福利工作的职责，使得儿童福利院从上年社会福利事业单位调整到儿童福利项目中。

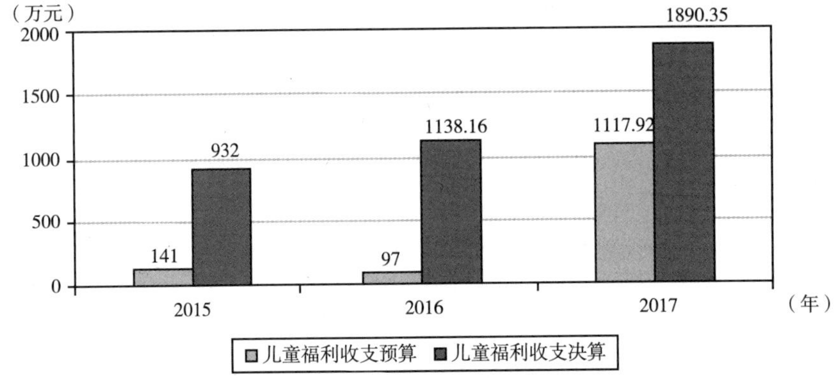

图5-10　2015—2017年青岛市儿童福利收支预（决）算

资料来源：根据青岛市政务网上民政局历年预决算数据整理。

从儿童福利的财政收入来源看，2015—2017年的儿童福利的预算收入全部来源于财政拨款收入，但其决算收入则一部分来源于财政拨款收入，另一部分来源于上级补贴收入（详见图5-11）。从儿童福利的财政收入金额看，2017年财政拨款收入的预算收入和决算收入都明显增加，是将市儿童福利院从上年社会福利事业单位调整到儿童福利项目所致。

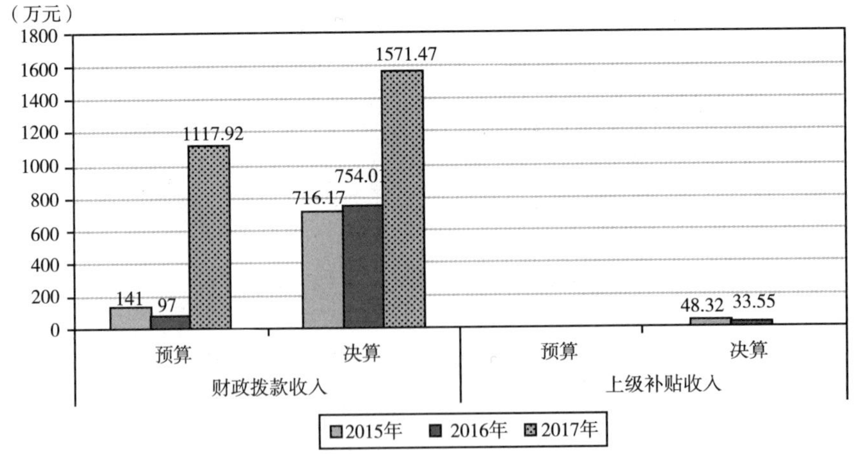

图5-11　2015—2017年青岛市儿童福利财政预决算投入来源

注：未标出地方收入为0。

资料来源：根据青岛市政务网上民政局历年预决算数据整理。

2.3.3　存在的问题分析

通过上述对青岛市儿童福利政策的完善程度和财政绩效的分析与评估，不难发现，青岛市在推进儿童福利保障机制建设、构建适度普惠型的儿童福利制度体系问题上仍存在一些不足，主要表现在以下几个方面。

第一，“补缺型”儿童福利现状仍未改变。民政部前社会福利和慈善事业促进司副司长徐建中曾指出，我国儿童福利发展分为三个阶段：全面建立托底保障型儿童福利体系、全面建立适度普惠型儿童福利体系、全面建立普惠型儿童福利体系。[29]我国目前仍处在第一阶段，即“补缺型”儿童福利体系。《青岛市儿童发展“十三五”规划》中也指出，要扩大儿童福利的覆盖范围，建立适度普惠型儿童福利制度体系。但从制定的政策中不难看出，儿童福利的范围还是针对留守儿童、流浪儿童、孤儿等困境未成年人的救助和保护，这种“补缺型”的儿童福利现状仍未改变。

第二，儿童福利供给主体还须实现多元化。在“补缺型”的儿童福利体系中，政府起着主导性的作用，但在适度普惠型的儿童福利体系中，单靠政府一方的努力是不行的。2018年，青岛市率先制定了《青岛市困境未成年人社工关爱试点工作》，认真贯彻了国家和山东省提出的加强社工在儿童福利制度建设中的作用。家庭作为儿童出生和成长的环境，在儿童发展中起到关键作用，加强儿童的家庭氛围和家庭归属感，提高家庭的养育能力，是转变青岛市儿童福利制度建设的重要一步。但目前对家庭养育方面的政策制定还不够健全，对政府、家庭、社会等的有机协作还须深入研究。

第三，儿童福利财政支持力度有待提高。从儿童福利收支预算的金额和占青岛市总收支预算的比例中，可以看出：青岛市在儿童福利方面的财政支持力度仍然较小，使得现行的孤儿最低养育标准较厦门、大连、宁波相比最低。因此，还须进一步加大儿童福利的财政支持力度，事权部门要加强儿童福利事业保障的发展研究，不断扩大儿童福利的保障范围，提高保障层次水平。

2.4　儿童福利政策的国内外先进经验

2.4.1　儿童福利政策的国外先进经验

（1）日本儿童福利发展经验

日本的儿童福利制度通过不断发展和完善，逐渐成为带有浓厚传统儒家思想色彩的“日本型儿童福利”。[30]日本的儿童福利制度以家庭为中心、社会组织为辅助，政府提供支持和支援，个人自立为导向，并有不断优化的制度建设、完善的法律体系和完备的机构设施。

A. 完善的立法保护。日本的儿童福利制度具有完善的法律保障体系，覆盖各阶段、各领域的儿童，分别从政府、社会、家庭等多元供给主体角度出发，对儿童的生活、教育、医疗等领域进行了规定，并设立补贴标准。儿童权益保护的法律法规全面、可操作性强。例如，《儿童福利法》确立了日本儿童福利制度的基本框架，旨在保障所有儿童在补贴、医疗、教育、救助等方面的权益；《教育基本法》《学校教育法》等旨在保护儿童教育方面的权益。总之，日本建立了一套系统缜密的儿童福利保障的法律体系，从根本上保障了儿童的权益。

B. 明确的部门划分。日本设有完整的政府服务体系，对儿童福利进行管理和执行。从中央到地方都设有职责明确的儿童福利行政机关组织。中央政府厚生省设立儿童家庭局对全国儿童及妇女的福利作整体规划，并指导、监督地方政府儿童福利业务的执行；各级地方政府设置福利部或民生部，掌管社会福利事务；中央和都道府县都设置了儿童福利审议会，其职责是调查和审议有关儿童、孕妇、产妇和智力低下儿童的福利事项。

C. 家庭的重要地位。日本强调家庭在儿童福利供给中的重要性。日本通过向家庭提供儿童津贴的方式，来促使家庭为儿童的健康成长提供良好的环境；大幅度修改了《育儿、照护休假法》，来平衡家庭中妇女就业和养护这两种职责，在满足女性就业需求的基础上，尽可能地发挥其育儿的作用。

D. 完善的机构设施。日本设置完备的儿童福利机构，并配备相关设施。日本成立了日本儿童福祉协会；在日本各地设置感化院，对无人监护的8—16岁未成年人进行接收、养育和管教；开设了向低能儿提供特殊教育的龙野川学院等。同时，日本儿童福利的公共设施十分全面，有助产设施、母子宿舍、婴儿院等养护设施，以及为那些有严重智力障碍和身体残疾的儿童提供的各项福利设施，如智障残疾儿设施、盲聋哑儿设施等。

（2）英国儿童福利发展经验

A. 健全的立法体系。英国儿童福利以立法为依据，内容丰富且不断完善。英国是较早对儿童福利进行立法的国家，早在1889年就颁布了专门的《儿童法案》，20世纪是其儿童福利立法的黄金期，儿童福利立法涉及儿童的生存、发展、参与等方面。进入21世纪后，英国儿童福利立法进一步完善，主要表现在对立法的完善和修订以及一些新法案的出台，如2004年对《儿童法案》的再次修订与完善，2010年《儿童贫困法》和《儿童、学校与家庭法》的颁布。

B. 完善的福利体系。英国以普遍享受为原则，兼顾收入相关福利。普遍享受是英国福利国家的基础，同时，也是其儿童福利体系的基本原则。在这一原则下，英国构建了儿童保障津贴制度体系，其中，包括儿童福利金制度、监护人津贴以及子女抚养津贴、家庭津贴、单亲津贴等。

C. 政府的主导地位。英国政府在儿童福利中占主导地位。英国儿童福利的政府主导性主要体现在两个方面。其一是管理上，儿童福利的管理以政府管理为主。其二是资金的筹集渠道上，尽管政府鼓励开拓民间儿童福利的渠道，但儿童福利的大部分经费仍由政府承担。

D. 完善的服务体系。英国具有完善的儿童福利服务体系。对于儿童福利工作，除了政府的指导，社区、慈善组织、各社会服务机构都广泛参与到儿童社会福利工作中，使得其儿童福利体系形成了政府、社区、学校、医院等共同参与的多位一体的服务网络。在社区层面，既有政府儿童福利服务的延伸，又有许多民间组织服务；在学校层面，有学校教育服务支持系统；在医院层面，公立医院不仅为儿童提供全免费的医疗服务，有的还设有与学校义务教育接轨的医院教育服务。

2.4.2 儿童福利政策的国内经验

（1）杭州市儿童福利发展经验

A. 促进社会参与。在儿童福利供给主体方面，积极引进企业家、亲子家庭、高校志愿者等社会力量的参与，拓展多元参与的儿童福利供给机制。如 2017 年，杭州市工商联公益委员会推出“育禾行动—单亲家庭儿童关爱”项目，由企业家与家庭贫困、品学兼优的受助学生结亲，每年每人资助 2000 元，并形成固定的资助、互访制度，帮助困难家庭的学生走上自立自强、成长成才的道路。

B. 丰富供给方式。在儿童福利的供给方式上，除了设置专项救助资金进行生活救助外，还积极开展福利儿童在教育、休闲生活等方面的活动。例如，针对农村儿童开展“乡村儿童阅读计划”，整合相关教育资源，提高乡村儿童的阅读量，丰富其精神世界。

C. 完善机构建设。在机构建设方面，杭州市儿童福利院积极探索新模式，丰富新生活。杭州市儿童福利院党支部积极组建志愿服务队，探索形成了“1 + 3”模式，即以党建为统领，机构建设、业务工作、文明创建三项工作有机结合的融合式党建带动模式，为困境儿童提供帮助。创新推出《儿福党建规范 30 条》，从组织建设、组织生活等五方面加强支部建设。如对口帮扶贫困地区的儿童，结对贵州省从江县儿童走出大山来杭州参加夏令营；在全市发起成立“添冀助力”爱心公益联盟，引进项目，丰富孩子的生活。

（2）深圳市儿童福利发展经验借鉴

深圳市作为国家首批开展适度普惠型儿童福利制度建设的试点地区，在实践中总结了不少先进经验。

A. 加强残疾儿童救助。深残发〔2017〕114 号文件对救助的范围、补贴标准等进行了调整，提出残疾儿童救助的年龄由 0—16 岁扩大到 0—18 岁。针对听力残疾儿童人工耳蜗配套服务，深圳市各区分别设置了服务补贴。2018 年 9 月 28 日，深圳市宝安区宝安中医院（集团）儿科与复旦大学附属儿科医院联合共建了“儿童康复协作基地”，共同推进残障儿童的早期筛查和干预工作，通过网络平台开展疑难病例远程会诊。

B. 丰富留守儿童关爱。作为外来务工人员输入大区的深圳宝安区沙井街道率先开展“爱心学习班”和“留守儿童关爱月”等活动，2010 年推行至今，均取得显著成效，形成“沙井模式”。2018 年国庆，深圳坪山区也成功举办 2018 年“留守儿童”坪山周活动，加大对坪山区来深建设者及其子女的关爱力度。此外，2018 年深圳少年儿童图书馆开始关于建立儿童友好型图书馆服务模式的探索，立足儿童的实际阅读需求。

C. 促进机构服务建设。《2018 年 1 季度深圳社会服务统计季报》指出，目前，深圳市有 8 所儿童福利机构，救助床位 1644 张，救助服务人数 1154 人，机构收养孤儿 1118 人，满足《广东省民办社会福利机构管理规定》指出的“2017 年 8 月 1 日起，民办社会福利机构应当配备与机构开展服务相适应的工作人员，其中直接服务于儿童的工作人员与儿童服务对象人数不超过 1∶1”的要求。此外，目前深圳市共有儿童福利服务机构 40 家，近 90% 为儿童康复训练中心，为孤儿、残疾儿童等提供救助服务。

2.5 儿童福利政策的优化建议

青岛市儿童福利发展需要进一步扩大儿童福利范围，构建适度普惠型的儿童福利制度体系，满足儿童的基本公共服务需求。针对青岛市儿童福利发展目标和发展现状以及存在的问题，结合国内外的发展经验，提出如下政策建议。

2.5.1 加快儿童福利体系的转型

当前，我国的“补缺型”儿童福利已不能满足人们多元化的福利诉求，但青岛市目前仍处于“补缺型”儿童福利服务阶段。青岛市应逐步将儿童福利的对象从特殊儿童扩大到全体儿童，并在经济可承受的范围内，适度提高儿童福利的待遇水平，保障儿童权益的制度安排应该逐步朝着普惠性保障转型。具体来说，将儿童福利的覆盖范围扩展到所有儿童；将政府从救助的服务功能转向支援性的；福利项目应当包括补贴、医疗、教育、家庭支援等各个方面。

2.5.2 改革儿童福利行政管理组织

目前，儿童福利管理的行政组织比较分散，导致虽然财政、民政、教育、卫生等多政府部门协同参与、联动管理，但“部门壁垒”的问题依然无法完全消除，部门职责无法完全明确，出现问题无法及时解决。因此，建议设置专门的儿童和家庭管理部门，负责对儿童福利事务进行全面规划和多方位指导。同时，建议进一步增设儿童福利咨询机构、儿童指导中心、儿童服务机构等辅助管理部门，方便儿童福利政策的执行，更好地提供和交流与儿童相关的信息等。

2.5.3 构建儿童福利多元供给主体

在现实生活中，正是因为以血缘关系为基础的家庭养护功能问题频出，如虐童现象、弃婴现象等，才使得需要政府和社会其他组织介入。首先，政府有必要对家庭的养护功能进行监督，处罚未积极履行养护职责的家庭，并号召和鼓励家庭主动承担养护职责。其次，在制度安排、政策设计方面，为儿童福利的运行设立一个全面的、有效的行为框架；再次，加大对儿童津贴、教育、医疗、相关公共设施的财政投入和管理，使儿童福利水平和经济发展水平相匹配；最后，通过各种补贴、政策优惠等措施，鼓励家庭、社会组织积极参与到儿童福利的保障中来。加快建设科学完善的儿童福利管理体制和无缝对接、高效运行的儿童福利支持保障机制，形成家庭首位、政府主导、部门配合、社会参与的多元儿童福利管理服务体系。

2.5.4 促进儿童福利财政可持续投入

经济发展是儿童福利制度完善的必要条件，但我国目前儿童福利支出占 GDP 的比重较低，还不能达到经济合作与发展组织（OECD）国家的平均水平。戴建兵结合测算模型初步测算出，2020 年，我国儿童福利支出约占 GDP 的 0.58%；2030 年，占 GDP 的 0.88%—0.97%；2050 年，占 GDP 的 2.67%—2.73%。2050 年，我国儿童福利支出相当于 OECD 国家 2009 年的平均水平（2.6%）。[31]山东省和青岛市亦如此。因此，应当增加儿童福利保障的财政投入，在增加资金投入的基础上建立儿童的福利津贴制度、儿童的医疗保障制度、儿童养护的公共设施等，在一定的资源水平条件下，优先满足儿童在医疗、受教育等方面的需求。针对中国城乡二元体制导致的城市儿童享受到更多福利资源的状况，政府在财政投入上适当倾斜，缩小城乡儿童的福利保障差距，促进社会的公平正义，将目标定位于“建立与经济社会发展水平相一致、与改革开放和市场经济体制相一致的普惠型儿童福利制度”[32]，做到精准扶持。同时，认识到适度普惠型儿童福利的重要性，强调政府财政的兜底作用，引进社会资本等多渠道资金，促进儿童福利事业的可持续性投入。

2.6　研究展望

党的十九大报告指出，要坚持在发展中保障和改善民生，在幼有所育、学有所教、劳有所得、病有所医、老有所养、住有所居、弱有所扶上不断取得新进展。把保障和改善民生作为中国特色社会主义基本方略的重要内容，突出“全体人民”，强调“共同富裕”，规定了保障和改善民生的普惠性，反映了新时代坚持和发展中国特色社会主义的内在要求，为进一步做好保障和改善民生工作指明了前进方向。面对青岛市当前的儿童福利发展中的问题，应认清现状，完善不足。本章从以下几个方面对青岛市儿童福利事业未来的前景进行初步的描绘，希望能有益于政府部门政策的制定和实施，加快实现全面“普惠型”的儿童福利体系。

2.6.1　坚持以人为本、儿童优先

根据联合国关于无歧视、儿童利益最大化、保障儿童生存和发展权的倡导，从儿童身心发展特点出发，在制定政策规划、发展社会保障福利等方面，优先考虑儿童的切身需求和利益，保障和尊重儿童的主体权利。

2.6.2　完善国家及地方的法律法规

完善我国儿童福利立法体系。无论是日本还是英国，其在儿童福利保障方面，均有明确出台《儿童福利法》，以立法的形式保障了儿童的合法权益。日本和英国还出台了一系列保障《儿童福利法》顺利实施的法律，如日本的《儿童津贴法》、英国的《儿童法案》。因此，为建立健全儿童福利保障体系，我国进行立法建设是必不可少的。我国不但要制定符合我国国情的《儿童福利法》，还需要制定一系列与《儿童福利法》相关的保障法律。青岛市可在国家法律法规框架内，结合适度普惠型儿童福利制度建设和社工参与困境儿童救助等试点经验，考虑本地儿童福利服务的实际发展状况，制定儿童福利方面的地方性法规，保证满足各类儿童福利需求，支持儿童福利事业健康发展。

2.6.3　实现分类保障、全面普惠

普惠型儿童福利体系是建立在适度普惠型儿童福利体系基础上的，而适度普惠型儿童福利体系又是建立在补缺型儿童福利体系上的。而今，青岛市处于补缺型儿童福利体系向适度普惠型儿童福利体系过渡的阶段，现已分别形成了孤儿救助保障、流浪儿童救助、留守儿童关爱保护、残疾儿童的救助保障措施等救助分类，接下来应逐步扩大儿童福利服务范围，将受艾滋病影响儿童、因家庭原因而陷入困境的儿童以及普通儿童等纳入儿童福利的范围中，并针对不同类型的儿童提供精准化的保障机制，从而全面建立普惠型儿童福利体系。

第3章

残疾人福利政策的梳理与分析

3.1 绪论

3.1.1 研究背景

中华人民共和国建立以来，党和政府一直重视残疾人事业的发展，在党的十九大上，习近平总书记更是掷地有声地指出要“格外关心、格外关注”弱势群体。我国残疾人事业存在如下问题：国家、社会、个人各层次主体在残疾人福利领域不平衡，社会和市场的积极性和活力尚未充分调动；城乡、区域之间不平衡、不充分体现在各种因素的制约下，基础保障制度尚不完备，公共服务能力比较薄弱，残疾人事业制度创新、发展效率等各方面有待提高。另外，随着经济进入“新常态”，未来一段时间内，残疾人福利领域所能得到的财政资金增量会受到一定约束。因此，如何稳步有效、全面地提升我国当前约8500万残疾人的生活，实现“弱有所扶”，补齐民生短板，进而实现全面小康是一道急需解决的难题。

青岛市政府历来注重民生问题，积极响应党和政府要求“格外关注”弱势群体的号召，积极建设残疾人生活保障体系，并为保障好青岛市残疾人的生活，投入了大量财政资源。如《青岛市残疾人保障条例》实施一年，青岛市有1.8万余名重度困难残疾人按时申领了就业生活补贴。在制度方面，青岛市残疾人社会保障体制逐步建立和完善，按照“家庭能安居，出行无障碍”的思路，加强残疾人宜居环境建设；按照“机构康复保重点、社区康复保普及”的思路，进一步提高残疾人康复工作规范化、精细化、专业化水平；按照“完善特教体系、推进融合教育”的思路，进一步扩大残疾人接受普惠性教育覆盖面；按照“挖潜增岗、提升技能”的思路，进一步增加残疾人就业。

但是，当前青岛市残疾人福利仍存在救助主体一元化、救助方向单一化等问题，需要结合相关政策及先进经验加以完善。因此，本章根据查阅到的文献与资料，以需求为目标，以问题为导向，对新时期残疾人福利政策进行横向和纵向对比和分析，借鉴国内外的先进经验，提出相关的优化建议。

3.1.2 文献综述

国内外学者对残疾人福利的研究主要集中在以下几个方面：

第一，残疾人福利的政府责任。越来越多数据表明，残疾人比非残疾人在经济和社会上更容易陷入不利情况（世界卫生组织，2012）。[33]政府有责任出台社会政策弥补市场缺陷，保护残疾人等先天弱势群体（童星，2013）。[34]福利权是现代公民享有的重要的社会权利，残疾人作为特别困难群体，其福利权利应得到国家的特别关注和保护（徐爽，2018）。[35]我国历届政府始终以为人民服务为宗旨，始终对弱势群体给予足够的关注。习近平（2014）指出，残疾人是一个特殊困难的群体，让广大残疾人安居乐业、衣食无忧、过上幸福美好的生活，是我国社会主义制度的必然要求。[36]

第二，残疾人福利的制度实践。万国威（2014）实证分析了当前我国残疾人福利的可及性，发现总体上我国残疾人的福利可及性存在严重不足，不同城市的残疾人在福利可及性上具有显著差异。[37]黄骏敏（2015）以南京市为例，分析残疾人福利的需求与供给后发现，南京市残疾人的福利供给不能满足需求，且各类别残疾人福利供需数量上不平衡和结构不匹配。[38]彭欣悦（2018）则更深入地分析了残疾人培训项目的实践，发现残疾人培训项目的实践困境包括协调沟通机制缺失、残联服务意识薄弱、基层组织断层等。[39]

第三，残疾人福利模式的改进。王磊（2018）通过分析西方国家的福利模式，提出我国应构建以“全程化”“多元化”和“赋权化”为基础的残疾人福利服务体系。[40]其中，赋权可以被定义为社会弱势群体提高个人能力的一个过程，他们努力改善自己的生活状况，把消极环境变为积极环境。此外，葛忠明（2017）认为，改进当前残疾人福利模式的消极状况必然要转变发展方向，变得更加积极。[41]Anderson（2003）则提出，积极的福利是通过社会福利的提供来提高社会成员的能力，使他们有能力去解决问题，而不是依赖国家的福利提供。[42]

微观层面的实施方案设计。首先是对残疾人基本生活的保障，Yongyuth（2012）介绍泰国于2001年实施“30铢计划”（30Baht Scheme），为以医院为核心的残疾人社区康复体系提供了强力的保障。[43]杨健（2013）通过对第二次全国残疾人抽样调查相关数据进行整理分析，认为残疾人福利政策的制定既要注重同质性，又要注重各子群体之间需求的差异性。[44]张元（2017）提出，在保障对象上，由单一个体向兼顾残疾人家庭转变，对残疾人家庭给予适当的扶助和补偿。[45]

3.2　残疾人福利政策的梳理

3.2.1　青岛市残疾人福利的政策梳理

本章通过青岛市政务网、青岛市民政局网站、青岛市财政局网站及青岛市残疾人联合会网站获取青岛市已发布的残疾人福利政策，涉及的时间包括2007—2017年，跨度为11年。总体上，发现青岛市层级的文件主要根据国家及山东省等相关政策方向，并恰当地结合当地发展情况，出台更加细化的政策，促进了市区残疾人事业的健康发展。

从福利内容上看，青岛市出台的残疾人政策主要包括社会保障、康复预防、教育、劳动就业、文化体育、环境建设、组织建设等7个方面。从出台政策数量上看，青岛市近些年出台关于残疾人保障方面的文件较多，这反映出青岛市对残疾人事业发展的高度重视，其中，关于残疾人社会保障方面的法规文件最多，其次是劳动就业方面的相关政策，最少的是组织建设方面的相关政策。此外，从国内外经验来看，残疾人事业发展涉及多个方面，而通过整理相关政策，本章发现，青岛市在残疾人福利政策方面有待完善。

第一，残疾人社会保障政策。青岛市从残疾人托养、发展规划、生活及护理补贴、养老及医疗保险补贴、基本权益保障等方面进行政策制定。如 2015 年 6 月发布《关于进一步做好残疾人托养服务工作的通知》，对残疾人托养工作作出了进一步规定。

第二，残疾人康复预防政策。青岛市对此出台的政策内容较单一，主要关注辅助性器具配发和儿童精准康复，且已发布的政策仅有 2015 年的《青岛市为困难家庭残疾人配发基本型辅助器具实施方案》、2017 年的《关于做好青岛市残疾儿童少年精准康复服务救助工作的通知》，有待进一步细化相关内容。

第三，残疾人教育政策。对此，青岛市出台的文件主要针对保障残疾学生受教育权利、教育补助及奖励等方面，但大多是整体纲要式的文件，缺乏具体措施，说明青岛市相关政策的内容有待进一步细化。2018 年重新出台的《青岛市残疾人教育救助和奖励办法》，在 2011 年的相关奖励办法基础上补充了建立残疾少年儿童特长培养补贴制度，可以看作政策细化的开端。

第四，残疾人劳动就业政策。青岛市对此制定出台了大量的文件，根据 2012 年印发的《青岛市人民政府办公厅关于进一步做好残疾人就业工作的意见》，对残疾人就业方面的相关扶持主要包括加强残疾人职业技术培训、扶持重度残疾人辅助性就业等 7 方面。在扶持重度残疾人辅助性就业方面，青岛市于 2017 年 8 月颁布了《关于进一步做好残疾人辅助性就业工作的通知》，对辅助性就业机构认定条件、申报流程、扶持政策及监督管理措施等进行了详细的说明和规定。在鼓励用人单位安置残疾人就业方面，青岛市于 2017 年 8 月发布《开展用人单位按比例安排残疾人就业公示实施方案》，对用人单位按比例安排残疾人就业进行规范性说明。

第五，残疾人文体生活政策。在残疾人体育生活方面，青岛市相关政策文件较少，且多关于残疾人体育生活，如《关于选拔运动员参加山东省第十届残疾人运动会的通知》。在残疾人文化生活方面，出台的政策则是与残疾人文化周活动等相关（青残联办字〔2018〕1 号）。总体而言，这两方面的政策数量较少，且涉及内容不够全面。

第六，残疾人环境建设政策。环境建设方面主要指无障碍建设方面，已出台的有《城市道路和建筑物无障碍设计规范》《关于加强青岛市无障碍建设工作的通知》等，2017 年出台的《关于建立残疾人家庭无障碍改造奖补制度的通知》将无障碍环境的规范延伸至家庭，扩大了残疾人受益面。

第七，残疾人组织建设政策。这一方面的政策也并不多，主要用于说明涉及宏观制度原则和具体流程规范。其中，较有代表性的是青岛市 2015 年发布的《关于基层残疾人工作网格化服务管理的实施意见》，将残疾人管理延伸到具体个人，真正把工作做到残疾人身边，有效提升基层残疾人的服务水平。组织建设是政府与残疾人个体连接的纽带，牵扯到政府的做法能否真正契合残疾人所需，然而，青岛市该方面的相关政策却相对缺乏，因而，在未来残疾人发展方面，青岛市应当着重加强此方面政策的出台。

3.2.2 四城市政策的对比分析

(1) 政策数量层面的对比分析

表 5-27　国家、山东省及四城市政策数量统计　单位：项

政策内容	国家	山东省	城市对比			
			青岛	大连	宁波	厦门
康复预防	4	6	2	0	2	5
教育	1	2	3	0	1	0
劳动就业	5	4	7	4	4	1
社会保障	8	12	8	7	5	5
文化体育	1	1	2	1	0	0
环境建设	1	2	2	1	0	0
组织建设	0	1	3	0	0	0
其他	1	1	2	0	0	0
总计	21	28	29	13	12	11

注：政策统计起始于 2010 年 1 月，截至 2018 年 9 月。

资料来源：根据国家民政部、山东省民政厅及各市财政局、民政局、残联网站官方数据整理。

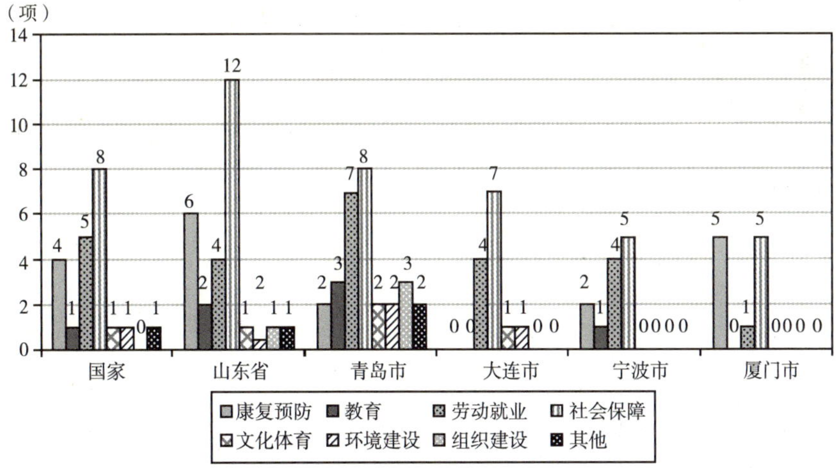

图 5-12　国家、山东省及四城市残疾人福利政策数量统计

注：政策统计起于 2010 年 1 月，截至 2018 年 9 月。

资料来源：课题组根据国家民政部、山东省民政厅及各市财政局、民政局、残联网站官方数据整理。

从图 5-12 可知，自 2010 年以来，国家相继出台了共计 21 项政策，涉及内容包括康复预防、教育、劳动就业等。其中，国家在社会保障方面出台的政策数量最多，为 8 项，主要包括残疾人事业的发展规划纲要、基本权益规定、生活救助及补贴、服务机构规范等方面的内容。山东省在残疾人发展方面出台政策较多，先后发布了共 28 项相关政策，同样是有关残疾人社会保障方面的政策为最多，有 12 项（见表 5-27）。

从城市间对比结果可以看出，在颁布的公开政策数量方面，青岛市远超其余三座城市，表明青岛市对残疾人事业发展高度重视。具体而言，四城市均侧重于社会保障和劳动就业方面，在其他方面，青岛市均为4城市之首，且在残疾人组织建设层面，只有青岛市出台3项相关政策。

（2）政策内容层面的对比分析

从上述分析，以及对政策的梳理归类可以发现，对残疾人的福利政策主要分为残疾人社会保障、康复预防、教育、劳动就业等7个方面。

A. 残疾人社会保障政策。该方面主要包括残疾人事业发展规划纲要、社会保障和服务体系、基本权益规定、生活救助及补贴、服务机构规范等的相关规定。四城市在该方面所出台的政策大多是顺应国家出台的相关政策，结合本地区特点进行发布，并对后续文件发布起到指导性作用。

青岛市和大连市对新时期残疾人发展能够较及时地进行政策更新，其中，青岛市于2017于12月发布《青岛市残疾人事业发展“十三五”规划（2016—2020年）》，大连市于2016年12月发布《大连市人民政府办公厅关于印发大连市残疾人事业发展“十三五”规划的通知》，对“十三五”时期的残疾人事业发展进行了指导性规范和说明。此外，在2018年年初，青岛市发布《关于做好残疾人个体户参加基本养老保险和基本医疗保险补贴工作的通知》，对残疾人养老保险和医疗保险方面的内容进行了详细说明。各城市具体政策涉及内容如表5-28所示。

表5-28　四城市残疾人社会保障政策发布情况对比

残疾人社会保障类政策细分	青岛市	大连市	宁波市	厦门市
“十三五”规划	√	√	—	—
小康建设	√	√	√	—
权益保障	√	√	√	—
托养	√	√	—	√
两项补贴	√	√	√	√
乘车优待	—	√	√	√
养老保险及医疗保险补贴	√	—	—	—

注：政策统计起于2010年1月，截至2018年9月。

资料来源：根据各市财政局、民政局、残联网站官方数据整理。

其中，四城市均对《国务院关于全面建立困难残疾人生活补贴和重度残疾人护理补贴制度的意见》极为重视，多次提高残疾人补贴，因此，以2017年四市困难残疾人生活补贴和重度残疾人护理补贴具体发放标准为例，对比4城市具体补贴力度，具体数据详见表5-29。

表5-29　2017年四城市补贴额度对比　单位：元/人·月

城市	困难残疾人生活补贴额度	重度残疾人护理补贴额度
青岛市	—	120
大连市	70	55

续表

城市	困难残疾人生活补贴额度	重度残疾人护理补贴额度
宁波市	按照当地低保标准30%确定	一类残疾人：540 二类残疾人：270 三类残疾人：145
厦门市	300	一、二级残疾人低保对象：500 非低保对象：400 精神、智力三级残疾人低保对象：400 非低保对象：300

注：政策统计起于2010年1月，截至2018年9月。

资料来源：根据各市财政局、民政局、残联网站官方数据整理。

通过数据对比可以发现，青岛市的补贴力度在四城市中相对较小，补贴标准偏低，这也反映出青岛市对该方面资金的投入有待加大。

B. 残疾人康复预防政策。残疾人康复政策主要包括综合类、儿童康复、精准康复等方面。从统计结果来看，青岛市在该方面的政策较少且涉及领域较窄，仅出台过2项政策。宁波市自2012年发布《宁波市人民政府办公厅关于实施残疾人阳光品质康复工程的意见》后，一直致力于实施残疾人阳光康复工程。厦门市在该方面出台政策较其他城市为最全面的，值得参考和借鉴，其政策还涉及残疾预防，从根源上减少残疾发生率。各城市具体政策涉及内容如表5－30所示。

表5－30　四城市残疾人康复类政策发布情况对比

残疾人康复类政策细分	青岛市	大连市	宁波市	厦门市
综合性	—	—	√	—
儿童康复	√	—	—	√
精准康复	—	—	√	√
辅助器具配发	√	—	—	—
康复工程实施	—	—	√	—
残疾预防	—	—	—	√

注：政策统计起于2010年1月，截至2018年9月。

资料来源：根据各市财政局、民政局、残联网站官方数据整理。

C. 残疾人教育政策。在该方面，国家于2017年颁布《残疾人教育条例》，对残疾人受教育权已进行了总括式规定。四城市涉及残疾人教育的政策相对较少，只有青岛和宁波出台了具体的政策文件，其余城市按国家相关文件执行教育活动。青岛市针对残疾人教育中关于加强随班就读、残疾人教育的救助及奖励等方面发布了文件，未来应当在诸如残疾人教育设施、师资建设、教育激励等方面出台政策，进行具体性规定。各城市具体政策涉及内容如表5－31所示。

表 5－31　　四城市残疾人教育类政策发布情况对比

残疾人教育类政策细分	青岛市	大连市	宁波市	厦门市
儿童跟班就读	√	—	—	—
特殊教育计划	√	—	—	—
教育救助和奖励	√	—	√	—

注：政策统计起于 2010 年 1 月，截至 2018 年 9 月。
资料来源：根据各市财政局、民政局、残联网站官方数据整理。

D. 残疾人劳动就业政策。残疾人就业事关社会稳定，因而，各地区对此也较为重视，出台政策较多。青岛市虽然发布的政策涉及内容较广泛，且能够做到与时俱进，如 2017 年 3 月发布《关于进一步推进残疾人就业创业网络服务平台建设的通知》，做到“互联网 + 就业”，体现了一定的创新性，但在具体问题上仍有待提高。比如，大连市 2017 年发布《大连市超比例安排残疾人就业奖励办法》，规定了对超比例安排残疾人就业的单位进行奖励的办法，这在一定程度上激励企业单位接纳残疾人。各城市具体政策涉及内容如表 5－32 所示。

表 5－32　　四城市残疾人劳动就业类政策发布情况对比

残疾人劳动就业类政策细分	青岛市	厦门市	大连市	宁波市
综合性	√	√	√	—
辅助就业	√	—	√	—
按比例就业	√	√	√	—
高校毕业生就业	√	—	—	—
就业创业网络信息平台	√	—	—	—
就业保障金征收	√	√	√	—
扶持自主创业	—	—	—	√

注：政策统计起于 2010 年 1 月，截至 2018 年 9 月。
资料来源：根据各市财政局、民政局、残联网站官方数据整理。

E. 文化体育政策。该方面的政策四城市均鲜有涉及，只有青岛对残疾人文化建设和体育发展两方面均进行了说明，大连市仅对文化建设方面进行了规范。其余城市则以国家 2012 年发布的《中共中央宣传部等部门关于加强残疾人文化建设的意见》为基础，开展残疾人文化建设工作。各城市具体政策涉及内容如表 5－33 所示。

表 5－33　　四城市残疾人文体类政策发布情况对比

登记管理类政策细分	青岛市	大连市	宁波市	厦门市
文化建设	√	√	—	—
体育发展	√	—	—	—

注：政策统计起于 2010 年 1 月，截至 2018 年 9 月。
资料来源：根据各市财政局、民政局、残联网站官方数据整理。

F. 环境建设政策与组织建设政策。残疾人环境建设包括社会人文环境建设和无障碍环境建设，而各级机关出台相应文件大多只涉及无障碍建设方面。国家2012年颁布《无障碍环境建设条例》，规定了为创建无障碍环境，社会各机构所应遵守的相关条款。而四城市中，只有青岛市和大连市对此进行了政策规范，涉及综合性规范及家庭无障碍环境改造两方面，其余城市则依据国家及省级相关文件执行。

在组织建设方面，自2010年以来，只有青岛市发布过政策，对此进行规范，且该政策为综合性的说明性文件，未进行具体方法的指导与创新，国家也未对该方面出台具体文件进行说明。但残疾人组织建设事关残疾人话语权，对能否真正契合残疾人需要至关重要，因此，国家和有关政府部门应当加强对该方面的规范，加紧出台相关政策文件。国家及各城市具体政策涉及内容如表5－34所示。

表5－34　国家及四城市残疾人文体类政策发布情况对比

残疾人文体类政策细分		国家	青岛市	大连市	宁波市	厦门市
组织建设	综合性	—	√	—	—	—
	网格化服务管理	—	√	—	—	—
无障碍建设	综合性	√	√	—	—	—
	家庭无障碍改造奖补	—	√	√	—	—

注：政策统计起于2010年1月，截至2018年9月。

资料来源：根据国家民政部及各市财政局、民政局、残联网站官方数据自行整理。

3.2.3 政策实施影响效果的对比分析

综合来看，从政策出台数量和涉及方面的全面程度来看，青岛市要好于其他三市，如青岛市在残疾人就业、环境建设和组织建设方面，发布政策较为全面，但某些方面仍有所欠缺，需借鉴其他城市先进之处。尤其在残疾人社会保障和康复预防方面，青岛市相比其他三市，政策缺口尤为明显。在残疾人社会保障方面，青岛市虽然出台的政策数量较多，但在具体执行上，资金投入力度相对较小，未来有待提高补贴标准。在残疾人康复预防方面，青岛市出台政策数量上远少于宁波和厦门，内容单一笼统，主要关注儿童康复和辅助器具配发，该方面需借鉴宁波和厦门，丰富和细化政策内容。山东省曾于2016年印发《山东省残疾人精准康复服务行动实施方案（2016—2020年）》，青岛市至今在残疾人精准康复方面未出台政策跟进，存在一定的滞后性。另外，在残疾人教育和文体生活方面，虽然青岛市与其他城市相比出台政策较多，但在政策内容、形式创新、惠及范围等方面还须加以改进和完善。

3.3 残疾人福利政策的绩效分析

根据青岛市残联发布的数据，截至2014年12月31日，青岛市持证残疾人为188829人。面对艰巨的扶残、助残任务，青岛市近些年相继出台了有效的政策法规，并取得了一定成果。尤其是进入“十二五”以来，青岛市出台大量相关的政策保障残疾人基本权益，残疾人的生活水平不断提高。残疾人基本生活得到有效保障，城乡困难残疾人专项生活救助与低保标准形成联动调整机制，重度困难残疾人护理补贴、就业补贴、养老保险补贴、托养补贴等政策在全国率先实施，各项保障政策累计覆盖26万多人次。残疾人公共服务实现有效供给，接受康复服务残疾人达到15万多人次，帮助7900名残疾人实现了就业，帮助1.1万户残疾人家庭实现了增收脱贫，残疾儿童义务教育入学率超过95%，残疾人文化体育活动广泛开展，残疾人维权联动机制更加完善。残疾人事业经费投入机制不断完善，基础设施和基层组织建设不断加强。“十二五”期间，青岛市级残疾人事业经费投入达到6.7亿元，年均增幅超过14%。

3.3.1 残疾人福利事业整体绩效分析

根据青岛市《2015—2017年度残疾人事业专项资金绩效评价报告》，得到青岛市2015—2017年残疾人事业专项资金预算安排及预算执行情况，详见图5－13至图5－16所示。

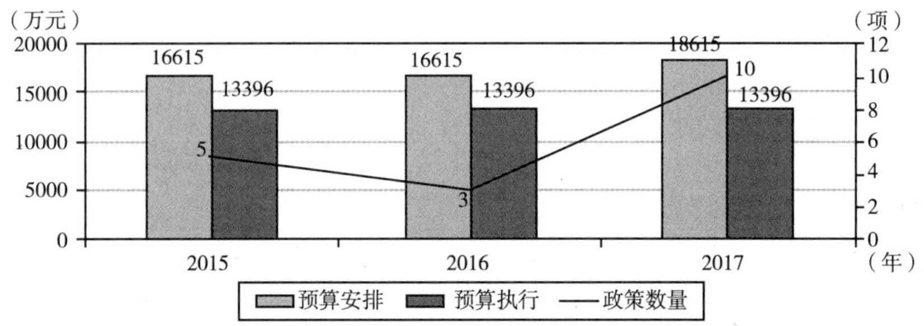

图5－13 2015—2017年青岛市残疾人资金预算安排及预算执行与残疾人政策发布数量趋势

资料来源：根据青岛政务网官方数据整理。

自2015年后至今，青岛市共发布18项有关残疾人的政策，且残疾人年资金安排及预算执行数额与相关政策数量年分布变化趋势大致一致。这说明青岛市残疾人政策的发布对相应项目的投资建设具有推动和指向性作用，对促进残疾人权益保障及生活改善具有重要作用。正是近些年残疾人相关政策的出台发布，推动了青岛市残疾人事业的蓬勃发展，使残疾人相关权益得到改善，保障体系等也更加完善。

3.3.2 残疾人福利事业具体项目绩效分析

本章主要依据青岛市残联发布的《2017年度残疾人事业专项资金绩效评价报告》，进行分项目分析。

残疾人康复救助及康复服务是财政重点扶持和残疾人群众关心的项目。该项目所包括的具体康复事项有：残疾儿童康复救助项目、学龄残疾儿童入普通小学奖励、0—9岁新发现聋儿需配助听器项目、0—9岁重度聋儿人工耳蜗植入项目、残疾人辅助器具适配项目、0—15岁脑瘫儿童康复训练救助、肢体康复救助、10—15岁残疾儿童康复训练奖补等。2015—2017年总体预算安排及预算执行详见图5－14。

在残疾人康复救助及康复服务项目上，青岛市2010年以后只发布过2项关于残疾人康复的政策，未来应加大关注，从残疾人实际需求出发，出台并完善政策体系，加大资金投入。

关于残疾人就业教育、扶贫救助补助项目，统计数据显示在2015—2016年间，青岛市

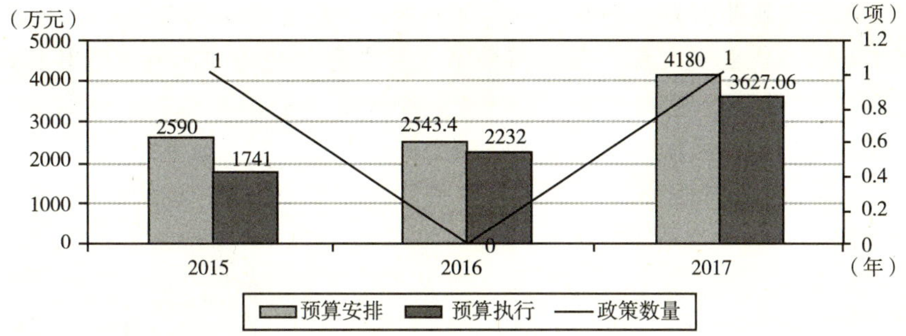

图 5-14 2015—2017 年青岛市残疾人康复资金预算安排及预算执行与康复类政策发布数量趋势

资料来源：根据青岛政务网官方数据整理。

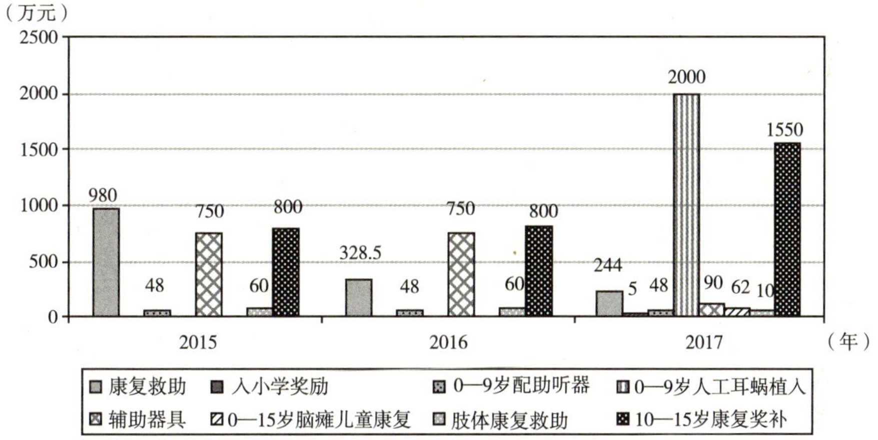

图 5-15 2015—2017 年青岛市残疾人康复各事项预算安排

资料来源：青岛市残疾人联合会网站（http：//www. qdpf. org. cn）。

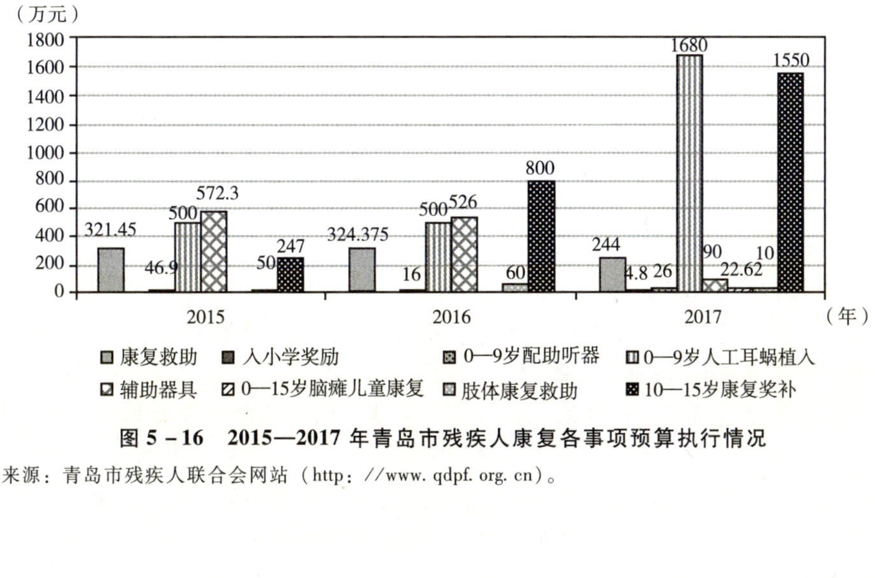

图 5-16 2015—2017 年青岛市残疾人康复各事项预算执行情况

资料来源：青岛市残疾人联合会网站（http：//www. qdpf. org. cn）。

未曾出台有关残疾人就业相关的政策，相关资金投入力度也呈下降趋势；而在2017年发布诸如《关于进一步推进残疾人就业创业网络服务平台建设的通知》等就业扶持政策后，残疾人就业资金投入量加大，相关工作也取得了不小成果（见图5－17）。因此，在残疾人就业等方面，政策发布对促进残疾人就业具有直接作用。

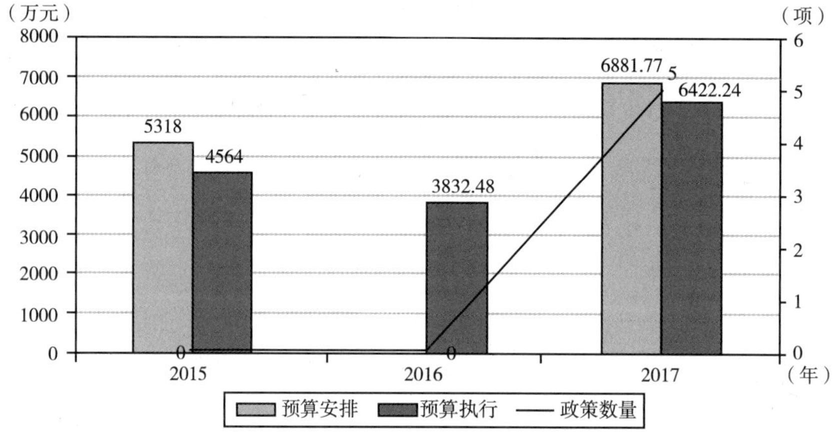

图5－17 2015—2017年青岛市残疾人就业教育、扶贫救助补助与政策发布情况

资料来源：青岛市残疾人联合会网站（http：//www. qdpf. org. cn）；政策出台数量根据青岛政务网官方数据整理。

在残疾人组织建设方面，在2015年青岛市出台了《关于基层残疾人工作网格化服务管理的实施意见》后的2016年、2017年，残疾人组织建设预算资金绩效目标有效实现。因而可以认为，政策的发布对相关项目的投资建设，工作规范性，人员工作积极性、主观能动性以及为残疾人服务能力和水平有显著正向作用。

其他项目主要涉及残疾人的一些较零碎的工作，2015—2017年所包含项目各不相同，这部分工作的绩效主要体现在社会反响和满意度、机关服务效率的提升上。

3.3.3 存在的问题分析

总体来说，青岛市近些年来残疾人事业发展取得了不错的成绩，但在某些方面仍然存在差距和不足。

第一，社会保障方面。首先，青岛市对残疾人特殊保障和服务的能力有待进一步增强。残疾人的特殊困难、特殊需求往往被社会其他弱势群体普遍化、平均化的要求所掩盖。其次，虽然和过去相比，青岛市残疾人生活状况确实有了明显改善，但和发达地区相比，青岛市对残疾人补贴力度有待加大，补贴标准和补贴范围有待提高与扩大。如在四城市重度残疾人护理补贴标准对比（详见表5－29）中，青岛市的补贴标准要明显低于宁波和厦门两市。

第二，残疾人康复方面。相关政策数量较少，在制度建设和资金投入等方面有较大提升空间。其中，精准康复有待加强，康复项目惠及范围仍较窄，这将直接影响到广大残疾人的康复工作的具体执行。另外，在残疾人社区康复方面，青岛市相比其余城市起步较晚，直到2016年才建立市内第一所社区康复机构，相关体系不完善，相关机构及人才建设存在漏洞，专业服务人才缺乏。同时，对残疾人预防工作的重视程度须加强。残疾人预防工作事关残疾人工作的根本，可以从源头上降低残疾率。国务院2017年发布《残疾预防和残疾人康复条例》，对残疾人预防工作作了进一步的规定，但青岛市至今尚未出台专门针对残疾人预防工作的文件。

第三，残疾人就业方面。首先，青岛市仍以传统促进就业的做法为主，对互联网工具综合开发不够，特别是需要进一步完善就业网络平台及数据库建设。另外，残疾人结合自身特点进行自主创业是大势所趋，能最大限度发挥残疾人自身价值，青岛市在这一方面并未对此制定专门文件。

第四，残疾人教育方面。残疾儿童入学率虽已超过 95%，但受教育程度及教育形式有待提高和创新，教学设备一定程度上不能满足残疾学生的特殊需要，且缺少专业从事残疾教学的人才对残疾人进行培训。此外，职业教育培训缺口较大，根据上文提到的青岛市残疾人工作计划，截至 2017 年，残疾人就业培训率仅为 26%，反映出青岛市在这方面仍有很大完善空间。

第五，无障碍环境建设方面，首先，建设项目的针对性不足，未能与残疾人当前需求充分匹配，如很多医院中都缺少为残疾人专门设置的低位无障碍窗口、特定高度的洗手池等。其次，无障碍项目建设中后期监管不到位，现有的无障碍设施由于缺乏维护和看管，没有发挥应有的作用。再者，无障碍设计较为低级，青岛市无障碍设施多为基础硬件设施，没有与时俱进地建设高科技信息交互系统、人工智能等新兴服务设施。

第六，残疾人法制建设及权益维护方面。青岛市相关政策出台极少，仅在 2017 年发布过一个宣传方案。囿于残疾人平均学历较低这一特征，青岛市应对残疾人加大宣传力度，建立专属的维权途径，组织一支有针对性的法律队伍以保障残疾人合法权益。

3.4　残疾人福利政策的国内外先进经验

3.4.1　残疾人福利政策的国外先进经验

（1）英国的残疾人福利政策。英国残疾人补贴项目在社会保障预算项目中地位仅低于养老金，且其补贴项目涉及残疾人生活的各个方面，几乎覆盖了所有残疾人需求。此外，残疾人福利制度无论是项目的设置，还是具体工作的实施，都充分体现了个性化的特征，普遍以残疾人需求为核心，避免使残疾人处于被动服务的地位，同时，最大限度地提高了服务的质量和效能。直接支付制度便是其中最具特色的服务方式之一。

残疾人直接支付制度是政府为有照料需要的残疾人或其家庭照顾者提供的专门补助项目。当个体被政府认定是需要接受社会服务，且希望自己来安排照料服务，而不是直接获得当地政府提供的社会服务时，就可以向政府申请“直接支付”福利项目。一旦个人的申请得到批准，政府就会把补助金打入申请人的账户里。残疾人申请到“直接支付”补助之后，就具备更大的灵活性和权利去选择服务，但政府对该福利项目的监管十分严格。政府明确规定“直接支付”补助金所能购买服务的范围和种类；要求使用者提供详细的信息和凭证，说明这些补助的使用情况，例如，签过字的个人服务时间表、服务机构提供服务的凭证和记录等。英国残疾人直接支付制度不但增强了残疾人福利产品的多元化，同时也能够更好地促进残疾人的自我发展。

（2）美国的残疾人福利政策。美国在建构残疾人福利制度时，采取“因为你特殊，所以你需要正常化”的平等对待原则。在这一原则的指导下，美国残疾人制度建设围绕“增能”或“赋权”展开，表现为：第一，鼓励残疾人参与社区生活。例如，美国于1963年通过《社区精神健康中心法》，国家开始逐步取消大规模的福利机构，将残疾人融入社区之中。第二，根据残疾程度分类救助。例如，美国城市的发展障碍办公室为自理能力差、需长期照料的残疾人提供居家服务。

此外，美国的社会参与力量更充分，表现为：第一，社会捐赠是相关机构收入的主要来源，有资料显示，在一些残疾人服务机构中，政府的财政补贴或购买服务仅占其业务总量的一半左右，剩余部分需要向社会募集资金。第二，政府大力支持第三方组织。为鼓励民间组织的发展，美国建立了完善的基金管理制度，再加上税收上的优惠，民间机构得到充分发育。在残疾人的职业康复以及医疗康复方面，美国政府充分利用非政府组织的力量，形成了国家与地方政府的分权以及国家与私人、志愿机构互动、互补的格局。

3.4.2 残疾人福利政策的国内经验

（1）杭州市的残疾人福利政策。杭州市的残疾人福利政策的特点在于：第一，财政补助的高标准、细分类、科学化。例如，护理标准按照生活完全不能自理、基本不能自理、部分不能自理分为3档，分别为每人每月500元、250元、125元（2016年标准），并根据省级政策的调整作相应调整。第二，就业帮扶的精准化。把处于劳动年龄段、有就业能力和就业意愿的残疾人作为重点帮扶对象纳入精准就业援助范围，建立“一人一档一策”的动态管理帮扶机制。落实就业帮扶责任制，加强实名制信息管理，实现残疾人就业动态化、信息化管理。第三，救助信息的全面化。成立全市残疾人基本服务状况和需求专项调查工作联席会议和办公室，汇总收集各地调查数据，组织开展质量抽查，做好数据分析；做好相关技术人员培训工作，为专项调查工作提供技术保障和支持。

（2）深圳市的残疾人福利政策。深圳市的政策特点主要体现在救助内容的多样化上。第一，重视残疾儿童康复，补贴力度大。深圳市对残疾儿童的补贴年龄范围界定在0—18周岁，而青岛市直接定在0—14周岁，且对于残疾儿童的资金投入上要远低于深圳市，例如，深圳市对肢体残疾少年儿童的补贴不低于2万元/人·年，而青岛市对肢体残疾儿童实施手术一次性救助3000元。第二，围绕构建残疾人服务“电召”网络，发展“互联网+残疾人服务”，推进“智慧残联”建设，全面提升残疾人服务智能化、信息化水平。目前，深圳市残联基本形成了“1+10”的建设思路，即建立1个市级残疾人服务电召中心和10个区级电召中心。第三，深圳市残疾人工作积极和国际接轨，已与美国、俄罗斯、日本、韩国、港澳台等20多个国家和地区开展了项目合作或业务交流。

3.5 残疾人福利政策的优化建议

当前，青岛市残疾人事业发展较快，残疾人社会保障和服务体系相对较完善，对于促进青岛市残疾人生活水平提高和加快残疾人小康进程具有极大的推动作用。本章根据青岛市残疾人发展现状，结合国家、山东省、同类型城市间对比分析，并借鉴国内外先进经验，发现青岛市残疾人事业存在的问题并提出以下政策建议，以期促进青岛市残疾人事业进一步发展。

3.5.1 完善残疾人社会保障及服务体系

首先，提高残疾人社会保障扶助精准度。青岛市可借鉴杭州市的做法，出台政策，成立专门的残疾人调研机构，开展问卷访谈、残疾人座谈会、上门调查等，广泛听取残疾人的意见，从细节完善残疾人社会保障体系，着力解决残疾人最关心、最直接、最现实的利益问题。另外，可利用互联网工具，对困难残疾人群体进行及时的统计及反馈，建立数据库，实现精细化记录，全面了解困难残疾人情况，对该部分残疾人优先救助，实现精准化帮扶。

其次，加大残疾人社会保障扶助力度。应逐步提高残疾人补贴标准，尤其是提高重度残疾人生活及护理补贴标准，借鉴厦门等发达城市经验，并结合青岛市特点，完善困难残疾人专项生活补贴、重度残疾人护理补贴政策，实现补贴标准动态调整机制，确保其生活不低于当地平均生活水平。提高资金发放灵活度，可借鉴英国逐步推行“直接支付制度”，向政府申请“直接支付”福利项目，在申请批准后，政府把补助金打入申请人的账户里，使残疾人具备更大的灵活性和权利去选择服务。

3.5.2 构建专业化残疾人康复服务体系

第一，加快出台政策文件，扩大残疾人康复医疗范围。政府应逐步加大残疾人康复项目的资金投入，惠及更多的残疾人群体；把更多的医疗康复项目纳入基本医疗保障支付范围，扩大残疾人医疗康复保障覆盖面。

第二，发展并规范社区康复行为。借鉴美国社区康复服务经验，结合中国国情，从残疾人康复服务供给侧改革出发，探索通过政府、市场、社会力量等多元化社区康复服务供给方式，聚合并下沉康复服务资源，激发社区康复工作活力，为残疾人提供更加丰富的服务内容。

第三，加强机构建设和人才培养。对于康复机构的建设与运营，一方面，应当通过政府购买服务等方式，鼓励社会资本参与社会建设；另一方面，要加大对康复机构的监督。在人才培养方面，采取康复专业化人才和基层康复服务人员培养并举的方法，鼓励高校毕业生从事残疾人相关工作，有计划地组织进修、继续教育、在岗培训。

第四，加强残疾预防。应全面推进以社区和家庭为基础、以一级预防为重点的三级预防工作。坚持普遍预防和重点防控相结合，普及开展婚前、孕前、孕期体检以及自闭症流行病学调查和聋人基因筛查等工作，建立筛查、诊断、随报、评估一体化的残疾监测网络。

3.5.3 构建精准化残疾人就业增收服务体系

首先，加大推行“互联网+就业”力度。完善残疾人就业信息网络平台，增加人力、物力投入来运营并优化残疾人就业信息化网络平台，借鉴杭州市做法，建立“一人一档一策”的动态管理帮扶机制，对有劳动意愿及能力的残疾人进行定点定向帮扶。同时，整合各级残联建立的残疾人就业信息网络平台，实现就业信息互联互通。此外，加强对残疾人的互联网技能培训。

其次，鼓励残疾人自主创业。完善残疾人创业扶持政策，符合条件的残疾人享受“普惠＋特惠”的创业扶持政策。制定市级残疾人创业孵化基地或孵化园区认定标准，为符合条件的残疾人提供优惠孵化服务。充分发挥市残疾人创客空间作用，为参与电商创业的残疾人免费提供技术指导、产品推介。扶持残疾人文化创意产业基地建设，鼓励支持残疾人参与非物质文化遗产传承、振兴传统工艺、工艺品制作等文化创业项目。

3.5.4 完善残疾人教育体系

第一，提高残疾人受教育水平，丰富教育形式与设备。应持续提高残疾儿童义务教育普及水平，通过特殊教育学校就读、普通学校随班就读等多种方式，做好教育安置。政府应加大资金投入，购置满足残疾学生特殊需求的教学设备，以使残疾学生融入课堂，正常学习。另外，完善残疾人教育奖补政策。一方面，逐步提高困难家庭残疾学生、困难残疾人家庭子女救助标准和接受高等教育残疾学生的奖励标准；另一方面，对残疾人参与社会教育培并经考核合格的残疾人进行相应奖励。

第二，加强教师队伍建设。采取切实措施办好特殊教育师范院校，有计划地在普通师范院校开设特殊教育专业或课程。采取有力措施，提高特教师资培养的学历层次，建立师资培训基地，培养一批骨干教师。对特教师资开展多种、多层次的业务培训，努力提高特殊教育工作者的科研素养。

第三，组织开展多元化的职业教育培训。应多渠道、多层次、多种形式开展残疾人职业教育与培训。充分发掘职业教育与培训机构在残疾人职业教育与培训中的主体作用，针对残疾人的特点和劳动市场需求、就业去向、就业渠道，开展职业教育与培训。另可借助互联网工具，利用网络平台进行网上授课，实现残疾人居家培训，为残疾人教育培训提供便利。

3.5.5 构建人性化无障碍环境体系

加大无障碍环境建设资金投入，加快无障碍基础设施建设，尤其在主要的公共场所及医院等残疾人经常出入的地方按“需”建设，真正实现便利原则。相关部门应加强考察调研，对残疾人生活中所需要的无障碍环境和青岛市无障碍建设进行研究和系统规划，结合青岛市的现状，确定重点建设项目，有先后地进行无障碍建设，逐步形成一个系统的、完整的无障碍环境体系。此外，还要加大基础设施建设项目资金投入和无障碍设施完工后的运行和维护管理。

3.5.6 加强残疾人立法及执法监管

青岛市应加强法律监督和法律服务，针对残疾人权益保障法律制度执行不到位的问题，督促相关具体配套措施的执行，包括各地方的无障碍设施建设标准及其监督检查，残疾人就业保障金的征缴、发放、使用的监督等。青岛市可以借鉴消费者权益保护和环境保护领域的公益诉讼制度，探索各级残疾人组织针对带有普遍性的、侵害残疾人合法权益的行为提起公益诉讼。同时，还应提高残疾人法律意识，加强法制教育，充分运用互联网、社交媒体等各种渠道提升普法宣传活动的吸引力等。

3.5.7 鼓励社会力量参与残疾人事业

应鼓励社会组织、私营企业等社会团体积极参与残疾人事业建设，在残疾人康复训练、教育培训、促进就业等方面奉献自己的价值，形成政府力量和社会力量有机结合的新的组织推动机制。对此，应鼓励多渠道、多主体投入残疾人事业经济支撑体系，允许“独资、合资、合作、联营、租赁等途径，采取特许经营、公建民营、民办公助等方式”参与残疾人事业。还应完善投资手段，引导投资形式多样化，除了资金投入外，还可以提供物质、技术、培训等方面的投入。在鼓励社会力量参与残疾人事业的同时，兼顾其经济利益，比如，合作建立实训基地的同时，给予一定的优先使用权。

3.6 研究展望

党中央、国务院始终高度重视民生问题，坚持以为人民服务为宗旨。党和政府不仅提出了以为人民为中心的新时代发展理念，还为改善民生出台了多个纲领性意见。青岛市政府在中央方针政策指引下，历来将民生问题摆在重要位置，多项民生保障成果在全国领先。但同时我们也应注意到，青岛市残疾人福利事业的发展仍存在些许不足，残疾人保障体系尚不完善。为响应党的“全面建成小康社会”的号召，笔者根据相关资料，对青岛市残疾人福利事业未来前景作出了初步描绘，希冀能对政策制定与实行有所帮助，以保障青岛市在实现全面小康时惠及全体民众。

第一，坚持公平优先导向。市场经济环境下，残疾人起点的不公平导致其在后续竞争中出现过程的不公平以及结果的不公平。因此，对残疾人的关怀，不仅是对其生存权的保障，还应当是其能力的提升。政府主导的残疾人福利事业作为一只“有形的手”，应积极帮助残疾人弥补起点的不公平，给予其足够的尊重和获取能力的机会。

第二，统筹其他社会保障制度。随着市场经济在资源配置方面的作用愈发突出，政府需要更为有效地提供公共物品。因此，残疾人福利的提供也要注重效率。由于残疾人福利的提供涉及残联、社保、医疗等多个部门，有必要在各部门间建立有效的联动、协调机制，保证政策之间的一致性与不重叠。有效的前提必然是对需求的了解，政府也应妥善建立与残疾人之间的沟通渠道，充分了解残疾人的需求。

第三，建立完整的救助机制。一方面，随着残疾人基本生存权得到保障，未来对残疾人提供的福利应侧重于发展性，但由于残疾人的残疾程度不同、所处环境不同、个性发展不同，所以，对残疾人救助的方式要更加多样化。另一方面，政府应协同相关部门，建立起完整的救助体系，保证残疾人从出现残疾到实现自立的全过程得到链条化、专业化救助。可借鉴英、美等发达国家的先进经验，结合中国的实际情况，分层级地对残疾人实施救助，完善保障体系，做到对所有残疾人需求的全覆盖。

参考文献

［1］方俊，李子森．政府购买社区居家养老服务的探索——以广州 Y 区为例［J］．中共中央党校学报，2018（3）：67－75．

［2］DAVIDSON A．People's life and social order［M］．Sweden：Stockholm，1989：56．

［3］全利民．社区照顾：西方国家老年福利服务的选择［J］．华东理工大学学报（社会科学版），2004（4）：20－24．

［4］戴维·H．罗森布鲁姆，罗伯特·S．克拉夫丘克．公共行政学：管理、政治和法律的途径［M］．张成福，等译．北京：中国人民大学出版社，2002：18．

［5］SAVAS E S．Privatization and public－private partnerships［M］．New York：House Publishers，2000：98．

［6］马骏，叶娟丽．西方公共行政学理论前沿［M］．北京：中国社会科学出版社，2004：53．

［7］王浦劬，莱斯特·萨拉蒙，等．政府向社会组织购买公共服务研究：中国与全球经验分析［M］．北京：北京大学出版社，2010：288－299．

［8］莱斯特·萨拉蒙．全球公民社会［M］．贾西津，译．北京：中国人民大学出版社，2008：50．

［9］姜向群．人口老龄化对退休金负担影响的量化研究［J］．人口研究，2006（2）：51－55．

［10］穆光宗．重建家庭养老制度——基于浙江、江苏两地调研的思考［J］．中国延安干部学院学报，2015（3）：133－136．

［11］邬沧萍．实行家庭养老与社会养老相结合是历史的选择［M］．北京：中国劳动社会保障出版社，1998：56．

［12］姚远．非正式支持的理论与实践［M］．北京：知识产权出版社，2005：55．

［13］冉孜闻．地方政府购买居家养老服务模式探析［J］．铜仁学院学报，2018，20（9）：125－128．

［14］王震．居家社区养老服务供给的政策分析及治理模式重构［J］．探索，2018（6）：116－126．

［15］江燕娟，李放．养老机构公建民营模式下老年人公共养老服务资源利用——基于理论分析与实践检验［J］．社会科学家，2018（10）：63－69．

［16］徐晓华．对政府购买服务现状分析与政府购买服务体系构建的初探［J］．财经界，2018（1）：122－124．

［17］王名，乐园．中国民间组织参与公共服务购买的模式分析［J］．中共浙江省委党校学报，2008（4）：5－13．

[18] 魏娜，张勇杰．供给侧视角下政府购买社会组织服务的路径优化 [J]．天津社会科学，2017 (4)：71 -75.

[19] 高晓波，孙行臻．基于政府购买的社区养老服务决策分析 [J]．统计与决策，2018，34 (21)：60 -63.

[20] OZAWA M N. The 2002 amendments to the social act：the issue of intergenerational equity [J]. Social work，2003，29 (2)：131 -137.

[21] LACY G，JOHNSON C. Tackling the youth employment problem [M]. Washington D. C.：Adolescent Pregnancy prevention Clearinghouse，Children's Defense Fund，2009：78 -86.

[22] FANSHEL D，SHINN E. Children in foster care：a longitudinal investigation [M]. New York：Columbia University Press，1978：122.

[23] 陆士桢，常晶晶．简论儿童福利和儿童福利政策 [J]．中国青年政治学院学报，2003 (1)：1 -6.

[24] 成海军，朱艳敏．社会转型视阈下的普惠型儿童福利制度构建 [J]．学习与实践，2012 (8)：85 -96.

[25] 耿爱生，纪拓．困境儿童保护中的政府责任 [J]．中共青岛市委党校．青岛行政学院学报，2017 (6)：103 -107.

[26] 吴鹏飞．中国儿童福利财政保障的路径分析 [J]．湖湘论坛，2018，31 (6)：113 -122.

[27] 岳经纶，范昕．中国儿童照顾政策体系：回顾、反思与重构 [J]．中国社会科学，2018 (9)：92 -111，206.

[28] 满小欧，李月娥．美国儿童福利政策变革与儿童保护制度——从“自由放任”到“回归家庭” [J]．国家行政学院学报，2014 (2)：94 -98.

[29] 杜亮，王伟剑．家庭、国家与儿童发展：美国、德国和日本儿童政策的比较研究 [J]．河北师范大学学报 (教育科学版)，2015 (1)：56 -61.

[30] 尹琳．从未成年人法律体系看日本的儿童权利保护 [J]．青少年犯罪问题，2005 (2)：50 -55.

[31] 戴建兵．我国适度普惠型儿童福利的财政支出规模测度 [J]．社会保障研究，2016 (1)：159 -170.

[32] 成海军．制度转型与体系嬗变：中国普惠型儿童福利制度的构建 [J]．新视野，2013 (2)：79 -82.

[33] 世界卫生组织、世界残疾报告 [M]．日内瓦：世界卫生组织出版社，2012：249 -256.

[34] 童星．残疾人社会政策的基点 [J]．甘肃社会科学，2013 (1)：24 -27.

[35] 徐爽．新时代残疾人福利权保障的发展演进与立法建议——从理念、政策到法治化 [J]．残疾人研究，2018 (1)：29 -36.

[36] 习近平．习近平致中国残疾人福利基金会的贺信 [J]．中国残疾人，2014 (4)：4.

[37] [39] 彭欣悦．残疾人服务项目的实践困境——以 C 区“残联”残疾人服务项目为例 [J]．才智，2018 (21)：240 -241.

[38] 黄骏敏，杨文健．残疾人福利供需差距分析及对策研究——以江苏省南京市为例[J]．社会保障研究，2015（6）：75-85.

[40] 王磊，张一舟．残疾模式：残疾研究的理论、政策与福利框架［J］．残疾人研究，2018（2）：30-36.

[41] 葛忠明．发展主义及其隐喻：残疾人福利政策的话语分析［J］．残疾人发展理论研究，2017，1（1）：54-64.

[42] 艾斯平-安德森．转变中的福利国家［M］．重庆：重庆出版社，2003：25.

[43] CHALAMWONG Y, MEEPIEN J. Poverty and just social protection in Thailand [J]. ASEAN Economic Bulletin, 2012, 29 (3).

[44] 杨健．从残疾老年人福利需求特征审视政策转型方向［J］．天津行政学院学报，2013，15（4）：96-100.

[45] 张元，魏范青．我国残疾人社会保障机制创新研究［J］．淮海工学院学报（人文社会科学版），2017，15（1）：102-105.

第六部分

社会组织

第1章

绪　论

1.1　研究背景

社会组织的发展与社会的和谐与稳定、个人的生存和发展等息息相关，各级政府一直在采取各种措施，扶持和促进社会组织的发展。在党的十九大报告中有5处提到社会组织，涉及民主协商、智库建设、社会治理、民生保障、党建等多个领域，表明党中央更加重视社会组织，社会组织也将在社会治理中扮演更重要的角色。社会组织的服务范围广泛，涉及社会扶贫、教育、卫生、环境保护等众多领域。社会组织的发展离不开政府的扶持，包括政策、人力、物力、财力等多方面。如何高效利用政府资源以推动社会组织的发展，使社会组织更好地服务社会，成为各级政府推进社会治理现代化进程需要考虑的问题。

改革开放以来，我国社会组织的内涵一直在变化与延伸。1988年，在民政部的牵头下，社团管理司成立，主管社会团体相关工作。1993年党的十四届三中全会通过的《中共中央关于建立社会主义市场经济体制若干问题的决定》提出“中介组织”的称谓，强调“发挥其服务、沟通、公证、监督作用”。2006年党的十六届六中全会通过的《关于构建社会主义和谐社会若干问题的重大决议》首次以中央文件形式提出“社会组织”这一概念，强调要“健全社会组织，增强服务社会功能”。2017年党的十九大报告在“创新社会治理”部分提出要“发挥社会组织作用，实现政府治理和社会调节、居民自治良性互动”。

在社会主义市场经济不断发展的背景之下，公众的公共服务需求渐渐趋向于多层次化及多元化，这就为政府职责的履行提出了新的要求，想要更好地满足公众需求，就需要充分发挥市场作用，寻求新的服务供给途径与方式。政府与社会组织合作就是这样一种满足新时期公众需求的重要途径。在公众对于公共服务的质量与多样性不断提出新要求的背景下，以地方政府为代表的供给方往往缺乏资本、劳动力、技术及经济信息资源等建设公共设施或提供公共服务所必需的要素，难以满足社会需要，面对这些日益加剧的矛盾，政府不得不进行供给方式的调整，寻求新突破，以走出被行政资源约束的境况，而在政府与社会组织合作的过程中，政府与社会组织可以各自发挥优势，相互取长补短，资源的整合能够帮助政府完成满足社会公共服务或产品需求的目标。

在中央政策背景之下，青岛市积极响应并深入推动政府与社会组织的合作。青岛市从政府与社会组织合作的角度出发，以政府购买服务的方式充分整合社会资源，激发经济社会的活力，以多层次、多方式、多元化的公共服务供给体系切实提高公共服务水平和效率，从而满足人民日益增长的公共服务需求，建设人民满意的服务型政府。对青岛市社会组织数量、政策出台情况的梳理以及政策绩效的分析，将有助于青岛市进一步对本市社会组织及公益慈善组织的孵化培育和相关政策的制定与完善作出规划和部署，加快推进服务型政府建设。

本书在对青岛市社会组织近几年发展状况的统计分析、相关政府政策摸底调查的基础上，对政府向社会组织购买服务的政策进行深入分析，为促进青岛市社会组织的发展、优化社会组织培育环境、推进社会组织更好地完成党的十九大报告提出的“打造共建共治的社会治理格局”这一任务、加大财政对社会组织的支持力度等方面提供了对策建议。

1.2 文献综述

在政府与社会组织合作的必要性方面，许多学者认为，社会组织是社会参与公共服务领域的重要力量之一。Rondinelli（2003）提出，公众对政府提供服务的质量与覆盖面的不满，以及建设基础设施的低下效率，要求政府寻求更多私营部门的参与。[1] Jin 和 Doloi（2008）认为，在政府资金有限的情况下，一系列的公私合作伙伴关系正迅速成为许多国家提供公共服务的首选方式。[2]从公共服务的性质及新特征的角度来看，政府与社会组织具有合作的必要性（竺乾威，2016）。[3]从社会组织发展的角度来看，社会组织与政府的合作并达成亲密关系至关重要，这是构成社会组织项目竞争力的必要条件，新时代政府积极扶持社会组织，分享社会治理权力，并赋予制度资源，强化了社会组织服务功能（程坤鹏、徐家良，2018）。[4]王扩建（2018）引入制度性增值概念，指出地方政府推进政社合作的隐性目标是为索取制度性增值，但并非所有的地方政府都能均衡地得到或有效地分享制度性增值，这取决于不同地方政府对政社合作的制度理解力和实践行动力。[5]

在政府购买社会组织服务方面，王浦劬、莱斯特·M. 萨拉蒙（2010）在《政府向社会组织购买公共服务研究》一书中提出，政府购买公共服务主要是为了解决三个方面的矛盾：一是计划经济体制下一元的政府管理和市场经济下多元的公共服务需求之间的矛盾。二是较为匮乏的行政资源与重要的政府服务职责之间的矛盾。三是有限的政府财力与政府严格考核之间的矛盾。[6]谢启秦、徐家良（2017）对政府购买服务的成本效益进行了分析，他们指出，在期望购买收益恒定的条件下，优化成本结构能够提升服务购买的回报率。[7]在政府购买公共服务中，依据信任程度、竞争程度、合作程度这三个维度，可以把社会组织可能扮演的角色分为代理人、管家、伙伴和盟友四种，且角色都是发展的、动态的，绝对不是一成不变的，各种角色之间的转变也时常发生（句华，2017）。[8]康蕊、吕学静（2016）针对我国养老机构发展结构失衡、机制不健全的问题，提出应完善对公民办养老机构的支持政策，建立政府购买服务与养老机构的接洽机制，推进配套保障体系的构建。[9]政府、社会组织和社会公众是政府购买社会组织服务过程中的三大利益相关者，三者之间不可避免地存在着一些冲突与障碍，需要利用各种措施减少冲突和阻碍，使政府和社会组织更好地为社会公众服务（王振海、王义，2011）。[10]张菊梅（2018）认为，为了有效实现政府购买服务的风险防控，需要从购买信息公开机制、购买竞争机制等方面做好精心的制度安排，以保证政府购买活动的良性运作。[11]

综上所述，要充分实现社会组织在社会治理中的作用，政府与社会组织的合作必不可少。从目前来看，政府在这一合作中处于主导地位，在很大程度上影响合作的成效。为了实现双赢，政府有必要给社会组织提供政策和财政资金支持，探索多种形式的合作方式。研究政府政策和财政资金支持对社会组织的影响，有助于发现政府政策和财政资金使用存在不足及问题，从而为政府政策的完善及财政资金使用效率的提高提供一些建议，使政府更好地履行其职能。

第2章

社会组织政策的梳理

2.1　社会组织的数量情况及分析

2.1.1　社会组织的基本情况

如图6－1所示，从社会组织的构成来看，国家、山东省和青岛市都是以社会团体和民办非企业单位为主，二者占比都在99%以上，其中，民办非企业单位的占比从国家、山东省到青岛市依次上升，青岛的则高达75%，这在一定程度上和这三种类型的社会组织的申请设立的条件相关。《基金会管理条例》第八条第二款规定："全国性公募基金会的原始基金不低于800万元人民币，地方性公募基金会的原始基金不低于400万元人民币，非公募基金会的原始基金不低于200万元人民币；原始基金必须为到账货币资金。"《社会团体登记管理条例》第九条第五款规定，社会团体登记须"有合法的资产和经费来源，全国性的社会团体有10万元以上活动资金，地方性的社会团体和跨行政区域的社会团体有3万元以上活动资金"，而《民办非企业单位登记管理暂行条例》则没有关于资金的强制性要求。因此，和基金会及社会团体相比，民办非企业单位的设立条件在资金要求方面最为宽松，从而使得民办非企业的占比最高。在全国范围内，社会组织的资金一直相对匮乏，在诸如青岛这

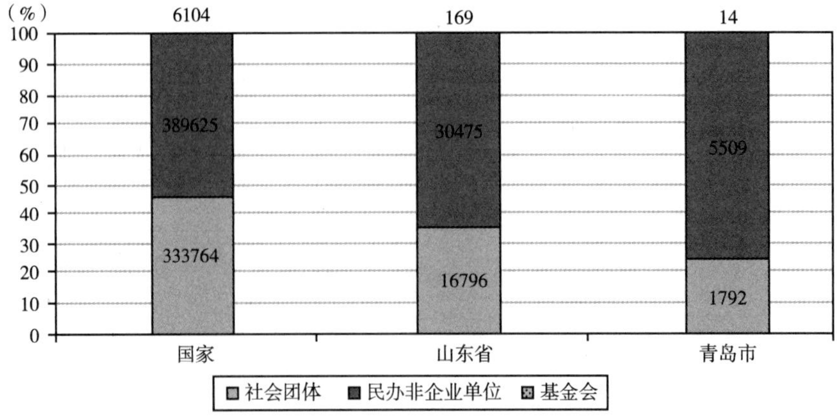

图6－1　国家、山东省、青岛市不同层级社会组织数量分类（单位：家）

资料来源：中国社会组织网（http：www.chinanpo.gov.cn）。

样的非省会城市表现得尤为明显，从而使得青岛市的民办非企业单位占比较高。

截至 2017 年年末，青岛市已登记社会组织数量为 7315 家，其中，民政部登记 0 家，地方登记 7310 家：社会团体 1792 家，民办非企业单位 5509 家，基金会 14 家。从社会团体的分布来看，黄岛区的数量最多，而除了黄岛区外，市南区、市北区、崂山区、李沧区、城阳区这五个区平均数量为 65 家，胶州市、即墨市、平度市和莱西市这四家市的平均数量为 121 家，后者的平均数量是前者平均数量的近两倍。生产总值是衡量经济发展水平的重要指标，生产总值越大，经济发展水平越高。从图 6－2 可以看出，生产总值越大的区、市社会团体的数量越多，即经济越发达，社会团体的数量越多。胶州市、即墨市等四市的生产总值显著高于市南区、市北区等 5 个区的生产总值，故市的社会团体的数量明显多于区的数量。如从图 6－3 民办非企业单位的分布来看，仍是黄岛区的数量最多，但其他市、区的数量则

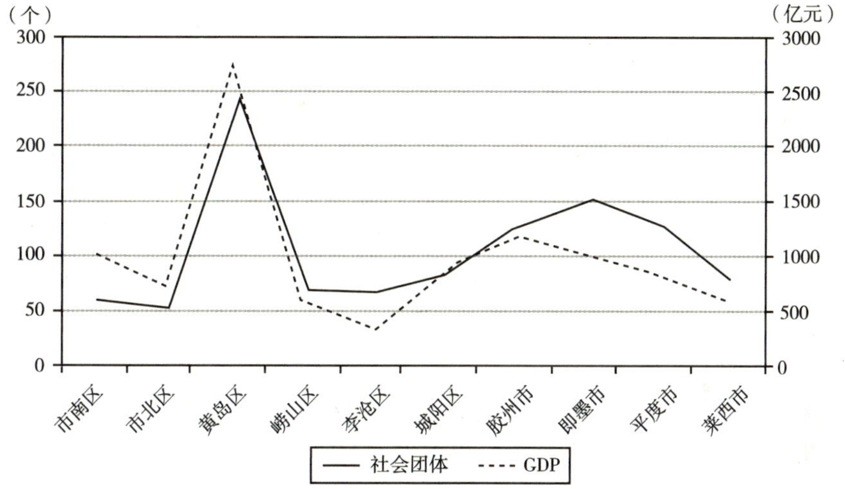

图 6－2　青岛市各区市社会团体与 GDP 关系

资料来源：中国社会组织网（http：www. chinanpo. gov. cn）；青岛市统计局（http：//qdtj. qingdao. gov. cn）。

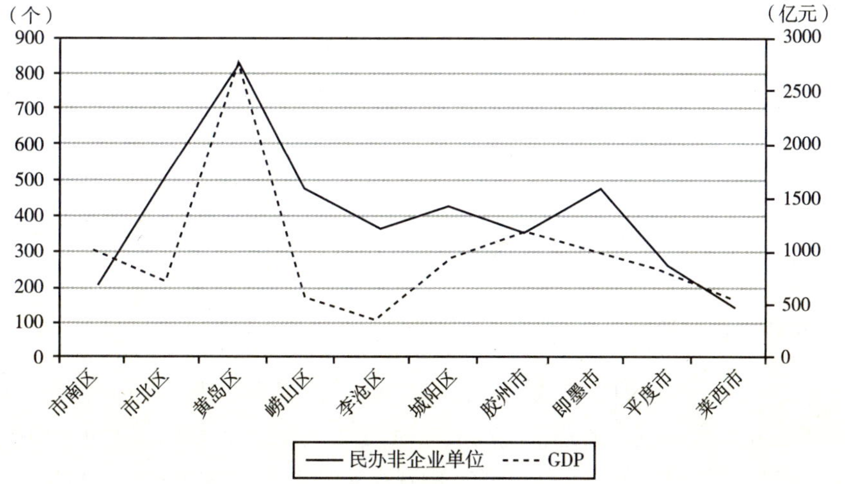

图 6－3　青岛市各区市民办非企业单位与 GDP 关系

资料来源：中国社会组织网（http：www. chinanpo. gov. cn）；青岛市统计局（http：//qdtj. qingdao. gov. cn）。

相差不大。民办非企业单位的数量多少与生产总值的高低没有显著的相关性，这主要是因为民办非企业单位在设立时对资金没有硬性要求。

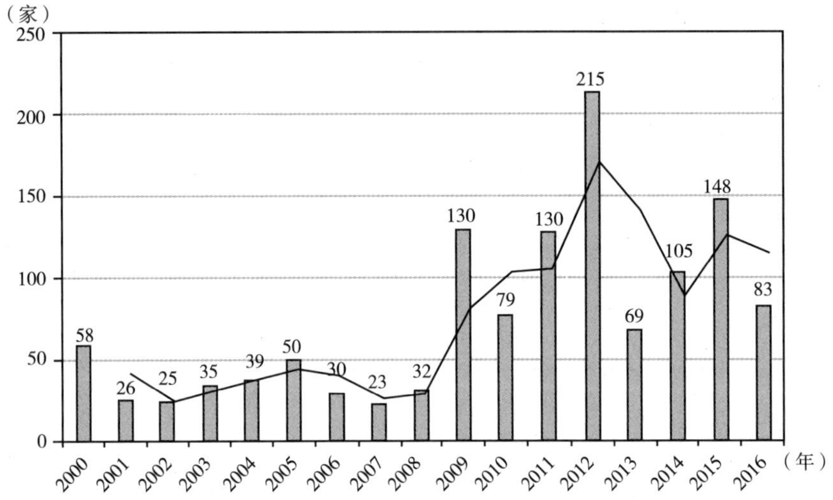

图 6-4　2000—2016 年青岛市具有统一信用代码的社会组织数量情况

资料来源：青岛市政务网（http：www.qingdao.gov.cn）。

截至 2016 年年底，青岛具有统一信用代码的社会组织有 1277 家，每年增加的个数如图 6-4 所示，自 2009 年起，社会组织的数量有了较大幅度的增长。2015 年 6 月，国务院《关于批转发展改革委等部门法人和其他组织统一社会信用代码制度建设总体方案的通知》（以下简称《通知》）提出，现有机构代码存在的主要问题是机构代码不统一，缺乏有效协调管理和信息共享工作机制，多个代码共存，影响了同一主体信息比对，增加了社会负担，降低了行政效率，因而，据此提出统一代码设计方案。2016 年 3 月，为进一步落实《通知》关于建立覆盖全面、稳定且唯一的统一社会信用代码制度的要求，国家税务总局又发布了《关于明确社会组织等纳税人，使用统一的社会信用代码及办理税务登记有关问题的通知》，要求对未纳入“三证合一”登记制度改革的社会组织等纳税人，使用统一的社会信用代码及办理税务登记。统一的社会信用代码是社会组织唯一的识别代码，在信息共享、监管、降低行政成本等方面具有重要的作用。根据中国社会组织公共服务平台的数据显示，截至 2016 年年底，青岛市各类社会组织的总数为 6687 家，当年具有统一社会信用代码的社会组织占比仅为 19%。青岛市目前没有发布关于推动社会组织使用统一的社会信用代码的法律法规，应当积极推动社会组织使用统一的社会信用代码。

2.1.2　慈善组织的情况

目前，青岛市慈善组织的数量较少，仅有 9 家，都是以基金会的形式存在。成立时间在 2015—2018 年之间，最早成立的慈善组织成立时间是 2015 年，集中成立的时间是 2017 年。2016 年 3 月，《慈善法》颁布后，民政部紧接着在 8 月出台了《慈善组织认定办法》（以下简称《认定办法》），该《认定办法》规定，《慈善法》公布前已经设立的、符合一定条件的基金会、社会团体、社会服务机构等非营利性组织可以申请认定为慈善组织。从青岛市慈善组织成立的时间来看，青岛市的慈善组织大部分都是在《慈善法》颁布之后设立的。产生这一现象的原因可能有以下两个：一是青岛市在《慈善法》颁布之前的社会组织符合认定条件的很少；二是社会组织申请认定为慈善组织的积极性不够，或者是相关认定仍在审批中，使得部分符合认定条件的社会组织还未被认定为慈善组织。若是第二个原因造成的，相关部门应当鼓励和推动认定工作。

2.1.3　社会组织的发展趋势

2016年，在《慈善法》颁布之后，民政部相继颁布了《社会服务机构登记管理条例》（另称为《〈民办非企业单位登记管理暂行条例〉修订草案征求意见稿》）、《〈社会团体登记管理条例〉修订草案征求意见稿》和《〈基金会管理条例〉修订草案征求意见稿》，对我国三种主要的社会组织进行进一步的规范。将三个征求意见稿和1998年颁布的三个对应政策文件对比可以发现，在登记、设立应当具备的条件方面，基金会和社会团体的条件基本没有变化，民办非企业单位的条件则更加严格（如注册资金不得低于3万元人民币）；在管理体制上都进行了完善，如建立直接登记和双重管理混合的登记管理体制。在国家政策的支持下，青岛的社会组织也取得进一步的发展。从青岛市社会组织的总数来看，每年的增长率都在10%左右，并有进一步增长的趋势（见图6－5）。这与青岛市民政局在2014年出台的《青岛市社会组织登记管理改革方案》《青岛市社会组织登记管理改革推广方案》以及2015年出台的《关于推进青岛市社会组织登记管理改革的若干意见》直接相关，这三个政策从实行社会组织直接登记、混合登记、创新服务管理模式、放宽登记条件等多方面为社会组织登记提供支持和便利，并取得了很好的成效。从社会组织的组成上来看，由于民办非企业单位的登记条件更为严格，预测青岛市的基金会和社会团体的增速将超过民办非企业单位的增速。

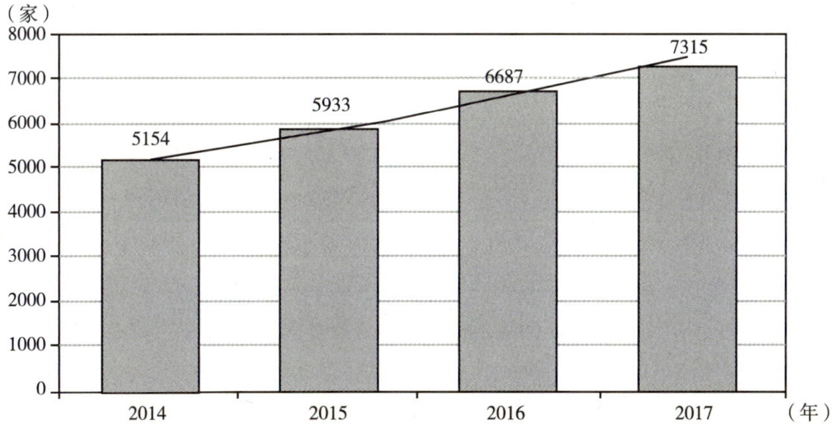

图6－5　2014—2017年青岛社会组织数量变化情况

资料来源：中国社会组织网（http：www.chinanpo.gov.cn）。

2.1.4　同类型城市间的对比分析

从社会组织的构成来看，青岛、宁波、大连、厦门的社会组织都是由社会团体、民办非企业单位和基金会组成，且以民办非企业单位为主。四个城市中，青岛的社会组织总数及民办非企业单位最多，宁波的社会团体最多，厦门的基金会最多（详见图6－6）。

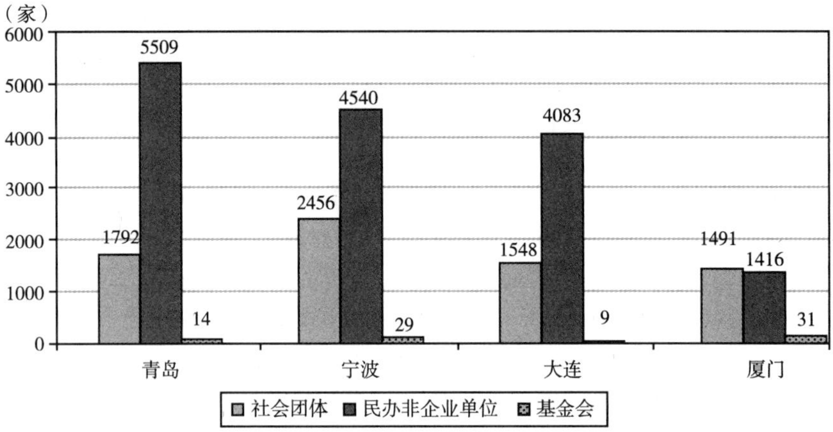

图6－6　四城市不同类型社会组织数量对比

资料来源：中国社会组织网 http：www. chinanpo. gov. cn（数据截止到2017年12月31日）。

如图6－7所示，总体上看，各个城市社会组织的总数和GDP基本上呈正相关关系：GDP越大，社会组织的数量越多。虽然青岛市的GDP最大且社会组织数量最多，但青岛市人均社会组织的拥有量低于其他几个城市（详见图6－8）。

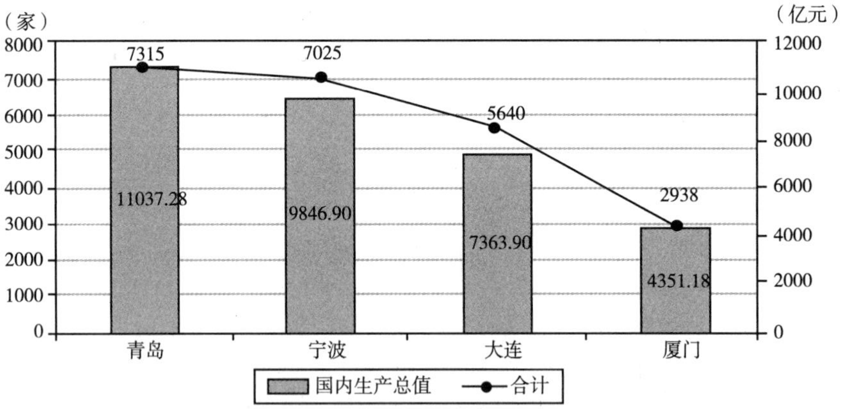

图6－7　四城市社会组织总数与GDP关系

资料来源：中国社会组织网（http：www. chinanpo. gov. cn）；国家统计局网站（http：//www. stats. gov. cn）（数据截止到2017年12月31日）。

从图6－9可以看出，青岛的GDP最大，但社会团体的人均拥有数量最少，为1.92家/万人，而厦门市GDP最小，社会团体的人均拥有数量却最多，高达6.45家/万人，是青岛的3倍。

如图6－10所示，从人均拥有的民办非企业单位的数量来看，青岛与其他城市相差不大，但是考虑到GDP，就不难发现，尽管青岛的GDP最大，但民办非企业单位的人均拥有

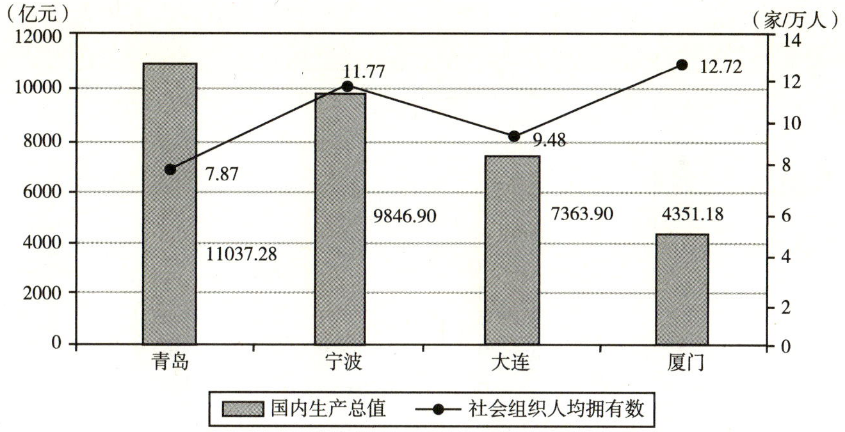

图 6－8 四城市社会组织人均拥有数与 GDP 关系

资料来源：中国社会组织网 http：www. chinanpo. gov. cn；国家统计局网站 http：//www. stats. gov. cn（数据截止到 2017 年 12 月 31 日）。

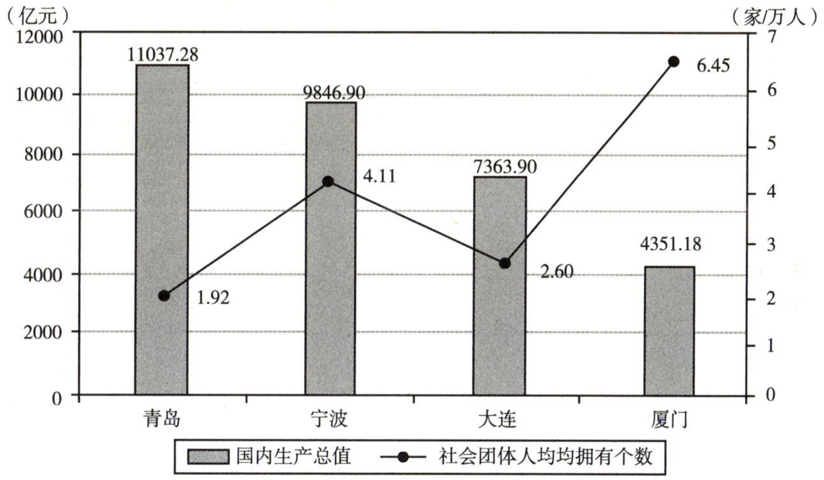

图 6－9 四城市社会团体人均拥有个数与 GDP 关系

资料来源：中国社会组织网 http：www. chinanpo. gov. cn；国家统计局网站 http：//www. stats. gov. cn（数据截止到 2017 年 12 月 31 日）。

数量却最少。

不论从总体社会组织还是不同类型社会组织来看，青岛市社会组织的发展情况都不如其他三个城市。一般来说，经济发展水平越好，社会组织的发展情况也就越好，但单从 GDP 这一经济发展水平的核心指标来看，青岛市经济的发展并没有很好地促进社会组织的发展。社会组织本质上是一种非营利性组织，是第三部门的重要组成部分，在保持社会稳定、促进个人的生存与发展、提供公共服务等方面发挥着重要的作用。社会组织的资源依赖性高，政府是其资源的重要来源，政府扶持力度的大小与社会组织发展的快慢有关。青岛市社会组织发展程度不如其他几个城市的原因，一定程度上在于青岛市政府扶持力度不大。

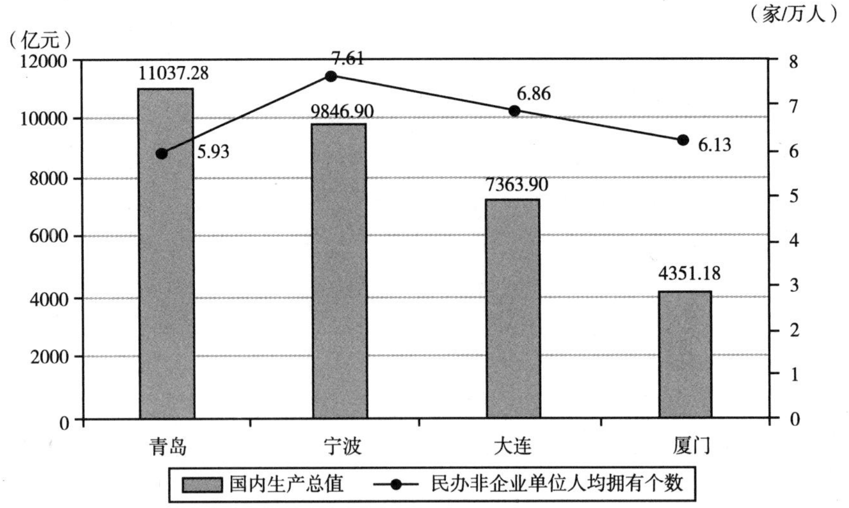

图 6－10　四城市民办非企业单位人均拥有个数与 GDP 关系

资料来源：中国社会组织网 http：www. chinanpo. gov. cn；国家统计局网站 http：//www. stats. gov.（数据截止到2017年12月31日）。

表 6－1　　四城市慈善组织数量对比分析　　单位：家

城市	数量	公开募捐资格	公益性税前扣除资格
大连	5	2	2
宁波	14	7	4
厦门	27	1	7
青岛	9	0	0

资料来源：根据各市民政局网站的官方数据整理。

和宁波、厦门相比，青岛市慈善组织的数量较少。其中，最突出的特点是具有公开募捐资格或公益性税前扣除资格的慈善组织均为零（详见表 6－1）。其主要原因包括如下几点。

（1）慈善组织自身的原因。获得公开募捐资格或公益性税前扣除资格的慈善组织在吸引社会捐赠上具有优势。一方面，获得公开募捐资格的慈善组织可以面向公众发起募集资金和财产的活动，在互联网高速发展的背景下，这类组织不仅可以通过传统的义演、报刊等形式获得资金，还可以在网络平台上募集资金，网络募捐方式的目标捐赠者数量庞大，可以在短时间内获得大量的资金。另一方面，财政部、民政部、国家税务总局于 2010 年联合颁布的《关于公益性捐赠税前扣除有关问题的补充通知》中规定，企业或个人向获得公益性捐赠税前扣除资格的公益性社会团体或县级以上人民政府及其组成部门和直属机构捐赠的、用于公益事业的捐赠支出，可以按规定进行所得税税前扣除。与没有获得公益性捐赠税前扣除资格的慈善组织相比，企业或个人倾向于资助获得公益性捐赠资格的慈善组织，因而获得公益性捐赠资格的慈善组织可以获得更多的捐赠收入。青岛市获得公开募捐资格或公益性税前扣除资格的慈善组织均为零，这与青岛市慈善组织起步晚、发展不成熟有关。根据《慈善组织公开募捐管理办法》（以下简称《办法》），申请公开募捐资格的社会组织必须依法登记或者认定为慈善组织满二年，而青岛市符合这一条件的慈善组织仅有 3 家，同时，该《办法》还要求社会组织评估结果在3A及以上，青岛市的慈善组织发展时间不足4年，仍处于起步阶段，能达到这一条件的寥寥无几。类似地，《关于公益性捐赠税前扣除有关问题的通知》的“公益性税前扣除资格的认定条件”也要求慈善组织的评估等级在3A及以上，故青岛目前还没有获得公益性税前扣除资格的慈善组织。

（2）政策缺失。较其他经济发展程度较高的地区而言，青岛市公益慈善事业起步较晚。青岛市于2014年发布《青岛市公益慈善产业发展规划（2014—2020）》，对青岛市慈善产业发展的重点项目及实施计划等进行了规划，但仍然缺少针对慈善组织的政策制度，对慈善组织的认定、其募捐行为的规范、税收优惠及资金补贴等方面均没有明确的政策支撑。

（3）经济发展水平。目前，慈善资金募集的主要方式以行政单位和企事业单位捐款为主，经济发展水平是影响单位企业募捐积极性的重要因素，经济发展水平不高会限制慈善事业的发展。相对于北京、上海、深圳等经济发展程度高的城市而言，青岛市市场环境发展不够成熟。2017年，青岛市人均国内生产总值较宁波市及厦门市而言较低，一定程度上降低了善款筹集的效率，从而限制了青岛市慈善组织的发展。

（4）公众意识。青岛市慈善组织发展困境之一在于民众的慈善意识不强，社会参与程度低，慈善氛围总体较差。部分民众没有认识到慈善对于国家、社会、个人发展的重要性，慈善意识相对淡薄。加之部分慈善组织公信力不高，政府缺乏对慈善组织的募捐行为的规范，公众对慈善行为的有效性存在疑虑。加强现代慈善意识宣传，培养公众的慈善积极性，规范慈善组织行为迫在眉睫。

（5）政府支持。目前，青岛市并未出台关于慈善组织发展的税收优惠政策及资金支持方案。慈善组织作为非营利性公益组织，经济来源大多为无偿捐献，而一般性的税收政策将导致捐款变税款，减少慈善组织的资金来源，这在很大程度上打击了青岛市慈善组织发展的积极性。

2.2　社会组织总体导向型的政策梳理

2.2.1　青岛市社会组织相关政策的发布情况

针对2010年后青岛市政策的发布情况，本章从政府购买、监督管理、登记管理、促进扶持及税务管理几个角度对青岛市社会组织政策进行简要分析。在政府购买服务方面，山东省自2013年11月起相继发布了《关于印发政府向社会力量购买服务办法的通知》（鲁政办发〔2013〕35号）、《关于印发山东省政府购买服务管理实施办法的通知》等多项政策，对社会组织参与社会服务的整体方略、补助资金、购买主体、购买程序等各个方面进行了详细的规定，但2016年山东省财政厅颁布的《山东省社会组织发展资金使用管理暂行办法》（鲁财购〔2016〕12号）中专项资金的使用管理并不包括青岛。此外，2015年7月出台的《青岛市民政局具备承接政府职能转移和购买服务条件的社会组织名录管理办法（试行）》（青民管〔2015〕12号）有效期至2017年8月14日，目前已经失效且暂时并未有关于名录管理的相关政策出台。在监督管理方面，2016年出台的《慈善法》中第72条规定：“慈善组织应当每年向社会公开其年度工作报告和财务会计报告，具有公开募捐资格的慈善组织的财务会计报告须经审计”，但在青岛市目前已出台的政策中并没有体现。在登记管理方面，青岛市于2014至2015年出台三项政策，逐步推进青岛市社会组织登记的改革工作，其中，2015年6月出台的《青岛市民政局关于推进青岛市社会组织登记管理改革的若干意见》（青民管〔2015〕11号）有效期仅为一年，目前，暂未出台相关政策对社会组织登记管理改革工作进行政策上的跟进。在社会组织的扶植、促进方面，青岛市出台的政策数量较多，涉及方面也更为广泛：在创新示范点创建方面，青岛市于2013年和2016年均发布了《开展创建青岛市社会组织建设创新示范点活动的通知》，对创新示范项目的申报条件、范围、评审标准、认定机构等方面进行了规范。2014年10月，青岛市发布了《青岛市公益慈善产业发展规划（2014—2020)》（青民福〔2014〕32号），对青岛市慈善产业的发展指明方向。2015年，青岛市民政局出台《关于培育发展社区枢纽型社会组织的指导意见》（青民管〔2015〕20号），阐明培育和发展社区枢纽型社会组织的意义、目标及要求，全面推进青岛市社会组织的健康发展。从统计信息来看，在税务管理方面，青岛市并未单独出台针对社会组织的政策。

2.2.2　同类型城市社会组织相关政策对比

（1）分类统计

表6-2　国家、山东省及四城市社会组织政策分类数量　单位：项

政策板块	国家	山东省	城市			
			青岛	厦门	大连	宁波
政府购买	4	6	5	3	4	7
登记管理	4	1	3	4	3	4
监督管理	16	5	5	4	10	16
促进扶持	2	7	9	3	2	4
税务管理	7	1	0	0	0	0

资料来源：根据各市财政局、民政局网站官方数据整理。

从分类统计数据来看（详见表6-2），2010年至今，国家在政府购买、登记管理、监督管理、促进扶持及税务管理方面发布政策共计33项。其中，监督管理方面的政策数量最多，为16项。山东省政府2010年后共计发布政策20项，其中，对社会组织的扶持类政策数量最多，为7项，其中的3项为公益慈善类规范促进政策。

从城市统计结果来看（详见图6-11），2010年至今，在青岛、厦门、大连、宁波四个城市中，宁波市发布与社会组织相关的政策最多，共计31项，厦门政策数量相对较少，为14项。从政策种类看，宁波市发布了7项与政府向社会组织购买公共服务相关的政策，厦门市与宁波市各发布4项与登记管理相关的政策，宁波市发布16项监督管理方面的政策，青岛市发布9项促进扶持相关政策，分别为单项分类中数量之首。

为对四城市已发布政策进行进一步的分析，根据政策的内容，本章将登记管理类政策细分为综合类、社会团体登记管理、民办非企登记管理、基金会登记管理和慈善组织登记管理

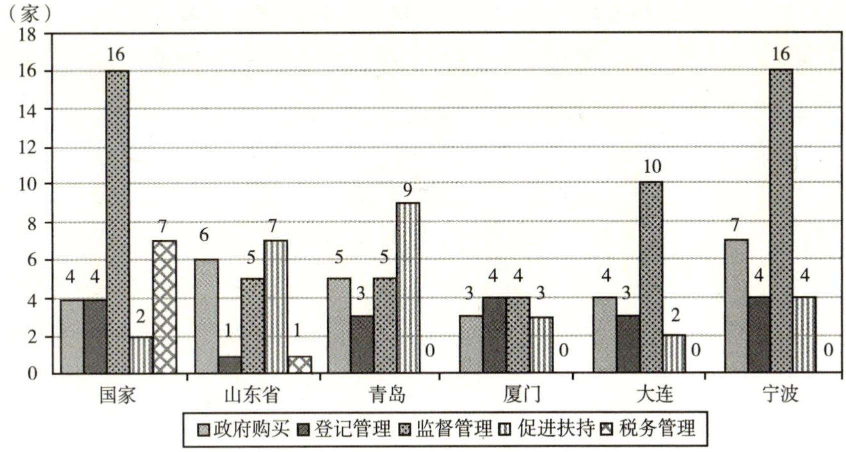

图 6－11　2010 年国家、山东省及四城市社会组织政策发布情况

资料来源：根据各市财政局、民政局网站官方数据整理。

五个方面（见表 6－3）。从统计结果来看，在社会组织登记管理方面，青岛市及大连市仅出台过综合性政策，并未出台针对某一种类型社会组织的政策。厦门市除综合性政策外，于 2014 年 11 月出台过《关于调整全市性社会团体成立登记程序有关问题的通知》，对社会团体的成立审批进行简化处理。宁波市于 2012 年 10 月出台《关于公益类社会组织直接登记的若干意见》，对公益类社会组织进行定义，并对其登记程序进行规范。

表 6－3　　2010 年至今四城市登记管理类政策发布情况对比

政策细分	青岛市	厦门市	大连市	宁波市
综合	√	√	√	√
社会团体登记管理	—	√	—	√
民办非企登记管理	—	—	—	—
基金会登记管理	—	—	—	—
公益组织登记管理	—	—	—	√

资料来源：根据各市财政局、民政局网站官方数据整理。

根据国家、省、市社会组织监督管理政策发布情况，将该类政策细分为综合性政策、分类检查办法、社会组织评估办法、信用信息管理、慈善组织检查管理等八个方面（见表 6－4）。在监督管理方面，青岛市于 2013 年起至今仅出台综合性政策，厦门市分别于 2015 年、2016 年出台过针对社会组织制度不健全、强制收取入会会费等重点问题进行整治的实施方案，以及社会组织信用信息管理的相关办法，其他方面未有涉及。大连市及宁波市在监督管理方面出台政策数量较多且涉及范围广泛，除针对不同类型的社会组织的检查办法之外，还出台了社会组织的信用信息管理办法。其中，宁波市于 2014 年 12 月出台政策，对慈善募捐行为进行了规范，并于 2017 年起连续出台 7 项政策，对宁波市行业协会商会综合监管、办公用房管理、责任人管理及内部活动进行了规范。

表 6-4 2010 年至今四城市监督管理类政策发布情况对比

政策细分	青岛市	厦门市	大连市	宁波市
综合	√	—	√	√
社会团体检查办法	—	—	√	√
民办非企检查办法	—	—	√	√
基金会检查办法	—	—	—	—
社会组织评估	—	—	—	√
信用信息管理	—	√	√	√
慈善组织检查管理	—	—	—	√
其他	—	√	—	—

资料来源：根据各市财政局、民政局网站官方数据整理。

从促进扶持类政策发布情况来看，青岛市较其他三市而言政策类型更为广泛，但较厦门、宁波市政策发布情况而言，青岛市在社会组织人才队伍建设方面存在空缺。大连市促进扶持类政策数量较少，且主要是综合性政策（见表 6-5）。

表 6-5 2010 年至今四城市促进扶持类政策发布情况对比

政策细分	青岛市	厦门市	大连市	宁波市
综合	√	—	√	√
创新示范点	√	—	—	—
公益慈善类组织发展	√	√	—	√
人才队伍建设	—	√	—	√
社区社会组织发展	√	√	—	—
社会组织专家库	√	—	—	—

资料来源：根据各市财政局、民政局网站官方数据整理。

在税务管理方面，国家出台了关于公益性捐赠税前扣除问题的管理规定、税务登记程序、公益股权捐赠所得税问题、进口慈善物资税费问题等各个方面的指导规范性政策，山东省也于 2013 年 5 月发布了《关于公益性捐赠税前扣除资格申报有关事项的通知》（鲁财税〔2013〕18 号），目前，青岛、厦门、大连、宁波市暂无政策出台，市级相关税务工作的开展主要依据国家政策和省级政策（见表 6-6）。

表 6-6 2010 年至今国家、山东省及四城市税务管理类政策发布情况对比

政策细分	国家	山东省	青岛市	厦门市	大连市	宁波市
综合	√	—	—	—	—	—
公益性捐赠	√	√	—	—	—	—
公益股权捐赠	√	—	—	—	—	—
进口慈善捐赠物资	√	—	—	—	—	—
税务登记	√	—	—	—	—	—

资料来源：根据各市财政局、民政局网站官方数据整理。

(2) 影响效果分析。从统计信息来看，较其他三个城市而言，青岛市社会组织促进扶持类政策数量较多，政策针对对象的范围也更加广泛；而在登记管理和监督管理两个方面，政策数量集中于综合性政策，缺乏针对性文件的出台，在社会组织分类管理及社会组织评估、信用信息管理和慈善组织管理方面存在较大的空缺。总体而言，四城市中宁波市政策细分情况均优于其他三市，尤其是在社会组织监督管理方面，针对性政策更多，可作为参考和学习的依据。

在扶持政策方面，青岛市出台了针对创新示范点、枢纽型社区社会组织、公益创投等多方面的促进政策，为青岛市社会组织提供发展场所、进行资金补贴并通过购买服务的方式进行推动，这将促进青岛市社会组织数量的增加和组织规模的扩张。但登记管理和监督管理政策上的缺失将不利于社会组织的规范化运作和综合监管，社会组织会员、服务对象等方面的合法权益不能够得到有效的政策保障，社会组织失信行为得不到有效监管，也将降低社会组织的公信力，阻碍公益慈善事业的发展。与青岛相比较，厦门、宁波、大连三市在社会组织监管方面的政策更为完善。例如，厦门、宁波、大连三市均出台了社会组织信用信息相关管理办法，对社会组织的信用信息进行规范化管理，构建社会组织综合监管体系，对受到表彰、荣誉认定、获得较高评估等级的良好信息以及违反法律法规、章程及有关服务承诺的不良信息进行记录和公开，推行“红名单”和“黑名单”制度，以进一步推进奖优罚劣，并依照信用信息评估政府购买社会服务的承接资格，将社会组织的失信行为透明化，加大了社会组织的失信成本，推动社会组织健康、有序、规范的发展。

2.3　政府向社会组织购买服务的政策梳理

2.3.1　购买服务的制度设计

根据国务院及山东省的指导意见及通知指示，为加快转变政府职能，加强和创新社会管理，改进公共服务提供的方式，青岛市政府办公厅于 2014 年 8 月 14 日出台《关于推进政府购买服务工作的实施意见》(青政办字〔2014〕69 号)，并发布政府购买服务指导目录。该《实施意见》对青岛市政府购买服务的具体程序和要求进行细化，对青岛市政府购买服务的内容范围、购买主体、承接主体等方面进行了界定。此外，青岛市于 2015 年至 2017 年相继发布了《青岛市进一步深化政府购买服务改革实施方案》《青岛市民政局政府购买养老服务管理办法》等多项政策，不断细化政府向社会组织购买服务的程序内容，对具备承接资格的社会组织进行分类管理。

2.3.2　购买服务的运作模式

(1) 购买服务主体。《关于印发青岛市进一步深化政府购买服务改革实施方案的通知》(青政办字〔2017〕111 号) 指出：购买主体包括各级机关、各级具有行政管理职能的事业单位、纳入行政编制管理且由财政负担经费的群团组织；承接主体包括依法在民政部门登记成立或经国务院批准免予登记的社会组织，依法在工商行政管理或行业主管部门登记成立的企业、机构，公益二类、公益三类、生产经营类事业单位。

（2）购买服务方式。《关于推进政府购买服务工作的实施意见》（青政办字〔2014〕69号）指出，购买主体制定采购需求标准时，应当广泛征求相关供应商（承接主体）、专家的意见。对于面向公众的服务项目，还应当征求社会公众的意见；对市场竞争充分、达到公开招标数额标准的事项，通过公开招标采购方式确定服务供应方；对市场竞争暂不充分的部分服务事项，经财政部门审批，依法采用竞争性谈判、单一来源采购等方式购买；对不符合竞争性条件的事项，经财政部门审核，可采取委托、特许经营、战略合作等合同方式进行采购（见表6－7）。

表6－7　政府购买服务的条件及方式

条件	购买服务方式
市场竞争充分、达到公开招标数额标准的事项	公开招标采购
市场竞争暂不充分的部分服务事项	竞争性谈判、单一来源采购
不符合竞争性条件的事项	委托、特许经营、战略合作

属于《中华人民共和国政府采购法》适用范围的政府购买服务项目，按照政府采购规定程序确定承接主体。年度预算安排由事业单位承担的公共服务事项，可采取直接委托方式购买服务，通过单一来源方式实施。自2020年1月1日起，原则上不得采取直接委托方式向事业单位购买服务。不属于《中华人民共和国政府采购法》适用范围的政府购买服务项目，可采用竞争性评审和定向委托方式确定承接主体。

（3）购买服务范围。《关于推进政府购买服务工作的实施意见》（青政办字〔2014〕69号）指出，政府购买服务的内容为适合采取市场化方式提供、社会力量能够承担的公共服务事项。除法律法规另有规定，或涉及国家安全、保密事项和司法审判、行政行为等不适合向社会购买，以及不属于政府职责范围的服务外，政府购买服务事项按服务受益对象分为以下三类：政府部门为履行宏观调控、市场监管等职能需要向社会购买的法规政策、发展规划、标准制定的前期研究和法律服务、后期宣传等服务事项；政府向社会公众提供用于增加社会保险服务、基本社会服务等11类基本公共服务事项和社会事务服务、行业管理与协调服务、技术服务等5类公共服务事项；为保障政府部门自身正常运转需要向社会购买的公文印刷、物业管理、公车租赁、系统维护等服务事项。

（4）绩效评估。在政府购买服务绩效管理方面，2013年，国务院办公厅出台的《关于政府向社会力量购买服务的指导意见》对绩效评估的方式、内容及结果处理进行了规范。青岛市政策在国家政策背景下出台，对政府购买的绩效评估牵头部门、评估方式等进行了细化。

《关于推进政府购买服务工作的实施意见》（青政办字〔2014〕69号）指出：开展绩效评价，各购买主体的主管部门牵头组织政府进行购买服务的绩效评价、跨部门事项的绩效评价；健全预算绩效管理机制，大力推进购买服务预算绩效评价工作，各购买主体的主管部门建立由购买主体、服务对象及第三方共同参与的绩效评价机制，加强绩效评价结果的运用。《关于印发青岛市进一步深化政府购买服务改革实施方案的通知》（青政办字〔2017〕111号）指出：以服务标准和购买合同为主要依据，重点评价服务的数量、质量和资金使用情况等，可以采取购买主体自评或者委托第三方评价方式。绩效评价的结果按规定向社会公示，作为以后年度编制预算和选择承接主体的重要参考依据、机构编制部门调整机构编制的重要参考因素。

（5）资金监管。根据《关于推进政府购买服务工作的实施意见》（青政办字〔2014〕69号）对资金监管进行了规范。首先，实行多层次监管。各购买主体的主管部门要建立健全购买服务信息公开机制，引入第三方监督管理，建立公共服务开放性评价系统，邀请社会评估主体参与公共服务的评价。其次，强化问责和风险防范机制。各购买主体的主管部门建立应急工作机制，针对服务过程中的特殊情况制定应急预案，严格合同管理，开展绩效评价，加强风险控制，建立相应的行政问责机制。最后，加强宣传和培训工作。

《关于印发青岛市进一步深化政府购买服务改革实施方案的通知》（青政办字〔2017〕111号）指出：严禁利用或虚构政府购买服务合同违法、违规融资。购买主体实施监督管理，加强履约验收，按国库集中支付管理的有关规定和合同约定支付项目资金。承接主体按照合同约定履行提供服务的义务，认真组织实施服务项目，确保服务数量、质量和效果。

（6）各区对社会组织的资金支持方式。青岛市各区对社会组织的资金支持方式主要是购买服务，市南区的资金支持方式最具多样性，除购买服务外，还有公益创投、以奖代补、设立社会组织孵化基地。在资金来源上，以区财政为主、市财政为辅（见表6－8）。

表6－8　青岛各区对社会组织的资金支持方式

区域	资金支持方式	资金来源	案例
市南区	购买服务、公益创投、以奖代补、设立社会组织孵化基地	区财政	2014年，区财政拿出2000万元支持社会组织参与养老事业发展；区政府每年拿出20万元，用于社会组织以奖代补
市北区	购买服务、公益创投、设立社会组织孵化基地	区、市两级财政	2017年，市北区在全区开展了“悦老计划”，区、市两级财政每年投资补助费用900万元，以政府购买服务的方式，引入28家社会组织参与社区老年人日间照料中心；2017年，投资60万元，扶持了10个社区社会组织公益项目；投资300余万元，打造了1400平方米的市北区社会组织创益工场
李沧区	购买服务	区财政	2016年，以400多万购买6个区级购买项目和27个街道级购买项目

2.3.3　社会组织的培育路径

青岛市探索试点政府购买社会组织服务开始于2012年，并于2014年将政府购买服务列入政府工作报告重点推进，先后出台政府购买服务相关文件18个，其中，针对社会组织的政策文件4个，涉及社会组织登记管理、扶持服务类企业和加强信用体系建设等措施。2014年到2017年3年间，青岛市社会组织的数量连续增长超过10%，截止到2017年，社会组织数量达到7315家。在发展社会组织方面，青岛市创新社会组织培育发展的路径，以扶持社会组织发展为抓手，积极探索，努力破解政府购买服务供给不足、供给主体单一、政府购买服务市场竞争性不强的难题。

社会组织培育资金投入供求矛盾、社会组织培养主体的引进与管理的矛盾、社会组织自身发展目标与政府购买服务需要之间的矛盾是实践中的三大矛盾，青岛市通过优化财政支出结构、创新孵化园区管理模式、突出民生需求等方式创新社会组织的培育路径。

优化财政支出结构，引导社会组织和企业合作，解决资金投入供求矛盾。青岛市依托社区现有的活动场地，实现低成本建设社会组织孵化园。政府投入资金主要用于改造、运营、奖励和引导社会组织能力建设。以青岛市李沧区社会组织创新园为例，2011 年建园以来，市、区两级财政仅投入改造费用 700 万元，每年的设备、物业管理、水电等运营费用仅 40 万元，而每年用于社会组织的第三方评估、人才培训、“萌芽期”社会组织孵化扶持的资金达 200 万元，通过优化财政支出结构、加强财政引导来确保资金的合理使用。同时，通过市场化运作的手段，协调社区社会组织与企业运行进行了战略合作，为公益项目、社会组织活动的开展注入扶持资金。例如，阜康花园社区市民中心与民生银行金水路支行进行合作，开展社区内居民的公共文化服务，有效解决资金投资渠道单一、投入不足的问题，在不增加财政投入的情况下，大大提高了社区公共服务的效率。

创新社会组织孵化园区的运营管理模式。随着政府职能的进一步转变，以政府为主体的社会组织孵化培育模式已经转向政府通过购买服务方式，以支持型社会组织为主体，以孵化园区为载体的社会培育模式。政府委托专业性强的支持型社会组织，借助其专业的运营模式水平和技术能力，对当地社会组织进行孵化、能力建设和考核评估。青岛市市北区社会组织创益工场采取了“政府牵头建立、专业团队管理、社会力量支持、社会组织受益”的形式。目前，采用类似运营模式的社会组织扶持孵化“创新园”在青岛市已建立 16 个。

开展公众需求问卷调研，围绕民生重点确定服务内容。青岛市政府对“公益创投”项目展开决策，以区所属的社会组织扶持孵化“创新园”为组织载体，定期抽样选择辖区内 1000—2000 户居民进行调研，根据公众需求确定公共服务内容和社会组织“公益创投”项目引进的重点。各级财政每年安排“公益创投”资金近 1000 万元，引导近 1000 个公益项目参与，重点围绕“扶老、助残、救孤、济困”等领域，扶持培育社会组织，满足社区公共服务多样性、差异化的需求。这样的操作路径，保障了政府购买服务对公共性和公益性的要求，确保社会组织培育的目标和内容符合政府购买服务的需求，即使政府购买服务买得值，体现了社会组织公益性的价值属性；另外，也保证了公共服务实际需求与社会组织供给的有效匹配。社会组织按需进行项目设计和服务创新，为社会与公众提供公共服务产品，通过“公益创投”项目的精准设计获得生存与进一步发展的空间。

创新社区社会组织管理。作为居民生活的基本单位，我国的社区承担了大量社会治理和服务的基础性工作。青岛市在实践中通过简化登记管理，建立包括社会组织发展促进会、街道社会组织联合会和社区社会组织工作站在内的社区社会组织三级服务网络，并规范其在社区社会组织培育发展中的不同职责分工。同时，将居委会、物业公司、业主委员会以及社区社会组织进行有机整合，建立“三位一体”的社区协调理事会，充分考虑了社区内不同利益相关者对于社区社会组织培育的不同需求，并通过每月联席会议的方式，指导不同社会组织通过信息资源共享实现功能互补和抱团发展。这种社区多元利益主体协同合作的工作机制，有效连接了社区与社会组织，有利于资源整合、和谐社区建设和社区社会组织的发展壮大。

综上所述，青岛市以政府购买服务支持社会组织培育的“青岛模式”，体现了政府主导下，政府、社会组织、企业提供合作支撑，以社会组织“孵化园区”为培育载体，以“公益创投”项目运作为主要形式。同时，通过相关制度规范的引导作用，影响社会组织积极参与社区建设，实现了社区、个人、社会组织与企业等多元主体共同参与社区社会组织的培育模式。这样的多层级、多主体参与的路径，既有助于社会组织的培育，又使供给端与政府购买服务需求端有效融合，且实现了居民公共服务诉求及时满足和公共服务高效提供的双重效益。

2.3.4　同类城市政府购买服务的对比分析

(1) 统计分析。在购买服务内容上，青岛、大连、宁波均确定为适合采取市场化方式提供社会力量能够承担的公共服务事项，厦门则秉承“受益广泛、群众急需、服务专业”的原则，重点围绕城市流动人口、农村留守人员、困难群体、特殊人群和受灾群众的个性化、多样化社会服务需求。在购买服务方式上，四个城市都主要是依据《政府采购法》，其中，青岛依据市场竞争是否充分，分别制定了具体的方法。在资金渠道上，青岛、大连、宁波都是通过预算统一安排，除此之外，厦门市还将市福利彩票公益金作为资金来源，并鼓励和引导各类基金会、慈善组织、企业提供资金支持。

表 6－9　四城市政府购买服务政策集中发布时间

年份	青岛市	厦门市	大连市	宁波市
2012	—	—	—	—
2013	—	—	—	√
	—	—	—	—
	—	—	—	—
2014	√	√	√	—
	—	—	√	—
2015	√	—	√	√
	—	—	—	√
	—	—	—	√
2016	√	—	√	—
2017	√	√	—	√
	—	—	—	√
	—	—	—	√
	√	√	—	—

资料来源：根据各市财政局、民政局网站官方数据整理。

从政策集中发布时间来看，四市政策发布时间多集中在 2014 年以后，也就是 2013 年 9 月国务院办公厅《关于政府向社会力量购买服务的指导意见》发布之后（见表 6－9）。而宁波市早在 2013 年 11 月就发布了《关于推进政府向社会组织购买服务的实施意见》，比青岛、厦门、大连市类似政策的出台早 8 个多月（见表 6－10）。青岛市在对国家政策出台后的跟进工作方面较为落后。从政策发布情况看，四市政府购买服务类政策发布具有连续性，其中，宁波市相关政策发布数量最多，为 7 项，厦门市发布政策数量较少，为 3 项。

表 6－10　　国家、山东省及四城市政府购买服务政策发布时间对比

比较项目	国家	山东	城市				简要分析
			青岛	厦门	大连	宁波	
最早发布时间	2012 年 9 月	2013 年 7 月	2014 年 8 月	2014 年 7 月	2014 年 8 月	2013 年 11 月	青岛政策发布不及时
时间跨度	4 年	4 年	4 年	4 年	4 年	4 年	政策具有连续性
服务范围	综合	基本公共服务	综合	基本公共服务	基本公共服务	综合	

资料来源：根据财政局、民政局网站官方数据整理。

根据政策文件的内容类型，将政府购买服务政策分为总体方针、资金管理、名录管理、指导目录、评估办法及其他等六个方面。从对比结果来看，青岛市政府购买政策在资金管理、购买服务的指导目录及购买服务的社会组织评估办法方面存在空缺，厦门市于 2017 年 2 月出台《厦门市政府购买社会工作服务评估实施办法》，对政府购买社会工作服务合同的履行、服务目标达成度、受益群体满意度以及社会效益等情况进行检查、评价，对全部或部分运用财政资金向民办社会工作服务机构购买社会工作服务项目的评估工作进行指导。大连市财政局与宁波市财政局分别于 2014、2015 年公布了向社会力量购买服务的指导性目录，大连市于 2016 年出台《大连市购买社会工作服务扶持社会组织发展项目预算管理指引（试行）》，另外，宁波市于 2015 年 8 月出台《宁波市政府购买服务管理暂行办法》，对采购预算管理、采购方式管理、采购项目实施、合同履约和验收管理等方面进行了规范（见表 6－11）。

表 6－11　　四城市政府购买服务政策分类对比

政策分类	青岛	厦门	大连	宁波
总体方针	√	√	√	√
资金管理	—	—	√	—
名录管理	√(已失效)	—	—	√
指导目录	—	—	√	√
评估办法	—	√	—	—
其他	购买养老服务管理	—	—	采购管理

资料来源：根据各市财政局、民政局网站官方数据整理。

对具体政策内容进行对比，大连市和宁波市在政府购买内容方面强调应“突出公共性和公益性”“非营利性、公益性的事项应优先向社会组织购买”。而青岛市仅提出，政府购买服务内容为“适合采取市场化方式提供、社会力量能够承担的公共服务事项”，政策上未着重偏向于公益性、公共性社会服务。四市在政府购买服务方式方面并无较大区别，其购买资金来自部门预算经费或经批准的专项资金，统一纳入财政预算（详见表 6－12）。

表 6-12　四城市政府购买社会组织服务对比

城市	政策时间	政策名称	购买服务内容	购买服务方式	资金渠道
青岛	2014 年 8 月	《青岛市人民政府办公厅关于推进政府购买服务工作的实施意见》	适合采取市场化方式提供、社会力量能够承担的公共服务事项	竞争性谈判、单一来源采购委托、特许经营、战略合作等合同方式	从部门预算经费或经批准的专项资金等既有预算中统筹安排
大连	2014 年 8 月	《大连市人民政府办公厅关于印发大连市政府向社会力量购买服务实施办法（暂行）的通知》	适合采取市场化方式提供、社会力量能够承担的公共服务，突出公共性和公益性	公开招标、邀请招标、竞争性谈判、询价、单一来源采购直接委托等	从购买主体部门预算安排的公用经费或经批准使用的专项经费等既有预算中统筹安排
宁波	2013 年 11 月	《关于推进政府向社会组织购买服务的实施意见》	适合采取市场化方式提供、社会组织能够承担的公共服务和社会管理事项，非营利性、公益性的事项应优先向社会组织购买	按《政府采购法》等相关法律法规执行。对只能从唯一服务提供机构购买的，可以采取单一来源方式组织采购	统一纳入财政预算
厦门	2014 年 5 月	《厦门市财政局关于推进政府购买服务工作的实施意见》	适合采取市场化方式提供、社会力量能够承担的公共服务	公开招标、邀请招标、竞争性谈判、询价采取委托、特许经营、战略合作等	部门预算安排的公用经费或经批准使用的专项经费等既有预算中统筹安排
	2017 年 2 月	厦门市民政局　厦门市财政局关于政府购买社会工作服务的实施意见	按照“受益广泛、群众急需、服务专业”的原则，重点围绕城市流动人口、农村留守人员、困难群体、特殊人群和受灾群众的个性化、多样化社会服务需求	公开招标、邀请招标、竞争性谈判、竞争性磋商、单一来源采购、询价等	各级财政预算、市福利彩票公益金的投入，鼓励和引导各类基金会、慈善组织、企业大力支持

（2）影响效果分析。青岛市在政府购买服务方面出台了总体方针及名录管理有关的政策，但名录管理的试行政策已失效，且缺乏资金管理、指导目录及评估办法相关政策。2014 年 8 月起，青岛市人民政府办公厅及青岛市民政局相继出台了青岛市政府购买服务的实施意见及改革方案，对政府购买服务的目标与总方针进行了阐明，指明了青岛市政府购买服务的总体方向，对政府购买的主体范围、管理规范等几个方面进行阐述，推动了青岛市政府购买服务的发展与改革，从方向上规范了政府的购买行为。

在购买服务范围方面，《关于推进政府购买服务工作的实施意见》（青政办字〔2014〕69 号）将政府购买服务事项按服务受益对象大致分为三类，但缺乏各个领域的进一步细分。

购买服务指导目录的缺失将不利于政府购买服务内容的规范，可能会因购买界线的不明导致“擦边球”行为的产生。如《宁波市政府购买服务指导性目录》（甬财政发〔2015〕133号）中将基本公共服务、社会管理性服务、行业管理与协调性服务、技术性服务、政府部门履职辅助性事项、其他适合由社会力量承担的六大类服务事项继续划分为不同的小类，如将基本公共服务划分为教育服务领域、就业服务领域、医疗服务领域等，并继续对这些小类进行细分阐述，更加明确地阐述了政府购买服务的界线，将购买对象具体化，避免了“擦边球”等购买乱象的产生。

在资金管理与购买服务评估方面，青岛市缺乏对购买服务情况进行评估的管理规定，这将成为财政资金使用效益提高的障碍，无法有效衡量承接主体的服务效益。厦门市于2017年出台《厦门市政府购买社会工作服务评估实施办法》，明确规定了评估的适用范围、组织形式、标准，评估程序及效果评价，对政府购买社会工作服务合同的履行、服务目标达成度、受益群体满意度以及社会效益等情况进行检查，并根据评价结果进行资金的拨付或扣减，提高了财政资金的使用效率，为人民群众提供更加优质的公共服务。

2.3.5 政府补贴资金的分析

扶老助老、关爱儿童、扶残助残和救助扶贫这几个领域是中央财政的重点支持对象，如果社会组织能争取到更多的中央财政资金，对地方财政的依赖程度就可以降低，在地方财政资金一定的情况下，地方政府就可以加大对社会组织其他服务领域的支持力度。《2018年中央财政支持社会组织参与社会服务项目执行办法》中规定，每个项目80%的资金由中央财政拨付，其余的20%由社会组织自己提供。因此，社会组织在申报项目时需要考虑自身的资金情况，如果自身资金不足，社会组织要么放弃申请，要么申请资金需求量较小的项目。从表6-13可以看出，虽然四个城市获得批准的项目类别及个数相同，但青岛市获得的财政资金总额最低。究其原因，可能是青岛社会组织的资质不如其他几个城市，或者是青岛市社会组织的资金不足。申请中央财政支持的社会服务项目，社会组织只需要提供20%的资金，这个比例已经很低了，可以在很大程度上缓解社会组织的资金压力。在地方财政压力较大的情况下，可以通过资助社会组织的方式撬动更多的上级财政资金，从而提高地方社会组织的服务能力，促进地方的发展，青岛市政府可以考虑在社会组织申请中央财政支持的社会服务项目时给予资金支持（见表6-14）。

表6-13 2018年中央财政支持社会组织参与社会服务项目立项情况 单位：万元

城市	A类	B类（2个）	C类（1个）	D类（1个）	合计
青岛	0	100	20	30	150
大连	0	99.63	49.97	17.03	166.63
宁波	0	100	49.4	24.4	173.8
厦门	0	97	50	20	167

资料来源：民政部官网。

表 6-14　2016—2018 年山东省社会组织补贴资金情况

年份	专项资金名称（资金投向）	省业务主管部门	预算金额	执行期限	终止年限
2016 年	民政和社会组织发展资金	省委组织部 省民政厅	11260 万元	5 年	2018 年
	政府和社会资本合作发展基金和奖补资金	省财政厅	110000 万元	3 年	2017 年
2017 年	社会组织发展资金	省民政厅	2500 万元	5 年	2020 年
	政府和社会资本合作奖补资金	省财政厅	10000 万元	3 年	2017 年
2018 年	社会组织发展资金	省民政厅	2500 万元	5 年	2020 年
	政府和社会资本合作奖补资金	省财政厅	10000 万元	3 年	2020 年

资料来源：根据省财政局、民政局网站官方数据整理。

第3章

社会组织政策的绩效分析

从青岛市民政局公布的《2017年社会组织发展资金绩效评价报告》来看，根据相关要求，2017年，青岛市设立社会组织发展专项资金100万元，用于社会组织评估、社会组织承接政府职能资质认定、社会组织审计等工作。专项资金用于通过公开招标购买第三方服务，其中，花费了30万元，对250家社会组织进行了评估认定；花费了30万元，对250家社会组织进行了具备承接政府职能和购买服务条件认定，并编制完成青岛市具备承接政府职能和购买服务条件的社会组织目录；花费了28万元，对160家社会组织进行了审计；另外，社会组织登记证书花费了12万元。中国社会组织公共服务平台2017年12月31日公布的信息显示，青岛市有社会组织7315家，其中，2008年至2017年每年新增社会组织数量如图6－12所示。

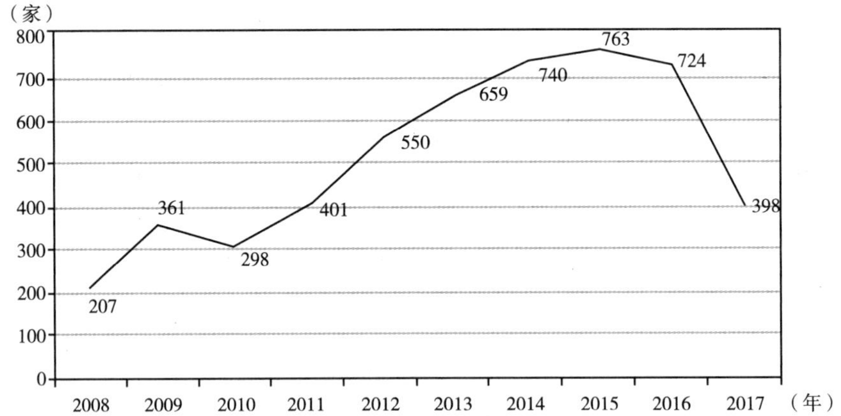

图6－12　2008—2017年青岛市年新增社会组织数量

资料来源：中国社会组织公共服务平台（www.chinanpo.gov.cn）。

从图6－12可以看出，青岛市每年新增社会组织数量从2010年至2015年间始终呈现上升趋势，其中，在2012年前后变动幅度最大，并于2015年达到最大值（763个）。从政策出台的时间来看，2012年，国家出台《中央财政支持社会组织参与社会服务项目资金使用管理办法》，2013年，山东省出台《山东省支持社会组织参与社会服务试点项目省级补助资金使用管理办法》，2014年，青岛市出台了《青岛市人民政府办公厅关于推进政府购买服务工作的实施意见》，并相继出台社会组织扶持促进、监督管理等多方面政策21项。青岛市社会组织的蓬勃发展与国家社会组织相关政策的出台以及山东省、青岛市社会组织推动政策的跟进有一定关联。从图 6－13 可以看出，自 2012 年起，青岛市社会组织每年登记数呈持续增长趋势，2016 年及 2017 年增长幅度有所下降，而 2016 年、2017 年青岛市社会组织相关政策出台 3 项，相较于 2014 年、2015 年政策出台情况，数量略有下降。青岛市社会组织年增长数量柱状图与青岛市社会组织相关政策出台数量曲线图趋势一致，这说明青岛市社会组织政策的出台对青岛市社会组织的成立具有推动作用，社会组织相关政策的完善促进了青岛市社会组织的积极发展。

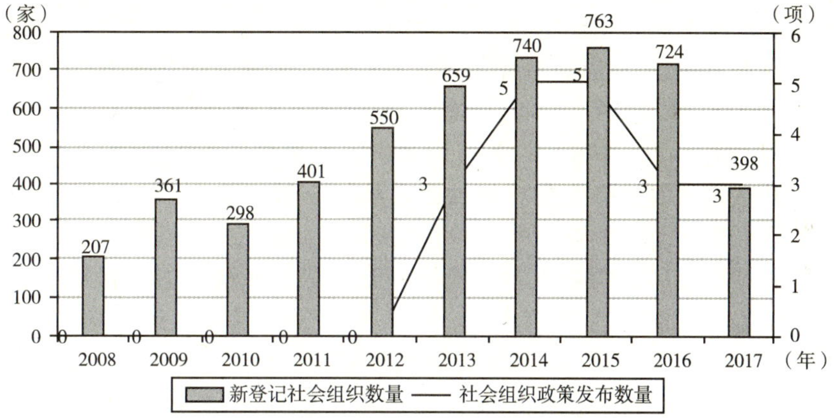

图 6－13　2008—2017 年青岛市新增社会组织数量与政策发布数量趋势

资料来源：中国社会组织公共服务平台（www. chinanpo. gov. cn），政策出台数量根据青岛政务网官方数据整理。

自 2013 年起，青岛市相继出台 8 部促进扶持类社会组织政策，如 2013 年 7 月出台的《青岛市民政局关于开展创建青岛市社会组织建设创新示范点活动的通知》，8 月出台的《青岛市民政局关于加强社区社会组织管理和扶持工作的指导意见》等。从图 6－14 来看，促进扶持类政策的出台与青岛市年新增社会组织数量柱状图也呈现出一致的变动趋势，这说明促进扶持类政策在推动青岛市社会组织发展方面起到显著成效。在政策制定的推动和指引下，社会组织在青岛市的发展迸发出了新的活力，这也证明政府政策是促进社会组织发展的最直接推动力。

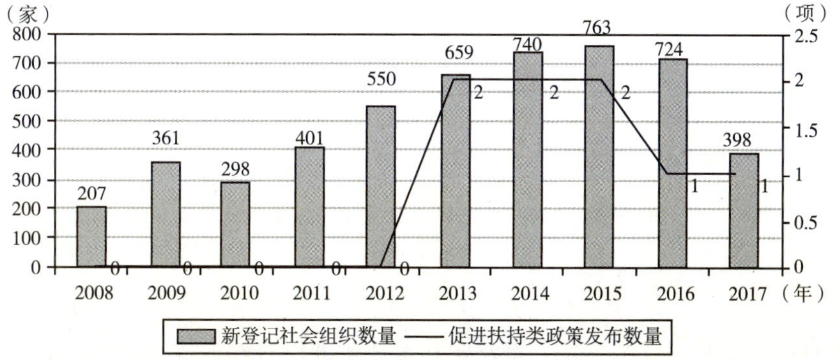

图 6－14　2008—2017 年青岛市新增社会组织数量与社会组织扶持类政策发布数量趋势

资料来源：中国社会组织公共服务平台（www. chinanpo. gov. cn），政策出台数量根据青岛政务网官方数据整理。

目前，青岛市有9家慈善组织且都以基金会的形式存在。成立时间在2015—2018年之间，最早成立的慈善组织是2015年成立的青岛市大德生公益基金会，其余慈善组织集中成立的时间是2017年。青岛市于2014年10月出台《青岛市公益慈善产业发展规划（2014—2020）》，基本确定了慈善产业发展的策略和实施计划，同年11月发布《青岛市民政局关于开展社会组织公益创投活动的通知》，明确项目申报的条件、范围及标准。2018年7月，青岛市民政局印发《青岛市慈善事业发展服务规范》，进一步引导青岛市慈善事业的有序发展。可以看出，2014年青岛市慈善相关政策的出台，极大程度上刺激了青岛市慈善组织的成立，2016年国家《慈善法》的颁布更加大了慈善组织申请成立的积极性，所以，政策法规的出台是对慈善组织的成立有显著正向作用的。

从图6－15、图6－16与图6－17可以看出，与青岛同类的三个城市的社会组织增加数量与政策发布数量的趋势也是一致的。比如，宁波市2009年9月发布《关于授权市工商联作为全市性社会团体业务主管单位的通知》，授权工商联担任非公有制企业组成的商会、协会等社会团体的业务主管单位，促进了社会组织的权益维护工作的开展。同年，宁波新增社会组织数量为379家，对比无相关政策出台的2008年及2010年而言，有一定程度上的提升。宁波于2017年出台社会组织政策11部，内容范围涉及基本公共服务的政府购买、社会组织的监督管理等多个方面，同时，2017年宁波社会组织的数量增长较2016年而言涨幅明显，这进一步印证了社会组织政策的出台将带动社会组织发展的观点。

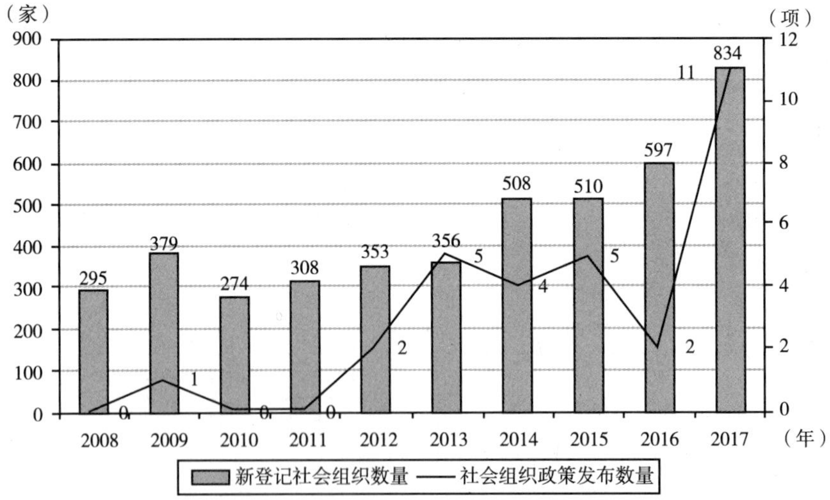

图6－15 2008—2017年宁波市新增社会组织数量与政策发布数量趋势

资料来源：中国社会组织公共服务平台（www.chinanpo.gov.cn），政策出台数量根据宁波市民政局、财政局网站官方数据整理。

从上述分析可以看出，青岛市社会组织相关政策的出台在促进青岛市社会组织的成立发展方面起到显著成效。究其原因是多方面的，政府向社会组织购买服务类政策的出台，对支持社会组织承接政府购买的措施进行了规范，为社会组织承接公共服务提供了保障，如

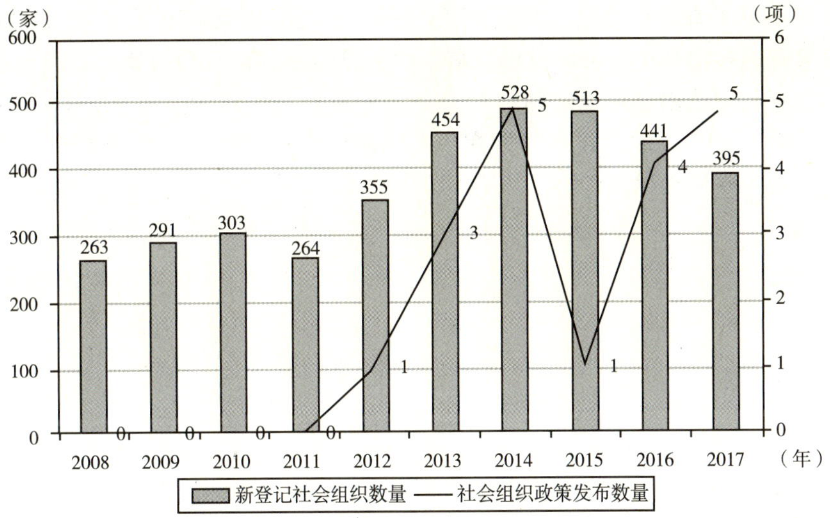

图 6－16　2008—2017 年大连市新增社会组织数量与政策发布数量趋势

资料来源：中国社会组织公共服务平台（www. chinanpo. gov. cn），政策出台数量根据大连市民政局、财政局网站官方数据整理。

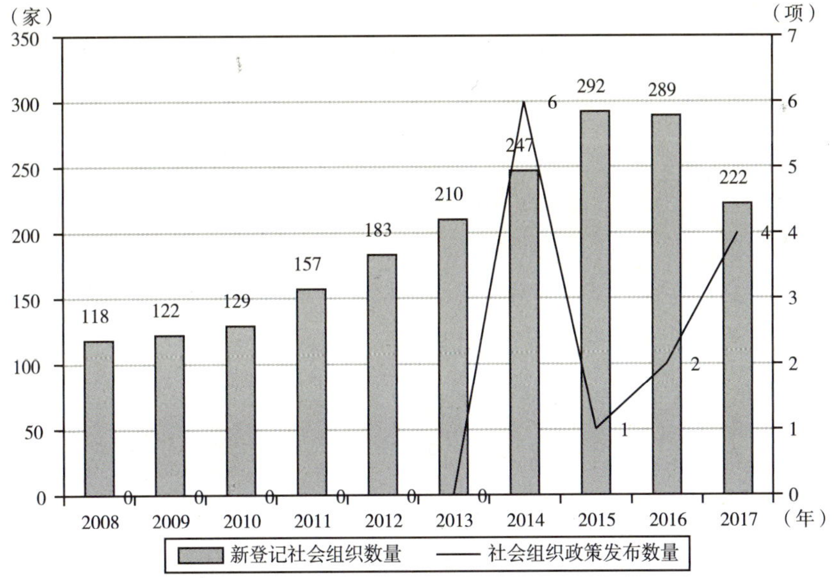

图 6－17　2008—2017 年厦门市新增社会组织数量与政策发布数量趋势

资料来源：中国社会组织公共服务平台（www. chinanpo. gov. cn），政策出台数量根据厦门市民政局、财政局网站官方数据整理。

2017 年 12 月出台的《青岛市进一步深化政府购买服务改革实施方案》具体界定了政府向社会组织购买服务的管理规范及信息公开等方面的内容。登记管理及其他监督管理政策的出台为社会组织的发展提供了公平开放的竞争环境，减少社会组织在资格审查或与政府合作过程中可能出现的暗箱操作或不规范行为的产生，有助于小型社会组织的成长和壮大，形成了有利于社会组织发展的社会氛围。比如，2013 年 5 月出台的《关于加强社会组织行政执法工作的意见》对于完善青岛市社会组织的制度机制、改进和创新起到重要作用。促进扶持类社会组织政策则直接增加了社会组织的发展动力，试点项目的开展为社会组织的培育孵化提供条件，补助资金的使用管理规定则为社会组织的成长带来活力，比如，2013 年 7 月出台的《青岛市民政局关于开展创建青岛市社会组织建设创新示范点活动的通知》为青岛市社会组织的孵化提供政策支撑。

第4章

社会组织政策的国内外先进经验

4.1 社会组织政策的国外先进经验

4.1.1 日本的“三元社会结构”

如图6-18所示，在社会组织发展方面，日本政府充分调动民间积极性，构建“政府—企业—社会组织”的三元社会结构以增加公共资源供给的战略，给日本社会组织的成长创造了机遇，通过政府购买和社会资本合作解决了非营利组织的资金困扰。[12]俞祖成（2017）指出，日本社会企业的兴起受到市民社会、政府部门和市场部门的共同驱动。[13]日本政府充分利用政府购买服务及社会资本合作，通过政府、企业与社会组织之间的互动关系，有效解决了日本社会组织的“资源格差”。

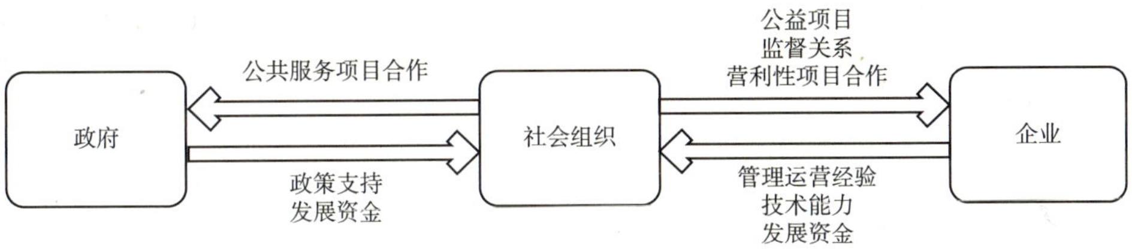

图6-18 日本政府、企业、社会组织合作示意图

日本社会组织与日本政府在公共事务领域有着共同的诉求和愿景，二者相互促进、相互协调，建立了互补型合作关系。一方面，日本社会组织发挥其草根性和灵活性的特质，提供政府无法给予的公共服务，弥补政府失灵。另一方面，日本政府也积极扶植日本社会组织发展，通过契约关系由政府向社会组织购买服务，帮助日本社会组织解决自身的困难。同时，日本政府也以立法形式推动日本非营利组织参与社会公共服务供给。从1950年起，日本政府相继出台了《私立学校法》《社会福祉事业法》等多项单行法律，鼓励民间力量在社会福祉、医疗服务、私立教育等社会领域成立专业性极强的非营利组织，同时，给予税收减免待遇和财政支持，推动社会组织在其领域提供专业性服务。[14]

除与日本政府的合作关系外，日本社会组织与日本企业也建立了互利合作的关系。一方面，社会组织在公益领域的专业性帮助企业履行自身社会责任，提高企业声誉，宣传企业形象。另一方面，日本社会组织对日本企业的不正当行为起监督作用。同时，在国际项目的实施过程中，企业发挥经营管理和资金方面的优势，而社会组织负责基于调研的信息分析和策划，互相支持补充。

4.1.2 德国的自治原则

德国社会组织的标志就是三大原则：自治原则、辅助性原则和公益经济原则。[15]德国经济和社会治理强调的核心准则是自治，这主要是基于辅助性原则建立起来的，即所有事务都在尽可能低的行政层级中来解决。[16]德国的社会组织有着非常清晰的、自上而下的体系构架。以德国平等福利联合会为例，它有15家州平等福利联合会，每个州联合会下设若干县级服务站，全国共有280家县服务站，每个县服务站又有若干成员组织，合在一起，德国平等福利联合会在全国共有10000家活跃在卫生健康与社会服务领域的成员组织、机构及工作小组。[17]与德国非营利组织的结构体系相一致，绝大部分的组织都活跃在地方层面上。当然，自上而下的层级体系并不意味着严格的垂直管理关系，而是一种“看护”和“支持”体系。自治原则的优点在于地方政府可在属地范围内处理大部分公共事务，而地方政府对实际情况的了解更便于找到问题解决的直接方式。

按照自治原则，德国在提供公共服务时强调广泛的社会参与，提供公共服务的组织负责具体事务，而政府则主要负责制定法律框架和对服务质量进行监管。[18]德国不论哪种社会组织，其成立、组织及业务活动的开展都有着清晰的法律定位。社会组织与政府之间设定了明确的界限，政府主要对社会组织进行监管，通过制度框架的建立，鼓励社会资本的广泛参与。[19]另外，德国的社会组织也是个人、市场与政府之间意见沟通的主要渠道之一。居民和企业的各种诉求都可以通过不同的社会组织反映到政府的政策制定过程中，从而实现政府与社会、政府与市场、市场与社会之间的平衡。

4.1.3 英国的全方位培育模式

社会组织在英国经济和社会生活中占有重要地位，在英国政府的大力支持下，英国社会组织在创新公共服务供给理念、完善公共服务供给主体、提高公共服务质量等多个方面发挥着重要作用。政府作为管理者，必须用完善的法律体系去保障政府决策的公开性及合同招标的公平性。[20]在社会组织发展方面，英国政府制定和完善了《慈善法》和《公司法》，对社会组织进行约束，为社会组织的发展提供法律依据。[21]其中，《慈善法》是规范英国社会组织行为、活动和处理政府与社会组织关系的基本法律。[22]英国还对社会组织实行严格监管的政策，其中，外部监督由法院和慈善委员会执行，除严格的行政监管外，由其内部自律机制发挥保障作用，英国社会组织的理事对社会组织的行为和资产负有完全的责任。[23]为促进各类社会组织积极参与公共服务供给，提供高质量、高效率的产品和服务，英国政府在财政资金上对社会组织给予必要的支持，并在税收方面给予专门的优惠。在财政方面，政府为社会组织提供多种形式的资金支持，其主要途径有面向社会组织的政府采购、伙伴关系式的项目合作等，英国政府的资助和财政援助是社会组织资金的主要来源。

英国作为公共服务外包的先驱者，经过几十年的发展，在公共服务外包的运作和管理上获得了丰富的经验。目前，英国社会组织参与的公共服务供给涉及养老、医疗、就业、扶贫、心理辅导、残疾人帮扶等多个社会领域。社会组织的参与，填补了政府在公共服务领域的空白，也延伸了服务的范围。

4.2　社会组织政策的国内先进经验

4.2.1　杭州市的双赢模式

杭州市政府充分利用社会组织提供服务的优势，把社会组织的服务纳入政府购买的范畴，形成了科学合理的体系。2003 年，杭州市政府为资助低收入家庭和外来民工子女上学，设立了“教育资助券”专项经费，正式开始了向社会组织购买公共服务的历程，随后，逐步在城市交通、公共自行车租赁系统、惠民医疗补助等多个方面购买社会组织的服务。采用多种方式向社会组织购买服务。以出资方式为标准，可以分为直接出资购买、消费券、合同制三种。以选择社会组织的方式为标准，可以分为公开招标、邀请招标、竞争性谈判、单一来源和询价。其中，早在 2013 年，公开招标这一最具竞争性和透明性的方式在杭州市政府采购社会组织服务的项目中比例就超过 60%，并且这一比例还在不断上升。

将用于购买社会组织服务的资金全部纳入预算，综合运用多种方式评估政府向社会组织购买的公共服务，对预算资金进行绩效管理。杭州市政府主要运用以下三种评估模式：政府部门直接评估模式、第三方评估模式、综合性评估模式。其中，综合性评估模式是指由相关部门牵头，联合购买方、公共服务提供方以及第三方机构共同组成评估小组，对已经购买的服务项目进行考评。杭州市政府在分析不同购买项目特点的基础上，选择不同的评估模式进行评估，极大地提高了财政预算资金的使用效率。

杭州市政府向社会组织购买服务取得了很好的成效，实现了双赢。从政府的角度来看，取得了以下两个方面的成效：第一，推动政府部门从“管控型”管理走向“合作式”管理。杭州市政府通过委托、授权、职能分解等方式，实现从公共服务的直接提供者向公共政策的制定者、购买者、监督者的转变。第二，推动政府建立与社会组织的伙伴关系，更好地履行政府职能。比如，政府通过向行业协会购买行业标准，推动行业自律与规范，实现产业的均衡化发展。从社会组织的角度看，取得了以下两个方面的成效：第一，拓展了社会组织的生存与发展空间。政府向社会组织购买服务，既为社会组织发展提供经济支持，又为社会组织的发展提供空间。第二，以激励的方式提高了社会组织的服务能力。2010 年，杭州出台《关于政府购买社会组织服务的指导意见》，通过设定购买服务的条件来激励社区社会组织提高自身的评估等级。

4.2.2　深圳市的综合培育体系

截至 2017 年 12 月 31 日，深圳市已登记社会组织共 9594 家。其中，慈善组织 148 家，并有 9 家取得公募资格，志愿服务组织 175 家。按类型来看，在这 9594 家社会组织中，有 4146 家社会团体、5153 家民办非企业单位、295 家基金会（见表 6－15、图 6－19）。

表 6－15　深圳市社会组织数量　单位：家

行政区划	市辖区	罗湖区	福田区	南山区	宝安区	龙岗区	盐田区	合计
社会组织数量	4957	640	673	700	1152	1227	245	9594

注：截至 2017 年 12 月 31 日。

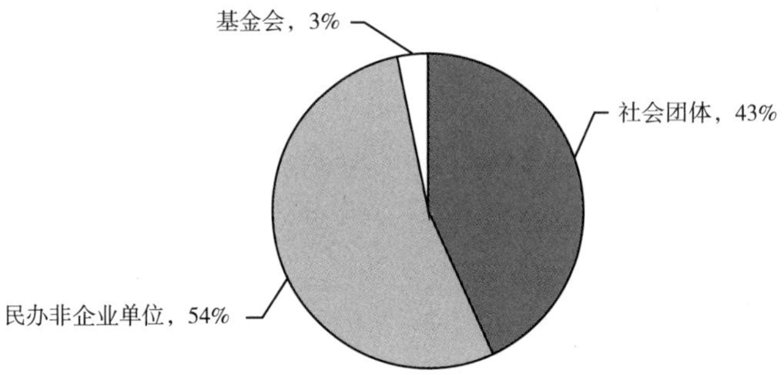

图 6－19 深圳市社会组织构成比例

深圳市社会组织发展一直走在全国先进行列，其社会组织发展经验具有重要的借鉴价值，为青岛市社会组织的培育和发展提供指导。

（1）“第三方运作”，提高社会组织孵化效率。2012 年 12 月，龙华新区在全市范围建成了第一家兼具孵化和服务两项功能的区级社会组织培育平台——龙华新区社会组织孵化服务中心。设立孵化服务中心是龙华新区社会建设创新的一项探索。为了保证孵化服务中心高效运作，龙华新区开创了全新的孵化器运营模式，那就是按照“政府主导、专业运作、社会参与”模式运作，通过政府采购招标程序，引入专业社工机构——深圳慈善公益网负责项目运营。政府向社工机构购买服务，既促进了政府职能转变，提高了行政效率，又降低了运作成本，还实现了精细化的服务，达到“小政府、大服务”的预期目标。[24]

（2）建立孵化基地，助推小微社会组织成长。随着深圳经济社会的发展，自发成立、自主发展、自我运作的青年“草根”组织大量涌现，但他们又常常因苦于缺乏资源、组织松散，发展受限。为帮助青年社会组织的成长与发展，2012 年 5 月，深圳市政府决定在成立的青年社会组织总部下建立深圳市青年社会组织孵化基地，旨在为这些组织打造孵化培训、资源共享、公共服务和诉求表达等平台，成为社会组织的新“枢纽”。孵化基地通过提供办公场所、人员培训、策划支持等服务，资金方面以“政府补贴＋社会资金”为牵引，对“微项目”给予“微资助”，助推中小微青年社会组织加速成长。[25]

（3）简政放权，“信任＋尊重”。为了给社会组织创造宽松的发展环境，深圳市龙岗区贯彻执行了《关于进一步推进社会组织改革发展的意见》（深发〔2012〕12 号），深化社会组织登记管理体制改革，争取尽快扩大社会组织直接登记范围，实行工商经济类、公益慈善类、社会福利类、社会服务类社会组织等组织的直接登记。另外，龙岗区也简化了社会组织的年检审批程序，还将原来的登记时限由 20 个工作日缩短至 15 个工作日，在提高了工作效率的同时也方便了群众。2013 年 3 月，龙岗区民政局推动区委、区政府出台了《关于培育扶持社会组织发展的实施意见》，从扩大直接登记范围、建立政府购买服务机制等六方面对现阶段龙岗区社会组织的发展进行指导，肯定社会组织的重要作用，通过创新社会管理为社会组织的发展开辟前路。[26]

（4）去行政化，去除社会组织发展阻力。首先，深圳盐田区区委、区政府在 2012 年开展全省社会组织专项检查工作，一方面，对近年来成立的社会组织要求全部实行政社分离，另一方面，对 2010 年以前成立的社会组织，与相关业务主管单位紧密合作的，逐步开展换届，推行“去行政化”。其次，对社区类社会组织实行直接登记和备案双轨制。宽松的环境使得社会组织发展的阻力大大减少。在社会组织的监督方面，深圳市盐田区通过“阳光工程”对社会组织进行财务专项审计，并开展帮扶工作，帮助社会组织建立健全财务制度，并将其组织运作及财务情况向社会公开，接受群众、媒体舆论和政府部门的多方面监督。[27]

4.2.3　香港的“三社联动”

“三社联动”是指通过社区建设、社会组织培育和社会工作现代化体制，形成资源共享、优势互补、相互促进的良好局面，加快形成政府与社会之间互联、互动、互补的社会治理新格局。香港在“三社联动”工作中形成了相对成熟的经验和做法，可以为内地相关方面的发展提供有益借鉴。

从历史进程上看，香港“三社联动”经历了从民间主导到政府支持，再到社会共治三个演进阶段，最终形成了社区建设、社工服务、社会组织联动、共治的良性格局。[28]在“三社联动”方面，香港地区的做法有许多独到之处。首先，香港构建特区政府主导下的多方社会合作联动机制，由特区政府制定政策规划、整合场地设施并进行宏观调控，由专业化的社会工作机构承办各类服务，政府、社会组织与市民共同参与社区工作，为社会大众提供多元化的服务项目。其次，香港重视社区资源及设施配置的均衡化，适时有效地培育社会组织，充分激发社会组织活力，采取机动灵活的运作模式提高服务效能，最大限度地提高社区公共资源的利用率，尽量避免社会资源的浪费。[29]

专业化的非政府社会工作机构体系和一支高素质的专业社会工作者队伍，是香港社会福利社会化的主要基石。[30]香港拥有专业的社工队伍和遍布全港的义工组织，这使得香港的社区服务得以普及和成熟。香港特区政府将社区建设作为社会工作的一项主要内容，专业社工机构或者专业社会组织，无论开展多元化的社区服务，抑或解决复杂的社区问题，都能在资金、场地等方面得到特区政府的大力支持，从而形成互动联动、协同发展的良好局面。同时，香港特区政府注重对政府部门、社会组织、社工机构所提供的社会服务的评估与审核。评估与审核能够更好地检验“三社联动”过程中存在的问题，及时改进以应对不断变化的社会环境，与社会需求实时匹配，促进三方合作的良性发展。

第5章

社会组织政策的优化建议

社会组织是经济发展和社会进步的重要动力，推动社会组织的发展、重视政府与社会组织的合作具有重要性和必要性。我们从社会组织发展现状入手，对国家、山东省、青岛市及同类城市厦门市、大连市和宁波市社会组织发展情况与相关政策出台情况进行了梳理，同时，在社会组织的发展与政府向社会组织购买服务发展情况方面，将青岛市与另外三个城市进行了数量上和分类政策上的对比，并根据对比结论，对青岛市社会组织政策的现行效果进行了分析。通过分析青岛市社会组织发展的现状及与同类城市的对比情况，结合杭州、深圳、香港及国际先进经验，对青岛市社会组织的发展及未来政府与社会组织的合作提出以下建议。

5.1 完善政策法规，细化社会组织管理的制度框架

社会组织的规范化发展和政府向社会组织购买服务的稳定运行，需要政策法规的支持和制度体系的完善。从政策梳理情况看，目前，青岛市仍缺乏政府购买服务指导目录、政府购买服务资金管理及社会组织评估办法的相关政策。可以通过借鉴其他同类城市的社会组织管理经验，完善青岛市社会组织相关政策，如宁波市发布社会组织监督管理类政策共计 16 项，除社会组织总体的监督管理办法外，还有针对性地颁布了社会团体检查办法、民办非企业单位检查办法、慈善组织检查管理等多项政策规定，在社会组织信用信息管理和社会组织评估方面也颁布了政策，相对青岛市政策颁布而言，时间跨度更大、涉及范围更广、针对性也更强。因此，青岛市应当通过与其他城市的对比进一步完善政策法规，提升其广度和深度，充分借鉴社会组织发展较快的其他省、市的先进管理经验，对社会组织相关制度进行细化，使不同类型的社会组织都有符合自身情况的制度框架。

5.2 健全社会组织评估体系，加强政府购买服务监管

在确定政府购买服务承接主体的过程中，要加强对社会组织自身及其服务的评估管理。作为承接方的社会组织，自身缺陷不但会直接影响公共服务供给的质量，而且会影响社会组织在公众中的认知度和接受度，甚至遭受政府和民众的质疑和排斥。因此，政府应当加强对承接方社会组织的考察力度，建立健全社会组织评估体系。可以借鉴日本的做法，在市场检

验制度中，采取法定形式强制要求建立由外部专家组成的第三方监管机构，委托其负责包括制度建设、实施流程、评估监管以及制度完善在内的政策实施全过程的监管，并将监管信息进行彻底公开，以接受社会各界的监督。同时，借鉴德国对社会组织参与提供公共服务进行明确的准入条件规定，采取措施来确保服务的质量和效率。

5.3　提供多渠道资金支持，促进社会组织发展

日本学者认为，社会组织发展的资金来源类型主要包括民间资金及公共资金两个维度。其中，民间资金主要指来自社会公众、企业的资金，公共资金则指来自政府部门的资金。在民间资金获取方面，政府可以为社会组织提供获取社会资本的平台（如青岛市北区创益工场项目），以“政府牵头、专业团队管理、社会力量支持、社会组织受益”的形式助力社会组织的孵化和成长。同样，政府的资金支持对社会组织的发展而言，也具有不可否认的作用。在公共资金获取方面，政府可以针对孵化过程中的社会组织给予适当的财政补贴及税收优惠，同时，政府部门应当继续发挥社会组织在改善治理结构、提供公共服务等方面的重要作用，将政府购买服务作为支持社会组织发展的一项重要措施，通过政府购买来实现对社会组织的培育和扶持。

5.4　加强资金管理，注重资金使用效率

从政策梳理情况来看，青岛市政府在购买服务资金监管方面并未出台资金管理及资金绩效评估的单项针对性政策。因此，政府应当出台政府购买服务类项目的财政资金绩效评价规范，为政府提高资金使用效率及日后社会组织的评估管理提供重要参考依据。另外，也要加强绩效评价的人才培养和队伍建设，可以投入资金建立专门的绩效评价专家团队，同时，充分借助社会力量，定期开展政府购买类项目的绩效评价，并将结果进行公示。进一步强化问责和风险防范机制，确定政府购买服务的责任主体，严格合同管理，加强风险控制，当承接主体提供的服务不达标准时，通过相应的行政问责机制追究责任人及承接主体的责任。建立完善社会组织的奖惩机制，以提高社会组织自我完善的积极性，以公平公开的方式激励社会组织服务质量的提升。

5.5　提高社会组织独立性，激发社会组织活力

财政资金是社会组织的重要资金来源，这种资源依赖性容易让社会组织丧失独立性。从经济扶持的角度看，政府的作用始终是有限的，政府应当注重对社会组织的引导，培养社会组织的专业技能和竞争能力，学习德国等发达国家的先进经验，允许一些非营利组织采用一些营利手段，将自身建设与社会服务更好地衔接，从而维持社会组织的健康、稳定发展。另外，社会组织的发展也可以借鉴日本“三元结构”的经验，除与政府的项目合作外，通过

与企业营利性项目的合作，充分利用社会资本，以减轻社会组织对政府部门的资金依赖。同时，与企业的合作也可以提升社会组织的管理运营经验和技术能力，为社会组织的发展注入活力。

5.6　培育社会工作者，促进社会组织发展

"三社联动"本质上是要将社会工作者、社区居民、社会组织的力量调动起来，转变政府主导或居委会主导的社区管理格局，形成由社区多元主体共同参与的社区治理模式。社会工作者是联系三者之间的纽带，提高社会工作者的专业性不仅对发挥"三社联动"效用具有重要作用，还能形成促进社会组织发展的推动力。当前，可以通过以下几种方式培育社会工作者：联合高校和科研单位，在社区建立实践基地进行联合培养；对于一些在职人员，可以采用短训、函授、实习、交流等方式开展培训；以查缺补漏和服务延伸为重点进行针对性培训，组织专家学者针对社区中的重点难点问题、薄弱环节、居民和志愿者的参与意识与能力进行专题辅导。对于不同的培育类型和环节，要打造完整的闭合回路，以达到层层递进、相互协调、稳扎稳打、优势互补的预期目的。社会工作者的专业能力得到提升之后，其提供的服务更易得到社区居民的认可，从而为社会组织争取到更多的资源，解决社会组织长期存在的资源不足的问题，促进社会组织的发展。

5.7　完善社会组织第三方评估机制

建立社会组织第三方评估机制，是完善社会组织综合监管体系的重要内容，也是社会组织评估的发展方向。财政部门应当将第三方评估经费纳入社会组织管理工作经费，拓展第三方评估机构的资金来源渠道，为该机制的建立提供资金保障。同时，还要注意事权和财权的统一协调，民政部门要充分利用现有资源，大力发展民办非企业单位、社会团体、市场中介机构和事业单位等形式多样的专业评估机构。探索建立第三方评估机构健康发展的政策措施，建立相应的管理制度，加强人才队伍建设，逐步使评估机构更好地承担社会组织第三方评估工作。另外，民政部门还要定期汇总社会组织第三方评估信息，及时公布社会组织评估机构、评估方案、评估标准、评估程序和评估结果，提高评估工作透明度。第三方评估机构也要自觉接受与其工作内容相关的咨询，积极回应质疑。

第6章

研究展望

本部分采取理论研究与实证研究相结合的研究方法，从社会组织发展现状入手，对国家、山东省、青岛市、厦门市、大连市、宁波市社会组织发展情况与相关政策出台情况进行了梳理，同时，就社会组织的发展与政府向社会组织购买服务发展情况，对青岛市与厦门、宁波、大连三个城市进行了不同类型社会组织数量上和分类政策上的对比，根据对比结论，进一步地对青岛市社会组织政策的现行效果进行了分析。

从社会组织的数量构成来看，国家、山东省和青岛市都是以社会团体和民办非企业单位为主，二者总体占比都在99%以上，其中，青岛市民办非企业单位占比高达75%。截至2017年12月31日，青岛市已登记社会组织数量为7315家，其中，民政部登记0家，地方登记7315家：社会团体1792家，民办非企业单位5509家，基金会14家。目前，青岛市慈善组织的数量较少，仅有9家，且都是以基金会的形式存在。未来，青岛市应当着力于慈善组织的培育和发展，积极开展慈善活动的宣传工作，将《慈善法》落实到位，通过培训教育的方式加强青岛市慈善组织的慈善服务能力，向先进地区学习并推广慈善服务经验。

从同类型城市间社会组织数量对比情况可以看出，青岛、宁波、大连、厦门的社会组织都是由社会团体、民办非企业单位和基金会组成，且以民办非企业单位为主。四个城市中，青岛的社会组织总数及民办非企业单位最多，宁波的社会团体最多，厦门的基金会最多。而不论从社会组织的总体的发展情况，还是不同类型的社会组织来看，青岛市社会组织的发展情况不如其他三个城市。根据经济发展水平越高、社会组织的发展情况越好的普遍经验，结合四城市GDP经济发展水平这一核心指标进行了分析，发现青岛市经济的发展相对其他几个城市而言，对社会组织的发展的带动作用较小。我们将这一情况的产生归因于青岛市政府对社会组织发展扶持力度的欠缺。因此，青岛市在未来应当进一步加大对社会组织的扶持力度，增加社会组织示范项目的开展，并给予资金政策上的支持，加快培育青岛社会组织。

针对2010年后青岛市政策的发布情况，我们从政府购买、监督管理、登记管理、促进扶持及税务管理几个角度对青岛市社会组织政策进行了简要分析。自2010年起，青岛市在政府购买、社会组织监督管理、社会组织登记管理及社会组织的促进扶持等方面先后出台多项政策，其中，促进扶持类政策出台密集、范围广泛且时间跨度最长，而在登记管理和监督管理两个方面，政策集中于综合性政策，缺乏针对性文件的出台，在分类社会组织管理及社会组织评估、信用信息管理和慈善组织管理方面存在较大的空缺。总体而言，四个城市中，宁波市政策细分情况均优于其他三市，尤其是在社会组织监督管理方面，针对性政策更多，在未来可作为参考和学习的依据。关于政府购买服务，青岛市政府已出台了总体方针及名录管理有关的政策，但名录管理的试行政策已失效，且对比同类城市，青岛市缺乏指导目录、资金管理及评估办法等相关政策。购买服务指导目录的缺失将不利于政府购买服务内容的规范，可能会因购买界线的不明导致“擦边球”行为的产生。而青岛市缺乏对购买服务情况进行评估的管理规定则将成为财政资金使用效益提高的障碍，无法有效衡量承接主体的服务效益。未来，青岛市应结合日本、德国、英国等发达国家社会组织发展及政府与社会组织合作的优秀经验，参考不同城市在政策出台上的先进性，对社会组织政策不断完善，对已失效政策及时更新，最大限度地避免因政策缺失导致的效益下降或不公平情况的产生。

未来，青岛市应当借鉴学习杭州市政府购买社会组织服务的双赢模式以及深圳市培育和助推社会组织发展的先进经验，将事权和财权相匹配，积极推进青岛市社会组织的培育发展工作。社会组织对经济社会的发展有着不可替代的作用，为实现青岛市社会组织的可持续发展，未来应当从多层次入手，为青岛市社会组织提供良好的理念环境、制度环境、经济环境。转变政府及社会公众的思想观念，建立与完善社会组织的管理与服务体制，规范社会组织运行，全面提升其专业服务能力。

在理念建设层面，增强政府和社会对社会组织的认同度。首先，政府人员应当充分认识到社会组织对于加强和改进社会治理、应对社会问题、增强社会活力等方面的重要功能。其次，应加大舆论宣传力度，充分利用报纸、电视和互联网等媒介平台，广泛宣传各类社会组织以及有关法规政策，扩大社会组织的知晓率和知名度，增强社会公众对社会组织的认同，为社会组织营造开放的发展氛围。最后，建立关于社会组织开展的重要活动、重大社会事件或热点问题的信息公开平台或接受采访，确保公众的知情权，在提升社会组织的公信力的同时，增加社会大众的认同感。

在制度设计层面，政府应建立与完善和社会组织培育、管理和发展相配套的法规，使对社会组织的管理、服务与监督更具针对性和可操作性。青岛市应当提升政策法规的广度和深度，充分借鉴社会组织发展较快的其他省市地区的先进管理经验，对社会组织相关制度进行细化，使不同类型的社会组织都有符合自身情况的制度框架。同时，科学的法律法规体系也要体现对社会组织的鼓励、引导与服务。青岛市可通过第三方运作的形式来提高行政运作的效率，整合社会资源为初期社会组织提供更加专业的指导和精细化的服务。建立和完善社会组织的信用机制和退出机制，对于信用较差的社会组织进行限制或取消其项目承接资格等。建立社会组织激励机制，可以通过优先承接政府授权和委托事项、优先获得项目权、颁发荣誉和奖金、培训等多种奖励措施激发社会组织动力。另外，建立健全监督机制和评价体系，建立政府监管、社会监督和社区社会组织自律相结合的监管制度。完善社会组织第三方评估机制，探索第三方评估机构健康发展的政策措施，建立相应的管理制度，加强人才队伍建设，逐步使评估机构更好地承担社会组织第三方评估工作。

在简政放权层面，应加快转变政府职能，提高效率效能，建设人民满意的服务型政府。信任与尊重社会组织，凡是社会组织能够“接得住”的项目要大胆放权，积极推进政府职能的转移，从而实现政社互信、政社互动和政社双赢。政府应当建立与社会组织的合作关系，积极开展社会组织承接政府职能转移试点，将社会组织通过自律能够自主解决、市场机制能够自行调节的事项逐步转移给有资质、有能力的社会组织来承接。健全政府购买服务制度，及时公布政府购买服务清单，加大购买服务力度，鼓励政府职能部门按照“费随事转”原则，逐步扩大购买服务范围。设立社会组织政策性扶持发展基金，为社会组织的孵化和培育提供专业的指导平台，促进社会组织的形成和发展，强化社会组织承接政府服务项目的专业能力。建立社会组织绩效考核制度，使项目承接有据可依，为政府与社会组织建立长期伙伴关系奠定基础。开展社会组织创先争优活动，加强组织间专业能力与服务绩效的竞争互动。同时，政府要发挥其在社会服务中宏观调控的职能，建立以社区为平台、社会组织为载体、社会工作专业人才为支撑的“三社联动”机制及“社工+义工”的两工联动机制，通过政府购买服务项目简化政府职能的同时，也加快现有的社区社会组织向专业化社会服务组织转变。

在资金支持层面，政府应学习借鉴日本等先进国家的经验，为社会组织提供多渠道资金支持。加大对社会组织的支持力度，将对本土社会组织的资金投入纳入财政预算，使政府的资金投入制度化，规范资金投入社会组织的渠道和流程，形成稳定的财政支持规模。同时，应根据地区的经济发展水平逐步提高资金投入水平，确保本土社会组织的基础性能力得以提升。政府可以根据实际情况针对应重点发展培养的公益慈善、城乡社区服务等类型的社会组织给予适当税收优惠，为重点培育对象提供宽松的税收政策环境。政府应当完善政府购买社会服务机制，发挥社会组织在改善治理结构、提供公共服务等方面的重要作用，将政府购买服务作为支持社会组织发展的一项重要措施，通过政府购买来实现对社会组织的培育和扶持。另外，增强公众对社会公益事业的认识程度，提升公众投身社会公益服务的责任感，建立健全社会捐赠的激励机制，积极发动企业捐赠，可通过适当的税收、政策等优惠形式，激励企业赞助本土社会组织，为社会组织提供更加多元的资金来源。

参考文献

［1］DENNIS A，RONDINELLI. Partnering for development：government－private sector cooperation in service provision［J］. Reinventing government for the twenty，2003.

［2］JIN X H，DOLOI H，Interpreting risk allocation mechanism in public－private partnership projects：an empirical study in a transaction cost economics perspective［J］. Manage，2008，26（7）：707－721.

［3］竺乾威，朱春奎，等. 社会组织视角下的政府购买公共服务［M］. 北京：中国社会科学出版社，2016：10.

［4］程坤鹏，徐家良. 从行政吸纳到策略性合作：新时代政府与社会组织关系的互动逻辑［J］. 治理研究，2018，34（6）：76－84.

［5］王扩建. 索取制度性增值：政社合作的隐性激励机制——一个新制度主义的研究视角［J］. 中共天津市委党校学报，2018，20（4）：63－70.

［6］王浦劬，莱斯特·M. 萨拉蒙，等.《政府向社会组织购买公共服务研究》［M］. 北京：北京大学出版社，2010.

［7］谢启秦，徐家良. 政府购买公共服务的成本效益分析［J］. 经济社会体制比较，2017（4）：97－106.

［8］句华. 政府购买服务与事业单位改革衔接模式探讨［J］. 行政管理改革，2017（3）：34－39.

［9］康蕊，吕学静. 政府购买服务视角下养老机构公办民营建设研究［J］. 广西社会科学，2016（2）：130－134.

［10］高海虹. 政府购买社会组织服务的利益相关者分析［J］. 理论探讨，2014（1）：158－161.

［11］张菊梅. 政府购买服务风险防控体系的理论机理、现实动因与制度安排［J］. 求实，2018（4）：52－64，110－111.

［12］张豪，张向前. 日本政府购买服务、社会资本合作与社会组织发展［J］. 现代日本经济，2017（1）：15－26.

［13］俞祖成. 日本社会企业：起源动因、内涵嬗变与行动框架［J］. 中国行政管理，2017（5）：139－143.

［14］俞祖成. 日本政府购买服务制度对非营利部门的影响（上）［N］. 公益时报，2017－02－07（15）.

［15］刘力. 政府采购非营利组织公共服务——德国实践及对中国的启示［J］. 政法论坛，2013，31（4）：164－170.

［16］吕孝礼，潘宇舟. 德国非营利组织参与提供公共服务对我国的启示——以社会政

策领域为例［J］. 中国行政管理，2016（10）：140－144.

［17］张网成，黄浩明. 德国非营利组织：现状、特点与发展趋势［J］. 德国研究，2012，27（2）：4－15，124.

［18］吕孝礼，潘宇舟. 德国非营利组织参与提供公共服务对我国的启示——以社会政策领域为例［J］. 中国行政管理，2016（10）：140－144.

［19］王震. 德国社会保障体系中的社会组织［J］. 国际经济评论，2016（1）：90－102，6－7.

［20］宁靓. 英国地方政府公共服务外包发展的评析与启示［J］. 中国海洋大学学报（社会科学版），2012（4）：85－89.

［21］胡琳琳，郝福庆. 英国公共服务类非营利组织发展的经验及其对我国的启示［J］. 四川行政学院学报，2011（5）：13－16.

［22］李峰. 英国社会组织参与公共服务供给的历程及启示［J］. 哈尔滨市委党校学报，2015（4）：66－71.

［23］中国现代国际关系研究院课题组. 外国非政府组织概况［M］. 北京：时事出版社，2010.

［24］郑宏伟，王敏. 聚合社会组织助力活力龙华［N］. 深圳特区报，2014－01－08.

［25］赵鸿飞. 青年社会组织有了孵化平台［N］. 深圳商报，2013－02－19.

［26］管亚东. 龙岗：政府舍得放 社会组织接得住［N］. 深圳商报，2012－11－27.

［27］管亚东，谢捷. 盐田：改革为社会组织释放活力［N］. 深圳商报，2012－12－11.

［28］靳环宇. 香港社会组织的特征及对内地的启示［J］. 中国社会组织，2013（8）：51－54.

［29］刘振杰. 香港“三社联动”发展机制对内地的启示［J］. 社会建设，2018，7（4）：87－96.

［30］施巍巍，刘雨蓓. 香港长者社区照顾的福利多元主义视域［J］. 学术交流，2016（3）：147－151.